高等职业教育新形态一体化教材

U0816313

高职体育与健康

范丽珺　王永胜　兰博　主编

中国教育出版传媒集团
高等教育出版社·北京

内容提要

本书为高等职业教育体育类新形态一体化教材，配以二维码链接的技术视频、微课视频和章节习题资源，方便学生使用。全书分为体育与健康基本知识、基础体能、职业体能与运动心智能、专项运动四篇，包括体育概述、体育文化、科学体育锻炼与身心健康、运动医学、体育安全教育、运动竞赛的组织与编排、身体基本活动能力、运动素质与体适能、职业体能训练、运动心智能训练、大球类运动、小球类运动、操舞类运动、健体类运动、武术与民族传统类运动、游泳运动、冰雪运动、时尚体育运动。

本书既可作为高职院校公共体育课程教材，也可作为广大体育爱好者和各类职业从业锻炼者业余锻炼身体的指导用书。

图书在版编目（CIP）数据

高职体育与健康 / 范丽珺，王永胜，兰博主编. -- 北京 : 高等教育出版社，2023.8（2024.4 重印）
ISBN 978-7-04-060010-0

Ⅰ. ①高… Ⅱ. ①范… ②王… ③兰… Ⅲ. ①体育－高等职业教育－教材②健康教育－高等职业教育－教材 Ⅳ. ①G807.4②G717.9

中国国家版本馆CIP数据核字(2023)第046618号

Gaozhi Tiyu yu Jiankang

策划编辑　陈　海　　责任编辑　陈　海　　封面设计　王　琰　　版式设计　童　丹
责任绘图　易斯翔　　责任校对　高　歌　　责任印制　沈心怡

出版发行　高等教育出版社
社　　址　北京市西城区德外大街4号
邮政编码　100120
印　　刷　北京印刷集团有限责任公司
开　　本　787mm × 1092mm　1/16
印　　张　21.25
字　　数　500 千字
购书热线　010-58581118
咨询电话　400-810-0598

网　　址　http://www.hep.edu.cn
　　　　　http://www.hep.com.cn
网上订购　http://www.hepmall.com.cn
　　　　　http://www.hepmall.com
　　　　　http://www.hepmall.cn

版　　次　2023 年 8 月第 1 版
印　　次　2024 年 4 月第 2 次印刷
定　　价　44.80 元

物 料 号　60010-00

编审委员会

主　编：范丽珺　王永胜　兰　博

副主编：宗　诚　王俊鹏　高东华　刘　峰

编　委（按姓氏笔画为序）：

刘　磊　关　璐　陈　波　杨金凤

张瑞霞　岳沙沙　赵红伟

主　审：郝光安

前言

党的二十大报告指出："广泛开展全民健身活动，加强青少年体育工作，促进群众体育和竞技体育全面发展，加快建设体育强国。"在新时代提出建设体育强国，是中国国家整体发展的重要举措，是中国人民实现"两个一百年"奋斗目标的重要组成部分，是国家强盛应有之义，也是人民健康幸福生活的重要保障。

高职公共体育必修课，是培养高职学生综合素质的重要环节，是学校课程体系的重要组成部分。体育强国科学理念的彰显，建设体育强国宏伟目标的确立，为高职体育教学科学发展，充分发挥学校体育在建设体育强国中的重要作用，奠定了坚实的思想基础，明确了发展方向和实践着力点。

高职学校体育教材建设必须扎根中国、融通中外，充分体现思想性、教育性、创新性、实践性特色，根据学生年龄、身心发展规律和专业、就业岗位特点，围绕课程目标和运动项目要求，精选素材，丰富内容。

编委会认真学习了《关于全面加强和改进新时代学校体育工作的意见》《全国普通高等学校体育课程教学指导纲要》《高等学校体育工作基本标准》等文件精神，在多年教材探索的基础上，广泛参阅众多优秀教材，以习近平新时代中国特色社会主义思想为指导，以学生的需求为出发点，结合学生的专业特点和未来职业特征，以"强健体魄、满足兴趣、提升素质、服务专业"为定位，精心编写了这本集理论与实践于一体的高职公共体育教材。

本书体例简明，内容全面，具有以下特点。

1. 健身性

本书紧扣课程的主要目标，把"健康第一"的指导思想作为确定课程内容的基本出发点，教材包含体育基础理论和体育运动技能，传授学生科学锻炼和健康知识，指导学生掌握跑、跳、投等基本运动技能和足球、篮球、排球、健美操等专项运动技能。

国家学生体质健康标准

2. 思政性

高职公共体育课程作为公共必修课，要自觉担负起培养德智体美劳全面发展的社会主义建设者和接班人的教育使命。本书在各章节增加"思政课堂"内容，弘扬社会主义核心价值观，使学生在享受运动乐趣的同时，培养其积极向上的个性、健全人格及爱国主义、集体主义、社会主义精神；促进学生形成知行合一、刚健有为、自强不息的品格。

3. 融合性

本书运用"互联网+"技术，配有二维码承载的微课视频和章节扫码答题资源，以激发学生的学习兴趣和促进学生对重点技术、重点知识的理解和掌握，使内容呈现方式更加情景化、动态化、形象化。

4. 实用性

（1）理论部分，本书介绍了体育的概念与功能、高职体育教育的属性与特点、高职体育的目的与任务、当代大学生应具备的体育素养及科学体育锻炼与身心健康相关知识，直接目标是增加学生的体育基础知识，终极目标是全面提升学生的体育素养，促进学生终身体育锻炼习惯的养成。

（2）本书落实“教会、勤练、常赛”新时代学校体育工作的新任务、新课题，设置练习方法、比赛主要规则、常见错误及其纠正方法、竞赛组织与编排等内容，便于学生课外自学、自练及组织小型赛事。

（3）设置运动医学部分，具体包括高职学生体育锻炼与卫生保健、常见运动损伤及其处理、常见职业病的预防、大学生应知应会的急救知识等内容，以达到科学健身、防治伤病、保障运动者的健康、增强体质和提高运动成绩的目的，让学生学会在运动中保护自己，培养其科学锻炼的意识和乐于助人的精神。

5. 职业性

本书设有职业体能篇和常见职业病的预防及其处理章节，结合学生的专业和未来岗位工作特点介绍有针对性的锻炼方法，为全面培养学生的职业身心素质，为学生的终身健康和生存发展打下坚实的基础。

6. 时尚性

高职公共体育教材的内容设计必须紧跟体育发展潮流。本书融入了轮滑运动、垒球运动、气排球运动、飞盘等一些时尚体育运动项目，更加符合时代发展的特征和当前大学生的心理特点。

本书共分为体育与健康基本知识、基础体能、职业体能与运动心智能、专项运动四篇十八章。参加本书编写工作的人员有：范丽珺（统稿，第一章，第二章，第三章第一节、第二节，第六章第一节、第二节，第七章，第八章）；王永胜（第十二章第二节，第十六章，第十八章第一节）；兰博（第十三章第一节，第十四章第三节）；宗诚（第三章第三节、第四节，第六章第三节，第十一章第二节，第十七章，第十八章第二节）；王俊鹏（第十章，第十一章第三节）；高东华（第十一章第一节，第十四章第一节）；刘峰（第九章，第十二章第一节）；陈波（第六章第四节，第十二章第三节，第十八章第三节）；刘磊（第十五章第一节，第十八章第四节）；关璐（第五章，第十三章第二节、第三节）；赵红伟（第四章）；岳沙沙（第十五章第二节）；杨金凤（第十四章第二节）。

在本书编写过程中，我们参考、引用了众多书籍、资料，再次向有关作者致以真诚的感谢！由于编写人员水平有限，书中难免有疏漏和不妥之处，恳请专家和广大师生提出宝贵意见和建议，以便我们进一步完善和提高。

编委会

2023年5月

目录

第一篇　体育与健康基本知识

第一章　体育概述　/ 001
第一节　体育的概念与功能　/ 003
第二节　高职体育的目的、任务与发展方向　/ 005
第二章　体育文化　/ 008
第一节　体育文化概述　/ 010
第二节　奥林匹克运动文化　/ 012
第三节　校园体育文化　/ 014
第三章　科学体育锻炼与身心健康　/ 016
第一节　树立正确的健康观念　/ 018
第二节　体育锻炼对高职学生心理健康的影响　/ 020
第三节　体育锻炼与膳食营养　/ 023
第四节　科学的体育锻炼　/ 027
第四章　运动医学　/ 032
第一节　常见运动损伤的预防与处理　/ 034
第二节　常见职业病的预防与处理　/ 037
第三节　大学生应知应会的急救知识　/ 040
第五章　体育安全教育　/ 047
第一节　体育安全教育的目标与任务　/ 049
第二节　体育安全教育课程实践　/ 050
第三节　日常体育锻炼中的安全防范　/ 053
第六章　运动竞赛的组织与编排　/ 055
第一节　体育竞赛概述　/ 057
第二节　田径运动竞赛的组织与编排　/ 058
第三节　大球类运动竞赛的组织与编排　/ 062
第四节　小球类运动竞赛的组织与编排　/ 065

第二篇　基 础 体 能

第七章　身体基本活动能力　/ 071
第一节　走、跑　/ 073
第二节　跳、投　/ 080
第三节　支撑与悬垂　/ 087
第四节　平衡与滚翻　/ 090
第八章　运动素质与体适能　/ 094
第一节　运动素质　/ 096
第二节　体适能　/ 098

第三篇　职业体能与运动心智能

第九章　职业体能训练　/ 103
第一节　职业体能概述　/ 105
第二节　不同类型职业体能的锻炼方法　/ 106
第十章　运动心智能训练　/ 116
第一节　沟通与合作　/ 118
第二节　细心与果敢　/ 121
第三节　坚持与服从　/ 124
第四节　责任与创新　/ 127

第四篇 专项运动篇

第十一章 大球类运动 / 131
第一节 篮球运动 / 133
第二节 排球运动 / 149
第三节 足球运动 / 163
第十二章 小球类运动 / 177
第一节 乒乓球运动 / 179
第二节 羽毛球运动 / 191
第三节 网球运动 / 202
第十三章 操舞类运动 / 211
第一节 健美操运动 / 213
第二节 健身街舞 / 227
第三节 安代健身操 / 230
第十四章 健体类运动 / 235
第一节 健美运动 / 237
第二节 健身气功 / 244
第三节 瑜伽运动 / 248
第十五章 武术与民族传统类运动 / 257
第一节 武术运动 / 259
第二节 花样跳绳 / 276
第十六章 游泳运动 / 279
第一节 游泳运动概述 / 281
第二节 游泳运动的基本技术 / 282
第三节 游泳安全与救护 / 294
第十七章 冰雪运动 / 297
第一节 滑冰运动 / 299
第二节 滑雪运动 / 303
第十八章 时尚体育运动 / 306
第一节 轮滑运动 / 308
第二节 棒垒球运动 / 312
第三节 气排球运动 / 318
第四节 飞盘运动 / 326

参考文献 / 330

第一篇 体育与健康基本知识

第一章 体育概述

本章导学

高等职业院校体育与健康课程在我国高等教育课程体系中具有不可替代的作用。通过引导学生积极参加体育锻炼，帮助学生增强体质（体能），掌握体育知识、技术与技能，促进学生的体育素养与健全人格养成，是培养德智体美劳全面发展的社会主义高素质高技术技能型人才的重要途径。

通过本章的学习，使学生可以了解体育的概念、发展历史、功能及高职阶段体育教育的特点和任务，促使学生建立正确的体育观，发挥其主观能动性，激发学生锻炼的积极性、自觉性。

学习目标

知识目标：介绍体育的概念与功能，了解高职体育教育的特点、任务。

能力目标：培养学生体育兴趣，激发学生的学习动机，提高学生锻炼的积极性、自觉性。

素质目标：促使学生建立正确的体育观，具备体育素养，弘扬中华体育精神。

思政课堂

弘扬体育精神，培育时代新人

党的十九大以来，习近平总书记在很多场合强调了“体育精神”的重要与可贵。站在“两个一百年”奋斗目标的历史交汇点上，我们比以往任何时候更需要弘扬体育精神，以激励我们为实现中华民族伟大复兴而拼搏奋斗。

近年来，中国体育不断取得辉煌成绩。中国选手在第 32 届夏季奥林匹克运动会（东京奥运会）14 个项目中收获金牌，夺金项目是境外举办的奥运会参赛历史中最多的一次；北京冬奥会上，高亭宇摘得中国首枚男子速度滑冰金牌，苏翊鸣成为中国首个单板滑雪冬奥冠军；中国女排以 11 连胜卫冕世界杯冠军，也是第十次夺取世界排球“三大赛”冠军；中国女足时隔 16 年重夺亚洲杯冠军；中国队包揽 2018 年亚运会男子、女子篮球和男子、女子三人篮球 4 枚金牌；中国男排时隔 10 年再夺亚洲杯冠军；武大靖夺得平昌冬奥会短道速滑男子 500 米冠军，实现中国冰上男子单人项目冬奥会金牌零的突破。中国体育健儿用实际行动生动诠释“为国争光、无私奉献、科学求实、遵纪守法、团结协作、顽强拼搏”的中华体育精神。

发展体育事业不仅是实现中国梦的重要内容，还能为中华民族伟大复兴提供凝心聚气的强大精神力量。我们要弘扬中华体育精神，弘扬体育道德风尚，弘扬在体育实践活动中形成的爱国奉献、自强不息、乐观自信、团结合作、公平竞争等意识，在长期实践总结中逐步凝集爱国主义精神、奥林匹克精神、女排精神等具有中华民族特色的体育精神。

第一节 体育的概念与功能

一、“体育”一词的由来

教育范畴的体育一词，其英文为“physical education”，指的是以身体活动为手段的教育方式，即身体的教育，简称为“体育”。在古希腊，田径、角力、体操等运动项目曾被列为教育内容。17~18 世纪，西方的教育中加进了打猎、游泳、爬山、赛跑、跳跃等项活动，只是尚无统一的名称。相关资料记载，1760 年的法国报刊上首次用“体育”和“身体教育”等名词论述儿童的身体教育问题。

二、体育的概念

“体育”一词刚传入我国时，指的是身体的教育，是作为教育的一部分出现的。随着社会的进步和体育实践的不断发展，人们对体育一词又有了狭义和广义两个层面的阐述。

狭义的体育是指通过身体活动，增强体质和健康，传授锻炼身体的知识和方法，培养道德和意志品质的一个有目的、有计划、有组织的教育过程。

广义的体育是指以身体练习为基本手段，以增强体质、促进人的全面发展、丰富社会文化生活和促进精神文明建设为目的的一种有意识、有组织的社会活动。

三、体育的构成

根据目的、任务及实施对象不同，体育主要分为竞技体育、学校体育和社会体育，这三部分相互配合、共同完成体育的任务，实现我国体育的发展目的。

1. 竞技体育

竞技体育是指在最大限度地挖掘和发挥个人或集体在体能、心理、智力等方面潜力的基础上，提高竞技能力和水平，以攀登运动技术高峰和创造优异运动成绩为目的的训练和竞赛活动。竞技体育的特点是强烈的竞争性、高超的技艺性、规则的国际性。

2. 学校体育

学校体育是学校教育的重要组成部分，是国家体育事业的发展基础和战略重点。学校体育是学习和掌握体育知识与技能，提高身体素质、增强体质的教育活动，是培养道德和意志品质的有目的、有计划、有组织的教育过程。它通过体育教学、课余体育训练和课外体育活动等基本组织形式，围绕增强学生体质这个主要任务来实现它的教育功能和价值。

3. 社会体育

社会体育是为了娱乐身心、增强体质、防治疾病和培养体育后备人才，在社会上广泛开展的体育活动的总称，包括职工体育、农民体育、社区体育、老年人体育、妇女体育、伤残人体育等。社会体育也称群众体育，是关系到全国人民健康幸福的重要社会事业。开展群众体育应遵循因人、因地、因时制宜和业余、自愿、小型、多样、文明的原则。广泛开展群众体育是发挥体育的社会功能，提高民族素质和完成体育任务的重要途径。

四、体育的功能

体育是一个有机的整体，一个多功能、多目标的系统。从性质上看，体育是社会文化的组成部分。体育的功能主要包括健身功能、教育功能、娱乐功能、经济功能、政治功能和文化传播功能。

1. 体育的健身功能

健身功能是体育的基本功能。它可以提高人体心血管系统和呼吸系统的机能水平，促进骨骼和肌肉的生长发育，提高人体的运动能力，增强人体对自然环境的适应能力、应激能力和对疾病的抵抗力，调适和保持心理健康。

2. 体育的教育功能

教育功能是体育最本质的功能。

（1）学校体育教育功能。学校通过完整的体育教育过程，对受教育者进行政治思想、意志品质、道德情操和身体发展的教育，使受教育者完善人格，获得基本的体育理论知识，掌握必要的运动技能，学会科学锻炼身体的方法，提高运动实践能力，并养成锻炼身体的习惯。

（2）社会体育教育功能。就社会教育意义而言，体育作为一种传播价值观的理想载体，在激发爱国热情、振奋民族精神、培养社会公德、教育人们保持与社会的一致性等方面都具有极大的社会教育功效。

3. 体育的娱乐功能

随着社会的不断发展和进步，体育的娱乐功能有了更广泛的适用范围。例如户外体育活动，可以调节生活，使人享受大自然；体育锻炼也成为加强人际交往和享受集体聚会的主要手段；参与体育竞赛活动或从事一些惊险性体育项目，向大自然挑战，可以体验创造人生价值的乐趣；经常欣赏体育比赛和表演，可以从运动员的高超技艺中得到美的艺术享受等。国家通过实施《全民健身计划纲要》寻求符合我国国情的健康的、理想的体育娱乐方式，最终达到使居民保持身心健康和充分享受生活乐趣的目的。

4. 体育的经济功能

体育的经济功能是体育在社会经济发展中的有利的作用和效能。体育经济已成为国民经济发展的新增长点，它已成为增进人民健康最有效的一种服务手段，并可以推动与之密切相关的场地设施建设、运动器材、服装、饮料、药物等行业的发展；体育产业发展有利于优化产业结构，体育产业的发展可以为社会提供更多的就业岗位，对经济、社会的稳定起到维护作用。

5. 体育的政治功能

在现代国际社会中，体育可以发挥振奋民族精神、提升国家或地区的国际形象、服务于国家的外交政策等政治功能。

6. 体育的文化传播功能

如今体育已经成为重要的文化载体和文化传播窗口。例如，历届奥运会的吉祥物都充分体现了举办国的文化特征。正是基于不同文化背景下生长和发展起来的体育观念的相互碰撞，体育与文化才在人类生存和发展的历史长河中形成了你中有我、我中有你、相互借鉴、共同发展的多元景象。

知识链接 **我国的全民健身日**

为了满足广大人民群众日益增长的体育需求，为了纪念北京奥运会成功举办，经国务院批准，从2009年起，每年8月8日为“全民健身日”。

第二节 高职体育的目的、任务与发展方向

随着经济的发展、社会的需要，学校体育的改革也随之不断深入。新时期、新形势赋予了学校体育新的任务，促使学校体育的目的与任务更加具体、完善。

一、高职体育的目的

高职体育课程的目的是贯彻国务院办公厅转发教育部等部门《关于进一步加强学校体育工作若干意见的通知》（国办发〔2012〕53号）、《关于强化学校体育促进学生身心健康全面发展的意见》（国办发〔2016〕27号）文件精神，积极培养德智体美劳全面发展的社会主义建设者和接班人，着力增强学生体质，突出体育教育对生产、建设、管理、服务等一线高素质技能型专门人才培养的针对性。

本课程旨在通过对体育与健康基本知识和专项运动技能的学习，使高职学生具备健康的体魄、积极向上的体育精神，并掌握1~2项终身体育锻炼技能，具备一定的团队协作意识，顽强的抗压、抗挫能力，为未来进入职业岗位打下良好的身心基础；通过职业体能的学习，培养学生与所学专业对应的职业身体素质，提升职业岗位所需的体育素养，预防常见职业病，实现可持续发展，最终使学生成为社会需要的合格的高素质技能型专门人才。

二、高职体育的任务

1. 帮助学生树立积极健康的价值观、人生观及世界观

就业及职业岗位的竞争压力，使高职学生除了要具备良好的职业技能外，还必须具备吃苦耐劳、团结协作、诚实守信、坚持不懈等职业素养。

研究表明，青少年每天参与适量的体育运动，对学业成绩、环境适应能力、自我效能感、自我控制能力和情绪调节能力具有正向性作用。体育锻炼及教学的过程，不仅能使学生掌握运动的基本理论知识、基本技术和基本技能，也能帮助学生树立积极健康的价值观、人生观及世界观。它是学生不断认识自我、超越自我，培养学生意志品质和调节情绪能力的过程；是学生不断克服心理障碍，提高抗挫折能力，保持心理稳定的过程；是学生养成积极乐观生活态度的过程；是体验运动乐趣，提高学生自信心和发展学生心理品质的过程。体育锻炼可以培养学生吃苦耐劳、团结协作、诚实守信、坚持不懈等精神，发展非专业职业素养，提升就业竞争力，以适应未来工作及生活的需要。

2. 促进学生具备可持续发展能力，发展核心竞争力

从职业长远发展来看，学生既要有扎实的专业知识和技能，也离不开优秀的职业素养，只有在岗位上具有强烈的进取心和责任心、坚强的意志力、公平公正的规则意

识、集体主义精神等，才能具备全面可持续的发展能力。体育锻炼是“享受乐趣、增强体质、健全人格、锤炼意志”的过程，在这一过程中能领悟到公平竞争、团结协作、乐观自信、刚毅执着、顽强拼搏等素养的意义，这些素养也是学生在未来职业岗位上所需要的职业素养。通过体育锻炼提升上述素养，可帮助学生提高岗位竞争力，实现可持续发展。

3. 促进学生养成不断进取的工匠精神，形成“创新核心竞争力”

开拓创新的意识是职业竞争中获得先机的前提，要具备这种精神，要有克服困难的决心及意志力，具有良好的规则意识及不断进取的工匠精神等。在具备上述职业素养的基础上才能有效培养学生的创新精神、创业意识与能力等。体育运动能使学生具备自我学习能力、实践能力、创造能力。这些能力的提高能帮助学生形成开拓创新的意识和精神。

三、当代大学生应具备的体育素养

公民健康素养的构成与意义

体育素养是人们通过对体育知识的学习和对体育活动的参与而形成的各种体育能力和行为的综合表现。它是通过体育知识的多少、体育技能的优劣、体育技术的好坏、体育意识的强弱、体育个性的突出与否来表现的。提高学生的体育素养，是适应现代教育由应试教育向素质教育转化的一个重要举措。当代大学生应具备的体育素养是：

1. 树立“健康第一”的体育学习理念

健康是人类生存和发展的最基本的自身条件，也是创造社会物质文明和精神文明的基础，还是一个民族或国家整体素质与社会文明的重要标志。当代大学生要清楚地认识到，健康的身体是学习和工作的保障，是国家、社会对全面发展综合素质人才的要求。体育锻炼不仅对人体的形态结构、生理功能、身体素质和适应能力有良好的影响，而且在丰富精神文化生活方面会起到不可忽视的作用。

2. 掌握体育和健康的基本知识，提高自身体育活动的能力

大学生在高校的体育学习过程中，应注重体育对促进健康的重要作用，掌握体育健身的基本原理，并能运用这些知识和原理指导自身的体育锻炼；要学会体育锻炼的评价方法和身心健康的评价方法，把体育视为一种文化加以理解，不断提高自己的体育素养，同时还要注重提高自己的体育活动能力。要从增强体质的角度学习运动技术，把掌握运动技术看成增强体质和提高健康水平的手段，把运动技术和体育锻炼方法的学习过程看成增强体质、增进健康、传播体育文化的过程，切实为终身体育奠定基础。

3. 坚持锻炼身体的习惯，养成健康的行为和生活方式

不良的行为和生活方式给健康带来不利影响。对于保持健康来说，无论是在目前还是将来使用药物，都不如进行科学的体育锻炼更有效。我们应养成坚持体育锻炼的习惯，培养健康的行为和生活方式。

4. 培养自身的体育道德修养、合作精神和坚强的毅力

自测题 1

体育是传播精神文明的重要载体，通过体育行为培养现代人高尚的道德情操是一条有效的途径。因此，我们应培养自身的体育道德素养，在体育运动竞赛中培养合作意识和坚强的毅力。大学生要加深对体育的理解，领悟体育的真谛，这是培养良好体育素养的根本途径。

四、高职体育的发展方向

1. 激发学生学习兴趣，培养学生终身体育锻炼的习惯

体育习惯的养成应遵循“兴趣—爱好—习惯”的规律。兴趣是人的一种个性心理特征，是学生参与体育活动的内在动力，只有热爱体育，学生学习的热情和持久力才会提高，才会成为未来真正的“体育人口”。依据这一特点，应形成基于学生个体兴趣的高职体育课程体系。

2. 切合实际，为专业教育服务

高职体育课程的设置应充分考虑未来社会和受教育者生存发展的需求，实施合理的课程改革。体育课程的内容选择应该从实用性的角度进行考虑，必须与学生未来的职业和工作性质、工作条件紧密联系。在发展学生一般身体素质，增进健康、增强体质、培养兴趣的同时，应根据学生所学专业的特点向学生传授与其未来职业相关的特殊体育知识、技能和心理素质。

3. 立足学校实际，积极开发新型项目

学校体育肩负“增强学生体质”和“促进学生健康”的使命，各类高等职业院校应依据各自的特点、人才培养目标，兼顾学生的兴趣爱好等实际情况，选择、开发适合本校发展需要的体育课程内容。

第二章　体育文化

本章导学

文化是一个国家、一个民族的灵魂。文化兴国运兴，文化强民族强。体育文化的传承与创新需要文化自信作支撑，更需要工匠精神的加持。弘扬体育精神，发展体育文化，将助力国家文化软实力的提升，为文化强国建设贡献力量。

本章通过体育文化基本概念的学习，使学生获得对体育文化基本的认识；通过学习中华民族体育传统文化及奥林匹克文化，让学生感受其中的精神文化及魅力，进一步增强文化自信，弘扬体育精神；构建阳光健康、拼搏向上的校园体育文化，培养学生爱国主义、集体主义、社会主义精神，促进学生知行合一、刚健有为、自强不息。

学习目标

知识目标：介绍体育文化的概念、结构，中华民族传统体育文化的概念、起源、价值；了解奥林匹克运动和校园体育文化的相关知识。

能力目标：传承与创新体育文化，弘扬体育精神，助力国家文化软实力的提升，为文化强国建设贡献力量。

素质目标：促使学生建立正确的体育观，弘扬中华体育精神，增强体育文化自信心。

思政课堂

坚定体育文化自信　彰显体育文化价值

习近平总书记指出，文化自信是一个国家、一个民族发展中最基本、最深沉、最持久的力量。体育文化建设是社会主义文化建设的重要组成部分，体育文化在社会主义文化建设和体育强国建设中发挥着重要作用。

党的十八大以来，体育文化建设工作以习近平新时代中国特色社会主义思想为指导，不断满足人民日益增长的体育文化需求，不断推动体育文化高质量发展，不断增强体育文化影响力，积极为体育强国建设和中华民族伟大复兴的中国梦贡献力量。

十年来，中华体育精神深入人心。以“为国争光、无私奉献、科学求实、遵纪守法、团结协作、顽强拼搏”为主要内容的中华体育精神不断发扬光大。

十年来，我国不断挖掘运动项目文化内涵，加强运动项目文化建设。在提升竞技体育成绩的同时，注重运动项目文化的打造，不断提炼运动项目的文化特征、组织文化和团队精神，形成了各具特色的运动项目精神内核和文化标识。

十年来，我国不断推进中国体育话语和叙事体系建设，传播中国体育文化价值，讲好中国体育故事，让体育在塑造国家形象和提升国家文化软实力方面发挥更大作用。

十年来，我国着力加强体育非物质文化遗产保护工作。深挖民族优秀传统体育文化内涵和特质，推进体育非物质文化遗产研究、保护、传承。“太极拳”被列入联合国教科文组织人类非物质文化遗产名录，这是过去十年来我国体育非物质文化遗产保护和中华民族传统体育文化“走出去”的重要成果。

文化是一个国家、一个民族的灵魂。文化兴国运兴，文化强民族强。立足新发展阶段，体育文化工作将贯彻新发展理念，构建新发展格局，推动社会主义核心价值观在体育领域更加彰显，进一步发挥体育文化的多功能社会价值，丰富其时代内涵，推动中华优秀传统体育文化走出去，弘扬中华体育精神，为体育强国建设凝聚强大的精神力量。

（摘自 2022 年 9 月 27 日《中国体育报》）

第一节 体育文化概述

一、体育文化的内涵

1. 体育文化的概念

“体育文化”一词最早译为身体文化。19 世纪末，有人提出，身体文化是指促进健康和增强体力的身体运动体系，是与自然的运动形式对应的人为的体育形式。

1974 年，国际体育名词术语委员会出版的《体育运动词汇》给“体育文化”下的定义：“体育文化是广义文化的一个组成部分，指各种利用身体文化锻炼来提高人的生物学和精神潜力的范畴、规律、制度和物质设施。”

《辞海》（第七版）对体育文化的释义：“体育文化是在体育运动中所产生的社会文化现象的总和。包括各种通过身体练习来提高人的身体及精神潜力的范畴、制度、规律和物质设施等。”

新时代体育文化在追求人的身心发展的同时，吸收和反映了新的时代元素和现实诉求，因此可以将体育文化界定为：人们利用身体活动在增进健康、提高生活质量和推动社会发展的过程中，形成和创造的体育物质设备、体育制度规范和体育思想观念体系。

2. 体育文化的结构

体育文化的结构可分为体育精神文化、体育制度文化和体育物质文化三个层次。

（1）体育精神文化，也可称为体育观念文化，是以心理认知、观念、理论等形态存在的体育文化，包括人们在长期的社会生活和互动中产生的与体育有关的价值观念、心理倾向，以及通过抽象的声音、色彩等形式表现体育精神的艺术文化等。

（2）体育制度文化，也就是体育行为文化，是人们为反映和确定体育运动中一定的社会关系，并对这些关系进行整合和调控而建立的各种体育组织机构和规章制度的总称，包括体育运动中人的角色、地位，以及各种体育活动的组织形式，为促进体育的发展而形成的各种组织机构，人们围绕体育而创造的各种直接影响体育活动的原则、制定的各种规章制度、条例，以及管理体制及风格等。

（3）体育物质文化，是指体育文化中可直接感知的物质实体层面，包括凝结体育文化特质的各种物质产品，如体育场地、设施、器械和装备，各类体育活动方法、技术和技巧，以及具有深刻思想内涵的体育物质性成果等。

一般而言，体育的精神文化是内核，物质文化是外表，而行为制度文化处于精神文化和物质文化之间。也可以说，精神文化是内隐文化，行为文化和物质文化为外显文化。

二、中华民族传统体育文化

民族传统体育是中华传统文化的重要组成部分，其源远流长的历史、丰富的文化内涵、独特的表现形式，构筑了中华民族体育文化的宝库。

1. 中华民族传统体育文化的起源

任何文化包括中国文化在内都有其特定的生长土壤，都与一定社会的政治、经济相联系。我国自古以来就是一个多民族的国家，中华民族传统体育文化源于各民族劳动人民的各种需要，是与他们的认识水平的发展及自然经济相适应的一种文化形态。主要包括生活需要、防病治病、战争练武，还包括节庆娱乐和宗教信仰等。中华民族传统体育文化的起源归纳起来有劳动起源说、战争起源说、自然起源说、娱乐起源说和宗教起源说。

（1）劳动起源说。劳动起源说在我国被认为是比较合理的一种论说，占主导地位，这是根据马克思主义唯物史观总结出来的。劳动创造了人，也是体育产生的前提。原始社会初期，人类的主要敌人是大自然。人们通过采集、狩猎、捕鱼等活动维系种族的生存和繁衍，在这些活动中逐渐学会了一些跑、跳、投、攀登、泅水等生存的基本技能，这就是后来体育技能的起点。原始社会后期，由于生产力的提高，人们在生产劳动之余为了丰富其生活，便逐渐有了以手抛脚踢或两球相碰为内容的游戏，将石球从生产工具演化成游戏用具。这便是体育的萌芽。

（2）战争起源说。人类的史前期，由于生活资料匮乏，经常为此发生争斗，原始社会的战争也就由此产生。为了获得胜利，各氏族部落纷纷采取各种手段对士兵进行训练，以提高其身体素质，掌握兵器的使用技能，从而使得武器的研制和战斗技能的提高得到飞速发展。

（3）自然起源说。中华民族传统体育文化自然起源说主张民族传统体育象征着人类与自然的和谐统一，体现了人类对自然的适应。在与大自然的长期斗争实践中，古人逐渐体会到一定的动作、呼吸及发声的声调，可以调节人体的某些机能，于是在生产劳动之时，他们自然而然地模仿自然现象、动物的声音和动作形态，以及在猎取食物时的种种情状。这种对于自然界的模仿，也体现在传统体育活动中。

（4）娱乐起源说。娱乐起源说认为追求娱乐是人类的本性。当原始人狩猎满载而归时，由于内心十分高兴，就会自然地流露手舞足蹈的身体动作，而这些身体动作大多数是模仿飞禽走兽，或者是与猎物搏斗时的动作。部落是一个集体，人们共同劳动、共享欢乐。一旦获得丰收，整个部落为之欢腾，并聚集而舞蹈，可以说原始人类的娱乐活动是民族传统体育的原始形态。

（5）宗教起源说。古人面对许多无法理解的自然现象，特别是对自然界的一些灾难十分恐惧，由此产生了对神灵的崇拜，发展到后来出现宗教信仰。出于迷信，原始人举行各种祭祀活动，祈求神祇的庇护。在祭祀活动中，人们逐渐用舞蹈、角力等身体活动来进行祈祷。这些身体活动，包含了许多民族传统体育的因素，被认为是我国传统体育文化的源头之一。宗教信仰直接或间接地促进了很多传统体育项目的产生和发展。

2. 中华民族传统体育文化的内涵

（1）民族传统体育文化的概念。民族传统体育文化是体育文化的下位概念，指各民族在其形成与发展过程中所创造出来的全部体育文化。民族传统体育是由各民族创造的为获得增强体质的技能而进行的竞技娱乐和教育的一种综合性文化形态，是各民族以身体运动为基本方式的一种动态过程的复合体，是民族文明进步所形成的一种传统的文化生活方式，具有各民族自己的文化特征。

（2）中华民族传统体育文化的特点。中华民族传统体育在其形成与发展过程中，中国文化中“安土地，尊祖宗，崇人伦，尚道德，重礼仪”的价值观念对其产生了非常大的影响，使其表现出独特的文化特色。形成了以“天人合一”和“气一元论”为哲学基础，以保健性、表演性为基本模式，以崇尚礼让、宽厚、和平为价值取向的体育形态，这种模式既造就了中国及东方体育的文化优势，也存在着非理性。它使得中华民族体育既有两晋、隋唐与宋代的辉煌发展，也有明清以后步履蹒跚地缓慢发展甚至是彻底落后。只有加强对中华民族传统体育的深入研究，才能形成合理认识并探索其未来的发展途径。

3. 新时代传承中华民族传统体育文化的价值

（1）有利于保护、传承非物质文化遗产。我国传统体育文化资源十分丰富，不仅是中华民族文化的重要组成部分，更是国家非物质文化遗产。这些传统体育文化更是具有与众不同的感染力，能让学生在锻炼身体及学习知识的同时感受其中的精神文化及魅力，从而进一步增强民族文化自信。

（2）有利于促进大学生人文素养和道德情操。民族传统体育文化蕴含了浓郁的中华文化，在新时代承载了重要的教育使命。高校通过不同形式的民族传统体育活动，可以使学生了解不同民族的风俗习惯，有利于提高学生的民族传统文化意识，从而提升学生群体道德素养，推动实现“立德树人，铸魂育人”的教育新目标。

（3）有利于加强民族团结、树立中华民族伟大复兴中国梦的责任意识和奉献意识。大学是接受、传承、弘扬民族优秀文化的重要环境，让大学生了解、熟悉并掌握民族传统体育项目的练习和锻炼方法，并起到传承、弘扬民族传统体育文化和推广民族体育项目的教育作用，是铸牢中华民族共同体意识的有效途径。

（4）有利于丰富校园文化生活和课程资源。在高校建设有特色的民族体育课程，既丰富了教学内容，又促进了课程体系改革，体教融合推动了民族传统体育文化的普及和传承。开展“一校一品”“一校多品”民族体育课外体育活动或展示活动等，有助于增强文化认同。

知识拓展

全国少数民族传统体育运动会一般指中华人民共和国全国少数民族传统体育运动会。该运动会是在 1953 年举办的全国民族形式体育表演和竞赛大会的基础上发展而来的。它由国家民族事务委员会和国家体育行政部门联合主办、地方承办，每 4 年举行一届。该项赛事具有民族性、广泛性和业余性等特色，已成为全国较有影响的大型综合性体育运动会之一。

第二节　奥林匹克运动文化

一、奥林匹克运动会概述

奥林匹克运动是根据现代奥林匹克主义诞生的一个规模宏大的社会运动，其目的在于通过组织没有任何歧视和符合奥林匹克精神的体育活动来教育青年，从而为建立一个更加和平和美好的世界做出贡献。作为现代奥运会标志的“五环旗”，象征着世界五大洲的团结、友爱与和平，以及鼓励全世界运动员以公正、平等和友好的心态参与竞技。

每 4 年一届的奥运会如今已成为人类社会公认的规模最大、参赛人数最多、所设项目最全的综合性体育盛事。它不仅对世界体育的发展起着举足轻重的作用，同时也是人类文明史上一项伟大的社会工程，对社会政治、经济、文化教育等领域产生了深刻的影响，在一定程度上推动了社会的进步与发展。

二、古代奥林匹克运动会的起源

古代奥林匹克运动会是古希腊人为祭祀天神宙斯而举行的规模最大的综合性竞技运动会，从公元前 776 年开始，到公元 394 年止，共举行了 293 届。公元 394 年古代奥林匹克运动会被罗马帝国皇帝狄奥多西一世禁止。

根据有关考古发掘和文献记载，古代奥运会最初只有赛跑一个比赛项目，比赛距离约 192.25 米。后来陆续增加了往返跑、武装跑、五项运动、摔跤、拳击、赛车和赛马等项目，各项目的比赛均只取第一名，获胜者将被用橄榄枝编成的桂冠加冕，连续三次夺冠者拥有在宙斯大祭坛前建立永久塑像的至高荣誉。古代奥运会的授奖仪式庄严、隆重，比赛胜利的运动员被授予由从阿尔提斯地区采摘的橄榄枝编成的花冠。古希腊人认为，橄榄树是雅典娜带到人间的，是神赋予人类和平与幸福的象征。因此能带上用橄榄枝编成的花冠，就说明他获得了最高的荣誉。这种至高无上的光荣，无论是远古，抑或是现在，都同样具有权威性。当优胜者凯旋，城邦还会组织盛大的庆典活动，他们像英雄一般受到欢迎和尊崇。

三、现代奥林匹克运动的复兴

现代奥林匹克运动在 19 世纪兴起，是多种因素共同作用的结果。从 14 世纪起，欧洲各国相继发生文艺复兴、宗教改革和启蒙运动三大思想文化运动。18 世纪到 19 世纪，一个又一个的欧洲国家相继发生资产阶级革命和工业革命，它们为现代奥林匹克运动的诞生扫清了思想障碍，奠定了社会基础。19 世纪末 20 世纪初，随着工业生产和经济的迅猛发展，人们开始通过刺激性体育活动来消除紧张的工作状态，尤其是户外运动和竞技运动的开展更是如火如荼，这也大大地推进了复兴古代奥林匹克运动的步伐。

法国人皮埃尔·顾拜旦被誉为现代奥运会的创始人。他于 1883 年提出了定期举办类似古代奥运会的主张，并把他们扩大到世界范围。1894 年 6 月，“国际体育运动代表大会”通过了关于复兴奥林匹克运动的决议，6 月 23 日，国际奥林匹克委员会成立，标志着现代奥林匹克运动的诞生。1896 年希腊雅典举办了首届奥运会，以后每隔 4 年举办一次，如果奥运会年因故中止，届数照算。1924 年举办了首届冬奥会，2010 年举办了首届青奥会，2012 年举办了首届冬青奥会。

四、奥林匹克文化

1. 奥林匹克标志

奥林匹克五环标志由 5 个奥林匹克环套接组成，有蓝、黑、红、黄、绿 5 种颜色。五环的含义是象征五大洲的团结以及全世界的运动员以公正、坦率的比赛和友好的精神在奥林匹克运动会上相见。（图 2–2–1）

图 2–2–1　奥林匹克标志

2. 奥林匹克格言

1920 年，国际奥委会正式确认“更快、更高、更强”为奥林匹克格言，并在 1920 年安特卫普奥运会上首次使用。

中国奥运文化

2021 年 7 月 20 日，在日本东京召开的国际奥委会第 138 次全会上正式通过将“更团结”加入奥林匹克格言中。奥林匹克格言自此变为“更快、更高、更强、更团结”，寓意是奥运会在充分表达奥林匹克运动不断进取、永不满足的奋斗精神和不畏艰险、敢攀高峰的精神的同时，还需要大家团结在一起，共同担当。

3. 奥林匹克主义

“奥林匹克主义”一词出现在 1991 年 6 月 16 日生效的《奥林匹克宪章》中，这也是国际奥委会第一次给“奥林匹克主义”以正式的定义：奥林匹克主义是将身、心和精神方面的各种品质均衡地结合起来并使之得到提高的一种人生哲学。它将体育运动与文化和教育融为一体，奥林匹克主义所要开创的人生道路是以奋斗中所体验到的乐趣、优秀榜样的教育价值，和对一般伦理的基本原则的尊敬为基础的。

4. 奥林匹克精神

《奥林匹克宪章》指出，奥林匹克精神就是相互了解、友谊、团结和公平竞争的精神。奥林匹克精神对奥林匹克运动具有十分重要的指导作用。首先，奥林匹克精神强调对文化差异的容忍和理解。其次，奥林匹克精神强调竞技运动的公平与公正，人人平等，实现更高、更快、更强、更团结的理想。

5. 奥林匹克宗旨

《奥林匹克宪章》指出，奥林匹克运动的宗旨是：“通过没有任何歧视、具有奥林匹克精神——以友谊、团结和公平竞争的精神相互理解的体育活动来教育青年，从而为建立一个和平的更美好的世界做出贡献。”

第三节 校园体育文化

一、校园体育文化概念

校园体育文化是指在校园中所呈现的一种特定的体育文化形态。它是以学生为主体，以校园为主要活动空间，以课外体育活动文化为主要载体，以校园精神为特征的一种群体文化，是由广大师生在实践中共同创造的体育物质财富和精神财富的总和。

二、高职校园体育文化

1. 高职校园体育文化概述

高职院校的校园体育文化是高职院校的校园文化与体育文化相互渗透与融合的结晶，它以高职院校开展的各种体育活动为主要内容，属于复合型群体文化，具有职业性、多样性、全面性、创新性等特征。它的存在有利于塑造高职院校学生正确的人生观、价值观和世界观，促进学生协调发展，更好地满足就业岗位需求。

2. 高职校园体育文化结构

（1）高职校园体育精神文化是高职校园体育文化的本质和核心，它是指高职校园体育文化的体育价值、体育态度和校园体育精神等。

（2）高职校园体育制度文化是高职校园体育文化活动开展的方法和引导手段，它是学校体育文化意识的体现和组织形式的表达。高职校园体育制度文化包括校园体育的教学、竞赛、课外体育活动、体育社团和俱乐部等各种规章制度和办法规则，主要涵盖各种校园体育文化活动，体育教学行为和学生个人的体育运动行为等。

（3）高职校园体育物质文化是高职校园体育文化的基础物质保障，它是开展所有校园体育文化活动的物质前提，高职校园体育物质文化主要包括凝结校园体育文化特质的各种物质产品，以及学校各项体育经费的投入，如体育场地、设施，器械和装备的种类、数量，以及体育教师等师资的投入。

3. 高职校园体育文化的作用

（1）增强健康意识，树立终身体育观。2018 年 9 月 10 日，习近平总书记在全国教育大会上指出，要树立“健康第一”的教育理念。高职校园体育文化以学生健康发展为首要任务，以科学、有效的体育锻炼方法及和谐的体育文化为手段，充分发挥体育的教育功能，增强师生健康意识，培养德智体美劳全面发展的社会主义建设者和接班人。校园体育文化建设是落实我国全民健身计划的重要组成部分，积极营造校园体育文化能够促进终身体育目标的实现。

（2）加强品德修养，塑造健全人格。在参与校园体育活动的过程中“更快、更高、更强、更团结”“友谊第一、比赛第二”“公平、公正、公开”等体育精神在潜移默化中锻炼了学生的意志，使其逐渐形成完善的人格。

（3）传播体育文化，培养工匠精神。从体育教学的角度看，体育追求的是不断提升身体素质，以达到强健自身体魄为初衷。奥林匹克运动追求的“更快、更高、更强、更团结”的精神，与“工匠精神”的内涵相契合。学生应以奥运健儿为榜样，学习他们对运动技能精益求精地追求及坚持不懈锻炼的训练态度，在体育锻炼中严格要求自己，持之以恒地付出努力，提升自己的体育成绩与身体素质，不断磨炼坚韧的品质，这些都是对“工匠精神”的完美诠释。

（4）传承民族优秀体育文化，弘扬中华体育精神。《关于全面加强和改进新时代学校体育工作的意见》指出：推广中华传统体育项目。认真梳理武术、摔跤、棋类、射艺、龙舟、毽球、五禽操、舞龙舞狮等中华传统体育项目，因地制宜开展传统体育教学、训练、竞赛活动，并融入学校体育教学、训练、竞赛机制，形成中华传统体育项目竞赛体系。涵养阳光健康、拼搏向上的校园体育文化，培养学生爱国主义、集体主义、社会主义精神，增强文化自信，促进学生知行合一、刚健有为、自强不息。以“为国争光、无私奉献、科学求实、遵纪守法、团结协作、顽强拼搏”为主要内容的中华体育精神，积淀着我国体育界几十年来的经验，表现了体育人对体育事业的忠诚、执着，展示了体育人不放弃理想与信念的坚守与奋斗。高职校园体育文化是弘扬中华体育精神的有效途径。新时代的高职学生不仅应继承中华体育精神的优良传统，还要与时俱进，不断创新中华体育精神，发挥体育文化、体育精神的潜移默化作用，把社会主义核心价值观融入体育活动中，在体育竞赛中培育和践行社会主义核心价值观。

自测题 2

第三章　科学体育锻炼与身心健康

本章导学

坚持健康第一的教育理念是新时代学校体育工作的重要指导思想。通过本章的学习，使学生了解科学体育锻炼与身心健康的辩证关系，进而全面提高学生对健康的认知水平，提高学生参与体育运动的科学性，引导学生树立正确的健康观念，养成健康的生活方式，激发学生提升全民族身体素质的责任感和使命感，助力健康中国和体育强国战略的实施。

学习目标

知识目标：了解健康、亚健康的含义及健康的标准，熟悉体育运动和营养与身心健康的关系。

能力目标：提高学生对健康的认知水平，使学生养成锻炼习惯，提高其根据自身情况制定科学的锻炼计划的能力。

素质目标：引导学生树立正确的健康观念，养成健康的生活方式，激发学生提升全民族身体素质的责任感和使命感，助力健康中国和体育强国战略的实施。

思政课堂

钟南山与体育运动

说起钟南山，我们会想到他的一些头衔，比如中国工程院院士、著名呼吸病学专家、共和国勋章获得者等。事实上，在医学领域之外，钟南山还有另一层“身份”——运动健将。

钟南山从小喜欢运动，对跑步、足球、篮球等都感兴趣。在北京医学院（今北京大学医学部）读书期间，他在校运会上创下的一些纪录，至今都无人打破。他还曾作为一名非职业运动员参加了首届全国运动会，并在400米栏项目中打破了当时的全国纪录。

可以说，钟南山的一生都与体育有着不解之缘，正如他在与中国女排前队长惠若琪视频连线时所说：“在我的一生里，体育锻炼对我的健康以及事业发展起到了很关键的作用。”他以自己的经历为“体育是教育”做了最好的注解。

钟南山曾提出，人的健康有五大决定因素：父母遗传占15%，社会环境占10%，自然环境占7%，医疗条件占8%，而生活方式占60%，生活方式几乎起决定性作用。钟南山说：“锻炼就像吃饭一样，是生活的一部分，我们要建立一种观念，就是要一辈子运动，这样才能享有比较好的生活质量，最大的成功就是健康地活着。”一个人寿命的长短，大多不取决于衰老和疾病，而是良好的生活方式。

钟南山号召年轻人多参加竞技运动，他说竞技运动不仅强身健体，更重要的是能培养抗挫能力和团队精神，这些对一个人的成长至关重要。

第一节 树立正确的健康观念

一、健康的概念

现代健康理念是世界卫生组织在1989年提出的：健康不仅仅是没有疾病或不虚弱，而且是指一种躯体上、心理上、社会适应和道德健康方面的完满状态。这就是人们所指的身心健康，也就是说健康不仅包括躯体健康，还应包括心理健康和社会适应的完好状态，以及人际关系的和谐，能正确认知和有效控制自己的情绪，能够自我激励、自我监察、自我管理、自我控制，如此才能称得上是一个完全健康的人。

二、健康的标准

（一）健康的10个标志

1989年，世界卫生组织提出了衡量健康水平的具体标准。

（1）有充沛的精力，能从容不迫地担负日常生活和繁重的工作，且不感到过分紧张和疲劳。

（2）处事乐观，态度积极，乐于承担责任，不挑剔。

（3）善于休息，睡眠好。

（4）应变能力强，能适应外界环境各种变化。

（5）能够抵抗一般性感冒和传染病。

（6）体重适当，身体匀称，站立时，头、肩、臂位置协调。

（7）眼睛明亮，反应敏捷，眼睑不易发炎。

（8）牙齿清洁，无龋齿，不疼痛，牙龈颜色正常，无出血现象。

（9）头发有光泽，无头屑。

（10）肌肉丰满，皮肤有弹性。

健康决策和健康管理

（二）身心健康的新标准

围绕健康的概念，世界卫生组织于1999年再次提出了身心健康的新标准，即“五快”（机体健康）和“三良好”（精神健康）。

“五快”具体指：吃得快、睡得快、便得快、说得快、走得快。

（1）吃得快：进餐时，有良好的食欲，不挑剔食物，并能很快吃完一顿饭。

（2）睡得快：有睡意上床后能很快入睡，且睡得好，醒后头脑清醒，精神饱满。

（3）便得快：一旦有便意，能很快排泄完大小便，而且感觉良好。

（4）说得快：思维敏捷，口齿伶俐。

（5）走得快：行走自如，步履轻盈。

“三良好”指向人的精神层面，是人的心理健康标准。

（1）良好的个性人格：心理健康的人，其人格是完整的，自我感觉是良好的，情绪是稳定的，且积极情绪多于消极情绪；有较好的自我控制能力，能保持心理平衡；自尊、自爱、自信，有自知之明。

（2）良好的处世能力：一个人在自己所处的环境中有充分的安全感，且能保持正常的人际关系，能得到他人的信任和欢迎。

（3）良好的人际关系：心理健康的人对未来有明确的生活目标，并能切合实际地不断进取，有理想和事业上的追求。

三、亚健康

（一）亚健康的含义

亚健康是指介于健康与疾病之间的一种既非健康也非疾病的边缘状态，指机体虽没有发生器质性病变，但却出现免疫力下降、生理功能低下、活动能力降低、适应能力减退等一系列生理及心理反应，又叫作“慢性疲劳综合征”，或称“第三状态”，目前已成为国际上医学研究的热点之一。

（二）亚健康的具体表现

亚健康临床表现多种多样。躯体方面表现为——疲乏无力、肌肉及关节酸痛、头昏头痛、心悸胸闷、睡眠紊乱、食欲不振、性功能减退、怕冷怕热、易于感冒、眼部干涩等；心理方面表现有——情绪低落、心烦意乱、焦躁不安、急躁易怒、恐惧胆怯、记忆力下降、注意力不能集中、精力不足、反应迟钝等；社会交往方面表现为——不能较好地承担相应的社会角色，工作、学习困难，不能正常地处理好人际关系、家庭关系，难以进行正常的社会交往等。

影响人体健康的异常症状和体征

（三）引发亚健康的原因

影响身体健康的因素主要有遗传基因、心理品质和环境因素。遗传基因是先天因素，如身体素质、血型、气质、智商、情商等，或多或少都与健康有关联。例如，母亲属抑郁型人格，其孩子得抑郁症的概率便高于别的孩子。每个人的心理免疫力和调节能力都不同，因此在遭遇紧张、冲突、挫折等事件时，引发的生理反应也不同。生理健康是心理健康的基础，同时心理健康又对生理健康有着巨大的反作用力。例如，一些内分泌系统疾病就是因情绪变化引起的内分泌紊乱；胃溃疡、高血压、心血管系统疾病等，也都与人的情绪有很大关系。环境因素的影响需从两方面来看：一是自然环境对人体的影响，如噪声、污染等；二是社会环境对人体的影响，主要指生活和工作的环境，不良的社会环境使人心理的混乱、冲突和负担增加，从而引发身体病变。

除了以上因素外，引发亚健康的原因还有以下几方面。

（1）饮食不合理，营养摄入过度或匮乏，导致机体功能失调，如过量吸烟、过量饮酒。

（2）休息不足，尤其是睡眠不足或质量不高，起居没有规律。

（3）紧张程度过高，压力过大，身体运动不足。压力来自两个方面，一是工作强度大；二是个人能力与工作要求有差距，导致脑力、体力透支。

压力管理

四、健康文明的生活方式

健康文明的生活方式，是指有益于健康的习惯化的行为方式。表现为生活有规律、没有不良嗜好，讲究个人卫生、环境卫生、饮食卫生，讲科学、不迷信，平时注意保健，生病及时就医，积极参加有益健康的文化活动和社会活动等。健康生活主要包括合理膳食、适量运动、戒烟限酒、心理健康四个方面。

（一）合理膳食是健康的基础

饮食必须坚持四项原则：全面、均衡、适量、合理。即饮食全面，不挑食、不偏食；

按人体需要均衡摄入营养；不暴饮暴食，以适量为宜；合理安排食谱与三餐配比。

（二）适量运动是健康的源泉

适量体育锻炼有助于增强体质、减少肥胖、加强心肺功能、提高免疫力。如果长时间在室内不进行运动，抵御外界变化的能力会比经常运动的人低。走路和慢跑是很好的运动方式，有助消化，还能有效控制血压、胆固醇，达到强身健体的效果。当然，不提倡过量运动，过量运动会起到相反的效果。

（三）戒烟限酒是健康的基石

远离烟酒

吸烟对身体没有任何益处。如果你还没染上烟瘾，千万不能因为环境的影响而涉足；有烟瘾的人，应该减少吸烟的次数。少量喝酒有益身心，但是过量饮酒不但容易发生事故，还会严重损害身体健康。

（四）心理健康是健康的主宰

远离毒品和药物滥用

心理健康的内涵包括自我感觉良好、人际关系良好和行为被社会认可三个部分。一个人经常生气，经常郁郁寡欢会损害身心健康。有时候心情不好可以找朋友倾诉或者自己外出散步，这样可以有效逃离不愉快的心境。保持心理健康可以通过增强健康心理、培养乐观情绪、主动寻找快乐来实现。

知识链接 世界无烟日

世界卫生组织将每年的 5 月 31 日定为“世界无烟日”，促使全世界行动起来，减少烟草对人类健康的危害。2023 年 5 月 31 日是第 36 个“世界无烟日”。

第二节 体育锻炼对高职学生心理健康的影响

一、心理健康概述

心理健康概述

当今社会生活节奏快，各方面竞争日益加剧，人们面临的心理压力越来越大，心理健康问题成为现代人面临的重要健康隐患之一。在人们传统认识中，健康主要是指生理健康，因而通过各种措施，增强生理机能水平，提高身体适应自然、抵御疾病的能力。随着生产、生活方式的改变，人们越来越多地面临精神层面的压力，心理问题开始受到人们的重视，那种“无病即健康”的生物学健康观已经过时，逐步发展成为生理、心理和社会的三维健康观。

（一）心理健康的定义

心理健康是指个体的一种持续的、积极的内部状态。个体表现出良好的社会适应性，并充分发挥其身心的各种潜能，在应对各种问题和环境时更多地表现出积极的倾向。

（二）心理健康的标准

1. 智力正常

智力是个体从事一切社会活动的前提和基础，是其了解、认识外部世界十分必要的条件。只有智力正常的人才能正确地评价自己，并具有情绪体验能力，从而增强自我效能感。

2. 适当的情绪调节能力

由于社会环境的影响，个体在生活中总会遇到挫折和困难，如果不能正确处理，个体就会被消极情绪所困扰，而这些消极情绪如得不到有效宣泄的话，就可能产生心理问题，并可能对生理健康造成损害，患上身体方面的疾病。同时，不良情绪的发泄方式必须考虑道德及社会的评价标准。

合理调节情绪

3. 自我评价恰当

心理健康者能充分了解自己，既看到自己的长处，又看到自己的不足，以便扬长避短，在学习、工作上获得成功，在生活中同他人和谐相处。心理不健康者往往将失败归因于机遇和任务难度，整日怨天尤人，或将自己看得一无是处。

4. 意志健全

意志是自觉确定目标，支配自己克服困难实现目标的心理过程。意志健全的主要标志是行为的自觉性、果断性和意志的顽强性。心理健康者无论碰到何种困难和问题，都不退缩，不屈不挠，直到找到切实有效的解决办法，不达目的不罢休。

5. 人际关系和谐

心理健康者乐于与他人交往，可以建立较为和谐的、积极的人际关系，反之就会离群索居，对他人不信任，给自己带来巨大的烦恼和痛苦。

在实际生活中，心理健康与不健康之间的区别只是相对的，并没有一个严格的标准，因而要判断一个人心理是否健康，必须考虑其所处的时代、社会文化背景，以及年龄、情境等各方面的因素，而心理健康的标准也随着时代的变化而不断被赋予新的内涵。

二、高职学生心理健康现状与常见的心理问题

（一）高职学生心理健康现状

进入大学后，许多学生表现出对高职学校生活的不适应，主要表现为与高中阶段相比学习压力陡然减轻，学习生活发生重大改变。有的学生对所在院校、所学专业不满意；有的学生对未来就业产生茫然和困惑。从对高职学生心理健康的多年研究及跟踪调查情况来看，多数高职学生的心理是健康的，普遍表现为有较高的智力水平、强烈的求知欲望，对学习有较浓厚的兴趣，学习效率较高；乐观自信，充满朝气和活力，对生活有满足感，有良好的意志品质，拥有良好的人际关系，并且善于自我调节。但是在校高职学生中有 20%~30% 的学生存在心理问题，而且心理不健康的学生比例有上升的趋势。因此，总体上看在校高职学生心理状况较好，但需要关注部分出现心理障碍、心理问题的学生，应及早进行排查，及早进行干预。

大学生心理发展特点

（二）高职学生常见的心理障碍

1. 人格障碍

人格障碍是指明显偏离正常人格，并与他人和社会相悖的一种持久的、牢固的、适应不良情绪的行为反应方式。人格障碍一般始于童年或青少年，而持续到成年或终生。一般认为是在不良先天素质的基础上，遭受到环境影响而形成的。人格障碍的类型主要有偏执型、强迫型、冲动型等。人格障碍的类型尽管较多，但也有一些共同点，即人格障碍者的意识清醒，认知能力保持完整，一般能正常处理日常生活和工作，理解自己的行为后果；人格障碍有相对的稳定性，一旦形成，矫治较为困难。

大学生心理问题辨识与求助

2. 情绪障碍

常见心理问题及应对策略

一个人长期处于消极情绪的状态下，或处于激烈的情绪状态下，就会造成情绪障碍，包括焦虑、抑郁、暴躁、冷漠等。在这种情况下，正常的心理和生理活动会受到影响，会出现很多异常的心理和行为，如表现出精神不安，不由自主地震颤或发抖，情绪低落，表情苦闷，行动迟缓，思维迟缓，因而言语减少，语言缓慢，容易发火、发怒、过分急躁等，若不及时采取调适措施，就可能引发严重的后果。

3. 学习障碍

学习是动物和人所共有的心理现象。对高职学生来说，学习是首要任务和主要活动方式。高职学生的心理健康状况和心理发展水平，对高职学生的学习过程和学习效果产生直接的作用。研究表明，在影响高职学生正常学习的各种因素中，学习心理的健康状况占重要位置。高职学生学习心理障碍主要表现为：学习动机缺乏、学习动机过强、学习注意力不集中、记忆力不强、学习方法不当、考试焦虑等。

4. 人际障碍

人际交往对高职学生完成学业、发展人格具有重要作用。随着自我意识的增强，高职学生不再依赖家长、老师，希望用自己的眼光观察社会，用自己喜欢的方式结交朋友，但由于心理成熟度有限，适应能力不强，因此在人际交往中易出现一些异常心理，造成人际交往障碍。主要表现为以自我为中心、与他人心理不相容、羞怯、角色困惑等。

5. 恋爱心理障碍

高职学生在恋爱过程中，因各种因素的影响而产生心理障碍，其中较为常见的有：纯情错觉、过分恋父（母）、憎恶异性、自恋障碍、失恋综合征等。

三、体育锻炼对高职学生心理健康的影响

健康与学业成就

对高职学生心理问题患者来说，保持积极的情绪状态，正确对待生活中不可避免的困难和挫折，充分发挥自己的潜能，对学习和生活是十分重要的。如何保持良好的心理健康状态呢？可以有诸多的应对措施，如主动参与社会交往，建立良好的人际关系，增进自我了解，正确地评价自己，培养健全的人格等。参加体育活动对调节个体的情绪状态、促进心理健康有着重要的积极影响。

1. 体育活动有助于发展智力

智力是个体圆满完成工作、学习任务的基础条件。经常参加体育活动可以提高机体唤醒水平，使人精神振奋，使个体的注意、记忆、观察、思维和想象等能力得到充分发展，提高活动效率，还可以使其获得良好的情绪体验，精力更加充沛，从而对人的智力功能具有促进作用。

2. 体育活动有助于获得良好的情绪体验

情绪状态的调控能力是衡量体育活动对心理健康影响的最主要的指标。体育活动可以降低应激水平，减轻特定应激源对情绪的影响，使个体从烦恼和痛苦中摆脱出来。体育活动之所以能够调节情绪，是因为体育活动的参与者能体验到运动带来的愉快感觉和成功体验，即个体参加体育活动会产生满足、愉悦、舒畅等感觉，使个体更为自信。

3. 体育活动有助于良好的意志品质的形成

意志品质指一个人的自觉性、果断性、坚韧性和自制力，以及勇敢顽强和独立主动的

精神，是一个人行为特点的稳定因素的总和。参与适宜的体育活动，可以预先设立良好的心理预期。体育活动本身就要不断克服客观困难（气候条件的变化、动作的难度或外部障碍等）和主观困难（如胆怯和畏惧心理、疲劳等），才能取得成功。体育活动的参与者能够主动克服主、客观困难，获得意志锻炼的直接体验，培养了自身良好的意志品质。

4. 体育活动有助于形成和谐的人际关系

随着现代社会生活节奏的加快，人们越来越趋向封闭的状态，特别是社交软件等通信手段成为沟通的重要工具，造成人与人之间直接感情缺乏、人际关系疏远、沟通能力减弱。体育活动则打破了这种封闭，让不同地域、年龄、性别、爱好的同学在运动场上，增加了互动的机会，使平等、友好、和谐地交往成为可能。

5. 体育活动有助于消除心理疾患

人们通过参加某个项目并坚持锻炼，其身体的生理机制将会得到改善，也会相应掌握并运用一些运动的技能，由此可体验到运动带给自身积极向上的情感体验，使有心理障碍的学生获得心理满足，产生成就感，从而增强生活信心，摆脱压抑、悲观等消极情绪，逐步消除心理障碍。

第三节　体育锻炼与膳食营养

一、营养与营养素概述

良好的膳食行为与方法

营养指机体从外界吸取的维持生长发育等生命活动需要的物质。营养素指食物中含有的能维持人体正常生理功能、促进生长发育和健康的化学物质。营养素包括糖类、蛋白质、脂肪、维生素、矿物质和水。

1. 糖类

糖类是人体内最主要的能源物质，它由碳、氢、氧三种元素组成，其中氢和氧之比为 2∶1，与水相同，故有碳水化合物之称。营养学上所称的碳水化合物包括食物中的单糖、双糖、多糖和膳食纤维。

糖类是人类从膳食中取得热能最经济和最主要的来源。我国人民膳食结构中 60%~65% 的热能由糖类提供。糖类在人体内转化的热能，不仅数量多，而且速度快；糖类还可促进其他营养素的代谢，与蛋白质、脂肪结合成糖蛋白、糖脂，组成抗体、酶、激素、细胞膜、神经组织、核糖核酸等具有重要功能的物质；糖类还具有保肝解毒作用，当肝糖原贮存充足时，肝对毒物的解毒能力会增强。

多糖主要存在于谷类、米、面、土豆中，双糖存在于蔗糖、牛奶、糖果及其他甜食中，单糖存在于水果、蜂蜜中。

2. 蛋白质

蛋白质是一切生命的物质基础。蛋白质是构成人体细胞的主要成分。蛋白质由 20 多种氨基酸组成，不同种类的蛋白质中氨基酸的数量和排列顺序不同，人体中蛋白质多达 10 万种以上。

蛋白质是构成和修补人体组织的主要原料，它是人体肌肉、内脏、皮肤、毛发、大脑、血液、骨骼等组织的组成部分。人体的代谢、更新需要蛋白质的参与；人体受到外伤后、需要大量的蛋白质对损伤的组织进行修补；各种酶和激素对体内生化反应进行调节，维持机体正常的免疫功能；维持机体内的体液平衡，传递遗传信息，无一不是蛋白质在起作用。

蛋白质的食物来源主要有蛋类、豆制品、坚果（如花生、葵花籽、杏仁）、肉类（如牛肉、猪肉、鸡肉、羊肉、鱼肉）、小麦、乳制品等。

3. 脂肪

脂肪是由一分子甘油和三分子脂肪酸化合组成的。脂肪酸又有饱和脂肪酸和不饱和脂肪酸之分。一般来说，动物脂肪含饱和脂肪酸多，植物油含不饱和脂肪酸多。脂肪酸在人体内不能合成而必须由食物供给，故称为必需脂肪酸，它是维持人体正常生长发育的营养素。

脂肪是组成人体细胞的重要成分，也可提供身体肌肉运动所需的能量。脂肪也是身体能量的主要储存形式，脂肪来自超过能量需求的多余食物。

含脂肪较多的食物有动物油（如猪油、牛油、奶油、鱼肝油）、植物油（如菜油、花生油、豆油、芝麻油）。最佳植物油是橄榄油。肉类、蛋类、黄豆等也含有脂肪。

4. 维生素

维生素也称维他命，是维持人的生命与健康所必需的有机化合物。不同的维生素各有其特殊的生理功能，它是既不参与机体组成也不提供热能的有机物。维生素分为两大类：水溶性维生素（维生素 B、维生素 C）和脂溶性维生素（维生素 A、维生素 D、维生素 E、维生素 K 等）。

维生素在体内不能合成，一般情况下储存量少，必须经常从食物中摄取。在食物供应充足的情况下，不必再用药物补充维生素。食用新鲜蔬菜和水果是最简单而安全的补充维生素的方法，千万不要长期大剂量服用含维生素的保健品。

5. 矿物质

矿物质是构成人体组织的重要原料，是维持正常生理功能不可缺少的重要元素，可帮助调节体内酸碱平衡、肌肉收缩、神经反应等。

人体必需的常量矿物质有钙、磷、镁、钠、钾、氯、硫，含钙量高的食物有奶制品、石螺、芥菜干等；含磷量高的食物有牛奶、熟芸豆、葵花籽等；含镁量高的食物有菠菜、豆浆、酸奶等；含钠量高的食物有新鲜肉类、牛奶、扇贝、新鲜蔬菜等；含钾量高的食物有豆类、蔬菜、水果等；氯的主要来源是食盐。

6. 水

水是人体内含量最多的一种化学物质，是生命赖以生存的重要条件。水参与身体在体育锻炼时的许多代谢过程。食物的消化、吸收、运输，以及排泄均在水的参与下进行，水能保持腺体的正常分泌和体内一切化学反应的正常进行。剧烈运动时体热增加，尤其在高热环境下运动时产生热量更大，排汗是人体调节体热平衡的重要方式。在剧烈运动中或运动后，运动员都不应一次饮水过多，而应多次、少量地补水。

二、体育锻炼与营养

（一）体育锻炼的合理营养

营养是保证机体生命存在和延续的重要条件。营养与体育关系密切，对锻炼效果有着很大的影响。体育锻炼造成的能量消耗，要在运动结束后通过合理的营养膳食进行补充。没有合理的营养保证，消耗得不到补充，机体处于一种“亏损”状态，久而久之，会使锻炼者生理机能及运动能力下降，出现乏力、疲劳甚至疾病状态。在这种情况下，想要提高锻炼效果是很困难的。合理营养与体育锻炼是维持和促进健康的两个重要条件。因此，要以科学、合理的营养摄入为物质基础，以体育锻炼为手段，用锻炼的消耗换取锻炼后的超量恢复，使机体积聚更多的能源物质，提高各器官、系统的机能。

（二）体育锻炼对营养的要求

进行体育锻炼时，体内会发生一系列的生理性变化，中枢神经系统活动紧张，内分泌机能提高，酶系统活跃，新陈代谢旺盛，单位时间内的能量消耗数倍、十数倍于安静状态，体内的糖、脂肪被大量分解用于供能，蛋白质代谢更新加快，大量的维生素、无机盐参与分解代谢而加大了损耗。这些变化，使机体对各种营养物质的需求大量增加。

在群众性体育锻炼活动中，因各个项目代谢特点不同而对合理营养有着不同的需求特点。

1. 跑步的营养特点

短跑是群众体育竞赛活动经常设立的一个项目。它以无氧代谢供能为特点，身体工作时间短，强度大，要求有较强的爆发力。在膳食中要有丰富的动物性蛋白质，以增大肌肉体积，提高肌肉质量，蛋白质的摄入标准每日每千克体重可达 3 克。另外，要求在膳食中增加磷和糖的含量，为脑组织提供营养，增强神经控制能力和加快神经传递速度，动员更多的身体组织参加收缩。还要求在膳食中增加矿物质如钙、钠、铁及维生素的含量，以提高肌肉收缩质量。

长跑以耐力素质为基础，以有氧代谢供能为特点，要求有较强的心肺功能及全身的抗疲劳工作能力。长跑虽运动强度较小但持续时间较长，体力消耗较大。要求膳食中以较全面的营养成分来增加机体内能源物质的储备，在丰富的维生素和矿物质成分中，突出铁、钙、磷、钠、维生素 B、维生素 C 和维生素 E 的含量，有利于提高有氧耐力。

2. 操类项目的营养特点

群众喜爱的健美操，以及在一些群众性体育活动中开展的竞技体操、艺术体操和技巧项目，动作复杂而多变，要求有较强的力量与速度素质，以及良好的灵巧性与协调性，对神经系统有较高的要求。其营养摄入特点是：高蛋白质、高热量、低脂肪，维生素、矿物质应突出铁、钙、磷的含量及维生素 B_1、维生素 C 的含量。需引起注意的是，参加该类项目有时需要控制体重，但不能过分控制饮食，以免造成营养不良，特别是不能影响参加锻炼的儿童少年的生长发育。

3. 球类项目的营养特点

球类项目对力量、速度、耐力、灵敏、柔韧等素质有较高的要求。食物中要含有丰富的蛋白质、糖以及维生素 A、维生素 B、维生素 C、维生素 E。项目所用球的体积越小，食物中维生素 A 的含量应越高。足球活动时间较长且多在室外活动，矿物质、水分丢失较多，应及时补充。

4. 冰雪项目的营养特点

长时间在冰雪上活动，加之周围环境温度较低，导致机体产热增多以维持体温，所以蛋白质和脂肪消耗较多，膳食中必须给予补充；同时增加糖类以提供能量，补充维生素以 B 族为主并增加维生素 A 的摄入，以保护眼睛，适应冰雪场地的白色环境。

5. 游泳项目的营养特点

游泳项目在水中进行，使机体散热较多、较快，冬泳更是如此。游泳锻炼要求较强的力量与耐力素质，要求在膳食中加入丰富的蛋白质、糖和适量脂肪。老年人及儿童在水温较低时出于抗寒需要，可再增多脂肪摄入。维生素以维生素 B_1、维生素 C、维生素 E 为主。矿物质增加碘的含量，以适应低温环境甲状腺素分泌增多的需要。

知识链接 中国居民平衡膳食宝塔

中国居民平衡膳食宝塔（以下简称“宝塔”）是根据《中国居民膳食指南（2022）》的准则和核心营养素推荐，把平衡膳食原则转化为各类食物的数量和所占比例的图形化表示。

中国居民平衡膳食宝塔共分 5 层，各层面积大小不同，体现了 5 大类食物和食物量的多少。5 大类食物包括谷薯类、蔬菜水果、畜禽鱼蛋奶类、大豆和坚果类以及烹调用油盐。宝塔旁边的文字注释，标明了在 1 600~2 400 kcal 能量需要量水平时，一段时间内成年人每人每天各类食物摄入量的建议值范围（图 3-3-1）。

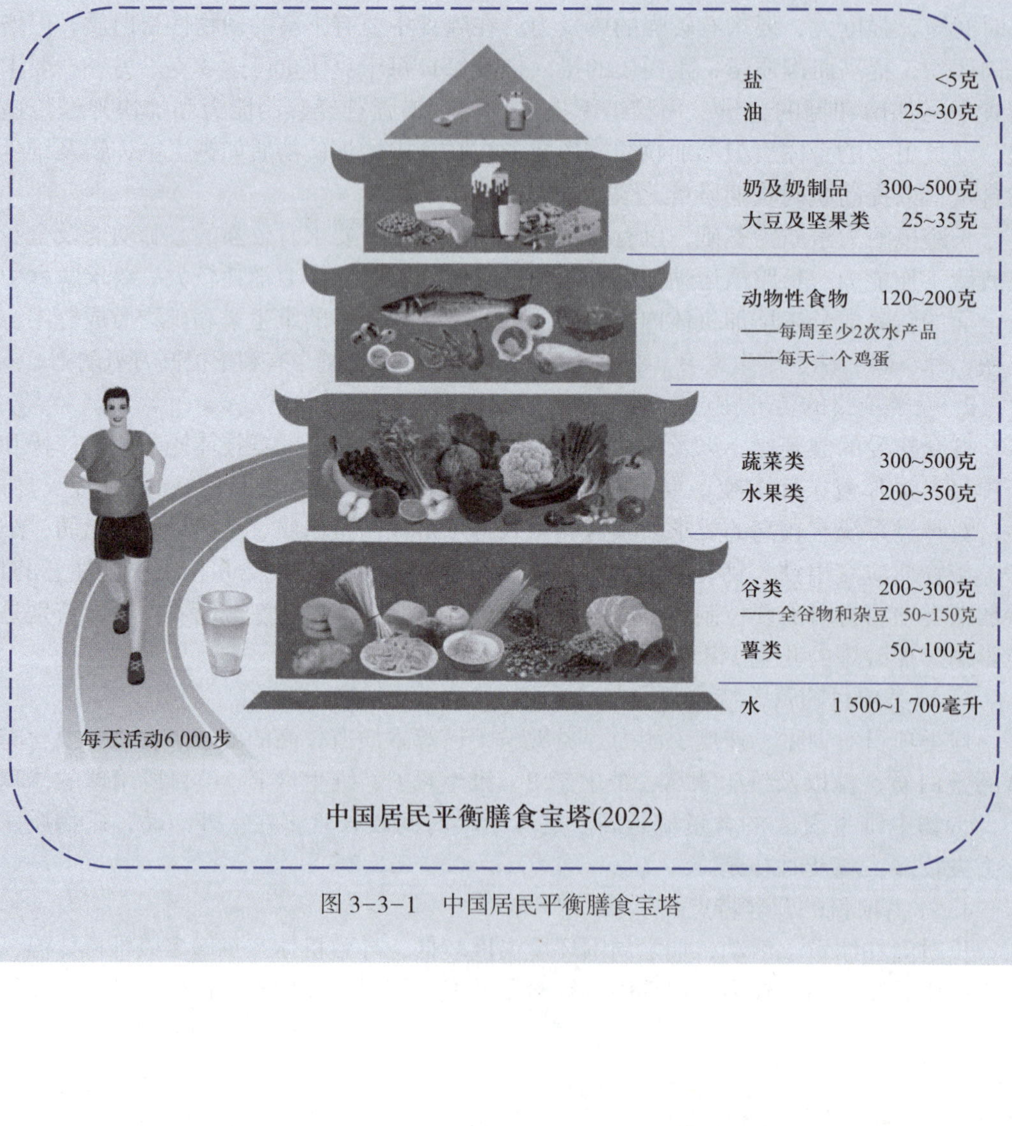

图 3-3-1 中国居民平衡膳食宝塔

第四节　科学的体育锻炼

一、体育锻炼的内容

体育锻炼的内容丰富多彩，主要包括以下几个方面。

（一）竞技活动

篮球、足球、排球、乒乓球、羽毛球、田径、游泳、自行车、体操等竞技活动在高校广泛开展，深受高职学生的喜爱。

运动与健康

（二）身体娱乐活动

身体娱乐活动包括游艺场活动、划船、电子游艺活动、模型活动、棋牌运动等。舞蹈也是现代人喜欢的活动，如集体舞、广场舞、交谊舞、现代舞、民间舞等。另外，旅行、野炊、郊游等也是愉悦身心的活动。

（三）民族传统体育活动

武术、太极拳、健身气功、划龙舟、荡秋千、踢毽子等民族传统体育活动有非常好的健身作用。

二、体育锻炼的基本原则

（一）全面性原则

（1）身心的全面发展，要从适应环境，提高抵御疾病的能力，改善机体形态，提高机体功能，陶冶情操，丰富文化生活等方面着眼。

（2）体育锻炼的内容、方法要尽可能考虑身体的全面发展，一般以一些功效大、兴趣较浓的运动项目为主，以其他项目为辅进行全面锻炼。

（3）注意全身的活动，不要限于局部部位。

（4）在全面锻炼的基础上，有目的、有意识地加强体现职业实用性的体育锻炼。

（二）经常性原则

（1）根据个人能力，确立一个能够实现的体育锻炼目标（不宜太高），制定一个切实可行的锻炼计划。

（2）强化锻炼意识，把体育锻炼列为日常生活内容，保证一定的体育锻炼时间，逐步养成习惯，使体育锻炼成为生活的重要组成部分。

（3）体育锻炼的效果并非一劳永逸，如果锻炼间隔时间过长，效果就会不明显。因此，锻炼时要坚持安排合理的锻炼间隔。

（三）渐进性原则

（1）体育锻炼力戒急于求成，必须根据锻炼者自身的实际情况确定运动负荷的大小，做到量力而行。

（2）运动负荷应由小到大，逐步提高。开始体育锻炼或中断体育锻炼后恢复锻炼时，强度宜小、时间宜短、密度适宜。

（3）注意提高人体已经适应的运动负荷，使体能保持不断增强的趋势。一般应在逐步提高“量”的基础上，再逐渐增大运动强度，使之适应，同时感到心情愉快，然后再做出相应调整。随时加强自我监督，密切注意身体的不良反应。

（4）锻炼开始时，重视准备活动；锻炼结束后，做好放松整理活动。

（四）个别性原则

（1）根据个人实际情况，制定一套适用可行的锻炼计划或运动处方，执行时应当严格，并注意进行阶段性调整。

（2）选择锻炼内容时，要注意它的锻炼价值，不要追求动作的形式，不要在力所不及的情况下从事高难度技术动作的训练，而应选择简便易行、锻炼效果好的身体练习作为身体锻炼的主要内容。

（3）安排运动负荷时，应以锻炼者能承受，自我感觉舒适，不影响正常学习、工作和生活为准。

（五）自觉性原则

（1）明确“生命在于运动”的科学道理，树立正确的锻炼动机，把体育锻炼当作日常学习和生活的自觉需要，激发锻炼的主动性，从而调动锻炼的积极性。

（2）培养兴趣，兴趣是人们认识事物和从事活动的推动力量。当一个人对一项体育活动产生兴趣时，就会对这项体育活动表现出极大的主动性和自觉性。

以上各项原则是相互联系的，在实际运用中，不可顾此失彼。

三、运动性疲劳的产生与消除

（一）运动性疲劳的产生

运动性疲劳大体上可分为肌肉疲劳、神经疲劳和内脏疲劳三类。肌肉疲劳时，肌力下降，肌肉收缩速度和放松速度减慢，肌肉出现僵硬、肿胀和疼痛，可能是由于机械负荷使肌纤维发生细小损伤、乳酸等代谢产物的积存和水分的积蓄等多种因素引起的。神经疲劳表现为大脑皮层功能下降，如反应迟钝、判断错误、注意力不集中等。内脏疲劳则多表现为呼吸系统和心脏的疲劳，呼吸肌疲劳使呼吸变浅、变快，气体交换能力下降。心脏疲劳时，心电图也会发生改变。因此，疲劳的产生是多方面的，消除疲劳的方法应是多样的。

（二）消除疲劳的方法

锻炼后产生的运动性疲劳，如得不到及时消除，体力恢复不充分，势必影响到继续锻炼及学习的精力。因此，在产生运动性疲劳之后，为使疲劳及时消除，可采取下列措施。

1. 坚持合理的生活制度

合理的生活制度包括规定并遵守作息时间，保持良好的睡眠，注意饮食卫生，克服吸烟和饮酒等不良习惯。睡眠是消除疲劳的重要方法，青少年运动员和成人运动员每天要分别保证10小时和8~9小时的睡眠时间。在大运动量训练或比赛期间，睡眠时间应适当延长。要创造安静、空气清新的睡眠环境。

2. 合理补充营养

在运动疲劳后的饮食中要补充足够的糖和蛋白质。如果是持续时间较长的锻炼，体内能源供给大部分来自脂肪，这类耐力性运动疲劳后，应根据负荷的程度适当食用一些脂类食品。此外要注意维生素和无机盐的补充，维生素A、维生素B_2、维生素C、维生素E等对疲劳的消除有重要作用。同时，高能运动饮料、电解质运动饮料及一些营养滋补剂等对体力恢复也有益。

3. 物理疗法

运动后进行按摩、光疗、电疗、温水浴或局部热敷等，可以促进全身或局部的血液循环，加快新陈代谢，加速致疲劳物质的排除。温水浴的水温以 42 ℃ ± 2 ℃为宜，沐浴时间为 10~15 分钟，最长不超过 20 分钟，每天不要超过两次。局部热敷的温度以 47~48 ℃为宜。在运动前，对负荷量较大的部位做 10 分钟的热敷，可推迟运动中出现疲劳的时间。

4. 药物调节

除维生素 B_1、维生素 B_6 和维生素 C 以外，中药黄芪、刺五加、参类、三七等，都具有调节中枢神经系统的功能。

5. 积极休息

在紧张的比赛或大运动量训练后，应在舒适、幽雅的环境中休息，如在公园内散步、听音乐、欣赏戏剧和参观旅游等，这对消除因体力消耗和精神紧张所引起的疲劳，具有特别良好的作用。

6. 心理调节

情绪对疲劳的消除也有不容忽视的作用，积极向上、乐观、愉快的情绪有助于加速疲劳的消除。例如，欣赏优美动听的音乐，进行自我心理控制与放松调节等，对体力恢复有促进作用。此外，吸入氧和负离子对加快消除疲劳也有一定效果。

四、锻炼计划的制定

（一）确立持之以恒的锻炼信念

人体结构和功能的变化逐渐积累，绝不是朝夕之功。因此，一旦决定参加体育锻炼，就必须具有持之以恒的信念。

运动处方的制定

（二）科学地选择锻炼项目

选择锻炼项目时应注意以下几个方面。

（1）根据自己身心条件选择项目。不同年龄、性别的人具有不同的生理、解剖和心理特点；不同健康水平和锻炼基础的人，身体活动水平也不相同。青少年宜选择跑步、球类及武术等项目。

（2）根据自己生活区域锻炼条件选择项目。一般来说，理想的环境是空气清新、阳光柔和、安静幽雅之处，如此环境往往使人心旷神怡，使人的精神、神经得到充分的放松，有利于提高锻炼的效果。如果没有幽静之处，也可选择一些能在卧室、阳台及办公室，甚至楼梯内进行锻炼的项目。

（3）根据个人爱好、锻炼目的、工作性质、生活条件确定锻炼时间。将锻炼时间固定下来，天长日久就会形成条件反射。另外，还应根据不同季节选择合适的锻炼项目。

（三）选择适合自己的运动量和强度

很多锻炼者不懂什么样的运动量和强度才适合自身，也不知道盲目锻炼会造成伤害。什么是合适的运动量和强度呢？首先要掌握好锻炼的时间，每次锻炼时间须在 25 分钟以上，这是因为机体在开始运动时耗氧量增大，不久便达到平衡状态（运动开始后 5 分钟），而在这种平衡状态下的继续运动，能提高呼吸频率，加快血液循环。

（四）选择内容必须遵循循序渐进的原则

首先在锻炼项目和动作上应由易到难，其次要构建运动量和强度平台，使运动量呈梯状上升而不能呈直线上升。一般计划为初始者1~2周达到一平台；随着运动量与强度的逐渐加大，身体机能水平得到提高，平台构建延续到3~4周，直至达到自己适应的运动量与强度。所谓平台，是指运动量或强度，以及锻炼内容或动作难度在一定时间内成缓和平稳状态，切忌急于求成而造成身体不适甚至伤害。

五、女生健身保健知识

（一）女生健身运动的要求

在青春发育阶段，女生由于在体格发育、内脏器官功能水平及身体素质方面逐渐落后于男生，出现了明显的差别，而且女生有月经来潮，因此在体育课的教学内容与要求上应区别于男生。对女生的锻炼标准，运动成绩的要求也应低于男生，女生使用的运动器械应相对轻于男生。

女生的心血管、呼吸系统功能较差，运动负荷安排要小于男生。女生肩部较窄，臂力较弱，做两臂支撑、悬垂和摆动动作吃力。在这类动作的学习中，应加强对女生的保护。

女生不宜多做从高处跳下的练习，以免使身体受到过分震动，影响骨盆的正常发育和盆腔内器官的正常位置。要多安排增强腹肌、盆底肌的练习，以免跑跳等练习的剧烈震动引起子宫异位。根据体形和心理特点，女生适合从事艺术体操、高低杠、平衡木、自由体操和健美操等项目的锻炼。在游泳方面，女生具有一些有利条件：女生肩部窄而细，游泳时受到水的阻力较小；女生皮下脂肪较多，因而耐冷，用脂肪做能源的利用率较高，故热能供给较为充足。在耐力方面，女生的身体形态和功能也具有优越性，除体能较好，用脂肪做能源的利用率较高外，女生氧的利用率和调节体温能力高于男生，对能量消耗所引起的体温升高有较好的散热能力，对热应激的适应能力较好且脱水较少，在单位时间内能量消耗也较少。要积极指导和启发女生参加体育锻炼的自觉性和积极性，通过锻炼克服本身的弱点，提高内脏器官的功能，发展力量、速度、耐力、柔韧和灵敏素质。在保健人员的指导下，逐渐承担更大的运动负荷，提高健康水平和运动成绩。应鼓励女子通过体育锻炼克服自身的生理弱点，在医务人员监督下，使她们有更多的运动项目选择，以满足其不断增长的运动需要。

（二）女生参与运动的益处

（1）少年期锻炼可推迟月经初潮，防止肥胖。科学研究显示，女子肥胖的成因除了与家族遗传、营养过剩、运动不足等因素有关外，还与性成熟的早晚密切相关。研究资料显示，不到11岁即来月经的女生比14岁以上才来月经的女生，体重平均多5千克，而且增幅随年龄增长而升高，并可从青春期持续到老年，甚至影响下一代。肥胖不仅影响体形的健美，而且还是高血压、冠心病、糖尿病等多种疾病的祸根。积极参加体育锻炼是少女推迟月经初潮的重要且安全的手段。

（2）青春期锻炼可促进优生。经常参加体育锻炼的女子婚后容易保持健康，对育龄女子来说，运动还有利于优生。运动生理学研究认为，人体心肺功能的强弱，在很大程度上要受遗传因素的影响，女子经常参加运动能使心脏容量增大、射血量增多、心肌收缩有力，可使下一代的心肺功能获得良好的遗传因素。

（三）月经期体育卫生

月经是女子正常的生理现象，在月经期间，人体一般不会出现明显的生理异常变化。身体健康、月经正常的女子，月经期参加适当的体育活动是有益的。因为体育活动可以调节大脑皮质的兴奋和抑制过程，改善盆腔的血液循环，减轻月经期的不适感。同时，由于腹肌和盆底肌肉的收缩与放松，对子宫起着轻柔的按摩作用而且有利于经血的排出。月经虽属正常现象，但由于月经期子宫内膜脱落出血，生殖器官抵抗力较弱而易于感染等特点，故应特别注意下列卫生要求。

（1）适当减少运动量，运动时间不宜过长。特别是月经初潮不久的女生，由于月经周期尚不稳定，更应注意运动量不宜过大，要循序渐进，逐步养成经期锻炼的习惯。

（2）月经期不应从事剧烈运动，尤其是震动强烈、增加腹压的动作，如疾跑、跳跃及力量性练习等，以免子宫内膜异位和经血过多。

（3）月经期要避免冷和热刺激，如冷水浴、阳光下暴晒等；特别是下腹部不要着凉，以免引起卵巢功能紊乱而导致月经失调。

自测题 3

（4）痛经或月经紊乱的女生，月经期应停止体育活动。

（5）保持精神愉快，避免精神刺激和情绪波动。

第四章 运动医学

本章导学

体育锻炼给我们带来健康和快乐，但是运动中的意外受伤也会给我们留下伤痕和痛楚。本章阐述了大学生体育锻炼与卫生保健的相关知识、常见的运动损伤及其处理、常见职业病的预防等基本知识和技术，使学生达到科学健身、防治伤病、增强体质和提高运动成绩的目的，让学生学会在运动中保护自己，培养学生科学锻炼的意识和乐于助人的精神。

学习目标

知识目标：掌握运动损伤的预防与应急处理方法，以及职业病的康复锻炼，急救知识。

能力目标：掌握运动损伤急救的基本操作方法，职业病早期康复技术。

素质目标：提高运动损伤的救护水平，培养职业防护意识、乐于助人的精神。

思政课堂

中国传统康复医学

许多职业病都是慢性疾病，需要长期的康复锻炼才能改善，中国传统康复医学具有丰富的理论和实践经验，为职业病的康复训练提供了深厚的知识底蕴，值得我们深入学习和探讨。中医的拔罐治疗，是利用火的燃烧造成罐内负压，使其吸附于身体的一定部位如穴位上，来治疗疾患的一种传统疗法，对陈旧性损伤、慢性劳损和风湿麻痹疼痛都有较好的疗效；中药熏蒸法，利用药物的温热作用渗入局部组织起到治疗作用；推拿按摩是中医一系列手法治疗的总称，分为摩擦类、按压类、揉搓类、提拿类、叩击类、动摇关节类，这些手法可以解痉止痛、消肿散瘀、理筋复位、松解粘连、促进再生，因而起到了促进血液循环、消除疲劳、提高运动能力的治疗作用，还能调节神经功能、激活免疫功能。博大精深的中医康复治疗在职业病的治疗领域有非常广阔的发展空间。

第一节　常见运动损伤的预防与处理

一、正确认识运动损伤

（一）运动损伤的界定

在运动过程中发生的各种损伤统称运动损伤，运动损伤与一般的工伤或日常生活中的损伤有所不同，它的发生与运动项目、训练安排、运动环境、运动者的自身条件以及技术动作有密切的关系。

（二）运动损伤的成因

不同的运动项目，发生运动损伤的常见位置和规律也不同，这是运动技术的特殊性和局部解剖弱点决定的。长期从事球类运动的人容易罹患腱鞘炎、颈椎病、骨质增生、关节损伤；体操运动容易造成颈、肩、腰、膝、踝关节的损伤；径赛类运动容易造成膝关节损伤和跟腱疾病。此外，训练水平不足，训练不够，常常是导致受伤的重要原因；比赛、教学或训练课组织不当，运动者生理状态不佳，不良的气候因素和突变的环境因素等也是造成损伤的原因。

（三）运动损伤的治疗原则

及时有效地处理损伤部位；正确使用支持带及保护带；进行局部理疗、按摩；合理安排伤后训练，注意全身配合治疗。

（四）运动损伤的预防

（1）选择适合自己身体条件的运动项目，并在机体状态良好、气候适宜的条件下锻炼。

（2）检查场地设备安全性，不在坚硬的、有杂物的场地上锻炼，如果长跑不要在交通情况复杂的公路或小区道路上奔跑，要穿合适的运动服、运动鞋，运动鞋要防滑性好、鞋底柔软、透气性好、大小合适。

（3）准备活动充分。锻炼前做主要运动肌群的伸展练习，活动各个重要关节，热身10~15分钟直至微微出汗为宜。

（4）防止局部负担过重，使用支持、保护关节的用具，如护膝、护腕、护踝、护肘等。

（5）加强易伤部位肌肉力量练习，避免过度牵拉颈部和背部肌肉，避免脊柱同时伸展和旋转，保持运动肌群的用力平衡。

（6）训练方法要合理，避免一次运动强度过大、持续时间过长。

（7）注意运动中间隔放松，运动后做好放松运动。

二、常见运动损伤的应急处理

运动损伤的分类方法很多。按损伤程度分为轻伤、中等伤、重伤；按损伤病程分为急性损伤、慢性损伤；按损伤性质分为开放性损伤、闭合性损伤等。

（一）软组织损伤

1. 擦伤

（1）原因和症状。因运动时皮肤受挫致伤，如跑步时摔倒，体操运动时身体摩擦器械受伤。症状为疼痛、肿胀和身体功能障碍。

（2）处置方法。擦伤后皮肤出血或有组织液渗出，如是小面积擦伤，可用过氧化氢清洗伤口，涂抹碘酒、2% 红汞溶液（红药水）或 1% 甲紫溶液（紫药水）；大面积擦伤先用生理盐水洗净，清除异物及坏死的组织，然后再消毒包扎伤口；在关节部位发生面积较大的擦伤时，注意不要用收敛性药物，避免关节活动时其结痂断裂剥落，影响伤口的愈合。

2. 撕裂伤

（1）原因和症状。在剧烈、紧张运动时，或受到突然强烈撞击时，易造成肌肉撕裂。撕裂伤包括开放伤和闭合伤两种，常见的有眉际撕裂、跟腱撕裂等。开放伤会即刻出血，周围肿胀。闭合伤伤处被触及时有凹陷感和剧烈疼痛。

（2）处置方法。轻度撕裂伤，应清洗伤口后用红汞或甲紫溶液涂抹或用创可贴固定即可；裂口大时，则需止血并缝合伤口，必要时注射破伤风抗毒素血清。跟腱、肌腱断裂时切忌移动，即使痛感轻微亦需保持姿势，例如坐在椅子上将椅子一起抬到医院，一定要保持肌肉最小收缩距离，紧急送往医院进行手术缝合。

3. 挫伤

（1）原因和症状。挫伤可能因为撞击器械或练习者相互碰撞造成皮下组织、肌肉、韧带或其他组织受伤，而伤部皮肤往往完整无损或只有轻微破损。在损伤处出现红肿，皮下出血并有疼痛。内脏器官损伤时，则出现头晕、脸色苍白、心慌气短、出虚汗、四肢发凉、烦躁不安，甚至休克的症状。

（2）处置方法。挫伤须在 24 小时内冷敷或加压包扎，抬高患肢或外敷药剂。24 小时后，可按摩或理疗，进入恢复期可进行一些功能性锻炼。如果怀疑内脏损伤，则要在临时性处理后，送医院检查和治疗。

4. 肌肉拉伤

（1）原因和症状。在外力直接或间接作用下，肌肉过度主动收缩或被动拉长，可引起肌肉拉伤。准备活动不充分、动作不协调，以及运动者肌肉弹性、伸展性和肌力不足也容易导致拉伤。损伤后伤处肿胀、压痛、肌肉痉挛，触诊时可摸到硬块。肌肉严重拉伤时，可能会导致肌肉撕裂。

（2）处置方法。轻者可即刻冷敷，局部加压包扎，抬高患肢。受伤肌肉应处于放松位置。24 小时后可施行按摩或理疗。严重损伤可局部加压包扎，固定伤肢，立即送医院手术治疗。

5. 肌肉痉挛

（1）原因和症状。肌肉痉挛，俗称抽筋，是一种常见的运动损伤。它由疲劳、受凉、损伤后恢复不良、缺钙、缺钠等原因造成肌肉不自主地强直性收缩所致。在运动中常发生痉挛的肌肉是小腿腓肠肌、足屈跗肌和屈趾肌。肌肉发生痉挛时，局部肌肉坚硬或隆起，疼痛难忍且一时不易缓解。

（2）处置方法。对痉挛部位的肌肉施行牵引，使之伸长和松弛。例如，腓肠肌痉挛时伸直膝关节，并将脚掌和脚趾缓慢地向上扳起。若屈跗肌或屈趾肌痉挛，同样将脚趾向上扳起，但切忌暴力。平时锻炼前要做好准备活动，对容易发生痉挛的肌肉可事先做好按摩。冬季室外锻炼时要注意保暖，夏季锻炼时要适当补充淡盐水及维生素 B_1。

特别是在游泳前要先用冷水淋浴，游泳时在水中停留时间不要太长，疲劳时不要进行剧烈运动等。

（二）急性关节扭伤

（1）原因和症状。体育运动中经常会扭伤关节，伤病的急性期一般会出现疼痛、肿胀、活动受限、相应肌肉萎缩、异响。例如膝关节侧副韧带损伤，多由直接撞击或在屈膝旋转位突然跌倒引起，轻者部分损伤，重者可完全断裂，可伴有半月板或十字韧带损伤。半月板损伤时有疼痛、关节肿胀、弹响和交锁、股四头肌萎缩、“打软腿”，以及在膝关节间隙或半月板部位有明确的压痛。踝关节损伤常因运动中跳起落地时失去平衡，使踝关节过度内翻或外翻致伤，其症状是伤处疼痛、肿胀，韧带损伤处有明显压痛、皮下瘀血。

踝关节韧带扭伤的现场处理

（2）处置方法。受伤后，应立即冷敷，用绷带固定包扎，并抬高伤肢；24 小时后，根据伤情采取综合治疗手段，如外敷药物、理疗、按摩等，必要时采用封闭疗法；对严重受伤者，可用石膏固定，待伤情好转后，施行功能性练习。在运动中落地时，应以前脚掌先着地，膝关节弯曲，躯干微微向前倾，减轻冲击力，尽可能避免膝关节侧向或向前向后的动作。

（三）关节脱位

（1）原因和症状。由于受到外力的作用，使关节面失去正常的连接关系叫关节脱位，又称为脱臼。关节脱位可分为完全脱位和半脱位两种。

（2）处置方法。出现关节脱位，用长度和宽度相称的夹板固定伤肢。如果没有夹板，也可将伤肢固定在自己的躯干或健肢上，防止震动，随后及时送医院治疗。脱位关节术后应尽早进行渐进性的康复运动。

（四）脑震荡

（1）原因和症状。在体育锻炼时，两人头部相撞、撞击硬物，或从高处跌下时头部撞地，都可能造成脑震荡。这时，患者神志不清，肌肉松弛，神经反射减弱或消失；清醒后，患者常有头痛、头晕、恶心呕吐感；还伴有注意力不集中、耳鸣、心悸、多汗、失眠、记忆力减退等。

（2）处置方法。立即让患者平卧，头部冷敷；若有昏迷，即指压人中、内关、合谷穴；若呼吸发生障碍，立即进行人工呼吸。上述处理后，出现反复昏迷或耳鼻口出血，两瞳孔放大，又不对称时，表明病情严重，应立即送往医院治疗。

（五）局部出血

健康的成年人平均总血量为 4 000~5 000 毫升。若急性大出血达到全身总血量的 20%，即会出现面色苍白、头晕、乏力、口渴等急性贫血的症状；出血量超过全身总血量的 30% 时，将危及生命。因此，止血是救死扶伤的一项重要措施，对挽救生命具有特殊的意义。

常见的出血有动脉出血、静脉出血和微血管出血。动脉血血色鲜红、流速快、血流量大，尤其是四肢大动脉出血，如不及时止住，很快会导致失血性休克，甚至死亡；静脉血血色暗红，流速较慢，出血量会逐渐增多，如不及时止血，也会造成失血性休克；微血管出血只是渗血，常可自行凝固。

1. 小伤口止血法

用清洁水或生理盐水将伤口冲洗干净，盖上消毒纱布、棉垫，再用弹力绷带加压缠绕即可止血。在紧急情况下，任何清洁而合适的东西都可临时用作止血包扎，如手帕、毛巾、布条等，先将血止住，然后再到医院处理伤口。

动脉出血止血法

2. 静脉出血止血法

除上述包扎止血方法外，还需压迫伤口止血。首先清理伤口内的异物，然后用纱布或其他物体盖在伤口上方施以压力，将血管压扁，血流变慢，血凝块易于形成，如果纱布被血全部浸湿，不必更换，在上面再加一块纱布继续按压，这种压力必须持续 5~15 分钟才可奏效，然后用绷带进行加压包扎。

（六）骨折

造成骨折的原因很多，骨折大都因突发性暴力所致，其症状主要有剧烈疼痛、肿胀、局部畸形、功能障碍等。为了便于搬运，避免在运送途中加重伤情，防止骨折断端刺伤皮肤、血管和神经，减轻伤员的痛苦，对伤员肢体进行必要的固定就显得十分重要。

骨折固定类别

骨折固定的原则：

（1）骨折固定前首先检查意识、呼吸、脉搏及处理严重出血。

（2）夹板的长度应能将骨折处的上下两个关节一同加以固定。

（3）骨折端暴露时，不要拉动，不要送回伤口内。

（4）开放性骨折现场不要冲洗、不要涂药，应该先止血包扎，再固定。先固定骨折近心端，再固定骨折远心端。

（5）暴露肢体末端，以便观察血液循环情况，如果肢体末端发绀、皮肤冰凉，要及时检查绷带是否过紧。

（6）夹板与肌肤间应放置柔软的垫子，并尽量固定。

第二节 常见职业病的预防与处理

在生产劳动中，某些作业需要人体长时间保持一定的体位或使个别器官系统处于过度紧张状态，这会使某些部位受到压迫、牵引或摩擦，引起机体发生功能性或器质性变化，形成职业病。久坐类的职业如 IT 业、文秘类工作，易罹患颈椎病、腰椎间盘突出、下肢血栓、肥胖等；久站类的职业易罹患下肢静脉曲张、腰肌劳损、足跟蜕变、足底筋膜炎症；一些工程类职业受特殊气体及粉尘侵袭易罹患呼吸道疾病，有的工种还容易遭受电离辐射。下面我们介绍几种常见的职业病的康复运动。

一、颈椎病的康复锻炼

颈椎病主要是由于颈椎骨质增生或韧带变形，压迫神经血管而产生的功能和结构上的损害。

（一）原因和症状

颈椎长期劳损，椎间盘逐渐发生退行性变化，颈椎骨质增生或正常的生理弯曲发生改变，刺激、压迫颈部脊髓、神经根、交感神经，造成颈、肩、臂、肩胛及胸前疼痛，手臂麻木，肌肉萎缩，肢体酸软无力，甚至四肢瘫痪、大小便失禁等。

（二）处置方法

发生颈椎病首先要卧床休息，用颈托固定和保护颈椎，服用消炎止痛、扩张血管、解除痉挛、营养神经的药物，也可用中药外敷，采用牵引、按摩、热疗、针灸等方法进行康复。

（三）预防

每日早、晚各做几组颈椎保健操（图 4-2-1）。

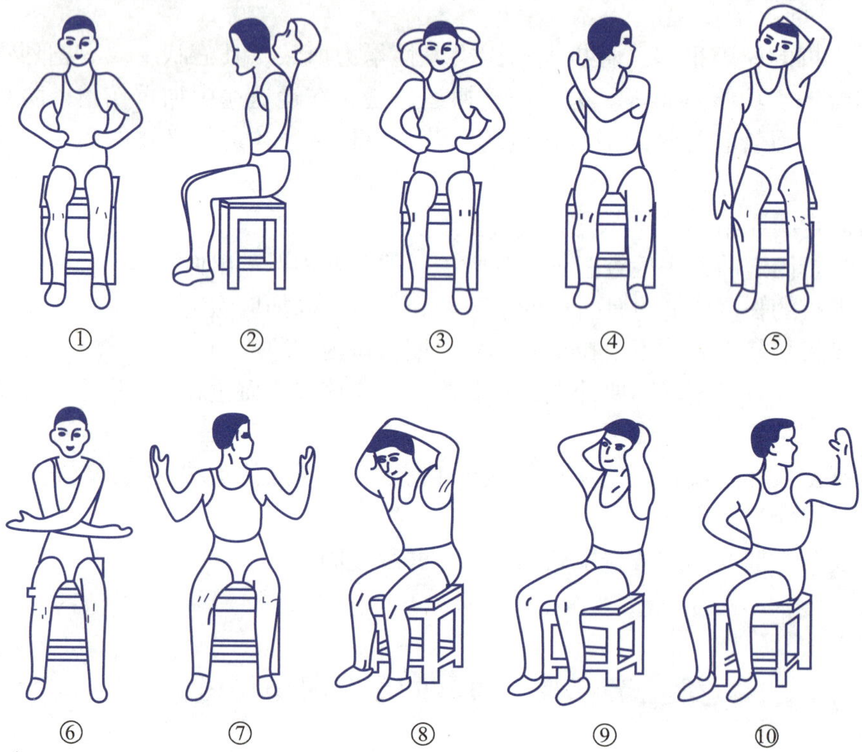

图 4-2-1　颈椎操

二、疲劳性骨膜炎

（一）原因和症状

疲劳性骨膜炎多数是长期缺乏运动后突然运动量激增，或者刚开始参加体育锻炼的人尤其是青少年中较常见的一种应力性损伤，有典型的运动史、发病史和反复疼痛史。如长时间在硬地上运动和运动后不注意放松。在胫骨内侧中下段，腓骨外侧缘下段，趾骨处多发。

（1）疼痛。轻者表现为隐痛、牵扯痛、触摸痛，严重者出现刺痛或烧灼感，个别人有夜间痛。

（2）肿胀。急性期出现凹陷性水肿。

（3）压痛。局部骨面上有压痛，晚期可触摸到硬块，压后锐痛。

（二）处置方法

（1）早期症状较轻者，减少下肢的跑跳练习，局部热敷和外周按摩，用弹力绷带包扎患部，并抬高患肢。

（2）症状严重者，停止跑跳练习，用弹力绷带包扎患肢并抬高患肢，中药外敷、按摩、针灸、理疗，一般症状可在 2~3 周后消失。

（三）预防

（1）不要突然大量运动。

（2）脚着地时要注意缓冲，先前脚掌着地再过渡到全脚掌，不要在坚硬的场地长时间跑跳。

（3）剧烈运动前做好准备活动，使肌肉和肌腱充分活动开。

（4）防止过度疲劳。

三、腰肌劳损

（一）原因和症状

腰肌劳损是由于反复的机械力作用、急性损伤未能治愈、慢性劳损、腰椎间盘突出、外感伤寒或社会心理因素、衰老等导致，属于慢性损伤，主要表现为腰部酸痛、运动功能障碍，甚至因为腰背症状引起腿部疼痛，在劳累后和阴雨天加重，休息后可轻度缓解。压痛点多在骶髂关节背面、骶骨背面和腰横突处，重者可伴有一侧或双侧骶棘肌痉挛僵硬。

（二）处置方法

主要采用按摩和体疗。按摩可用推摩、擦摩、敲打、按压、扳和弹筋等手法，严重时可采取封闭疗法阻断痛觉；体疗方法有仰卧举腿、俯腿“飞燕”、转体运动等。可视情况采用外贴活血膏进行辅助治疗。

（三）预防

（1）调整桌椅相对高度，矫正坐姿。

（2）减少久立、久坐，间歇做伸腰踢腿动作。

（3）腰部不适时，立即休息，束上腰带。

四、腰椎间盘突出

（一）原因和症状

腰椎间盘突出是因为椎间盘各组成部分，尤其是髓核，发生不同程度的退行性病变后，在外界因素作用下，椎间盘的纤维环破裂，髓核组织从破裂处突出于后方或椎管外，从而导致相邻的组织，如脊神经根和脊髓等受到刺激或压迫，产生颈、肩、腰、腿等部位酸、痛、胀、麻木等一系列症状。表现为：

（1）腰痛和一侧下肢放射痛。

（2）腰部运动障碍，尤其是前屈和后伸。

（3）腰椎脊柱姿势改变，可表现为侧弯。

（4）患侧下肢麻木。

（5）患肢温度下降。

（二）处置方法

一般措施是卧床休息、持续牵引、理疗、中医药治疗，严重者手术治疗。体育锻炼的治疗方法是进行俯卧沉腰练习，在胸前和腿部各垫3个枕头，俯卧使腰自然下沉10~15分钟；仰卧沉腰练习，仰卧高枕，臀部骶尾区也垫一个枕头，双腿屈膝抱于胸前，持续10~15分钟。每天各做2组。还可以采用俯卧鱼跃势，将腰贴在床面，头、足两头悬空翘起；站立搁腿，手扶栏杆患腿伸直搁在与腰同高的栏杆上练习。

（三）预防

避免弯腰取重物，避免受凉，工作和生活中避免摔伤和碰撞，避免腹压增高的现象，多卧床休息，适量运动，及时补钙和补营养，慎用激素和手术方法治疗。

五、下肢静脉曲张

（一）原因和症状

下肢浅表静脉发生扩张、延长、弯曲成团状，严重时伴有慢性溃疡、坏死，女性中多见。下肢静脉曲张与年龄、久站、妊娠、体质特殊（静脉壁薄、静脉压高、静脉瓣膜缺损）等因素有关。表现为患肢酸、沉、胀痛、易疲劳、乏力，浅表静脉隆起、扩张、成团块状，站立时症状明显，踝部、足背甚至小腿肿胀。

（二）处置方法

静脉曲张时保持腿部清洁，避免受伤，有溃疡时及时涂药，下肢静脉曲张严重时可把小腿屈膝放在凳子上，双手合握踝关节顺时针揉捏3~5分钟，再逆时针揉捏，然后自下而上挤压5~10次，必要时去医院检查治疗。

（三）预防

经常抬高双腿，高于心脏水平角度，并维持屈膝，促进腿部血液循环，避免久坐、久站，可间隔做双腿抬高、放下动作，交替运动几组，或者走一段路。养成每天下肢运动1小时的好习惯，晚上睡眠时腿部垫高15厘米，戒烟，避免提超过10千克的重物。

第三节　大学生应知应会的急救知识

一、运动性晕厥

运动性晕厥是指在运动中，由于脑部突然供血不足而引起的暂时性知觉丧失现象。

（一）产生原因

运动性晕厥是由于剧烈活动或长时间运动，使大量血液积聚在下肢、回心血量减少而致，也和剧烈运动所引起的低血糖有关。

（二）症状

全身无力、头晕耳鸣、眼前发黑、面色苍白、失去知觉、突然晕倒、手足发凉、脉搏慢而弱、血压降低、呼吸缓慢等。

（三）处理方式

应立即使患者平卧，足略高于头部，并进行由小腿向大腿、心脏方向的按摩或拍击。同时用手指点压人中、合谷等穴位，必要时给氨水闻嗅。如发生呕吐，应将患者头部偏向一侧。如停止呼吸，应立即进行人工呼吸。轻度晕厥者，应由同伴搀扶慢慢行走一段时间，帮助其进行深呼吸，症状即可消失。

（四）预防

平时要坚持体育锻炼，增强体质；久蹲后不要突然站立，不要带病参加剧烈运动；急跑后不要立即停下来；不要在饥饿情况下参加剧烈运动。

二、过度紧张与低血糖症

过度紧张是指过度的或长时间持续性的紧张，导致急性胃肠功能紊乱、急性心功能不全和心肌损伤、脑血管痉挛、晕厥等。正常人的血糖含量在 3.9~6.1 毫摩尔 / 升，低血糖可引起多个器官系统功能障碍，大脑对低血糖尤其敏感，因为葡萄糖是大脑主要的能量来源。如果血糖水平过低，会损害大脑功能。

（一）产生原因

运动前处于饥饿、过分紧张或有疾病等状态。长时间运动，例如长跑、长距离骑自行车、长距离游泳时，消耗大量血糖，使糖代谢出现紊乱状态，运动时易发生低血糖症。

（二）症状

轻者感到饥饿、疲乏、头晕、心悸、面色苍白、出冷汗等。严重者出现低血糖休克症状，如神志不清、语言含糊、四肢发抖、烦躁至昏迷、脉搏快且弱、呼吸急促、瞳孔放大等。

（三）处理方式

症状轻者喝浓糖水或进食含糖类食物，平卧保暖休息，短时即可恢复。严重者若已昏迷，可手掐或针刺人中、合谷、涌泉、百会等穴位，并迅速静脉注射高浓度葡萄糖液。

（四）预防

不要在饥饿的情况下参加紧张、剧烈的运动或长时间的运动。进行长时间或长距离的运动时，中途应当补充含糖、盐的饮料。有轻度症状时，应停止运动，迅速进食一些含糖食物或饮糖水。久病初愈及基础差者，应避免长时间的剧烈运动。

三、运动性贫血

血液中红细胞数量与血红蛋白含量低于正常值，称为贫血。因运动引起的血红蛋白含量减少，称为运动性贫血。

（一）产生原因

运动时，血液流动加速，红细胞破裂增多，而肌肉对蛋白质和铁的需求量增加，一旦需求量得不到满足时，即可引起运动性贫血。

（二）症状

运动性贫血发病缓慢，其症状表现有头晕、恶心、呕吐、气喘、体力下降，以及运动后心悸、心率加快、脸色苍白等。

（三）处理方法

如运动中出现头晕、恶心、呕吐等现象时，应适当减小运动量，必要时暂停运动，并补充富含蛋白质和铁的食物，口服硫酸亚铁，这对缺铁性贫血的治疗有明显效果。

（四）预防

遵循循序渐进和个别对待原则，调整膳食。如运动时经常有头晕现象，应及时诊断医治。

四、运动性腹痛

（一）产生原因

腹痛是运动过程中较为常见的一种症状。在中长跑、马拉松、竞走、自行车、篮球等运动中发病率最高，这是因为剧烈运动会引起胸膜腔内压、腹内压上升而影响到静脉血的回流量，进而引起内脏器官的活动发生紊乱，使呼吸肌、胃肠道产生痉挛引起腹痛。另外，大量进食后，马上进行剧烈运动最易引起运动性腹痛。

（二）症状

腹部突然出现刺痛、绞痛等疼痛症状。

（三）处理方式

运动中出现腹痛应减慢运动速度并降低运动强度，加深呼吸，调整呼吸和运动节奏，用手按压疼痛部位，或弯腰跑一段距离，一般疼痛感即可减轻或消失。若无效果或疼痛感反而加重，就应停止运动，口服解痉药物，针刺或手掐足三里、内关、三阴交等穴位或进行腹部散热。如仍无效，则需送医诊治。

（四）预防

运动时应循序渐进，同时加强全面的身体锻炼，逐步提高身体机能水平。膳食安排要合理，饭后要过 1.5 小时左右才能进行剧烈运动，运动前不宜过饱过饥，也不要饮水太多，要做好准备活动，运动中要注意呼吸节律，中长跑要合理分配速度。对于各种疾患引起的腹痛，应彻底治疗，疾病未痊愈，不宜参加剧烈运动。

五、中暑

（一）产生原因

在炎热夏天进行长时间训练和比赛易发生晕厥，尤其在夏天无风或湿度较高的情况下运动会使体温明显升高。此外，由于大量出汗，体内的水分和盐分大量流失，循环血量减少，再加上血管扩张，血容量更显不足，可引起体内循环的衰竭，出现脑组织供血减少和意识丧失。中暑晕厥多发生在长跑、马拉松、越野跑和足球比赛时。训练水平低、过度疲劳易导致中暑晕厥。

（二）症状

重度中暑分为热痉挛、热衰竭和热射病。热痉挛是由于大量出汗使氯化钠（盐类）丧失过多，使肌肉兴奋性增高，引起肌肉疼痛和痉挛，以下肢腓肠肌或腹部肌群痉挛最为常见，一般持续数分钟后缓解。热衰竭是由出汗后脱水、血容量不足引起，表现为疲乏、无力、眩晕、恶心、呕吐、头痛、多汗和体温轻度升高，可伴有低血压、虚脱或热晕厥、心动过速、呼吸频率增快和热痉挛等脱水体征。热射病时表现为高热（直肠温度

41 ℃），无汗，皮肤干红，剧烈头痛、眩晕、恶心、呕吐、灼热、谵妄、昏迷、抽搐、呼吸急促、心动过速、瞳孔缩小等，严重者出现休克、多脏器功能衰竭或心搏骤停，可危及生命。

（三）处理方式

首先将患者移至阴凉通风处，解开紧束的衣服；迅速降温，可用冷水、冰水擦浴，用风扇吹风，或在额部、颈两侧、腋窝、腹股沟等处放置冰袋（或冷湿敷），使体温逐渐降低。清醒者供给清凉饮料或含盐（0.3%）低糖饮料，必要时可采用药物降温。病情严重或昏迷者，可刺人中、涌泉、中冲等穴位，并立即送医。

（四）预防

尽量避免在高温环境下长时间、大运动量、大强度运动，运动过程中及时适量补充清水或含盐量 0.1%～0.2% 的淡盐水，如有中暑症状，应及时停止运动。在炎热的季节里运动，每锻炼一小时左右，应到阴凉处休息 5～10 分钟，并适当延长午休时间；耐力运动宜安排在上午 10 时前或傍晚进行，越野行军应在上午 8 时前结束；在烈日下运动应戴帽，穿浅色、宽敞和透气性良好的运动服；在室内活动时，要注意通风，室内人数不宜过多。膳食中要有足够的糖、蛋白质和维生素，并注意水和电解质的摄入。在夏天，耐热能力较差、身体疲劳或患病者，不宜参加运动，避免中暑。

六、气道异物梗阻

（一）产生原因

在进食时因吞咽过快、呼吸节奏紊乱等导致气道异物梗阻。

（二）症状

发生完全性气道梗阻时，病人发不出声音、面色青紫、不能呼吸，很快昏迷倒地，甚至死亡，需要立即用海姆立克法施救（图 4-3-1）。

图 4-3-1　海姆立克法

海姆立克法

（三）处理方式

在进行海姆立克法腹部冲击时，施救者要站在患者身后，用一条腿从后伸进其两腿中间，支撑住他的身体，使患者身体前倾，双臂从后环抱患者，找到患者的脐部向上两横指处，一只手握拳，以大拇指侧挨住患者皮肤，然后另一只手包成拳头，一起突然用力向患者后上方挤压其腹部，连续多次，直至异物排出（这三个连贯动作俗称“剪刀石头布”）。如果是自己发生了气道梗阻，只要意识清醒就立刻找一个栏杆或椅背，将腹部压在上面快速向下冲击，进行自救。

如果患者肥胖，不宜冲击腹部时，可找到患者胸骨，用手包成拳头冲击按压其胸骨中下段。如果患者倒地，在仰卧位也可找到其脐上两横指处，向患者头侧冲击按压。

七、失温

（一）产生原因

失温是指身体产热和保暖的能力长时间小于散热的能力，导致核心体温越来越低的现象。多发生于失足落水，野外运动遭遇暴风雨，大风和寒冷天气下登山，夜间运动后汗湿衣服，饥饿、疲劳时或年老体弱者长时间运动，冬季运动或缺氧下运动等。

（二）症状

1. 轻度失温（核心温度在 37 ℃～35.5 ℃）

此时运动者不可控制地颤抖，不能做复杂动作，但能走路说话，外周血管收缩。

2. 中度失温（核心温度在 35.5 ℃～33.8 ℃）

此时运动者意识茫然，动作协调性开始丧失，尤其是手部不能做精细动作，说话含糊，剧烈抖动，行为失常，走路易摔倒，警觉性下降。

3. 重度失温（核心温度 33.8 ℃～30 ℃）

运动者持续地剧烈抖动，说话困难，思维迟钝健忘，活动能力衰退，皮肤青紫，最后糖原耗尽停止抖动，肌肉僵硬，瞳孔扩张，脉搏速度变慢，呼吸心率降低，甚至死亡。

（三）处置方式

复温是第一要务！

（1）首先立即停止运动，安全转移至背风、干燥的地方，或扎营躲避。

（2）隔离冷环境，减少热损失，铺上防潮垫，不要直接躺在地面上。

（3）进行干燥处理，立即脱下湿衣服，更换干衣。

（4）对核心区域加温处理，不要搓手搓脚，那样容易使肢体二次损伤或冷血回流，加重心脏症状，如可能应使用热水袋、发热贴。

（5）能量补充，进食流质热食如浓糖水、热巧克力，不要饮酒，酒精早期会扩张血管加速热量流失。

（6）判断是否需要做心肺复苏，低温时呼吸心率过缓，只有完全消失才可做心肺复苏。

（四）预防

（1）户外运动时一定要多带几件衣服和防风防雨用具。

（2）随身携带一些糖块、巧克力等补充热量的食物。

（3）学会就地取材，如捡拾塑料袋、木板等。

（4）感觉机体不佳或天气异常应及时停止运动，并随时“热了脱、冷了加、湿了换”。

八、心搏骤停

（一）产生原因

运动过程中热身不充分、运动强度突然增大、患有先天性疾病等都会导致心搏骤停。

（二）症状

心搏骤停一旦发生，如得不到及时的抢救，4~6 分钟后就会造成患者死亡，表现为意识丧失、突然倒地，面色苍白或青紫，自主呼吸停止或呈现叹气样呼吸，瞳孔散大，大动脉搏动消失，可伴有短暂抽搐、大小便失禁等现象。

（三）处置方式

一旦出现心搏骤停，要立即在现场开展心肺复苏，并拨打 120 电话进行呼救。

第一步，体位。患者仰卧，解开领口、衣带，施救者一般站或跪在患者的右侧。

现场急救

第二步，判断。轻拍患者双肩，在患者左右两侧耳边大声呼喊，判断患者的意识；可检查患者颈动脉或肱动脉、桡动脉搏动是否消失，同时将脸颊靠近患者鼻孔下方，检查呼吸，整体判断时间不超过 10 秒。

第三步，呼救。发现患者无呼吸、无意识、无脉搏。赶紧拨打 120 电话，并取来附近的除颤仪，身边有其他人，可指定一人或两人帮忙。

第四步，胸外心脏按压。按压部位：以一手掌根部置于患者胸骨中下段、两乳头连线中点，另一只手重叠于其手背之上，手指并拢或互相握持，只以掌根部位接触患者胸骨，指尖翘起。按压姿势：操作者身体前倾、肘关节伸直，借助双臂和躯体重量垂直向下按压患者胸骨正中（图 4–3–2）；按压频率为 100~120 次 / 分钟，按压和放松时间比为 1∶1。

注意事项：按压部位不宜过低，以免损伤肝、胃等内脏。压力要适宜，不要用冲击式按压。

第五步，开放气道。检查患者颈椎有无损伤，无损伤时，先用大拇指（点赞手）压下嘴唇，观察口腔有没有异物，如果发现有异物，将患者头偏向一侧，用纱布或衣物包裹手指，取出口腔异物，再放正患者头部。左手放在患者的前额上用力向后压，右手食指和中指放在下颌骨，将头部向上向前抬起。使患者下颌角与耳垂的连线与地面呈 90 度角（图 4–3–3）。

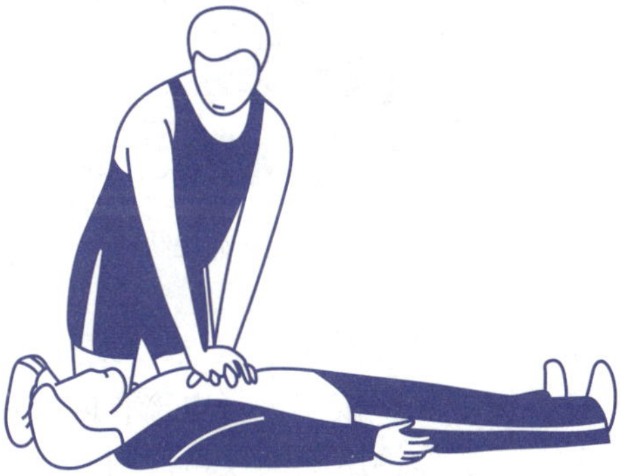

图 4–3–2　心肺复苏

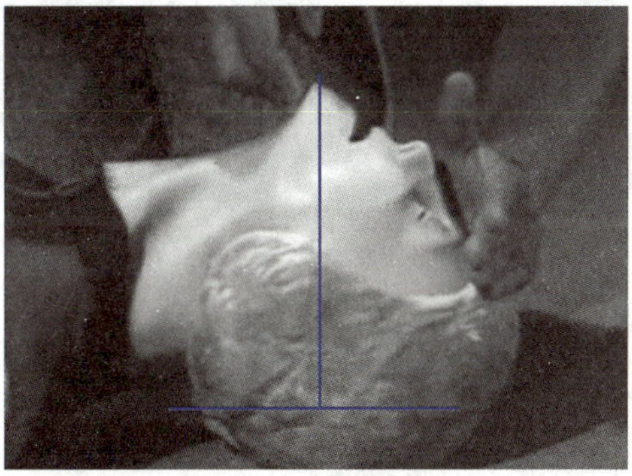

图 4–3–3　仰头举颌法

注意事项：让患者仰头，使患者的口腔、咽喉轴呈直线，防止舌头阻塞气道口，保持气道通畅。疑似颈椎损伤用托下颌法开放气道：把手放置在患者头部两侧，肘部支撑在患者躺的平面上，握紧下颌角，用力向上托下颌，如果患者紧闭双唇，可用拇指将其口唇分开。

第六步：人工呼吸。

抢救者打开患者气道后，左手拇指和食指捏住患者鼻孔，用双唇封住患者的口，平静吸一口气吹入患者口腔，每次吹气量 400~600 毫升，吹气时间 1 秒。一次吹气后松开患者的鼻子，让患者呼气，然后再平静吸一口气重复操作。

注意事项：吹气量不宜过大，时间不宜过长，以免发生急性胃扩张。同时观察患者气道是否畅通，胸腔是否被吹起。

第七步：第四步和第六步骤交替进行，胸外按压 30 次之后做 2 次人工呼吸为一组，通常一个抢救周期为 5 组，连续操作 5 组后迅速观察判断 1 次，中断时间不超过 5 秒，患者未恢复呼吸则继续操作，直至复苏为止。

第八步：电除颤（见视频）。

除颤仪的使用

发生心脏骤停，在做心肺复苏的同时应尽早除颤。在给心脏骤停的患者实施心肺复苏时，如有人取来体外除颤仪（图 4–3–4），要一边进行心肺复苏一边打开除颤仪。打开盖后，按照语音提示进行操作，插上电极线，根据患者的年龄选择成人模式或者儿童模式，在安放电极片前要注意，如果患者体表有水分和汗液要迅速擦干。成人采用的是前侧位安放电极片，正极安放在左乳头外（左腋前第五肋间），负极安放于右侧锁骨下方（胸骨右缘第 2 肋间），两个电极片间要相隔 10 厘米，如果患者身上安装有起搏器，要远离起搏器 10 厘米以上安放电极片。电极片要与皮肤贴合紧密，不能在水中或金属等导电物体上操作，如果电极片贴反了可继续操作，不用取下重贴（图 4–3–5）。

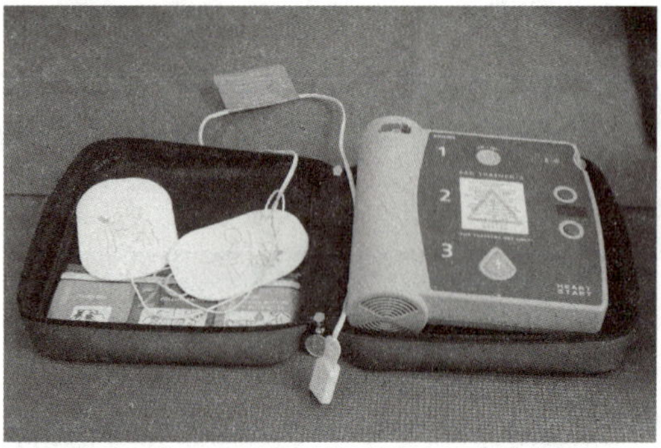

图 4–3–4 除颤仪

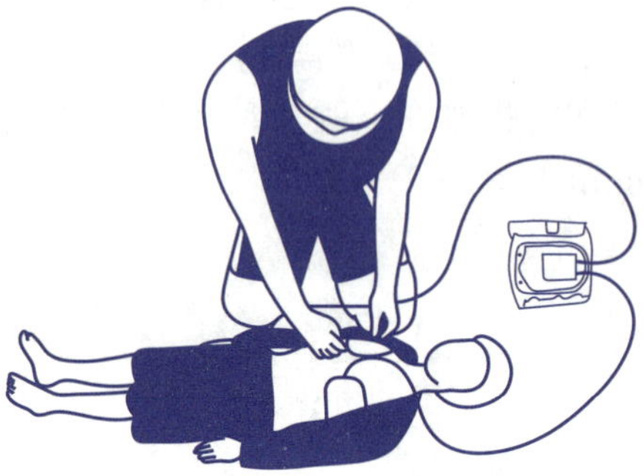

图 4–3–5 安放电极

自测题 4

提示周围人不要接触患者，等待除颤仪分析心律，判断是否需要电除颤，如果需要除颤，充电完成后，再次确认所有人员均未接触患者，按下除颤按钮进行电击，除颤后如果未能恢复正常心跳，要立即继续实施胸外心脏按压，2 分钟后除颤仪再次自动分析心律，判断是否需要除颤，如此反复操作，直至患者恢复心跳和自主呼吸。除颤成功后无须取下电极贴，为患者穿好衣服改成侧卧位，等待救护人员到来。

注意事项：经过 30 分钟的抢救，若病人瞳孔由大变小，能自主呼吸，心跳恢复，可认为复苏成功。

第五章　体育安全教育

本章导学

古语云：“居安思危，思则有备，备则无患。”体育是学校教育的重要组成部分，对于大学生而言，参加体育运动是他们日常生活不可缺少的一部分。但是，体育运动一般具有动作强度大且对抗激烈等特点，稍有不慎，极易引起运动损伤。由于对体育安全教育缺乏足够的重视，大学生体育安全知识匮乏，对如何防止损伤的措施不了解，缺乏自我保护意识。因此，加强体育安全教育是非常必要的。

学习目标

知识目标：了解体育安全教育的概念、目的和意义。

能力目标：提高安全意识，掌握体育安全事故的防范措施及应急处理方法。

素质目标：通过将各种主题融入体育教学，培养学生的责任意识、团队意识、沟通技巧、人际交往能力和健全的心理。

思政课堂

没有规矩，不成方圆

“没有规矩不成方圆”是句俗语，是指做任何事情都要遵循一定的规矩、规则、做法，否则无法成功。在体育课程上，如果不遵守纪律要求进行课堂活动，不按照规定使用器材设备，容易造成安全事故，使学生身心健康受到损害。在体育竞赛中，规则更是必不可少，它左右着体育竞赛的结果，限制着运动员的不良行为，促使比赛在公平、公正中进行，促进运动项目的良性发展。“国有国法，家有家规”，一个家庭、一个完善的组织进而到一个国家，都有自己的行为规范。人们的行为都是要受到规矩的约束的，如果没有了规矩的约束，人们各行其是，社会就会陷入无序的混乱中。

第一节　体育安全教育的目标与任务

一、体育安全教育的定义

体育运动安全是指在各种体育运动过程中，身体免遭各种危险带来的伤害，从而享受体育运动带来的快乐，身体健康、身心愉悦，得到更多的精神享受。

安全教育是高等学校为保护大学生的人身财产安全和身心健康，提高大学生的安全防范意识与自我保护意识而展开的一种教育活动。通常把高校体育安全教育定义为：高等学校体育教学、大学生日常体育锻炼和体育比赛中，为维护大学生的人身安全和身心健康，提高大学生的安全防范意识与自我保护技能而展开的一种教育活动。

二、体育安全教育的目标

（1）使学生明确素质与技能在遭遇突发事件时对人身安全的重要意义，了解遇险自救与竞技体育之间的关系，端正体育学习态度，建立终身体育运动安全意识，有计划地进行体育锻炼，养成体育锻炼的习惯，增强体质，促进身心健康。

（2）结合“健康第一、以人为本”的体育教学理念，根据不同教学内容采用不同的教学方法，减少由于先天条件差异给学生带来的消极影响，使学生体会到参与体育运动的乐趣，掌握一定的健身运动技能与方法，学会合理选择适合自己的运动项目与方法。

（3）掌握运动安全常识，为工作、生活、生命安全提供保障。

（4）通过将各种主题融入体育教学，让学生分享感悟，培养学生的责任意识、团队意识、沟通技巧、人际交往能力和健全的心理。

三、体育安全教育的任务

在高校体育教学中有目的、有计划地进行体育安全教育，对提高大学生在体育运动时的自我保护能力，尽可能避免运动损伤的发生，有着积极的意义。

（1）加强思想教育，提高对安全教育的认识。认真贯彻“预防为主，安全第一”的方针，提高体育教师对安全教育的认识水平，杜绝不安全因素，把安全隐患消灭在事故发生之前。

（2）传授高校体育安全教育理论知识。高校因地制宜，根据本校的体育课程内容、传统体育项目、学生喜爱的新兴项目及学生的特点，编写符合本校实际情况的体育教程。

教师在每节体育课前十分钟向大学生传授体育安全教育的知识，将容易引发安全事故的学习内容及预防措施告知他们，向学生传授保护与互相帮助的知识，提高他们对体育安全事故的预测和自我保护能力。用已发生的体育安全事故教育学生，引起他们的高度重视。

（3）进行高校体育安全教育技能培训。很多高校重视对大学生体育安全教育理论知识的传授，而对他们体育安全技能的培训还处于初级阶段。在体育安全教育中，一是注重对个人逃生自救的运动能力和快速反应能力的培训，如跑、跳、攀、爬、滚等能力的培养；二是注重将安全理论用于实践，在安排体育安全教育模拟实践内容时，让学生分成几个小组，运用已有安全知识，商讨解决问题的对策，并进行演练比赛，体育教师对安全方案演练过程进行评价，最后进行文字总结形成音像资料，供学生学习交流。

（4）帮助大学生克服心理障碍。大学生参加某一项运动时，可能由于遭遇过安全事故，容易产生心理障碍，体育教师要根据当时具体情况，分析原因，加以疏导，帮助他们克服心理障碍。在辅导过程中，运用内省法，让有心理障碍的大学生通过自我检查、自我分析、自我调控、自我监督等步骤，来弥补心理缺陷，强化心理素质。练习时，应降低难度要求，克服大学生因体质差异而引发的心理障碍和畏惧心理。

知识链接 体育锻炼的安全指导

1. 合适的锻炼时机：利用早晨时间，进行适量的体育锻炼以舒展筋骨，将有利于上午的学习；利用下午时间进行负荷较大的体育锻炼，可帮助消除疲劳，提高体力储备；利用晚上时间进行轻微的健身锻炼，可提高睡眠质量。

2. 优良的锻炼环境：空气新鲜，避免噪声干扰，根据季节变化或个人原因灵活选择项目。

3. 喜欢的锻炼内容：应着重选择能够增强心肺功能的锻炼内容；处于青春期的青年学生，还需要选择能够增强肌肉力量的锻炼内容；在长时间脑力劳动之余，选择舒缓放松的锻炼内容。

4. 中等的运动负荷：运动时平均心率为 120~150 次 / 分钟，锻炼时间达到 20~60 分钟，每周运动 3~5 次。

第二节 体育安全教育课程实践

一、高校体育常见的安全事故

对体育设施、场地器材安全情况的重视程度不够，在运动时会造成安全事故。常见的安全事故包括：

（1）打羽毛球时，球拍不慎脱手打伤眼睛。

（2）学生在酷暑中昏厥，甚至患热射病，可能危及生命。

（3）足球门、篮球架倒下砸伤学生。

（4）学生在湿滑的地上摔伤。

（5）学生从单、双杠上掉下摔伤。

（6）学生在参加中长跑时猝死。

（7）参加球类运动时突然扭伤踝关节、膝关节或韧带撕裂。

（8）被铅球、铁饼、标枪砸到或碰到。

（9）运动时学生身上佩戴物刮伤自身或其他同学。

（10）运动前处于饥饿、过分紧张或有疾病等状态，导致低血糖症。

（11）剧烈运动或肌肉挤压后导致横纹肌溶解综合征。

二、高校体育事故引发的原因

高校体育安全事故诱发因素是复杂的、多样的。我们将它分为两大类：一类是人为因素，另一类是环境因素。

（一）人为因素

人为因素是指体育活动中，由于体育教师或学生行为方式不当、学生身体状况不佳、技术动作错误及心理障碍而引发的安全事故。

1. 体育教师缺乏责任心

少数体育老师安全教育意识淡薄，缺乏责任心的表现有四种。

（1）体育课或学生体育锻炼时，不在现场指导。

（2）未向学生讲述有关安全知识。

（3）未做准备活动就安排学生进行大运动量的练习或直接安排考试；体育运动后未做放松活动或放松活动未能安排适当的内容，从而造成学生身体损伤。

（4）在体育安全教育管理中存在疏漏，导致了体育安全事故的发生。

2. 违反规则

由于违反规则导致体育安全事故发生有三种情况。

（1）违反场地使用规则。由于高校扩招，学生数量剧增，体育场地紧缺，因此进行锻炼时见缝插针，许多不同的体育项目锻炼在同一个场地进行，导致体育安全事故发生。

（2）违反器材使用规则。每种器材都有特定的使用方法和注意事项，如果违反使用规则会导致体育事故发生。

（3）学生违反比赛规则。每项体育运动都有相应的规则要求，特别是在对抗性强的比赛中，不遵守规则的粗鲁行为，容易造成对自身和他人的伤害。

3. 大学生身体状况欠佳或技术动作错误

（1）由于少部分有身体或生理疾病的学生未向教师说出实情，在学习过程中，体育教师用普通学生身体健康安全特征来衡量他们，导致安全事故的发生。

（2）部分学生由于疾病造成体能下降，肌力下降，因此动作不协调，导致安全事故发生。

（3）部分学生体质较弱，特别是肌肉力量差造成关节稳定性差，容易扭伤拉伤，导致安全事故发生。

（4）部分学生运动时由于技术动作错误，违反了人体结构的特点和运动生物力学原理，导致安全事故发生。

（5）学生参加体育运动时，由于胆小害怕，犹豫不决，情绪低落，急躁，引发安全事故。

（二）环境因素

环境因素是指高校体育活动中由体育场地设施和天气等情况引发的安全事故。

1. 场地器材因素

体育场馆、设施、器材设计不科学，场地湿滑容易引发体育安全事故。

2. 天气因素

气温过高或过低，在风、雨、冰、雪等特殊自然环境中，大学生如果没有采取相应的预防措施，按照平时的标准进行体育活动，容易造成体育安全事故。

三、如何保证体育教学中的安全

（一）安全来自教师的爱心和责任心

教师对学生安全的无微不至的关怀和周密细致的工作，来自他们对学生的热爱，只有热爱学生才会产生真正的责任心，只有教师有了责任心，才会有周密的安全对策，学生安全才有最基本的保证。

（二）安全来自教师高超的保护技能

要保证学生的安全，只有爱心和责任心是不够的，教师还要有丰富的专业知识和高超的运动风险防范技能，这种技能包括：

（1）对场地器材进行安全布置的技能。

（2）对运动器材进行检查和保养的技能。

（3）对学生的身体和技能状况进行准确判断的技能。

（4）对各种危险进行准确预测的技能。

（5）对各种动作练习进行安全保护的技能。

（6）引导学生进行互相保护的技能。

（7）对紧急伤害事故进行正确的初步处置的技能。

（三）安全来自教师规范的工作程序

学校和教师要保证学生的安全，应制定各种规章制度，如《体育课堂教学常规》《体育场地器材安全制度》《体育场馆使用制度》《游泳池使用制度》《学生体检制度》《紧急情况处理制度》等，要用制度和严谨的工作程序来确保学生的安全。

（四）安全来自培养学生的安全意识和掌握安全要领

体育教学中的安全，要靠师生共同来维护。因此，除教师外，学生也必须具有强烈的安全意识和掌握一些基本的安全要领与技能，使安全保护成为每一个学生的自觉行动，要让学生在遇到危险时，能够运用所学的安全要领来规避危险。如：学生在双杠上一旦发生意外，只要教师事先告诉学生“在器械上运动时如果出现意外，绝不能撒手”的安全要领，而学生也能做到这一点，就不会发生特别严重的伤害事故。

应按如下方式正确使用体育器械。

（1）在进行单、双杠活动时，先要检查一下器械是否完好，是否会晃动，器械下面必须备好符合要求的体操垫。

（2）在做跳箱、跳山羊等跳跃活动时，器械前要放起跳板，器械后要铺海绵垫，同时，老师要在器械旁站立保护。动作未掌握时、缺乏协助时不要跳跃。

（3）在进行投掷时，如投铅球、实心球、标枪、铁饼，一定要按口令行动，令行禁止，不能马虎。

（4）跳高、跳远时，必须严格按照老师的技术指导，跳跃前必须掘沙坑，防止落地扭伤。背跃式跳高要备好厚度、宽度、长度符合要求的海绵包，防止落地时受伤。

第三节　日常体育锻炼中的安全防范

体育运动的目的是锻炼身体，增强体能，提高人体的健康水平。树立体育安全意识，加强自我保护，可以有效地防止运动伤害事故的发生，对于自我保护有非常重要的作用。

一、适宜的运动环境

（一）热环境

人体运动时，不管外界的温度如何，体内产生的热量都会大幅度增加，剧烈运动时人体的产热量比平时增加 100 倍以上。在高温的环境下由于运动而使机体内产生的过多热量，很难在短时间内向外散发，于是便会蓄积在体内，使体温升高，引起一系列的机能失调，甚至死亡。因此，在热环境中进行体育锻炼时，必须采取防暑措施，否则就会有患热辐射疾病的危险。

（二）冷环境

在寒冷的环境中进行锻炼，可以提高人体对外界环境变化的适应能力和对疾病的抵抗能力。但是，冷环境可使肌肉的黏滞性增大，伸展性和弹性降低，工作能力下降，容易出现运动损伤。

为了避免冷环境给运动带来不利影响，在运动前首先要做好准备活动并适当延长其时间，保证体温进一步升高；其次，不要张大嘴呼吸，避免直接吸入冷空气刺激喉咙而引起呼吸道感染和咳嗽等；再次，注意耳、手、足等重点部位的保温，防止这些部位被冻伤。另外，在运动时不要穿太厚的服装，以免在运动中出汗较多，导致运动后感冒；运动后要及时穿好外衣保持体温。

（三）污染环境

大气污染物的种类很多，其中对人类有较大威胁的是烟雾尘、硫化物、氧化物、氮化物、卤化物、有机物等。大气中的污染物一般通过呼吸系统进入人体，也可以通过接触（皮肤、黏膜、结膜等）危害人体。

大气中的臭氧和一氧化碳是影响体育锻炼效果的两种重要污染物，它们可导致胸腔发闷、咳嗽、头痛、眩晕及视力下降等，严重的还会导致支气管哮喘。当空气中的臭氧含量达到一定值时，不宜再进行户外锻炼。一氧化碳可减少血液中血红蛋白的数量，降低血液运输氧的能力，从而直接影响锻炼效果。汽车排放的尾气中含有大量的一氧化碳，因此、应避免到车流量大的马路边散步或跑步。出现沙尘暴、可吸入颗粒物较多的天气或大雾天气时，也应停止户外锻炼。

二、适当的物质准备

运动时应选择质地柔软、通气性和吸水性良好、有利于健康和身体自由活动的服装，并应根据气候变化合理使用，避免中暑、感冒及紫外线的照射等。运动鞋应选择合适尺寸、具有一定弹性及良好的通气性能、穿着舒适的平底鞋子，并应符合季节要求和保持清洁卫生。

三、适量的准备与整理活动

（一）准备活动

准备活动也叫“热身”，是一种为正式运动做准备的身体练习。准备活动最大的好处就是使身体发热。体温升高，可以使肌肉黏滞性下降，提高肌肉收缩和舒张的速度，增加肌力；使血红蛋白和肌红蛋白释放更多的氧，从而增加肌肉的氧供应量；可使神经系统和肌肉组织的兴奋性提高；使肌肉中相应部位的小血管扩张，肌肉中的血液供应增加；体温升高还能使肌肉及韧带的伸展性增加，增强柔韧性，预防运动损伤。

准备活动的量与强度应比正式运动时小，以免由于疲劳影响正式运动的效果。具体的量和强度，要根据运动项目、个人情况和气候条件决定。一般做到身体发热，微微出汗即可。天气寒冷、温度较低时，准备活动时间要相对较长。准备活动的内容包括各种身体练习，可分为一般性准备活动、专门性准备活动和混合性准备活动。

（二）整理活动

整理活动是在正式的体育运动后所做的放松练习，旨在加速机体功能的恢复，使人体由紧张激烈的运动状态平稳过渡到安静状态，是加速消除疲劳、促进恢复体能的一个重要措施。人体的各项机能从安静状态进入运动状态，需要一个渐进的变化过程；从运动状态恢复到安静状态，同样也需要一个渐进的、非突变的过程。

（1）肌肉在运动之后往往不易很快放松，此时如果完全静止休息，肌肉中许多代谢产物就不能迅速排除，就会使肌肉僵硬，甚至产生酸痛感。在运动后适当做一些放松练习及牵引（肌肉被动拉长）的练习，可以使肌肉得到充分放松，并将积存的代谢产物尽快排除，有助于消除疲劳与预防肌肉酸痛。

（2）在运动之后，呼吸、循环等内脏器官还会继续高强度工作一段时间，以补充运动时缺少的氧。如果突然停止不动，会妨碍呼吸的幅度，影响氧的补充，而且血液由于重力的作用会淤积在下肢扩张的血管里，使静脉血回流减少，进而导致心输出量骤然降低，血压下降。严重时可导致大脑暂时性缺血、头晕甚至休克。如果在运动后，采取由快跑过渡到慢跑，再过渡到走就可以使神经系统有足够的时间调节下肢血管的收缩以减少血液淤积，避免上述情况的发生。

（3）运动之后做一些整理放松练习，有积极休息的作用，对消除疲劳大有裨益。整理放松一般包括慢跑、深呼吸和放松练习。活动量要小一些，使肌肉逐渐放松，各内脏器官逐渐恢复到平静状态。

自测题 5

第六章　运动竞赛的组织与编排

本章导学

本章通过学习田径运动竞赛和球类运动竞赛的组织与编排等相关知识、技能，推动校园运动竞赛体系的形成、完善，提升学生竞赛组织与管理能力，提高校园运动竞赛水平；宣传体育运动，丰富校园文化生活，吸引和鼓舞学生参加体育锻炼，推动校园群众性体育运动的开展；检查体育教学和训练工作质量，总结交流经验，促进运动水平的提高。

学习目标

知识目标：介绍运动竞赛的基本知识及田径、大球类、小球类项目竞赛组织与编排的相关知识。

能力目标：提高学生的竞赛组织与编排能力、人际协调能力，促进运动水平的提高。

素质目标：提高学生体育素养，加强团结，增进友谊，弘扬集体主义、爱国主义精神，增强国家和民族的向心力、凝聚力。

思政课堂

体育竞赛规则的文化价值

体育竞赛是人们理想中公平竞争的典范，它以激烈对抗的游戏方式，承载着人们的竞争冲动和需求，集中展示和生动演绎人类的竞争文化。这种竞争文化极大地激发了人们的聪明才智，使竞争者为“更高、更快、更强、更团结”的目标坚持不懈地奋斗。竞赛规则被称为竞赛场上的“法律”，它从本质上说，是一种特殊的群体规范，是一种设计的游戏规则。它以技术规则为基础，以道德规则为指引，来维持运动竞赛中的秩序，保证运动竞赛的顺利进行。它是在社会物质文明和精神文明的基础上建立起来的制度文明，它使运动员和其他参与者的行为“有法可依”，使他们能够按照规范性法规去调整自己的行为。

体育竞赛本身就是一种社会文化现象，其文化价值的基础就是竞赛规则。体育竞赛规则是体育运动的基础，也是其得以顺利进行的前提和保证。它是各个体育项目的游戏规则。是人们在体育竞赛活动中形成的决定体育参与主体行为的一种规范性文化现象，它包含着顺应社会文明化进程要求的价值标准。

现代奥林匹克运动会通过公平竞争的理念来教育青年，运动场上人人平等，自由竞争，公平获胜。不允许使用不正当的手段，不允许投机取巧，只能心悦诚服地接受比赛结果，努力在新的竞赛中赶超。在比赛中，运动员的身体、心理和道德素质得到良好的锻炼与培养，观众在享受体育竞赛带来的欢乐的同时，也潜移默化地接受了规则教育。体育竞赛为社会群体规范树立了典范，对提高全社会的法律观念和法治意识发挥了重要的示范作用。

体育竞赛所倡导的广泛参与、交流、积极合作的大众精神和集体荣誉感，与社会主义和谐社会建设的要求一致。通过交流合作，取长补短，逐步达到共同参与、均衡发展、共享发展成果的和谐社会目标，这对于构建民主法治、公平正义、诚信友爱、充满活力、安定有序、人与自然和谐相处的社会具有一定的现实意义。

第一节 体育竞赛概述

体育竞赛是指以争取优胜为最终目的，以体育运动项目或某些身体活动为内容，根据规则进行的个人或集体的体能、技艺、智力的竞赛。体育竞赛能宣传体育运动，吸引人们参加体育锻炼，增强人民体质，推动全民健身计划的实施。体育竞赛能增进友谊，交流经验，促进运动技能水平的提高。体育竞赛是学校体育工作的重要内容之一，它对学校体育工作起着普及与提高的作用，对增强大学生的体育意识、促进校园文化的发展也有积极意义。

竞技体育比赛的分类方法较多，按比赛任务的不同，可分为综合性体育比赛和单项体育比赛两类。

一、综合性体育比赛

综合性体育比赛一般称为运动会或综合性运动会，它是由若干个运动项目组成的体育比赛，目的是全面检查各项运动的普及与提高情况，广泛总结和交流经验，推动体育运动的进一步发展。如奥林匹克运动会、亚洲运动会、中华人民共和国全国运动会等。这种类型的体育比赛由于比赛项目多、规模大、组织工作比较复杂，通常都是每四年举行一届。

二、单项体育比赛

单项体育比赛可分为以下几种。

1. 锦标赛

锦标赛指为检查、总结某一运动项目的开展情况和运动水平，确定冠军和名次，促使该项运动不断发展而举行的单项比赛，如世界女子排球锦标赛、全国大学生篮球锦标赛等。有时也将锦标赛称为冠军赛或杯赛，如世界杯男子足球比赛、戴维斯杯网球赛、全国田径冠军赛等。

2. 邀请赛或友谊赛

邀请赛或友谊赛指由一个或几个单位、学校或国家举办，邀请其他单位、学校或国家参加的体育比赛，目的是增进友谊、互相学习、共同提高某个运动项目的水平，如上海四国足球邀请赛、东亚女子乒乓球邀请赛等。各种类型的访问比赛一般都属于友谊比赛。

3. 对抗赛

对抗赛指由两个以上实力相近的团队或国家联合举办的比赛，目的是交流经验、切磋技艺、取长补短、共同提高，如中日田径对抗赛、中日韩围棋对抗赛等。

4. 等级赛

等级赛一般是在国内举行的比赛。有按运动员不同技术水平分别举行的比赛，如围棋段位赛；也有按等级组织的比赛，如男子象棋甲级联赛、男子足球超级联赛等。等级赛的主要目的是鼓励和促进运动员或队伍提高运动水平、争取升级。

第二节 田径运动竞赛的组织与编排

一、田径运动竞赛组织工作

田径运动竞赛是指有目的、有计划、有组织的田径比赛。田径运动竞赛具有项目多、赛次多、参赛人数多、兼项人数多、裁判员人数多、竞赛信息量大、比赛时间相对集中，以及场地器材复杂等特点。

（一）成立领导小组

学校筹备、举办田径运动会，应在学校相关部门的领导下，成立领导小组，负责比赛筹备阶段各项工作的梳理和落实，并在筹备期间组织全程工作督察，协调、指导各小组的工作开展；组委会定期召开筹备工作阶段总结会，听取各小组的工作进展情况汇报，提出整改方案。

（二）制定组织方案

（1）运动会名称、目的和任务。根据体育运动的方针、任务、性质和其他特殊要求来确定。

（2）运动会的规模。包括参赛单位、参加人数、竞赛组别、比赛场地和竞赛项目等内容。

（3）运动会的组织机构。包括组织形式、工作人员名额、主要工作小组及其负责人、工作人员等内容。

（4）运动会的日期和地点。学校运动会通常在一个学期的中间举行；应描述清楚比赛的校区地址、场馆名称等。

（5）运动会的经费预算。应本着勤俭节约办赛的精神，根据实际需要设定预算。一般包括氛围营造、场地维修、器材采买、裁判用品、宣传、奖品、印刷、医疗和其他办公用品等费用。

（6）筹备方案。主要说明运动会的筹备工作分几个阶段，各阶段的主要工作安排等。

（三）设置机构

（1）办公室。主要负责各类文件的起草、发放，综合会议的召开，财务管理，领导和来宾的接待，会场布置，各部门之间协调等工作。

（2）竞赛组。负责制定和发放竞赛规程，竞赛器材和奖品的准备、管理工作，组织运动员报名，资格审查，秩序册的编排和印制，召开技术会议，选拔与培训裁判，竞赛组织与管理，成绩册印发等工作。

（3）宣传组。负责赛场氛围营造，运动会期间的宣传报道、摄像和制片，收集开幕式各参赛系部入场式的解说词，成立广播组，比赛现场展示与宣传工作，体育道德风尚奖等奖项的评选等工作。

（4）安全保卫组。负责比赛场地内外的安全保卫和秩序维护，比赛现场及比赛期间的交通管制和车辆管理，比赛期间的消防工作和突发事件处置等工作。

（5）后勤保障组。负责比赛场地维修，落实食品安全卫生，做好餐饮保障工作、供电（备用电）、供水、用车工作，做好运动会期间的医疗保障工作。

（6）开、闭幕式组：负责组织学生观看开幕式、比赛及维持观众秩序；负责开、闭幕式的音响、乐曲等相关物品的准备、调试等工作；组织好志愿者服务工作；负责开、闭幕式节目的选拔、编排、训练、彩排、演出等工作；负责开、闭幕式各方阵队伍的组建、训练；负责颁奖礼仪队和接待礼仪队的组建和训练。

（四）制定竞赛规程

竞赛规程是运动会的纲领性文件，是开展竞赛的主要依据，通常包括以下内容。

田径运动会竞赛规程

（1）运动会名称、目的、任务、主办单位、承办单位、比赛时间、地点。

（2）参赛单位和分组情况，规定什么样的单位可以参加，设置组别。如男子甲组、女子甲组、男子乙组、女子乙组。

（3）比赛办法。规定每个参赛单位可报多少人，每人最多可报几项；规定比赛办法等。

（4）竞赛项目。包括设置哪些项目及器材的规格、重量等。

（5）运动员参赛资格。包括参赛者的年龄、性别、身体要求，以及不同组别运动员的参赛条件。

（6）竞赛办法：比赛执行国家体育总局最新审定的《田径竞赛规则》，各项目根据报名人数确定赛次及是否进行及格赛。

（7）录取名次及奖励。制定各项目的录取名额，单项、接力、破纪录的计分办法，团体总分的计分办法，成绩相等及同名次的排名办法，优秀运动员的名额及评选办法。

（8）报名。包括填写报名表格的办法、报名截止日期、上交材料办法等。

（9）其他规定。若大会有表演项目，则提出表演项目的要求；参赛队伍的队旗要求等。规程要留有余地，解释权属于大会组委会，未尽事宜由大会组委会修订并补充。

二、田径运动竞赛编排方法

（一）竞赛分组的编排方法

1. 分组的原则

（1）根据报名人数、跑道数、确定各个项目的赛次及各赛次的录取人数。

（2）如有可能，在比赛的所有预赛轮次中要尽量将同一系部和成绩最好的运动员分在不同组内，每组运动员人数尽量相等。

（3）不分道的比赛项目，每组人数一般不应超过跑道数的 2 倍。

（4）长距离项目分组决赛时，一般把成绩好的集中编在一组。

2. 分组的方法

（1）径赛分组。

① 有报名成绩：一般采用蛇行分组法，按成绩优劣由上而下，再由下而上依次分排（如图 6-2-1）。

例如：100 米 24 人分三组，则

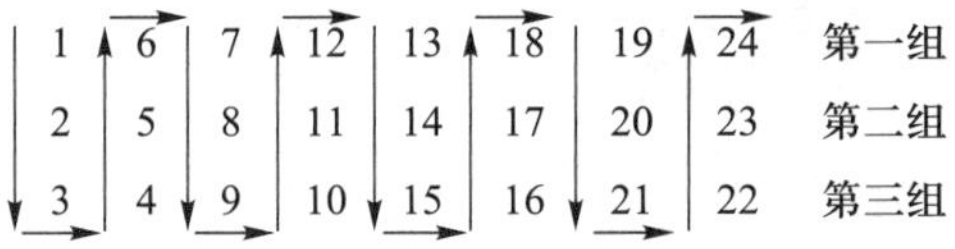

图 6-2-1　蛇形分组法

② 无报名成绩：可采用将运动员（或号码）按单位依次上下分排，再按斜线通过号码分排的方法分组（图 6-2-2）。

分组	各单位号码					
	初一(1)	初一(2)	初一(3)	初一(4)	初一(5)	初一(6)
一	1101	1201	1301	1401	1501	1601
二	1102	1202	1302	1402	1502	1602
三	1103	1203	1303	1403	1503	1603

图 6-2-2 斜线分组法

例如：100 米每单位报三人，则

第一组：1101 1202 1303 1401 1502 1603

第二组：1102 1203 1301 1402 1503 1601

第三组：1103 1201 1302 1403 1501 1602

（2）田赛分组。

① 田赛项目一般不分组，比赛的顺序由大会抽签排定。

② 参加人数较多时，可在正式比赛前进行及格赛（必须在秩序册中说明）。

（3）抄写各项竞赛分组表。

（二）编排比赛秩序册

1. 估计比赛时间

（1）计算全部比赛时间 = 天数 × 每天比赛的时数 − 开幕式 − 闭幕式 − 其他非比赛占用的时间。

（2）计算各项比赛实际所需的时间（表 6-2-1）。

表 6-2-1 各项比赛估算时间表

项目		径赛每组时间 田赛全赛时间（分钟）	备注（全国比赛）（分钟）
径赛	100 米、200 米、400 米	4～5	
	800 米	6～8	
	1 500 米	8～10	
	3 000 米、3 000 米障碍	15～20	12～15
	5 000 米	20～25	
	10 000 米	40～50	40～45
	100 米栏、110 米栏	5	不包括摆栏、撤栏时间
	400 米栏	5	
	4×100 米接力	8～10	10
	4×400 米接力	10～15	10

续表

项目		径赛每组时间 田赛全赛时间（分钟）	备注（全国比赛）（分钟）
田赛	跳远、三级跳远	3~3.5×（总人数+8）	
	推铅球	3~3.5×（总人数+8）	
	跳高	8~12×（总人数）	
	掷铁饼	4~4.5×（总人数+8）	
	掷标枪	4.5~5×（总人数+8）	

2. 竞赛日程编排原则

（1）如有可能，在任一轮的最后一组和后续轮的第一组或决赛之间，必须留出的最短时间间隔：200 米及 200 米以下各项为 45 分钟；200 米以上至 1 000 米各项为 90 分钟；1 000 米以上各项目不在同一天举行。

（2）按兼项的一般规律，尽量把相关项目分开编排，以减少兼项冲突。性质相近的项目要注意先后顺序：一般先 100 米，后 200 米；先 5 000 米，后 10 000 米；先跳远，后三级跳远等。

（3）在时间允许情况下，考虑兼项之间的时间间隔，尽量照顾兼项人。

（4）不同组别的同一田赛项目，一般不连续进行。

（5）不同组别的同一径赛项目，最好衔接进行，如男子 100 米和女子 100 米等。短距离径赛项目赛次如果少，最好安排在一天结束。

（6）跨栏项目一般都安排在各竞赛单元的第一项，还可排在长距离竞走、跑之后进行。

（7）预计能破纪录的项目，可分配到各个竞赛单元，尽量排在下午，并留出发奖时间。

（8）同一时间不要排两个田赛长投项目。

（9）在进行竞走、长跑时，最好不安排标枪等长投项目。

（10）接力比赛项目最好安排在一个竞赛单元最后或下午最后一项进行，以便保证兼项运动员参赛。

（11）在可能的情况下，把较精彩的决赛项目排在开幕式后或观众关注度较高的时间段内，以满足观众观看的热情。

（12）田赛项目应防止在场地的一端过分集中，而另一端冷落观众。

（13）最后一个竞赛单元临近结束之前，可考虑安排一项长距离项目或适当减少项目，以便闭幕式宣布团体成绩与发奖。

（14）每个竞赛单元的比赛，编排尽量使径赛和田赛同时结束。

3. 编排竞赛日程表的方法和步骤

（1）抄写“竞赛项目牌”，可用彩色硬纸制作。依据各项比赛分组表，把比赛项目的组别、性别、项目、赛次、人数、组数、比赛所需时间等逐项抄写，一个项目有几个赛次，就要写几张。项目必须核对准确，不能遗漏。

（2）备好一块标明日期、竞赛单元（上午、下午）、径赛、田赛的台面，然后开始编排。

（3）编排时先安排全能项目，然后排赛次多的项目，再排跨栏和其他径赛项目。

（4）排完径赛再排田赛，注意兼项和性质相关项目的先后顺序。

（5）如发现两赛次时间太短或违背了兼项一般编排规律，以及存在比赛总时间与竞赛单元时间不符等问题，应重新调整。

（6）全部项目排好后，应仔细检查，核算每竞赛单元所用时间，如有不妥之处再进行调整。时间不能随意改动，以免影响全局。

4. 编印次序册

内容如下：

（1）封面：比赛名称、地点、日期、主办单位、承办单位。

（2）目录。

秩序册目录示例

第三节　大球类运动竞赛的组织与编排

一、大球类运动竞赛的组织工作

（一）赛前阶段的准备工作

（1）成立竞赛组织机构。主办方按照办赛计划成立赛事领导小组，成立各工作组并统筹各组工作。

（2）制定相关竞赛文件。各工作组按照各自职能，制定相关竞赛文件，例如比赛通知、竞赛规程、比赛补充通知等。竞赛规程是举办比赛的重要指导性文件，一般由竞赛主办单位根据竞赛的目的、性质、规模、时间和场地设施等情况而制定。其内容主要包括：竞赛名称、目的、日期、地点，竞赛项目、竞赛办法、奖励办法、报名办法、报到日期、录取名次、采用的竞赛规则，以及其他有关规定。

（3）准备场地器材。竞赛相关工作组准备比赛使用场地、器材，所有场地、器材的使用必须得到技术代表的批准，符合竞赛规程及竞赛规则的要求。

（4）运动队报到，收取相关资料，进行参赛资格审查。

（5）组织裁判员学习。

（6）召开技术会议，组织比赛抽签，安排适应比赛场地训练，编排竞赛秩序册。

（7）印发秩序册。

秩序册是各运动队参加比赛和各有关部门开展工作的主要依据。其内容一般包括：竞赛规程，组织委员会名单，裁判员名单，领队、教练员名单及运动员姓名号码对照表，竞赛日程，团体比赛秩序表，单项比赛秩序表，场地平面图等。

（二）赛期阶段的主要工作

赛期阶段的主要工作是记录和公布成绩。较大规模的竞赛应设立记录组，记录组的任务是负责审核记分表，迅速公布比赛成绩和记录比赛结果。

（三）赛后阶段的主要工作

（1）编印成绩册。

（2）颁发奖品。各组总结工作，回收相关竞赛物资，并向有关上级汇报比赛整体情况，比赛全部资料存档。

二、大球类运动竞赛的编排方法

（一）循环法

循环法是指参赛队之间相互进行轮流比赛，使每支参赛队都有比赛的机会，然后按照每支参赛队在全部比赛中的胜负场数、得失分率等方式进行名次排定的比赛方法，也称循环赛。当比赛队伍少、比赛时间较为充裕时多采用循环法比赛。循环赛可分为单循环、双循环和分组循环三种。

单循环赛是指所有参赛队相互按轮次顺序比赛一次（表 6-3-1）。双循环赛是指所有参赛队相互按轮次顺序比赛两次。分组循环赛是在参赛队数较多时根据参赛队的基本情况，将参赛队分为若干小组，把强队分散在各组，先进行分组循环赛，分组循环赛后再根据小组名次来组织第二阶段的比赛。

表 6-3-1　单循环编排方法

第一轮	第二轮	第三轮	第四轮	第五轮	第六轮	第七轮
1–0	1–7	1–6	1–5	1–4	1–3	1–2
2–7	0–6	7–5	6–4	5–3	4–2	3–0
3–6	2–5	0–4	7–3	6–2	5–0	4–7
4–5	3–4	2–3	0–2	7–0	6–7	5–6

（注：假设有 7 支队伍参赛，“1～7”为队伍编号，“0”为轮空。）

（二）淘汰法

淘汰法在参赛队多而比赛时间短的情况下采用，赛前抽签两队组成一组进行比赛，胜者进入下一轮次，负者则直接淘汰。胜者继续比赛直至产生冠军（图 6-3-1）。

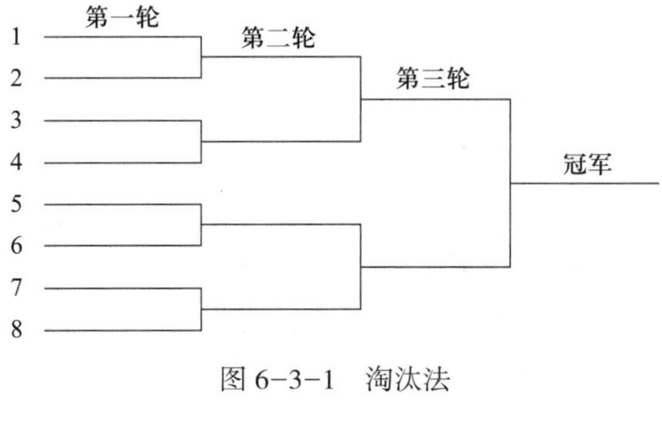

图 6-3-1　淘汰法

（三）混合法

目前球类比赛中运用较普遍的一种比赛方法，是将循环法与淘汰法混合使用。在小组赛可采取循环赛，第二阶段可采取淘汰赛。

三、大球类运动竞赛名次的确定

（一）篮球

篮球比赛通常以混合法进行比赛。在小组比赛中采取单循环比赛方式。按照规程小组前两名出线，进入淘汰赛阶段。胜者进入下一轮比赛，直至产生冠军。淘汰赛阶段将不再赋予积分。

篮球比赛中，每场胜队得 2 分，负队得 1 分，（包括因缺少队员等情况被判负），弃权得 0 分。参赛队的得分高低决定名次排列。如积分相等则按以下情况处理。

（1）如果两队积分相同，则以两队之间的比赛胜负关系来确定名次。

（2）如仍相同，则以它们之间的净胜分来决定。

（3）如仍相同，则以它们之间比赛得分来决定。

（4）如仍相同，则依次以所有比赛净胜分、所有比赛得分来决定。

（5）如仍相同，则抽签决定名次。

（二）足球

足球比赛中，采用参赛队胜一场得 3 分，平一场各得 1 分，负一场得 0 分的计分方法。足球比赛积分设置方式大大增加了比赛结果的不确定性，增加了比赛的观赏性和激烈程度。

足球比赛通常以混合法进行比赛。在小组比赛中采取单循环比赛方式。按照参赛队的积分高低排定顺序，总积分多者名次列前，如两队或两队以上积分相等时，则按照以下情况处理。

（1）两队或两队以上积分相等时，净胜球多者列前。

（2）如仍相同，则以它们之间总进球数多者列前。

（3）如仍相同，则以两队之间胜负关系来决定。

（4）如仍相同，则抽签决定名次。

按照规程小组前两名出线，进入淘汰赛阶段。胜者进入下一轮比赛，直至产生冠军。淘汰赛阶段将不再赋予积分。

（三）排球

排球比赛通常以混合法进行比赛。在小组比赛中采取单循环比赛方式。按照规程小组前两名出线，进入淘汰赛阶段。淘汰赛中胜者进入下一轮比赛，直至产生冠军。淘汰赛阶段将不再赋予积分。

排球比赛中，参赛队胜一场得 2 分，负一场得 1 分，弃权得零分，得分多者名次列前。如遇两队或两队以上得分相等则按以下情况处理。

（1）计算 C 值，C 值 = 所有比赛胜局 / 所有比赛负局，C 值大者名次列前。

（2）如 C 值相等，则计算 Z 值，Z 值 = 所有比赛胜分 / 所有比赛负分，Z 值大者名次列前。

（3）如仍相同，则抽签决定名次。

第四节　小球类运动竞赛的组织与编排

一、小球类运动竞赛组织工作

（一）赛前阶段的准备工作

（1）成立组织机构。

（2）制定竞赛规程。

（3）准备场地器材。

（4）接受报名。

（5）组织抽签。

（6）组织裁判学习。

（7）编排竞赛秩序册。

（8）印发竞赛秩序册。

（二）赛期阶段的主要工作

赛期阶段的主要工作是记录和公布成绩。较大规模的竞赛应设立记录组，记录组的任务是负责审核记分表，迅速公布比赛成绩和记录比赛结果。

（三）赛后阶段的主要工作

（1）编印成绩册。

（2）颁发奖品。

（3）总结工作，并向有关上级汇报工作情况。

二、小型球类运动竞赛的编排方法

球类竞赛中经常采用的竞赛制度有循环制、淘汰制和混合制 3 种。

（一）循环制

循环制分为单循环、双循环和分组循环等三种方法。

1. 循环制的编排方法

（1）比赛总场数和轮数的计算方法。

$$单循环比赛总场数=\frac{参赛队数\times(参赛队数-1)}{2}$$

单循环比赛轮数：若参赛队是单数，则比赛的轮数等于比赛队数。如果参赛队是双数，则比赛的轮数等于比赛的队数减一。

例如，有 8 个队参加比赛，其计算方法为：

$$比赛的总场数=\frac{8\times(8-1)}{2}=28（场）$$

比赛的轮数 = 参加比赛的队数 − 1=7（轮）

双循环比赛的总场数比单循环增加一倍。

分组循环比赛的总场数则等于各组的场数相加之和。

（2）比赛轮次表的编排。单循环比赛轮次表的编排，通常采用“轮转编排法”。编排时，不论参加队数是双数或单数，一律按双数编排。如果参加比赛的队数是单数时，就用一个“0”号代表一个队，使之成为双数。

编排方法是：先用号数代表队数，将其平均分为两半，具体编排如下，以 7 个队参加比赛为例，其编排方法如图 6-4-1。

第一轮	第二轮	第三轮	第四轮	第五轮	第六轮	第七轮
①—0	①—7	①—6	①—5	①—4	①—3	①—2
2—7	0—6	7—5	6—4	5—3	4—2	3—0
3—6	2—5	0—4	7—3	6—2	5—0	4—7
4—5	3—4	2—3	0—2	7—0	6—7	5—6

图 6-4-1　7 个队轮转编排法

如 6 个队参加比赛，其编排方法如图 6-4-2。

第一轮	第二轮	第三轮	第四轮	第五轮
①—6	①—5	①—4	①—3	①—2
2—5	6—4	5—3	4—2	3—6
3—4	2—3	6—2	5—6	4—5

图 6-4-2　6 个队轮转编排法

上述编排方法是常用的固定①编排法，可总结其编排技巧为：将①固定原位，其余逆时轮回。轮次表排完以后，召集各队进行抽签，将各队队名按抽到的号签填入轮次表中，编出比赛日程表。

双循环是采用两次单循环进行比赛，其编排方法与单循环相同。

采用分组循环比赛时，为了使分组较为合理，一般采用“种子队”或“蛇形”排列分组的办法。

2. 循环制比赛的计分方法（不同运动项目积分方式不同）

（1）循环制确定比赛名次时，以积分多少排列名次。即胜一场得 2 分，负一场得 1 分，弃权得零分，积分多者名次列前。

（2）若遇两队积分相等，按两队相互间比赛的胜负决定名次，胜者名次列前；若遇三队或三队以上积分相等，按积分相等各队相互间比赛的胜负场（局）数多少决定名次，胜场（局）多者名次列前；若相互间的胜负场（局）数再相等，则按相互间的得失分率决定名次（得失分率 = 总得分 / 总失分），得失分率高者名次列前；若仍相等，则按他们在单循环赛中所有比赛的得失分率排列名次。计分方法和名次决定的方法，应在竞赛规程中明确规定。

（二）淘汰制

淘汰制分单淘汰和双淘汰两种。竞赛中失败一次即失去比赛机会为单淘汰，失败两次即失去比赛机会为双淘汰（即“两败淘汰”）。

1. 单淘汰赛（图 6-4-3）

运动员（队）按排定的秩序进行比赛，胜者进入下一轮，负者淘汰，最后一场比赛的胜者为冠军，负者为亚军，即为单淘汰赛。

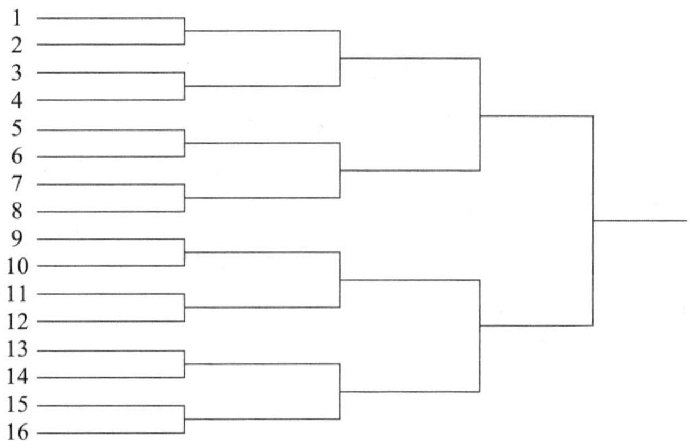

图 6-4-3　16 支队单淘汰编排法

（1）单淘汰赛的优点：比赛双方具有强烈的对抗性，败一次即失去继续比赛的资格。这种竞赛方法，需要比赛的场次很少，而且整个比赛逐轮推向高潮。就体育竞赛的特点来说，单淘汰赛是一种很好的竞赛方法。

（2）单淘汰赛的缺陷：合理性差、偶然性强。

（3）单淘汰赛轮数和场数的计算。

① 单淘汰赛轮数的计算。如 8 个队比赛，因 8 是 2 的 3 次乘方，则比赛的轮数为 3 轮，场数为 8−1＝7（场），如图 6-4-4 所示。

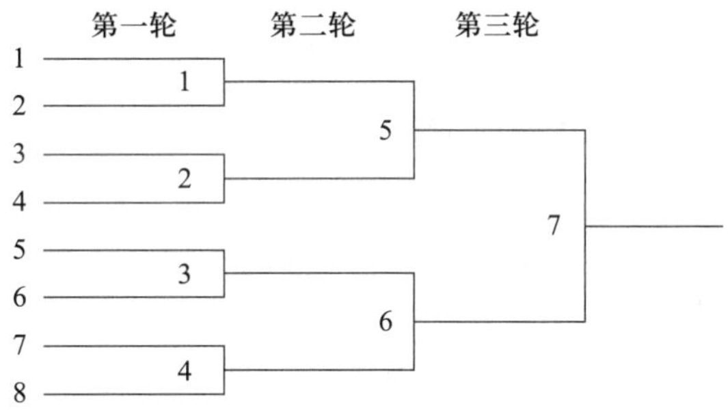

图 6-4-4　8 支队单淘汰编排法

② 单淘汰赛场数的计算。

$$场数 = 队（人）数 - 1$$

（4）单淘汰编排方法。

① 如果参加比赛的队数是 2 的乘方数（4、8、16、32 等），则第 1 轮所有的队都正常参加比赛。

② 轮空队数的计算和编排。

选择号码位置数：如果报名队数少于标准队数，应在标准号码中设置必要数量的轮空号码位置，使其实际队数加上轮空号码的总数满足标准位置的数目。这样第一轮有的队会遇到一个轮空号码而轮空，不通过比赛而直接进入第二轮。

计算轮空数目：轮空位置数 = 号码位置数 − 运动员人数

确定轮空位置：出于保护强队的考虑，轮空的机会尽可能安排给强队。轮空位置可以查轮空位置表获得。

轮空队的编排：为了使实力较强的队较晚相遇，使最后一轮比赛更为精彩，编排时应将轮空位置安排在“种子队”旁边。

如果参加队数（人数）不是2的乘方数，则比赛的轮数是较大的一个以2为底的幂的指数，如13个队参加比赛，则比赛总场数为：$13-1=12$。因为$2^3=8$。$2^4=16$，所以按16个队（人）的轮数来计算，较大的一个以2为底的幂的指数是4，即为4轮。轮空队数为：$16-13=3$，即第1轮比赛有3个队轮空。

略大于13的2的乘方数是16，而16是2的4次乘方，所以比赛轮数为4轮，3个队轮空。如图6-4-5所示。

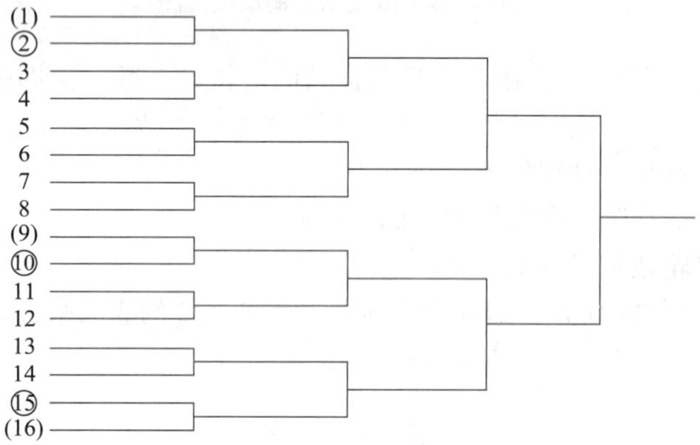

图6-4-5 轮空队数的计算和编排

（注：○内的号数为轮空位置，（ ）内的号数为“种子队”位置。）

如前面的例子，13队参加比赛，稍大于13的2的乘方数是16，若设4个“种子队”，可以轮空表中找出“1”“16”“9”“8”4个号数，这4个号数就是“种子队”的位置。

由于是4个“种子队”而只有3个轮空位置，因此，有一个“种子队”在第1轮就得参加比赛，而没有轮空机会，轮空的只能是1、16和9（注意区别开分组循环的“种子队”的编排）。

2. 附加赛（图6-4-6）

附加赛是在采用淘汰制的情况下，除了要确定出冠亚军之外，还要确定其他名次时而采用的方法。

如8个队比赛要排出全部名次，则需要同轮的两个败者再加赛1场。胜者名次靠前，负者靠后。

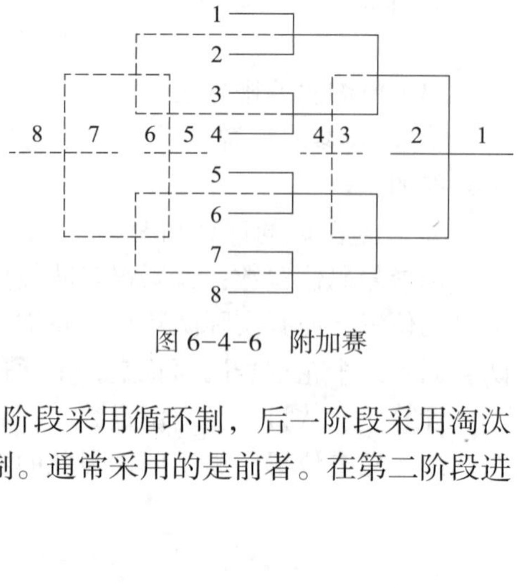

图6-4-6 附加赛

（三）混合制

混合制就是把一次比赛分为两个阶段，前一阶段采用循环制，后一阶段采用淘汰制；或前一阶段采用淘汰制，后一阶段采用循环制。通常采用的是前者。在第二阶段进行淘汰时，主要有两种方法。

1. 交叉赛

比如第一阶段分 A、B 两组进行单循环赛，排出小组名次后，在第二阶段淘汰赛时，将小组的第 1、2 名进行交叉赛，即 A 组第 1 对 B 组第 2，A 组第 2 对 B 组第 1。然后两个胜者进行决赛，赢方为冠军，输方为亚军。如果要决出其他名次，则再进行附加赛（图 6-4-7）。

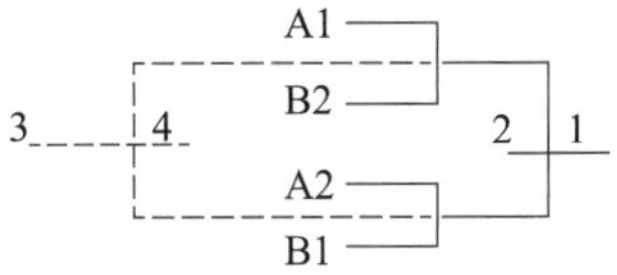

图 6-4-7　混合制交叉赛

2. 同名次赛

在比赛的第二阶段采用淘汰赛时，把第一阶段所产生的各组同名次的队编在一起进行比赛，胜者名次列前，负者名次列后。

如第一阶段共有 2 个小组比赛，则为：

A1—B1，胜者为冠军，负者为亚军。

A2—B2，胜者为第三名，负者为第四名。

再如第一阶段共有 4 个小组比赛，那么后边比赛如图 6-4-8 所示。

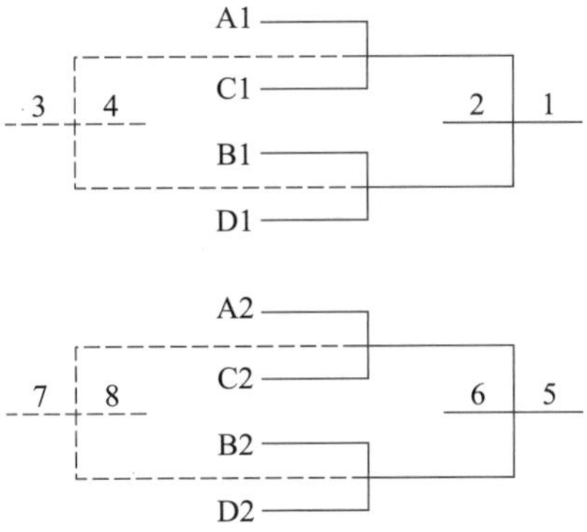

图 6-4-8　混合制同名次赛

自测题 6

第二篇　基础体能

第七章　身体基本活动能力

本章导学

身体基本活动能力是一种生存能力，是人们在日常生活和社会实践活动中必需的、最基本的身体运动技能，包含走步、跑步、跳跃、投掷、悬垂、平衡等动作。通过本章对身体基本活动能力中的走步、跑步、跳跃、投掷、悬垂、平衡等基本理论、基本技术的阐述和分析，学生能够了解、掌握相关知识、技术和技能，培养拼搏进取、勇敢顽强的品质和团结协作的体育精神。

学习目标

知识目标：了解身体基本活动能力的基础知识、基本技术。

能力目标：掌握身体基本活动能力相关项目的锻炼方法，基本竞赛裁判规则。

素质目标：提高走、跑、跳、投等项目赛事的欣赏水平，培养运动兴趣和顽强拼搏、团结协作的体育精神。

思政课堂

“中国飞人”苏炳添：以奋斗成就梦想

在第三十二届夏季奥林匹克运动会男子 100 米半决赛中，中国短跑运动员苏炳添创造了 9 秒 83 的个人最好成绩，刷新了亚洲纪录，成为第一个站上奥运会男子百米决赛跑道的中国运动员。

梦想的实现，浸透着奋斗的汗水。百米跑道上，运动员每快 0.01 秒，都需要付出艰辛的努力。每一次自我超越，都离不开对梦想的执着追求和日复一日的坚持。从首度突破 10 秒大关到 10 次跑进 10 秒，从追平亚洲纪录到将亚洲纪录大幅提升 0.08 秒……他从未停止前进的步伐。

反复淬火才能百炼成钢，竞技场上没有一蹴而就的胜利，苏炳添也不例外。曾在重大赛事中因为抢跑被罚下赛场，他就把照片存入手机，用以提醒自己从失败中吸取教训。25 岁时，苏炳添萌生了更换起跑脚的想法，他要与自己在长期训练中形成的习惯对抗，也要与可能出现的一连串不理想成绩对抗。30 岁时，腰伤和骨裂的困扰一度令他消沉，但最终苏炳添凭借顽强的意志走出低谷。不因困难屈服、不向挫折低头，苏炳添用自强不息的拼劲和自我超越的勇气为体育精神写下生动注脚。

同学们，拼搏，不只在运动赛场。坚持付出、终有收获，那些超越自我、顽强拼搏的故事，必将激励我们朝着更美好的生活努力进发。

第一节　走、跑

一、走

走指走路、步行，是人类基本的活动方式之一，也是被公认为世界上最好的运动。走的锻炼方法有很多，不同的方式方法对身体有不同的好处，以下介绍几种常用的锻炼方法。

（1）散步。散步指为了锻炼或娱乐而随便走走，是轻松、运动量最小的行走方式。散步前应让全身放松，适当地活动一下肢体，调匀呼吸，使其平静而和缓，然后再从容展步；饭后散步应在进食后20~30分钟进行，有助于胃肠消化液的分泌和食物的消化吸收等。散步时要谨记“食饱不得急行”，宜缓行，同时摆动手臂。

（2）健步走。健步走时步幅应略大，挺胸、收腹、目视前方，上体略向前倾，双臂自然在身体两侧摆动，注意力集中，呼吸自然均匀；长走开始后不能立刻停下，应逐步减慢速度，直至停下。

走步练习方法

（3）足尖走。头部正直，目视前方，挺胸立腰，两臂自然前后摆动，膝关节与脚尖正对前进方向，脚跟离地，保持前脚掌着地。足尖走用于发展小腿腓肠肌、比目鱼肌，增强踝关节和足弓的力量。

（4）足跟走。头部正直，目视前方，挺胸立腰，上体适当前倾，两臂自然前后摆动，膝关节与脚尖正对前进方向，前脚掌离地，保持脚跟着地。足跟走主要用于发展小腿三头肌和胫骨前肌。

（5）倒步走。目视前方，挺胸立腰，两臂靠近体侧，放松，前后摆动，髋关节与大腿放松，膝关节积极弯曲抬腿，前脚掌先着地并过渡到全脚掌。倒步走是人体的一种反向运动，它的主要作用是增强大腿后肌群和腰背部肌群的力量，预防腰痛。

（6）弓箭步走。抬头挺胸，目视前方，上体正直，两手叉腰，双腿交替成弓箭步走。弓箭步走能全面发展下肢的屈肌和伸肌，增强下肢尤其是髋、膝、踝三关节的力量。

知识链接　步行前的准备工作

① 选择一双舒适合脚的运动鞋，如是专门的慢跑鞋或健步鞋则更好，这样可缓冲脚底部受到的压力，以防止不常运动的关节受到伤害。

② 穿一套舒适的运动装，这样能让自己的心情和身体放松，从繁忙的工作生活中走出来。

③ 准备一壶清茶水。可以适当加些糖、盐，因为清茶能生津止渴，糖、盐可防止因流汗过多引起的体内电解质平衡失调。

④ 选择一条合适的运动路线。路线应该是安全、人流量少、通风、空气好，离公路越远越好。

⑤ 步行时间要恰当。长走锻炼的时间最好选择在每天太阳升起以后，下午3点也是较佳的锻炼时间。长走运动不能等同于平常的走路、散步、逛街，每周锻炼不少于3次，并且每次不少于30分钟。

二、跑

（一）短跑

1. 短跑概述

据记载，公元前 776 年，在希腊奥林匹亚举行的第一届古代奥林匹克运动会上就有了短跑比赛项目，跑道为一条直道，长为一个“斯泰德”（192.27 米）。1887 年，现代奥运会上的短跑运动员开始采用“蹲踞式”起跑，1927 年有了起跑器，但到 1936 年第十一届奥运会才被正式采用。

短跑是人体运动器官和内脏器官在大量缺氧的条件下完成最大强度的工作，属于极限强度运动。其常规比赛项目有 100 米、100 米栏（女子）、110 米栏（男子）、200 米、400 米、4×100 米接力和 4×400 米接力。

2. 短跑技术

短跑全程跑技术分为起跑、起跑后的加速跑、途中跑和终点冲刺跑四个部分。其中途中跑对比赛成绩的影响最大。

（1）起跑。起跑的任务是使身体迅速摆脱静止状态，获得向前的最大初速度，为起跑后的加速跑创造条件。规则规定短跑比赛必须采用蹲踞式起跑，必须使用起跑器。

起跑器的安装：起跑器的安装方法一般有普通式和拉长式两种（图 7–1–1）。

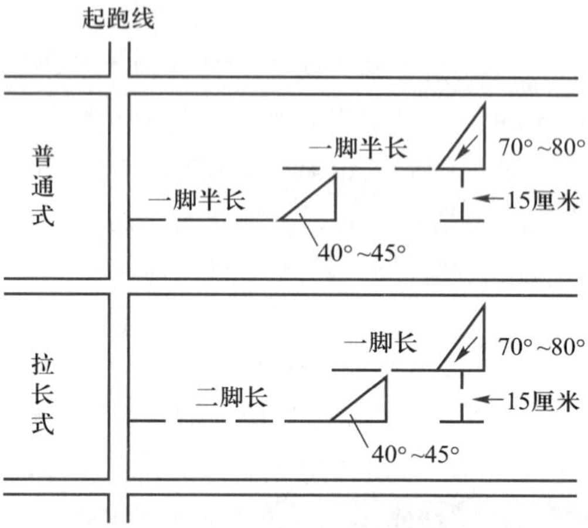

图 7–1–1 起跑器的安装

短跑技术

学生可根据个人的身高、体型、身体素质、技术水平等来选择适合自己的安装方法，以自然舒适、能充分发挥肌肉最大力量、获取最大初速度为宗旨。

起跑过程包括“各就位”“预备”和“鸣枪”三个部分（图 7–1–2）。

（2）起跑后的加速跑。从蹬离起跑器到进入途中跑的一个阶段，一般为 30 米左右，它的任务是尽快加速到最高速度。腿蹬离起跑器后，身体处于较大的前倾姿势，为了不使身体向前摔倒，要积极加快腿的蹬伸与臂的摆动，保持身体的动态平衡。第一步着地应尽量靠近身体重心的投影点，脚着地后迅速转入后蹬。步长逐渐加大，步频逐渐加快，两脚着地轨迹逐渐合于一条直线，上体逐渐抬起接近途中跑的姿势（图 7-1-3）。

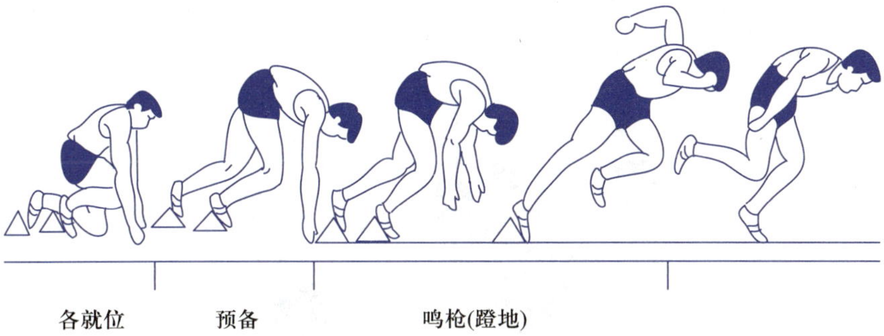

图 7-1-2　起跑及加速跑

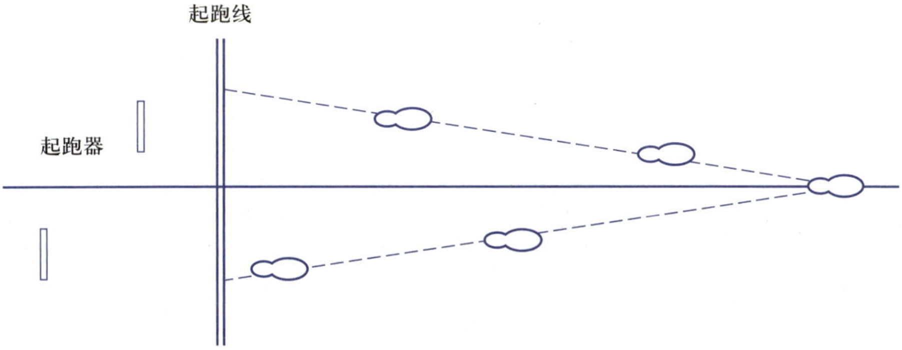

图 7-1-3　加速跑脚的落点

（3）途中跑。途中跑是短跑全程中距离最长、速度最快的一段。其任务是继续发挥和保持高速度跑进。途中跑技术的基本要求是跑得自然、放松，直线性好，重心平稳，上下肢协调配合，后蹬充分有力，大小腿折叠紧，前摆迅速，大腿前摆结束时接近水平（图 7-1-4）。

图 7-1-4　途中跑

（4）终点跑。终点跑是全程跑的最后一段，应尽力保持途中跑的高速度直至跑过终点。终点跑要求练习者在离终点线15~20米处时，尽力加快两臂摆动速度，加大两臂摆动力量，保持上体前倾角度；当离终点线一步距离时，上体急速前倾，双手后摆，用胸部或肩部“触及”终点线；跑过终点线后逐渐减速（图7–1–5）。

图7–1–5 终点冲刺跑

（5）弯道跑。弯道跑包括弯道起跑和加速跑技术、弯道途中跑技术。

① 弯道起跑和加速跑：将起跑器安装在弯道跑道的右侧，起跑器正对弯道的切线方向。弯道起跑后，前几步应沿着内侧分道线的切线跑进，加速跑的距离适当缩短，上体抬起较早，在进入弯道时，应尽可能地沿着跑道内侧跑，身体及时向内侧倾斜（图7–1–6）。

② 弯道途中跑：运动员从直道进入弯道时，身体应有意识地向内倾斜，加大右侧腿的蹬地力量和摆臂幅度；身体应向圆心方向倾斜。后蹬时，右腿用前脚掌的内侧，左腿用前脚掌的外侧蹬地；两腿摆动时，右腿膝关节稍向内摆动，左腿膝关节稍向外摆动。两臂摆动时，右臂前摆稍向左前方，后摆时肘关节稍偏向右后方，左臂稍离躯干做前后摆动。弯道跑的两腿蹬地与摆动方向都应与身体向圆心倾斜方向趋于一致（图7–1–7）。

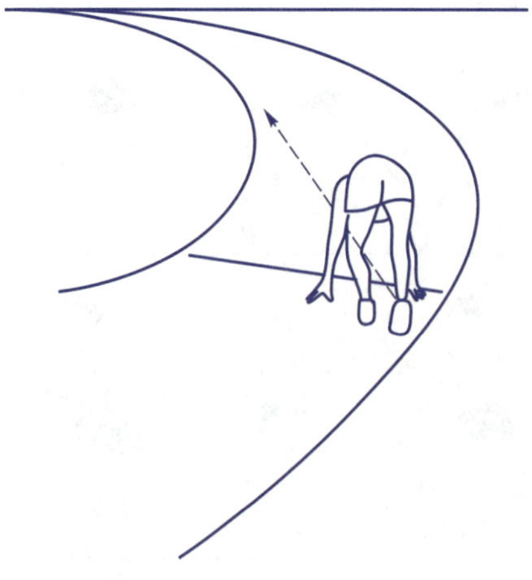

图7–1–6 弯道起跑

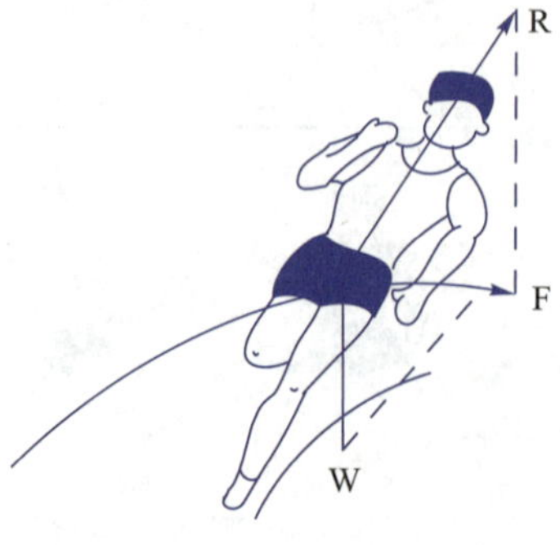

图7–1–7 弯道跑

从弯道跑进直道时，应在弯道最后几步，身体逐渐减小内倾角度，自然跑几步，然后做一个进入直道的调整，按直道途中跑技术跑进。

3. 短跑比赛主要规则

（1）在“各就位”或“预备”口令发出后，所有运动员均应立即做好最后的预备姿势，不得延误。

（2）除了全能项目之外，任何对起跑犯规负责的运动员都将被取消该项目的比赛资格。

（3）除分道接力赛跑或接力跑的第一棒为分道跑外，运动员不得在跑道上做标记，也不得在跑道上或沿跑道放置对他有帮助的标志物。

（4）判定运动员的终点名次，应以其躯干（不包括头、颈和四肢）任何部位抵达终点线后触碰垂直面的顺序为准。

4. 短跑的练习方法

跑的专门性练习：原地摆臂、小步跑接加速跑、高抬腿接加速跑、后蹬跑接加速跑、车轮跑接加速跑。

短跑技术练习：起跑器的安装、蹲踞式起跑、加速跑（站立式起跑加速跑、原地站立前倾加速跑）、途中跑、弯道起跑和弯道途中跑、终点冲刺跑、改进和提高全程跑技术。

短跑常见错误及其纠正方法

（二）中长跑

1. 中长跑概述

中长跑是历史悠久且普遍开展的运动项目。早在 2 000 多年前的古代奥林匹克运动会上就有中长跑比赛。19 世纪，中长跑已在英国盛行，后来世界各国也都相继开展起来。马拉松长跑是现代中长跑比赛里程最长的项目，全程 42.195 千米；而起源于我国元代的一项军事长跑比赛“贵由赤”（蒙古语快行者的意思），比赛的赛程距离比马拉松运动的两倍还多。

一般将 800 米和 1 500 米归为中距离跑，3 000 米、3 000 米障碍、5 000 米、10 000 米及马拉松归为长距离跑。经常参加中长跑运动，能有效提高氧的利用率，加强新陈代谢，提高健康水平；还可以培养学生乐观自信、勇敢坚毅和克服困难的精神。

2. 中长跑技术

中长跑各个项目的完整技术包括起跑、起跑后的加速跑、途中跑和终点冲刺跑等主要环节。

（1）起跑。中长跑采用站立式起跑。当听到“各就位”口令后，先做几次深呼吸，然后从集合线走到起跑线后，将有力脚放在起跑线后，两脚前后自然分开，上体前倾，重心落在前脚上，前脚的异侧臂自然向前伸，目视前下方，身体保持稳定，集中注意力听枪声。

听到枪声或“跑”的口令后，两腿用力蹬地，后腿蹬地后迅速前摆，使身体迅速摆脱静止状态。

（2）起跑后的加速跑。两腿迅速有力地蹬伸和积极摆臂，上体逐渐抬起，力争在较短时间内达到预定速度。无论在直道还是在弯道上起跑，都应该按切线方向朝有利位置跑。

（3）途中跑。途中跑是中长跑的主要阶段，直接影响最终成绩，其距离较长，因此要注意动作的协调、自然和放松。途中跑技术要点：上体正直或稍前倾，两臂前后摆动，并根据跑速变换摆臂幅度大小。跑步时，重心平稳，大腿积极下压，小腿顺势前摆，并做“扒地”动作；脚着地时，脚尖正对跑进方向。后蹬结束时，后腿膝关节不应完全伸直，脚着地时用前脚掌或前脚掌外侧先着地，然后过渡到全脚掌着地。

中长跑呼吸必须与跑的节奏相配合，一般是两步一呼、两步一吸，或三步一呼、三步一吸，并有适宜的呼吸深度。随着跑速提高，呼吸频率也相应加快，疲劳出现时，应着重加深呼气。

（4）终点冲刺跑。指临近终点的一段加速跑。进入最后的直道时，要观察有利位置，突然加速冲刺，耐力好的学生可采用更长段落的加速冲刺。

3. 中长跑比赛主要规则

（1）400 米以上的各个径赛项目，所有起跑均采用站立式姿势，起跑时应使用“各就位”口令。

（2）运动员自愿离开跑道后将不得继续参加该项目比赛，并将其记录为中途退出。

（3）运动员只能在自己的跑道内跑进，当通过抢道标志线以后，才能离开自己的跑道，切入里道。

（4）运动员在径赛中，越出跑道获得实际利益或有严重且明显故意的阻挡行为，将被取消比赛资格。

中长跑常见错误及其纠正方法

4. 中长跑练习方法

（1）定距、定时跑。

（2）间歇跑、重复跑练习。

（3）匀速跑练习：合理分配体力，规定时间跑。

（4）在自然环境中越野跑。

（三）接力跑技术

1. 接力跑概述

接力跑起源于古代奥运会祭祀仪式中的火炬传递，也有人认为与非洲盛行的“搬运木料”或“搬运水坛”游戏有关，或是从传递信件文书的行为中演变而来。

在国际上，接力跑被正式列为径赛项目是在 19 世纪末。当时的比赛规则规定接棒人在 20 米接力区内，在跑进中从传棒人手中接棒（从前是原地接棒）。而现在接棒人在接力区前 10 米即可开始预跑，但传接棒的动作仍应在 20 米的接力区内完成。1912 年，男子 4×100 米和 4×400 米接力跑被正式列为奥运会比赛项目；1928 年，女子 4×100 米接力正式成为奥运会比赛项目。

接力跑是相互配合的集体径赛项目。练习接力跑能培养团结协作的集体主义精神和发展快速奔跑的能力。在田径场跑道上正式比赛的接力跑有：男、女 4×100 米，男、女 4×400 米，有时女子还有 4×200 米。

2. 接力跑技术

（1）起跑。

① 第一棒起跑：与短跑的起跑相同，只是手需持棒。规则规定，接力棒不得触及

起跑线和起跑线前的地面。持棒起跑主要有三种方法（图 7-1-8）。

② 接棒人起跑：接棒人站在接力区后端线或预跑线内的跑道外侧，选定起跑位置，上体前倾，两脚前后开立，膝弯曲。当传棒人跑到标志线时，接棒人迅速起跑。

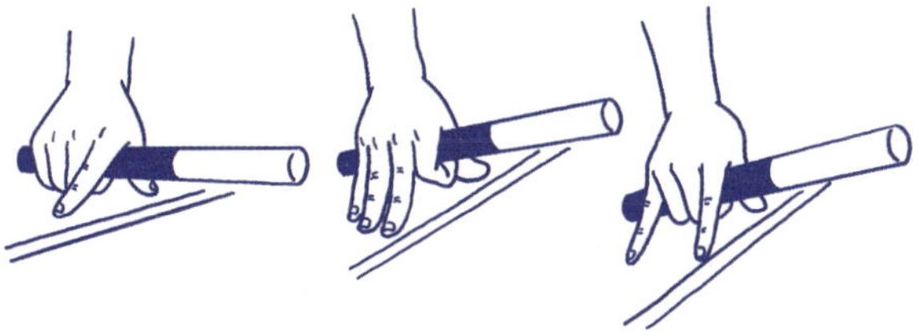

图 7-1-8　持棒起跑

（2）传接棒。

① 传接棒的方法：一般为右手交、左手接。方式主要有上挑式、下压式和混合式三种。

② 传接棒的时机：在 20 米接力区传、接棒的双方都有较高的跑速时，是传接棒的良好时机。一般把这一时机设计在约离接力区末端 4.5 米处。

③ 接棒人起跑标志线的确定：当传棒人跑到此标志时，接棒人开始起跑。它是根据双方跑速和传接棒技术熟练程度等因素确定的。

知识链接　**4×100 米接力棒次安排**

4×100 米接力一般第一棒应选择起跑好、擅长弯道技术的运动员；第二棒运动员应是传、接棒技术全面、经验丰富且专项耐力较好的运动员；第三棒除应具备第二棒的长处外，还要擅长弯道技术；第四棒运动员应为全队速度最快的运动员，且沉着冷静，具备顽强的拼搏精神。

3. 接力跑比赛主要规则

（1）接力棒必须在接力区内完成交接。接力棒的交接从接力棒初次触及接棒运动员开始，到完全由接棒运动员手持才算完成。仅以接力棒的位置决定是否在接力区内完成交接棒。

（2）4×400 米接力的第一棒是分道跑，第二棒运动员越过第一个弯道末端抢道线后可离开自己的分道。

（3）4×400 米接力第三棒、第四棒的运动员应在指定裁判员的指挥下，按照同队交棒运动员进入最后一个弯道的先后顺序（由内向外）排列各自的接棒位置。

（4）运动员必须手持接力棒跑完全程，不允许运动员戴手套或在手上放置某种物质，以便更好地抓握接力棒。如发生掉棒，必须由掉棒运动员捡起，允许掉棒运动员离开自己的分道捡棒，但不得因此缩短比赛距离。

（5）运动员在接棒之前和传棒之后，应留在各自分道或接力区内，直到跑道畅通，以免阻挡其他运动员。

（6）在比赛过程中，运动员手持或捡拾其他接力队的接力棒，该接力队将被取消资格。

接力跑常见错误及其纠正方法

4. 接力跑练习方法

（1）原地摆臂传接棒练习。

（2）在走步中按同伴信号做传接棒练习。

（3）在慢跑中做传接棒练习。

（4）在中速跑中做传接棒练习。

（5）4×100 米全程跑练习。

第二节 跳、投

田径运动中的跳跃项目，是人体运用自身的能力或借助一定的器材，通过一定的运动形式，使人体腾越尽可能大的高度或远度。跳跃项目最明显的运动学特征就是人体由水平位移运动，转换为抛射运动。

田径跳跃运动项目分为两类：一类为克服垂直障碍，追求人体腾跃高度的项目，如跳高和撑竿跳高；另一类为追求水平跳跃远度的项目，如跳远和三级跳远。

一、跳远

（一）跳远概述

跳远是人体通过助跑，在获得一定水平速度的基础上，采用单脚起跳，进入腾空状态，以双脚落地的速度、力量型项目。跳远练习对增强人体速度、力量，发展协调能力作用显著，可以促进骨骼的发育，更有利于培养勇敢拼搏的精神。

跳远是最古老的竞技项目之一，来源于人类猎取或躲避野兽时跨越河沟等的活动，后成为军事训练的主要手段。跳远比赛始于古代奥运会竞技项目。

现代跳远运动始于英国。1896 年，雅典奥运会确定男子跳远为正式比赛项目；1948 年，女子跳远被伦敦奥运会列为比赛项目。

（二）跳远技术

跳远的完整技术是由助跑、起跳、腾空和落地四个部分组成的。各个部分的技术都是跳远中不可分割的，其中助跑和起跳技术对跳远成绩起着主要作用。

1. 助跑

助跑的目的是使人体在起跳前获得较高的水平速度，为快速、积极起跳做好准备。

（1）助跑的起动姿势。助跑的起动姿势有两种：一种从静止状态开始，呈类似“站立式”起跑姿势，两脚前后或左右开立，从静止状态开始助跑。另一种从行进间开始，先走或慢跑几步踏上起跑点，再开始加速跑，这种起动方法比较自然放松。

（2）助跑的加速方法。助跑的加速方法也有两种：一种是积极加速，从助跑开始就积极地增加跑速，步频始终较高，用逐步增加步长提高速度。这种方法可较快取得高速度，助跑距离较短。另一种是逐步加速的方法，与一般加速跑相似，开始步频较慢，在逐步加大步长的同时提高步频。它的加速时间较长，加速过程比较均匀，助跑距离较长。

（3）助跑距离的丈量与调整。确定个人的助跑步数，初学者可为 12~16 步，经过训练者为16~22步。助跑步点的测定可采用反向跑法，即练习者从起跳板向助跑道方向按个人的助跑步数跑进，当跑到预定步数时完成起跳动作；然后向沙坑方向助跑，校正步点。

在比赛时，助跑的起点要根据跑道的性质、硬度、气候和个人身心状况等进行调整。

2. 起跳

起跳的任务是充分利用助跑获得的水平速度，创造必要的垂直速度，以获得尽可能大的腾起初速度和适宜的腾起角度（一般为18°~24°）（图7-2-1）。

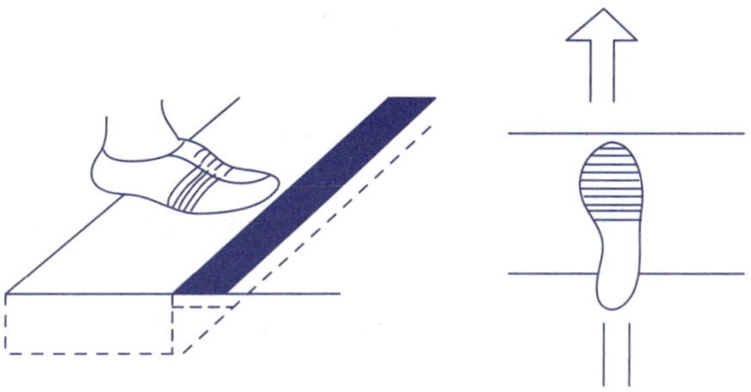

图7-2-1　起跳

起跳腿着地后，经缓冲迅速转入蹬伸，在倒数第二步摆动腿的脚蹬离地面后，起跳腿积极前摆，并快速下压，以"扒地"式技术着地。起跳腿应充分蹬伸髋、膝、踝三关节，同时，摆动腿、两臂配合起跳腿大幅度地快速摆动，使起跳腿快速蹬离地面。合理的起跳腿着地角度为65°~70°。

3. 腾空

起跳离地后，人体在空中完成各种动作的过程称为腾空。跳远在腾空阶段要维持身体平衡，为落地做好准备。跳远腾空技术有蹲踞式、挺身式和走步式三种。

（1）蹲踞式。人体起跳蹬离地面后，当身体上升到最高点时，起跳腿屈膝向前上方抬摆，与摆动腿靠拢后形成空中蹲踞姿势，同时两臂有力地向上摆出，然后收腹举腿，前伸小腿落地（图7-2-2）。

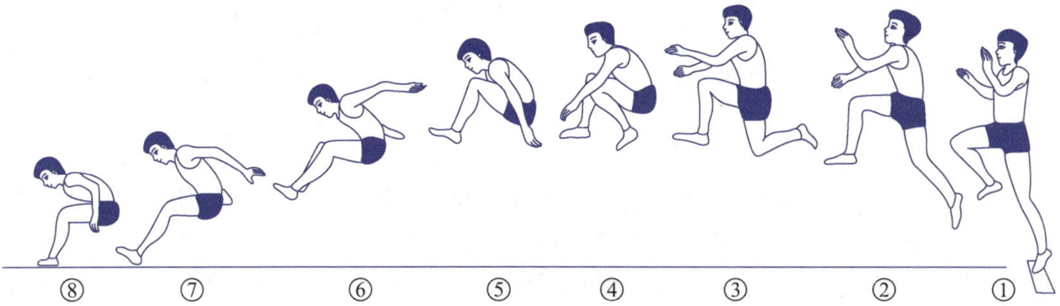

图7-2-2　蹲踞式跳远

（2）挺身式。人体起跳蹬离地面后，摆动腿下放展髋，与起跳腿靠拢，同时挺胸展髋，双臂经体侧后摆上举，在空中形成挺身姿势，然后收腹举腿，小腿前伸落地（图 7–2–3）。

图 7–2–3　挺身式跳远

（3）走步式（两步半）。起跳成腾空步后，摆动腿积极下压向后摆动，起跳腿屈膝向前摆动，完成前后两腿交换动作，同时，两臂在体侧做前后绕环；摆动腿屈膝向前上方摆动，与起跳腿并拢后收腹举腿准备落地（图 7–2–4）。

图 7–2–4　走步式跳远

4. 落地

落地动作应充分利用人体腾空时的抛物线轨迹，尽可能地使双脚在落地前向前伸出，保证身体移过着地点。在脚着地的瞬间，两腿迅速屈膝缓冲，髋部前移，两臂屈肘积极前摆，使身体移过支撑点，避免后坐（图 7–2–5）。

图 7–2–5　落地

（三）跳远比赛主要规则

离开落地区时，其脚在落地区边线或边线外地面的第一触地点，应比在沙坑内的最近落地点离起跳线更远。如出现下列任一情况，应判为试跳失败

（1）在起跳过程中，助跑后未起跳或仅做跳跃动作后，运动员身体的任何部位触及起跳线以前的地面。

（2）从起跳板两端之外起跳，无论是否超过起跳线的延长线。

（3）在助跑或跳跃中采用任何空翻姿势。

（4）起跳后，在第一次接触落地区前接触了助跑道、助跑道外地面或落在落地区外地面。

（5）在落地过程中触及落地区边沿或落地区以外地面，而落地区外的触地点较落地区内的最近触地点更靠近起跳线。

（6）以其他方式离开落地区。

（四）蹲踞式、挺身式跳远主要练习方法

（1）助跑、起跳练习。连续三步起跳、6~7 步助跑起跳上高台、助跑距离的测定、全程助跑接起跳。

跳远常见错误及其纠正方法

（2）蹲踞式练习。短助跑斜板起跳蹲踞式跳远练习、完整蹲踞式跳远练习。

（3）挺身式练习。原地模仿空中挺身练习、6~7 步助跑斜板起跳完成挺身式练习、完整挺身式跳远练习。

二、跳高

（一）跳高概述

跳高是一种通过有节奏的助跑、单脚起跳，以身体越过横杆上缘的高度来计算成绩的田赛项目。跳高作为一种游戏活动可以追溯到远古时代。在古代日耳曼人中曾盛行跳跃横排马匹的比赛，非洲的图西人有过利用厚木头跳板或石头进行踏跳的跳高游戏。

现代跳高运动始于英国。1896 年第一届奥运会和 1928 年第九届奥运会，分别将男子和女子跳高列入比赛。此后，跳高技术不断发展，先后出现了跨越式、剪式、滚式、俯卧式等跳高技术。1968 年出现背越式跳高技术。

跳高是征服高度的体育项目，是人类不屈不挠、勇攀高峰的象征。经常参加跳高运动，不仅能增强人的腿部力量、提高弹跳能力、发展协调性，还能培养勇敢、坚定、沉着、果断的意志品质。

（二）背越式跳高技术

背越式跳高完整技术动作包括助跑、起跳、过杆和落地四个部分（图 7-2-6）。

背越式跳高技术

图 7-2-6　背越式跳高技术

1. 助跑

助跑的目的是获得一定的水平速度，为快速有力地起跳和过杆创造有利的条件。背越式跳高的助跑一般采用8~12步助跑，助跑前段为直线，后段为弧线（图7-2-7）。

（1）直线助跑阶段。助跑时身体重心高而平稳，上体适当前倾，后蹬充分有力，前摆自然积极，动作连贯，两臂前后大幅度摆动协调。

（2）弧线助跑阶段。身体内倾幅度逐渐加大，外侧臂的摆动幅度大于内侧臂；保持头、躯干和腿的支撑点成一直线向内倾斜，在起跳垂直支撑的瞬间才与身体重合。助跑的整个过程加速明显，尤其是最后几步，为起跳做好充分的准备。

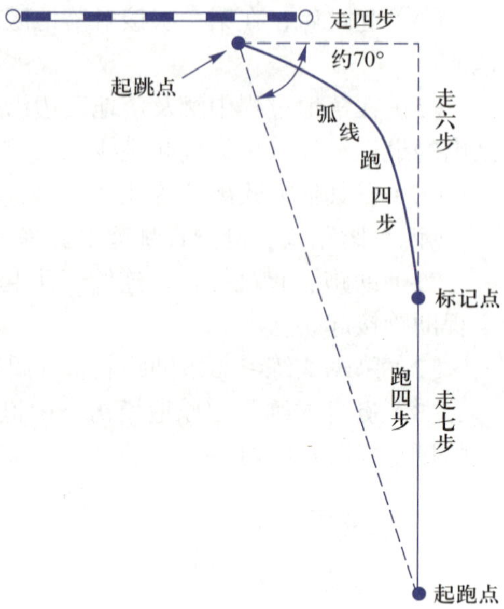

图7-2-7 走步丈量法

2. 起跳

起跳脚踏上起跳点时，要保持身体内倾姿势，向前送髋和前移躯干，形成肩轴与髋轴扭紧状态。起跳腿以大腿带动小腿积极下压做“扒地”动作，着地时起跳脚足跟外侧先接触地面，然后经过脚的外侧滚动至全脚掌，脚尖朝向弧线的切线方向，迅速完成缓冲和蹬伸动作；腿的摆动和手臂的摆动协调配合。

3. 过杆落地

当人体腾空后，身体继续保持伸展的姿势向上腾起，围绕身体纵轴旋转，当头和肩越过横杆时，及时倒肩展髋，两小腿后收，使身体形成背弓姿势；当臀部越过横杆时，及时含胸收腹，以髋部发力，带动大腿和小腿加速向后上方甩腿，使整个身体脱离横杆，以肩背部先着地。

（三）跳高比赛主要规则

（1）运动员必须用单脚起跳。

（2）运动员可以在主裁判事先宣布的横杆升高计划中的任何一个高度开始试跳，也可以在以后任何一个高度上根据自己的愿望决定是否试跳。只要运动员连续3次试跳失败，即失去继续比赛的资格，第一名成绩相等时进行决名次跳的情况除外。

（3）允许运动员在某一高度上第一次或第二次试跳失败后，在其第二次或第三次试跳时请求免跳，并在后续的高度上继续试跳。

（4）运动员在某一高度上请求免跳后，不准在该高度上恢复试跳，除非出现第一名成绩相等时决名次跳的情况。

（5）即使所有其他运动员均已失败，一名运动员仍有资格继续试跳，直至放弃继续比赛的权利。

（6）出现下列情况之一者，应判为试跳失败。

① 试跳后，运动员的试跳动作使横杆未能留在两边的横杆托上。

② 在越过横杆之前，运动员身体的任何部位触及横杆后沿（靠近助跑道）垂直面以前的（在两个立柱之间或之外的）地面或落地区。如果运动员在试跳中一只脚触及落地区，而裁判员认为他并未从中获得利益，则不应该因此判该次试跳失败。

③ 运动员助跑后未起跳，触及横杆或两立柱垂直面以前的地面或落地区。

（四）背越式跳高练习方法

跳高常见错误及其纠正方法

（1）助跑与起跳练习：弧线跑练习，弧线助跑接起跳，原地起跳摆臂、摆腿，上两步起跳摆臂、摆腿。

（2）丈量步点练习。

（3）腾空技术练习：原地展髋倒肩、借助箱盖跳过杆。

（4）完整动作练习：助跑 3~5 步起跳过杆、全程助跑完整技术。

三、推铅球

田径运动中的投掷类项目是人体通过持握器械、预先加速和最后用力等使手中的器械产生加速度，按适宜的角度抛射出去，达到最大的远度的运动。

田径投掷类项目分为两类：一类为投较重、球形器械的投掷项目，如推铅球和掷链球；一类为投较轻、流线体器械的项目，如掷标枪和掷铁饼。

（一）铅球概述

推铅球是一个速度力量型项目，其投掷区域是一个直径 2.135 米的圆圈。它对增强体质，特别是发展躯干和上下肢力量有显著的作用。

铅球起源于古代人类用石块猎取禽兽或防御攻击的活动。现代推铅球始于 14 世纪 40 年代欧洲炮兵闲暇期间推掷炮弹的游戏和比赛，后逐渐演化为体育运动项目。男、女推铅球分别于 1896 年和 1948 年被列为奥运会比赛项目。正式比赛中男子铅球的重量为 7.26 千克，女子铅球的重量为 4 千克。新中国成立后，我国推铅球运动水平提高较快，特别是女子铅球领域，涌现出李梅素、黄志红、隋新梅、巩立姣等名将，在东京奥运会女子铅球决赛中，巩立姣以 20.58 米的成绩夺得冠军，这是我国田径史上首枚田赛项目奥运金牌。

（二）背向滑步推铅球技术

背向滑步推铅球技术可分为握持球、预备姿势、滑步、最后用力和维持身体平衡五个部分（图 7-2-8）。

背向滑步推铅球技术

图 7-2-8　推铅球技术

1. 握持球（以右手投掷为例）

五指自然分开，将球放在食指、中指、无名指的指根处，拇指和小指扶在球的两侧，掌心空出，手腕背屈，以防止球的滑动和便于控制出球的方向；持球的方法是右臂屈肘，将球放到锁骨窝处，贴紧颈部，手心向前，右肘略低于肩（图 7–2–9）。

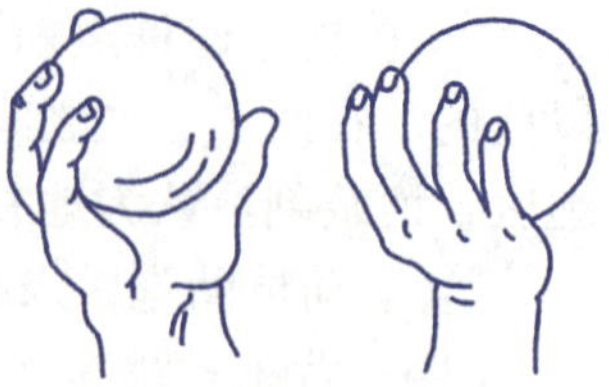
图 7–2–9　铅球握法

2. 预备姿势

（1）高姿势。持球背对投掷方向，右脚尖贴近投掷圈后沿，左脚在右脚跟后 20~30 厘米处，左膝自然弯曲，以脚尖或前脚掌着地，重心落在右脚掌上。上身保持正直、放松，左臂自然上举（图 7–2–10）。

（2）低姿势。持球背对投掷方向，右脚尖贴近投掷圈后沿，脚跟正对投掷方向（脚也可稍向内扣），左脚在右脚跟后 50~60 厘米处，以脚尖或前脚掌着地，身体重心落在右腿上。左臂自然下垂，左肩稍向内扣，两腿弯曲，上体前倾，头和背保持在一个平面上（图 7–2–11）。

图 7–2–10　高姿势

图 7–2–11　低姿势

3. 滑步

从预摆动作结束右脚蹬地瞬间开始，至右脚着地为止为滑步。在开始滑步前，通常先进行预摆动作，预摆时左腿微屈，右腿屈膝下蹲，上体稍右倾，收腹含胸，以大腿带动小腿向投掷方向摆起，同时右脚用力蹬地，“摆”“蹬”协调配合；在右腿充分蹬伸后，迅速主动收拉小腿，使前脚掌沿地面滑至投掷圈的圆心附近，脚尖稍内扣，脚与投掷方向约成直角，同时左脚积极下压，以前脚掌内侧着地，形成最后用力前的良好姿势。

推铅球常见错误及其纠正方法

4. 最后用力

最后用力从左脚落地时开始到铅球离手时结束。最后用力的过程是右腿积极蹬伸，膝和大腿内扣，推动右髋向投掷方向转动，上体逐渐抬起，身体重心大部分仍压于弯曲的右腿上。右腿继续蹬伸，使右髋继续向投掷方向转动，重心逐渐移至左腿，两腿充分蹬伸，右臂迅速挥臂用力将铅球向前上方推出，在铅球出手的瞬间，用手指有弹性地拨球。

5. 维持身体平衡

铅球出手后，两腿弯曲或交换位置，降低重心，维持身体平衡。

（三）铅球比赛主要规则

（1）铅球只能用单手从肩部推出。当运动员在投掷圈内开始试掷时，铅球要抵住或靠近颈部或者下颌，在推球过程中持球手不得降到此部位以下。不得将铅球置于肩轴线后方。

（2）如果运动员在试掷中出现下列情况，则判为试掷失败。

① 推铅球出手姿势不符合规则和规定。

② 在进入圈内并开始投掷之后，身体的任何部分触及内侧上沿或圈外地面。

③ 推铅球时，身体的任何部分触及抵趾板除内侧（不包括内侧上沿）的任何部位。

（3）铅球第一次接触地面时，触及了落地区角度线，或落在落地区角度线以外应判为失败。

背向滑步推铅球练习

（4）运动员应在铅球落地后方可离开投掷圈，否则应判为失败。

（四）背向滑步推铅球练习方法

（1）专门性练习：向下推球、前抛球、背抛球。

（2）滑步练习：手扶肋木进行滑步练习、左脚积极落地的滑步练习、限定高度的滑步练习、出手角度练习、滑步练习。

（3）完整技术练习：原地正面推铅球练习、侧向滑步推铅球练习、徒手背向滑步练习、实心球背向滑步练习、背向滑步推铅球完整技术练习。

第三节　支撑与悬垂

一、支撑和悬垂概述

（一）支撑概述

支撑是指手、臂或身体其他部位撑于器械（地面）时肩轴高于（或平于）器械轴的动作，支撑有单纯支撑和混合支撑。单纯支撑即只用手或身体某部位支撑在器械或地面上的动作，如双杠上的支撑、吊环十字支撑等。混合支撑即用手与身体其他部位同时支撑在器械或地面上，如单杠支撑、双杠分腿坐撑等。

支撑能力是反映人的上肢力量的一项重要机能指标，提高支撑能力可以在提高上肢力量的基础上增强上肢灵活性。支撑动作对于人体上肢力量要求较高，对胸肩部肌群、手臂肱三头肌，以及背阔肌、斜方肌等后背肌群都有很好的锻炼效果，对人体力量素质的提高具有促进作用。

（二）悬垂概述

悬垂是指手臂或身体某些部位悬挂在器械上，肩轴低于器械轴并对握点产生拉力的一种静止动作，分为单纯悬垂和混合悬垂。单纯悬垂即只用手或身体某部位悬挂在器械上的动作，如单杠悬垂、挂膝倒悬垂等。混合悬垂除手握器械外，还有身体其他部位接触器械或地面，如单杠单挂膝悬垂。

悬垂动作在日常生活中应用广泛，在攀岩、登山及其他各种大型的户外竞赛和拓展训练中，随处可见悬垂动作的身影。掌握一些悬垂练习方法，对增强学生肩带及上肢、手部的肌肉力量有促进作用。

二、支撑和悬垂的练习

（一）支撑练习

1. 双杠支撑动作练习

双杠支撑移动

（1）双杠支撑移动。双杠杠端跳上成支撑，两臂伸直，身体垂直向下，两腿并拢，靠身体的摆动和肩带、掌根的力量带动双手依次前进至另一端跳下，熟练后可进行后退的练习。

拓展练习：动作熟练后，可在前进或后退至杠端时，转体继续练习。

双杠臂屈伸

（2）双臂屈伸。跳上成支撑，身体挺直，屈臂，然后伸直，连续做多次。刚开始练习时，屈臂的幅度可以小一点，随着力量的提高，屈臂幅度可逐渐增大，做的次数也可以逐步增多。

拓展练习：在学会支撑摆动后，可在摆动中练习上肢的屈伸动作。

2. 俯卧撑练习

俯卧撑按身体姿势可分为高姿、中姿、低姿三种姿势。

（1）高姿俯卧撑。指在做练习时，练习者的身体姿势是脚低手高，动作难度较低，适合力量较弱的同学练习（图 7–3–1）。

图 7–3–1　高姿俯卧撑

（2）中姿俯卧撑（又称标准俯卧撑或水平俯卧撑）。指在做练习时，练习者的脚和手保持在一个水平面上。它难度适中，适合大多数同学练习（图 7–3–2）。

（3）低姿俯卧撑。指在做练习时，练习者脚高手低，动作难度较大，适合力量达到一定水平后练习（图 7–3–3）。

图 7–3–2　中姿俯卧撑

图 7–3–3　低姿俯卧撑

3. 倒立练习

（1）动作要领。直立，两臂前上举，肩角拉开，一腿前跨，接着上体前倒，两手向前撑地，与肩同宽或比肩稍宽，含胸抬头，一腿蹬地，另一腿后摆，接近倒立时，两腿并拢，顶肩、立腰、夹臀，呈手倒立姿势（图 7–3–4）。

（2）练习提示。倒立过程中，一定要顶肩立腰，蹬摆腿时记住发力点在脚上，而不是臀部。成倒立姿势后，如重心向前时，手指要用力顶住，同时稍抬头拉肩。如重心向后时，掌根要用力，稍提肩。

（3）练习步骤。

图 7–3–4　倒立

倒立第一阶段：半倒立。练习者在俯卧撑的基础上，逐步把双腿抬高，脚面放在双杠、肋木、墙面或同伴的双肩上，整个身体像半倒立一样（图 7–3–5）。

倒立第二阶段：在半倒立的基础上，继续抬高双脚，直至接近倒立。

倒立第三阶段：摆倒立。正对墙壁或同学做蹬地摆腿成手倒立后再落下来（还原成开始姿势），连续进行，着重体验顶肩和下肢蹬摆。

摆倒立

倒立第四阶段：扶倒立和靠倒立（图 7–3–6）。扶倒立指对墙摆成手倒立姿势后，另一个同学扶持其双腿，不让他倒下来，成倒立状态静止一定的时间，体会扶持倒立时的身体感觉。靠倒立，方法几乎同扶倒立动作，但同伴不必扶持，全凭自己控制身体靠住墙或者靠住同伴身体停留一定时间。

扶倒立

图 7–3–5　半倒立

图 7–3–6　靠倒立

（二）悬垂练习

1. 单杠素质练习

（1）引体向上。引体向上是以自身力量克服自身重量的悬垂力量练习。它对发展上肢悬垂力量、肩带力量和握力有重要作用。要求练习者跳起后双手正握杠，两手握距宽于肩宽，悬垂；两臂同时用力引体，上拉到下颌超过横杠上缘为完成一次。

引体向上

（2）屈臂悬垂。练习者站于凳上，两臂全屈反握横杠，两手与肩同宽，使横杠位于颌下，然后双脚离凳做静止用力的悬垂姿势，但下颌不得挂在杠上，垂悬时间越长越好。练习 2~4 次。

屈臂悬垂

（3）悬垂举腿。两手正握单杠，身体悬垂杠下，用力向上收腹举腿（直腿），至力所能及的最高点后，慢慢放下，连续进行多次。

（4）屈腿悬垂举腿。正握杠，收腹屈腿前举，大小腿折叠，膝关节尽量靠向胸口，再缓慢放下，重复完成多次。

悬垂举腿

2. 爬绳

爬绳的方法一般有两种。

（1）手足并用。即双手握绳直臂悬垂，然后收腹屈腿夹绳，两腿蹬直，同时屈臂引体上升。夹绳的方法可以以一脚的脚背外侧和另一脚的脚跟外侧夹住绳（脚跟在上），同时两胫部和两膝部的内侧也紧紧夹住吊绳；还可以以一脚的脚背和另一脚的脚掌夹绳，胫和膝部的用力方法及姿势同上。

屈腿悬垂摆动

（2）只用上肢。即双手握绳，两腿悬空，双臂用力向上引体，借助惯性，双手及时交替向上换握，使身体不断上升。爬绳下降时可两腿夹绳，不要快速下滑，以防擦破手掌，也不要离地很高时松手跳下，以免摔伤。

3. 攀岩

攀岩被称为“岩壁上的芭蕾”，可分为速度攀岩和难度攀岩两种，又根据其保护方式的不同和是否使用保护器械等分为其他几种不同的种类，这里不再一一介绍。

攀岩是一项全身性的活动，对发展上肢攀爬能力、下肢力量和全身的协调能力大有好处，同时，也能发展人的大脑灵活性，考验人的意志品质。当然参加这项运动，还需要一定的冒险精神。

三、支撑和悬垂的负荷和注意事项

（一）支撑和悬垂的运动负荷

（1）支撑和悬垂动作大多是依靠身体自重练习，对学生尤其是女生的力量素质要求较高，所以在练习过程中多采用辅助练习法，并随时降低动作的负荷。

（2）每个练习动作在每节课中应至少练习 4 组，每节课应选取 3~4 个动作进行练习，组间间隙不少于 2 分钟，动作之间的间隙可穿插教师讲解，教师讲解应不少于 5 分钟，课堂练习密度不宜过大。

（3）支撑与悬垂动作的练习应选择有氧练习区间的强度（最高心率的 60%~80%）。

（二）支撑和悬垂的注意事项

（1）坚持“安全第一”的原则，练习应量力而行，切不可因强度过大而受伤。

（2）在练习前一定要检查器械，确保器械安全，避免意外发生。

（3）练习强度应遵循“循序渐进”的原则，运动强度由小到大，动作难度由简单到复杂。

（4）分组练习时，教师和学生应随时辅助、保护练习者，在保证安全的前提下，可及时指出每位学生动作存在的问题。

第四节 平衡与滚翻

一、平衡与滚翻概述

（一）平衡概述

平衡能力（下肢平衡）是人体重要的生理机能，是维持人体姿势的能力，特别是在较小的支撑面上控制身体重心的能力。平衡能力是人体维持站立、行走以及协调地完成各种动作的重要保障。对于体育运动而言，平衡能力是人体完成各种动作的基础保障之一，尤其是在那些强调保持身体姿势和动作协调的项目中，较强的平衡能力是运动员发挥训练水平、完成技术动作的基本要求。

影响人平衡能力的因素除了遗传之外，还有年龄、视觉、前庭器官功能、肌肉本体感觉和肌肉力量等。随着年龄的增长，平衡能力是不断增强的，但到一定年龄后，平衡能力反而会变差。运动训练可以提高前庭系统的稳定性、肌肉本体感觉的敏感性和大脑的综合分析功能，改善身体控制姿势的能力，提高人体对身体姿态变化时的调节能力，从而提高人的平衡能力。

（二）滚翻概述

滚翻是竞技体操动作的基本动作之一，指身体的某些部位依次支撑地面或器械，并使支撑点经过头部的翻转动作。从方向上有向前、向后、向侧滚翻，从动作形式上有团身、屈体和直体滚翻。滚翻是技巧运动的基本动作之一，也是生活中一种遇到危险时的自我保护的方法，碰到危险时能及时、灵敏地进行滚翻能有效地保护自己，避免受到伤害。比如走路、跑步或者运动时，不小心摔倒或者被绊倒，如果能及时作出相应的滚翻动作就能把伤害程度降到最低。

通过本节的学习，理解滚翻的动作要求与保护自身的重要性，体验多种滚翻技巧，提高身体的灵活性和自我保护能力。

二、平衡与滚翻练习

（一）平衡练习

1. 静态平衡

静态平衡能力是指维持人体重心与姿势相对静止的平衡能力。静态姿势（直立不动姿势）是指人在站立时尽量保持不动，但事实上人在静止站立时身体重心始终绕自己的平衡点不停地晃动。常见的静态平衡姿势有如下三种。

（1）俯平衡。通常也称燕式平衡。指一腿站立，上体前倾至水平位，另一腿后举至极限，同时两臂侧举。

（2）侧平衡。指一腿站立，上体侧倒至水平位，另一腿侧举，举腿的同侧臂同时上举，另一臂置于背后。

（3）仰平衡。指一腿站立，上体后倒至水平位，另一腿前举，同时两臂侧举。

2. 动态平衡

动态平衡能力指在运动的状态下，对人体重心和姿势的调整和控制能力。如行走、走平衡木、走钢丝、上下楼梯等。人体动态姿势平衡功能涉及感受器的敏感性、感受信息传入通路、中枢的整合和神经传出通路等综合性能。人体维持动态平衡的部位主要以踝关节为主，如以髋关节为主维持平衡则人体容易摔倒。

（二）滚翻练习

滚翻类：前滚翻、后滚翻、侧滚翻这类的动作比较简单，是中小学体育课程教学内容之一。

手翻类：头手翻、前手翻、后手翻、侧手翻这类动作有一定的难度，但具备了一定的身体条件，掌握了一定的技巧，也是能够完成的。

空翻类：前空翻、后空翻、侧空翻这类动作难度比较大，多出现在竞技体操比赛中。

练习这些动作需要较好的柔韧素质，还要求有一定的腰腹部力量和腿部力量（多指爆发力）。翻滚运动难度较大，动作若有不当容易受伤，所以初学者要循序渐进地练习，不可急于求成。初学者也不能有恐惧心理，要克服心中恐惧，这是成功做出动作的一个重要因素。

1. 前滚翻

前滚翻

动作过程：蹲撑，两腿蹬直，同时屈臂、低头、含胸、提臀，头的后部、肩、背、臀部依次着垫前滚，当背着垫时，双手迅速抱腿跟上上体，向前滚动成蹲立姿势（图 7–4–1）。为了体会动作要领，可将垫子铺在斜度为 10°～15° 的坡地上，由高处向低处滚翻。

图 7–4–1 前滚翻

2. 后滚翻

后滚翻

动作过程：蹲撑，双手推地，低头含胸，上体后倒，臀、背、肩依次着垫，同时快速收腹提膝，双手迅速置于肩上，当着地点滚至颈部时，双手在肩上快速推垫，脚主动着垫，成蹲立姿势（图 7–4–2）。为了体会动作要领，可将垫子铺在斜度为 10°～15° 的坡地上，由高处向低处滚翻。

图 7–4–2 后滚翻

三、平衡与滚翻的负荷和注意事项

（一）平衡和滚翻的运动负荷

（1）平衡和滚翻动作大多是依靠身体灵活性进行练习，对学生尤其是女生的力量和柔韧素质要求较高，所以在练习过程中应注意对关节和软组织的保护。

（2）每个练习动作在每节课中应至少练习 4 组，每节课应选取 3~4 个动作进行练习，组间间隙不少于 2 分钟，动作之间的间隙可穿插教师讲解，讲解时间应不少于 5 分钟，课堂训练密度不宜过大。

（3）平衡和滚翻动作的练习应选择有氧区间的强度（最高心率的 60%~80%）。

（二）平衡和滚翻的注意事项

（1）练习应量力而行，切不可因动作幅度过大而受伤，在运动前学生应做好充分的热身活动。

（2）在练习前一定要检查场地安全、器械安全，确保所有练习能够安全进行，避免意外发生。

（3）练习强度应遵循“循序渐进”的原则，动作难度由简单到复杂。

（4）练习时，教师和学生应随时辅助、保护练习者，在保证安全的前提下，可及时指出每位学生动作存在的问题。

自测题 7

第八章 运动素质与体适能

本章导学

运动素质是指人体在从事体力劳动或体育运动时，各器官系统表现出的各种机能能力，即力量、速度、耐力、灵敏、柔韧等机能。体适能是指维持机体基本健康所需的能力，主要反映身体健康程度的指标，包括肌力、体成分、心肺功能、柔韧、肌耐力等。通过本章学习，学生能够了解人体运动素质、体适能，为科学从事体育锻炼奠定基础。

学习目标

知识目标：了解体适能、健康体适能、竞技体适能等基本知识。

能力目标：熟悉健康体适能、竞技体适能基本练习方法和健康体适能评价方法。

素质目标：引导学生树立正确的体育锻炼观念，养成终身体育锻炼习惯，激发学生科学锻炼热情，为提升全民健康水平做出贡献。

思政课堂

无体育，不清华

清华大学建校之初，曾以“三好学校”著称——校舍好、英文好、体育好。清华大学学生体育好，“强迫运动”功不可没。1931 年刊发的《清华二十年来之体育》一文阐述了“强迫运动”方法：

……于每日下午四时后，将全校各处寝室、自修室，以及图书馆、食品部等处之大门一律关锁，使全体学生到户外运动场，投其所好，从事运动。

新中国成立之后，清华大学从 1953 年起率先实行劳卫制。为保证学生充足的锻炼时间，清华大学更改作息时间，集中上午上课，并规定每日下午的体育锻炼时间不得安排其他活动。

清华大学对于体育的重视，绝不仅是为了让学生掌握一些运动技能，而是为了培养学生完善的人格，实现“体魄与人格并重”。

“无体育，不清华”号召更多年轻人参加体育运动，要让大学生不仅具备丰富的知识，同时拥有强健的体魄，为祖国建设贡献力量，为实现中华民族伟大复兴不懈奋斗！

第一节 运动素质

一、运动素质概述

运动素质是指人体在从事体力劳动或体育运动时，各器官系统表现出的各种机能能力，即力量、速度、耐力、灵敏、柔韧等机能。运动素质是体能的重要构成要素。在日常活动中，人的体能水平集中表现于各基本运动素质及这些素质之间的各种组合性运动素质的发展水平。一个人运动素质的高低确实与遗传有关，但与后天营养和体育锻炼的关系更为密切。

二、运动素质分类

运动素质可分为力量素质、速度素质、耐力素质、灵敏素质、柔韧素质。

（一）力量素质

力量素质是肌肉在工作时克服内外阻力的能力，它是以人体所承受的负荷量为标准来衡量的。人体承受的负荷量越大，说明力量越好，反之则越差。体育锻炼可以增粗肌纤维并且增加肌肉中蛋白质的含量，改善神经系统的调节能力，从而达到发展力量素质的目标。

力量素质又可分为最大力量、爆发力量、力量耐力。

（二）速度素质

速度素质是指人体进行快速运动的能力，表现形式有反应速度、动作速度和位移速度。反应速度是指人体对情况的突变或对预定信号产生反应的快慢，如短跑的起跑，守门员的扑球等。动作速度是指人体完成单个动作或成套动作所用时间的长短，如起跳速度、出手速度等。位移速度是指人体在单位时间内移动的距离，如每分钟走、跑、游泳的距离。发展速度素质的方法很多，可选择一些动作频率高和反应速度快的运动项目练习，如短跑、球类运动等。

（三）耐力素质

耐力素质是指人体进行长时间肌肉活动的能力。从运动生理学的角度来划分，耐力素质又包括一般耐力、速度耐力、力量耐力和静力耐力四类。一般耐力是指人体进行一般工作的抗疲劳能力，如 1 500 米跑等。速度耐力是指人体在较短时间内肌肉的快速运动能力，如 400 米跑等。力量耐力是指肌肉长时间进行收缩活动的能力，如俯卧撑等。静力耐力是指肌肉长时间进行静力性收缩的能力，如蹲马步等。

（四）灵敏素质

灵敏素质是指人体在各种复杂的条件下快速、准确、协调地改变身体姿势、运动方向和随机应变的能力。它与速度、力量、柔韧、协调等素质关系密切，它是有关器官、系统、运动素质以及运动技能协同配合的体现。发展灵敏素质的锻炼项目有体操、武术和各种球类运动。

（五）柔韧素质

柔韧素质是指人体各关节的活动幅度大小，即关节的肌肉、肌腱和韧带等软组织的伸展能力。人体各关节活动幅度的大小，不仅与关节本身的结构有关，还受到关节肌肉、肌腱和韧带等软组织的伸展性和弹性的影响。柔韧素质可以提高动作质量，对人体在运动时的速度、力量等其他身体素质的发挥以及对运动损伤的预防都有着重要影响。

通常情况下，将柔韧素质分为相对柔韧性和绝对柔韧性两类。相对柔韧性是指受试者某一部位的柔韧性与另一部位的柔韧性之比的一种相对值，它是排除了身体形态差异的一种测量方法。绝对柔韧性是反映受试者本身或某部位所具有的柔韧性。发展柔韧素质的练习有摆腿、踢腿、压腿、甩腰、涮腰、劈叉等。

三、运动素质锻炼的方法

（一）热身

热身是任何运动锻炼阶段都不可缺少的一环，热身运动可以让锻炼者为接下来的锻炼做好准备，提升锻炼效果，并降低潜在的运动伤害风险。不同运动需要特定的热身才能达到预期效果。一般的热身活动包括进行 5~10 分钟的有氧运动（如慢跑、跳跃、骑单车等），其主要目的是提高心率、血流量、深层肌肉温度、呼吸率、出汗率及关节润滑度等。热身要循序渐进，根据需要热身时间为 10~20 分钟，热身后 15 分钟内必须进行接下来的活动。

（二）发展力量素质

发展力量素质的锻炼项目有举重、体操和各种抗阻器械练习等。

1. 重复训练法

重复训练法特点是负荷大小随肌肉力量增大而逐渐增大。负荷强度为最大强度的 85% 以上，每组重复次数为 1~6 次，组数为 3~6 组，每组间歇时间为 3 分钟。此法适用于锻炼的各个时期和阶段，有利于改进用力的协调性，能迅速有效地提高肌肉力量。

2. 静力训练法

静力训练法负荷强度为最大强度的 60%~70%，持续时间为 6~10 秒。具体练习方法有以下三种。

（1）半蹲。

（2）俯卧撑。

（3）引体向上。

（三）发展速度素质

速度素质是人体运动能力的重要组成部分，是体能的重要组成部分。发展速度素质可以采用短距离跑及跳跃练习。具体练习方法有以下 3 种。

（1）30 米、60 米跑。

（2）4 秒、7 秒冲刺跑。

（3）立定跳远。

（四）发展耐力素质

耐力是指有机体在较长的时间内，保持特定强度负荷或动作质量的能力。有氧耐力是指长时间进行有氧供能的工作能力。发展耐力素质可以采用长距离跑等方式练习。具体练习方法有以下 3 种。

（1）12 分钟跑。

（2）30 分钟自行车骑行。

（3）1 500 米跑。

（五）发展灵敏素质

灵敏素质是一种综合素质。发展灵敏素质可通过训练平衡能力、协调能力予以提高。具体练习方法有以下 5 种。

（1）象限跳。

（2）侧跨步。

（3）听信号起跑。

（4）单、双杠练习和垫上翻滚练习。

（5）各种球类运动。

（六）发展柔韧素质

柔韧素质在运动中发挥着重要作用，有利于力量和速度的发挥，有利于技术动作的掌握，防止、减少伤害事故的发生。具体练习方法有以下 3 种。

（1）立位 / 坐位体前屈。

（2）俯卧抬臂。

（3）转肩。

第二节　体　适　能

一、体适能概念与分类

体适能是指个人所拥有的适应或完成各种体力活动的能力，也被称为体能、体力，它是从体育学角度评价健康水平的一个综合指标，是身心健康的必要生理基础。体适能由健康体适能和竞技体适能组成。健康体适能与人体健康水平有密切关系，它主要包括身体成分、心肺耐力、肌肉力量和耐力、柔韧性。竞技体适能与竞技能力有关，它主要包括爆发力、灵敏性、平衡性、协调性、反应速度。良好的健康体适能是提高生活品质的最基本条件，它使人有能力适应日常生活、工作、学习及突发事件，有余力享受休闲活动，预防慢性疾病，促进健康发展。良好的竞技体适能使人有能力参与各项休闲活动、竞技运动或比赛，充分享受休闲活动、竞技运动或比赛的乐趣。

二、健康体适能

（一）身体成分

1. 身体成分的概念

人体的总体重，可以分为脂肪组织重量和非脂肪组织（主要是骨骼、肌肉和水分等）重量两部分。人体内非脂肪组织的重量，通常称为瘦体重。身体成分是指人体脂肪组织重量和瘦体重分别占总体重的百分比。体脂百分比，即人体脂肪组织重量占总体重的百分比，是评价身体成分的主要指标。体脂百分比容易变化，并对健康影响较大。

身体成分的测量，可以准确地评价人体的胖瘦程度。同样体重的人，由于身体内肌肉、脂肪的含量不同，肥胖程度是不同的。体重的大小并不能真正反映一个人是否肥胖。身体成分的测定结果，是评价一个人是否真正肥胖和确定是否需要减肥的主要依据。

2. 身体成分与健康

脂肪具有重要的生理功能，如产生能量、维持体温、缓冲和保护等，但身体成分中脂肪的比重增加，肌肉的成分必然下降。身体中没有收缩功能的脂肪组织较多，进行活动的能力就会下降，基础代谢水平也会随之下降。

当脂肪含量过多并达到肥胖的程度时则容易导致冠心病、高血压、中风、非胰岛素依赖型糖尿病、骨关节病，以及各种肿瘤的发病率增加，血脂成分异常，月经失调等。另外，肥胖给很多人造成了严重的心理负担。

肥胖与疾病的密切关系，对身体脂肪含量的准确测量和评价是体适能研究的重要组成部分。通常认为，成年男性正常标准体脂百分比约为 15%，成年女性正常标准体脂百分比约为 20%。当男性体脂百分比超过 20%、女性体脂百分比超过 30% 时，即属于肥胖。

当体内脂肪合成增加，脂肪组织就趋向于在身体的某些部位堆积。男性型肥胖（身体外形呈苹果形变化）是指脂肪在躯干和腹部过度堆积；而脂肪主要堆积在臀部和大腿部位则被称为女性型肥胖（身体外形呈梨形变化）。男性型肥胖甚至会引起心血管疾病。

过少的身体脂肪同样对体质和健康有害。身体脂肪含量有较大的个体差异，主要受性别和遗传影响脂肪过度损失会产生严重后果，如不育症、抑郁、体温调节障碍，甚至死亡。严重的脂肪损失一般是由于各种内、外因素的作用导致的结果。男性最低体脂百分比约为 3%，女性最低体脂百分比约为 12%，此最低体脂即为用于维持人体正常生理功能的必需脂肪含量。

身体成分是影响人体健康的一个重要因素，它也是健康体适能的要素之一。

3. 科学控制体重

科学控制体重一般指通过身体质量指数（BMI）计算法，即体重（千克）/ 身高平方（米），控制体重。体重是反映学生身体重量的常用指标，与身高配合使用，可以有效地评价学生身体的匀称度与营养状况。男生 BMI 为 17.9~23.9；女生为 17.2~23.9，在此范围内为正常。要想达到理想体重指数，必须建立均衡营养的饮食习惯，配合适当的体育运动（表 8–2–1）。

表 8–2–1　体重指数（BMI）

等级	评分	大学男生 /（$kg \cdot m^{-2}$）	大学女生 /（$kg \cdot m^{-2}$）
正常	100	17.9~23.9	17.2~23.9
低体重	80	≤ 17.8	≤ 17.1
超重		24.0~27.9	24.0~27.9
肥胖	60	≥ 28.0	≥ 28.0

（二）心肺耐力

1. 心肺耐力的概念

心肺耐力又称有氧适能或有氧耐力，是指人体长时间进行有氧工作的能力。心肺耐力水平主要与机体的心血管系统和呼吸系统功能有关，代表人体心血管系统和呼吸系统摄入、运输、吸收利用氧气，进行新陈代谢，产生能量的能力，反映了人体心肺功能的适应能力。心肺耐力与人体健康关系最为密切，是人体健康水平或体质强弱的重要标志。

良好的心肺耐力不仅能保证机体长时间有效地工作，同时也能保证机体工作后快速消除疲劳和有效地恢复机能。心肺耐力较差者平日比较容易精神萎靡，稍微活动即气喘吁吁，耐力活动时间稍长即容易显出疲劳状，同时罹患心血管系统疾病的危险性会显著增加。提高心肺耐力水平，可以提高生活质量，增强劳动、运动能力，降低由于不良生活方式所导致的心脑血管疾病、代谢疾病等的发病率。

2. 心肺耐力的练习方法

根据性别、年龄与体能情况，可以选择的运动方式包括走路、慢跑、游泳、有氧操、骑自行车、球类运动。运动要根据自身情况适时调整运动时间、运动强度、运动频次等。建议每周至少练习 3 次，每次 30~50 分钟。避免一次运动量太大，或运动负荷太大。

（三）肌肉力量和耐力

1. 肌肉力量和耐力的概念

肌肉力量是指肌肉紧张或收缩时对抗阻力的能力，可用肌肉收缩时所能克服的最大阻力负荷来表示。力量是实现一切身体活动的基础，人体所有的生活、工作、劳动和运动活动几乎都是以对抗阻力为主。

肌肉耐力是指肌肉在一定负荷下长时间保持收缩的能力，可用肌肉克服某一固定负荷的最多重复次数（动力性运动）或最长时间（静力性运动）来表示。肌肉耐力是每个人在日常生活、工作、劳动和运动中所需的基本素质，耐力强的人可以长时间工作而不易疲劳。

2. 肌肉力量和耐力的练习方法

（1）提高肌力适能。肌力就是肌肉工作时能够承担的最大力量，肌力适能训练可使肌肉做功能力加强，肌肉线条更加明显清晰。根据性别、年龄与自身情况，采取灵活的力量练习。可以选择的运动方式包括俯卧撑、半蹲起等。建议每周练习 1~2 次，每次 20~30 分钟。避免一次运动量太大，或运动负荷太大，力量训练要循序渐进，特别注意运动安全，防止运动损伤的发生。练习前要做好准备活动，练习结束后要做好放松活动。

（2）提高肌耐力。肌耐力就是长时间从事运动的能力，是机体持久工作的基础，被认为是健康体适能中最重要的要素。根据性别、年龄与自身情况，可以选择的运动方式包括慢跑、半蹲、立卧撑跳等。要根据自身情况适时调整运动时间、运动强度、运动频次等。建议每周至少练习 2 次，每次 30~50 分钟。避免一次运动量太大，或运动负荷太大，以第 2 天不感到疼痛和疲劳为宜。

3. 练习中常见问题

（1）肌肉酸痛。运动导致的肌肉酸痛是运动锻炼中常见的现象，运动性肌肉酸痛分为急性肌肉酸痛和延迟性肌肉酸痛。

① 急性肌肉酸痛：在运动过程中和运动后即刻产生的疼痛。通常在运动后几分钟至几小时内消失，对运动锻炼的影响不明显，急性肌肉酸痛主要是由于氢离子和乳酸等代谢产物的堆积与肌肉肿胀等引起的。

② 延迟性肌肉酸痛：人体从事不习惯的运动后所出现的肌肉酸痛或不舒适的感觉。由于肌肉的疼痛不是发生在运动即刻，而是发生在运动后 24～48 小时，所以称为延迟性肌肉酸痛。

有运动经历的人，甚至从事不习惯的体力活动的人几乎都有延迟性肌肉酸痛的体验。延迟性肌肉酸痛的出现与运动强度、运动形式和习惯有关，与人体的健康水平和身体功能状态关系不大。有运动锻炼基础的人从事不习惯的运动，即使运动强度不大，也会出现延迟性肌肉酸痛。

延迟性肌肉酸痛除了具有一般的疼痛症状外，往往伴随着身体疲劳、肌肉僵硬和酸胀、肌肉收缩力量和放松能力下降等症状，主要出现在远端肌肉和肌腱连接处。肌肉收缩强度过大或持续时间过长都可造成延迟性肌肉酸痛，如运动过程中高强度机械张力牵拉肌肉和连接组织造成损伤产生疼痛；代谢产物在肌肉组织中大量堆积；肌肉温度增高导致肌肉组织损伤，造成肌纤维坏死和连接组织分解，从而造成延迟性肌肉酸痛。

延迟性肌肉酸痛是一种暂时性的肌肉不舒适感觉，一般不经临床治疗，可自行恢复。可采用牵拉肌肉、电疗、做好充分的准备活动与整理活动等减轻延迟性肌肉酸痛症状。

（2）肌肉疲劳。肌肉反复工作会导致肌肉疲劳，进而导致做功能力下降。运动中疲劳的发生与肌肉工作强度有关。大强度的无氧运动使肌肉的疲劳发生较快；小强度的有氧运动时，肌肉工作可以维持相当长的一段时间而不发生疲劳。

肌肉做功和抵抗疲劳的绝对能力与肌纤维类型有关。快肌纤维以无氧代谢供能为主，具有输出功率大而易疲劳的特点；慢肌纤维以有氧代谢供能为主，输出功率小但具有较强的抗疲劳能力。

（四）柔韧性

1. 柔韧性的概念及重要性

柔韧性是指人体各关节的最大活动幅度或范围。通常用关节活动幅度表示肢体的柔韧性。

柔韧性保证肢体有较大的活动范围，可自如地完成各种动作，预防肌肉、关节韧带损伤的发生或减轻损伤的程度。如果关节活动幅度下降，某些动作会出现障碍，容易受伤，甚至会影响到一个人的正常生活质量。因此，柔韧性也是健康体适能的一个重要因素。

2. 柔韧性的练习方法

柔韧性主要以关节及肌腱、肌肉为主要表现对象，柔韧性越好，身体在运动过程中就越不容易发生关节扭伤或肌肉拉伤。伸展练习或称牵张练习是最常用的以牵拉肌肉为主的提高柔韧性的手段。在关节结构基本正常的前提下，伸展练习的主要作用是提高肌肉的伸展性。伸展练习主要包括冲击性伸展练习和静力性伸展练习。根据性别、年龄与自身情况，采取灵活的力量练习。可以选择的运动方式包括压腿、坐位 / 立位体前屈、最大拉伸等。建议每周至少练习 1 次，每次 20～30 分钟。避免突然加大练习难度，防止运动损伤。练习时可以主动完成，也可以在他人帮助下完成。

三、竞技体适能

发展竞技体适能的主要目的在于提高人体在竞技比赛中的运动表现。根据比赛项目、内容、场景等现实情况，运动者能够综合运用各种素质能力，例如灵敏、速度、爆发力、平衡等竞技体适能要素，适应比赛需求，最大化地在运动过程中发挥人体的运动潜能。前文已介绍速度、灵敏等素质，下面简单介绍爆发力、平衡素质。

（一）爆发力

爆发力是指单位时间内产生力量的能力。用物理学公式表示为 $P=F\times D\div T$，P 表示爆发力，F 表示力量，D 表示距离，T 表示时间。同样这个公式也可以换算为 $P=F\times V$，V 表示速度，也就是在特定负荷下使物体或身体快速获得速度的加速能力。例如，对于铅球项目，除了出手角度外，最大的影响因素是出手前铅球的最大初速度。

爆发力就是物理上所讲的功率，也就是单位时间内做的功。功率的大小取决于力的大小和用力的速度，提高功率可以通过增加力或加快用力的速度实现。功率一定时，力越小，做功的速度越快，与之相反力越大做功速度越慢。功率输出的能力是竞技运动项目运动技术评价中非常重要的指标。运动成绩高低和动作技术质量的优劣，主要取决于完成动作过程中肌肉输出功率的大小，即取决于人体肌肉由化学能转化为机械能的速度。

（二）平衡

自测题 8

平衡是指身体在运动或受到外力作用时，能够自动调整并维持一种姿态的能力。按其性质可将人体平衡能力分为以下三种：对称性平衡能力是指将身体的重量均匀地分配到身体支撑点的能力；静态平衡能力是指人在相对静态下，一定时间内维持身体某种特定姿势的能力；动态平衡能力是指人体在运动过程中，控制身体姿势的能力。

第九章 职业体能训练

本章导学

长时间高强度的工作容易造成疲劳，引发职业病。因此，加强体育锻炼，有效增强学生的力量、速度、耐力、灵敏、柔韧等素质，提高其职业体能水平，能帮助学生更好地适应将来的职业岗位。

本章主要介绍职业体能的相关概念，使学生了解职业体能的训练原则，以及各类职业体能的特点及锻炼方法，促使学生掌握不同工作岗位的身体特点及锻炼方法，促进学生锻炼习惯的养成。

学习目标

知识目标：学习体能的概念与内涵，了解职业体能的训练原则。

能力目标：通过职业体能课程实践，培养学生体育兴趣，激发学生的学习动机，提高学生锻炼的积极性、自觉性。

素质目标：促使学生掌握不同工作岗位的特点及锻炼方法，弘扬中华体育精神，坚定体育文化自信。

思政课堂

“中国机长”刘传建

2018 年 5 月 14 日，四川航空一架客机在执飞重庆至拉萨的航线时，于 32 000 英尺（约 9 754 米）的巡航高度遇险，飞机驾驶舱挡风玻璃破碎，驾驶舱瞬间失压，副驾驶员受伤短暂失能，机长刘传建在万米高空氧气稀薄、气温骤降、自动驾驶系统解除的情况下，靠着惊人的毅力、充沛的体能和高超的驾驶技术，控制住严重受损的飞机，并安全备降成都双流机场，避免了一次重大飞行安全事故的发生，刘传建也成为当之无愧的“英雄机长”。

驾驶大型客机不仅要求驾驶员有精湛的飞行技术，对驾驶员的体能也有着严格要求。根据国际惯例，各国航空公司必须定期对驾驶员的各项身体指标进行严格考核，如果有心脏病、高血压、视力减弱或心理疾病等隐患，是不能担任驾驶员职务的。跨国航线有时单次飞行长达 10 个小时以上，虽然现代客机拥有自动驾驶系统，但是也要求驾驶员必须时刻将注意力集中在仪表盘的各项数据上，一旦分神，就会造成严重后果，如“法航 447 空难”中事故部分原因就是飞行员未能及时观察到飞机仪表盘的变化。当飞机在飞行过程中遭遇结构性损坏，系统失灵时，如辅助系统失灵，需要驾驶员完全依靠自身力量在阻力巨大的情况下操纵飞机。在前文所述的川航事件中，飞机驾驶舱瞬间失压，在高空中氧气非常稀薄，氧气面罩又未能及时发挥作用，驾驶员就必须克服因缺氧带来的精神涣散、四肢无力、判断能力下降等困难，依靠自身毅力和平时的体能储备完成驾驶动作，稍有不慎，后果将不堪设想。

体能对于空乘人员来说同样重要，虽然空乘人员的工作主要是在机舱内服务乘客，但是长途飞行中，空乘人员需要不停地站起、坐下、走动，来提供客舱服务；当有乘客在飞行途中突发状况时，需要提供一切可能的帮助，如果飞机在飞行途中遇险，还要协助机长处理危机，安抚乘客，引导乘客疏散。在川航事件中，空乘人员就曾在机舱内进行紧急处置，在飞机飞行姿态不稳、严重颠簸的情况下，安抚乘客情绪，确保乘客人身安全。

由此可见，即使是飞行员、空乘这样看似优雅轻松的技术型岗位，依然需要良好的体能条件。

第一节 职业体能概述

一、体能的概念

体能一词被国人关注是在 1994 年，当时中国足协规定，运动员体能测试不达标，将不能参加当年的联赛。后来，国家政法系统公务员招考与培训中也出现了“体能测试”的环节。

体能是指人体各器官系统的机能在体育活动中表现出来的能力，包括力量、速度、灵敏、耐力和柔韧等基本的身体素质以及人体的基本活动能力，如走、跑、跳、投掷、攀登、爬越、悬垂和支撑等。

我们将体能分为两大类:即与健康有关的体能，称为基本体能；与动作（劳动）技能有关的体能，称为职业体能。

二、职业体能的概述

（一）职业体能的概念

职业体能是指与职业（劳动）有关的身体素质和心理素质，以及人体在不良劳动环境下的耐受力和适应能力。职业体能分为两类——与职业有关的身体素质和心理素质。

（二）职业体能锻炼的目的与任务

体育锻炼对人的机体有着良好的影响。系统从事身体锻炼的人对职业活动的适应比一般人快并能够态度明确、意志坚定地达到预期的目标，对职业工作的劳动强度、频度和抗疲劳能力具有较强的适应性和持续性。职业体能锻炼的目的与任务主要有：

1. 有利于提高人才培养质量

近年来，我国学生体质健康水平持续下降，直接影响到青少年一代的健康成长，影响到我国人才培养的质量，这已经引起社会各界的强烈关注。以培养高素质劳动人才为己任的高职院校更要以强化学生职业体能为突破口，优化教学与训练环节，在发展学生职业体能的同时全面提高学生的体质健康水平。

2. 有利于适应未来岗位需求

现代社会，工作节奏越来越快，职业能力的发展已从单一的专业能力发展转向全面综合素质的发展，职业体能是职业能力的重要内容之一。高职院校学生许多专业技能的掌握和利用都必须以相应的职业体能作为保障。比如：电工专业人员要有一定的攀高平衡能力，否则就不能胜任电工职业的高空操作，所以高职学生在校期间加强职业体能的锻炼，有利于学生毕业后更好、更快地适应本职工作。

3. 有利于增强学生就业竞争力

随着企业对从业人员职业体能的日益重视，职业体能较好的人一般拥有匀称的身材、良好的体姿、健美的体态，拥有比实际年龄小的生理年龄，在应试时更加自信，更勇于接受挑战和压力。因此，很多单位在招聘人才时，要求竞聘者在具备良好的专业技术能力的同时，还要具备良好的职业体能。因此，提高学生的职业体能可以增强学生的就业竞争力。

4. 有利于缓解职业怠倦，提升工作质量

据调查，职业倦怠现象正袭扰我国，职业人员出现职业倦怠现象与职位、性别、学历、工作年限有很大关系，销售、办公室人员出现职业倦怠现象的比例较高。现代社会工作节奏越来越快，强化职业体能水平有助于从业人员在生产活动中保持良好的工作能力，提升工作效率、工作质量和工作寿命。

高职院校以培养国家建设所需要的高端实用型技能人才为主要目标，学生毕业后要适应所从事的岗位就不仅要具有较高的职业技术操作能力，而且还应当具有职业岗位所需的体能。只有职业技术与职业体能相适应才能提高走向职业岗位后的工作和生活的质量。

三、职业体能的分类

根据学生所学专业对应今后可能从事的第一职业岗位对身体素质的要求，依据劳动和社会保障部认定的职业分类目录和教育部《普通高等学校高等职业教育（专科）专业目录》（2017 年），结合各职业岗位劳动（工作）时的主要身体姿态进行分类，将高职院校学生职业体能分为以下四类。

（1）坐姿类。IT 行业从业人员、会计、文秘、行政管理人员、银行柜员等。

（2）站姿类。超市收银员、营业员、酒店前堂接待人员、地铁站点工作人员、机场地勤人员、礼仪人员等。

（3）变姿类。推销员、导游、记者等。

（4）特殊岗位姿态类。空中乘务人员、航海人员、警察、安保人员、野外作业人员等。

知识链接　职业的分类

《中华人民共和国职业分类大典》把我国职业划分为由大到小、由粗到细的四个层次：大类（8 个）、中类（79 个）、小类（449 个）、细类（1 639 个）。细类为最小类别，即职业。8 个大类分别是：第一大类——国家机关、党群组织、企业、事业单位负责人；第二大类——专业技术人员类；第三大类——办事人员和有关人员类；第四大类——商业、服务业人员类；第五大类——农、林、牧、渔业生产及辅助人员类；第六大类——生产、运输设备操作人员及有关人员类；第七大类——军人类；第八大类——不便分类的其他从业人员类。

第二节　不同类型职业体能的锻炼方法

一、坐姿类职业体能训练

医疗保健操

在现代社会中，随着经济和科技的发展，社会分工呈现精细化的趋势。就坐姿类的职业来说，主要以乐器制造与维护、电信服务与管理、资产评估与管理、财税大数据应用、证券实务为代表，此类工作以伏案久坐为主要的身体姿势。研究表明，坐姿类的职业人每天久坐时间可达 6 小时以上。坐姿是一种静态姿势，长时间在静止状态下工作，易引起体能下降、身体疲劳，容易引起机体许多功能和结构的改变，产生如颈椎病等职业病，从而损害健康，导致工作效率降低。

（一）坐姿类职业生理负荷特征

1. 坐姿的解剖学特征

（1）头颈部。人在长期坐姿工作时，头部主要呈前倾状态，颈部肌肉受力与颈部弯曲角度大小有关，颈部肌肉受力随角度增大而增加，颈部损伤患病率随颈角增加而升高。因此，坐姿工作颈部前倾角度保持 $0^\circ \sim 10^\circ$ 为宜。

（2）胸部。人体长时间坐姿工作时，常常低头含胸，胸廓得不到充分扩张。长此以往，一方面会影响肺的通气功能；另一方面会使胸廓变形，导致驼背等不良身体形态。

职业体能训练原则

（3）背部。人体长时间坐姿工作时，背部一般呈弓起向前微倾的状态，背部的伸肌在一天的运动中几乎没有主动用力的动作，大多数时间处在被动拉长中。相对其他肌群，背部肌群工作时间最长，所以也容易疲劳，这种疲劳容易引起小肌肉纤维损伤，从而造成背部肌肉群的多种不良反应，如酸、痛、胀、麻等。背部肌肉与颈部、腰部肌群有着密切关系，如果颈部或腰部的肌肉因不良姿势而紧张或疼痛，常常累及背部。此外，人在心理紧张时也会造成背部肌肉的紧张与疼痛。

（4）腰部。人体长时间坐姿工作时，腰椎承受着上身的重量。腰肌和腹肌像一个夹板，保持一定的张力以稳定腰椎。工作姿势对腰肌受力有很大的影响。研究表明，腰部受力与躯干倾斜角度大小关系密切，躯干倾斜角度小则受力小。人体久坐工作时如呈侧身或扭腰等不良姿势，为了维持身体平衡，腰部的某一处肌肉就需要特别用力，导致受力肌容易疲劳。

（5）脊柱。人的脊柱由 33 块形状不规则的脊椎骨组成，按所在的位置不同分为颈椎、胸椎、腰椎、骶椎和尾椎。脊柱从侧面看，有 4 个生理弯曲点，它使人的重心大致落在人体的中轴线上，从而保持直立时的平衡，减轻震荡，有利于劳动和负重。久坐会使上身体重长时间地压在脊椎骨骶端，不符合人体脊椎最佳受力状态。坐姿不良，脊椎两侧肌肉受力不均，导致脊椎某区域肌肉、骨骼负荷过重，久之可能引起脊椎侧弯。此外，过快的工作节奏，人往往不由自主地就会塌腰，这不仅增加了腰椎的负担，破坏了脊椎正常的生理弯曲，使腰椎部位后凸，而且还阻碍了血液循环，从而引起腰部肌肉酸痛甚至引起腰椎病变。

（6）手腕部。长时间从事计算机操作者，手指、手腕经常需要重复用力或反复弯曲、伸展，操作键盘时，手指击键频率高，频繁收缩的小肌群能量消耗不高却容易疲劳，甚至因长时间用力压迫腕管内神经而导致腕管综合征。

2. 坐姿时的生理学特征

（1）血液循环。久坐工作的人，下肢特别是足背会发生浮肿，还会使直肠、肛门血管静脉回流受阻，因静脉扩张而发生痔疮。同时，心脏以上的部位，须克服地心引力把血液泵入大脑。如果心脏功能不良，则脑部血液供应不畅通，容易出现头昏、眼花、嗜睡，使工作效率低，失误率增加。久坐时，心脏工作量减少，长期下去可使心脏功能日益减退、心肌渐趋衰弱、血液循环减慢，为心肌梗死、高血压、冠心病等心血管疾病埋下隐患。世界卫生组织明确指出，久坐是促发冠心病的重要因素。医学专家调查发现，司机的冠心病发病率比售票员高 30%。据研究，坐位时，心脏功能（心率、心输出量、每搏输出量）处于相对较低的水平。

（2）肺通气功能。久坐伏案，胸廓得不到充分扩张，从而影响肺的通气功能。研究表明，久坐伏案对静息时通气量的影响不大，但是从提高体能和健康水平的角度出发，久坐伏案劳动（工作）的人，应加强扩胸动作的练习，以利于肺的充分扩张，增强通气和换气的功能，使氧饱和度始终保持在 96% 以上。

（3）骨骼肌。骨骼肌是维持各种姿势的基础，维持坐位姿势的肌肉肌纤维长时间处于一定的静力性工作状态（即等长收缩状态）。在坐位姿势劳动（工作）时，肌纤维的紧张性收缩也限制了肌肉的血液供应，以致肌肉获取的氧和营养物质相对减少，而肌肉的代谢废物也不易排出，久之就会引起肌肉僵硬、酸疼，甚至发生肌肉萎缩。坐姿工作 2 小时以上，即可产生肌肉疲劳感，使工作效率下降。医学专家指出，每坐 1~2 个小时，起来走动 10 分钟，对身体有益。

（4）眼的负荷。信息化办公条件下，长时间对着电脑工作，眨眼次数明显减少，可由日常每分钟 22 次左右锐减到 4~5 次，造成眼睛易干、酸、涩，偶尔还会觉得刺痛。长时间盯着电脑屏幕，其光线闪烁会使眼睛不断进行调节，致使睫状肌易疲劳。此外，电脑屏幕也是个强发光体，同时电脑页面内容繁多，使得用电脑时视觉负担很重，常常使眼睛发胀。眼睛长期超负荷工作，将会导致视力下降，发生眼部炎症（如角膜炎），同时还易导致身心疲劳。

（二）坐姿类职业体能锻炼方法

1. 屈伸探肩

屈伸探肩

目的：主要发展胸锁乳突肌和斜方肌的力量。

动作方法：坐、立均可，上背挺直，双手叉腰，双眼正视前方。头缓缓地向左偏，努力接近左肩，保持 6~8 秒，还原；以相同的姿势换方向做，还原（图 9-2-1）。

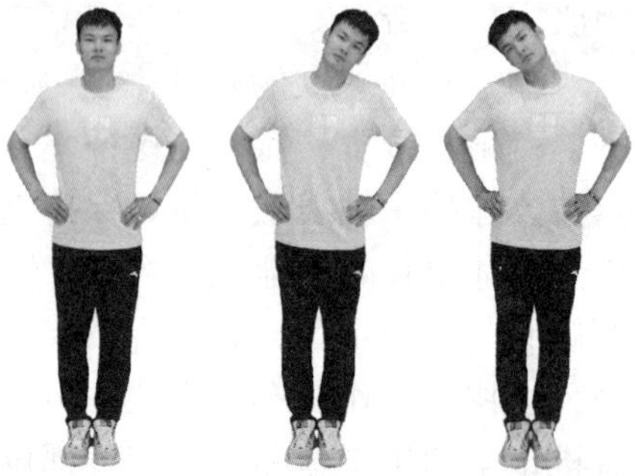

①　②　③

图 9-2-1　屈伸探肩

2. 肩绕环

目的：发展斜方肌的力量。

动作方法：坐、立均可，上背挺直，双手叉腰，双眼正视前方。双肩经前方向后展，做以肩关节为中心的绕环动作。

3. 俯卧两头起

目的：主要发展腹直肌、腹外斜肌、腹内斜肌的力量。

动作方法：俯卧在垫子或长凳上，两臂前伸，两腿并拢伸直。两臂和两腿同时向上抬起，腹部与坐垫呈背弓，然后积极还原，连续练习（图 9-2-2）。

①　②

图 9-2-2　俯卧两头起

4. 俯立划船

目的：主要发展背阔肌上、中部及斜方肌、三角肌的力量。

动作方法：上体前屈近 90°，抬头，正握哑铃。然后两臂从垂直姿势开始，屈臂将哑铃拉近小腹后还原，连续练习。上拉时注意肘靠近体侧，上体固定，不屈腕（图 9−2−3）。

俯立划船

5. 屈伸腕动态练习

目的：主要发展前臂伸肌和屈肌的力量。

动作方法：立正，一手持哑铃，掌心朝上。另一手微托持哑铃手的肘关节，使之靠于腰部，手紧握哑铃以每次 2 秒的频率做屈伸腕运动。

6. 屈伸腕静态练习

目的：主要发展前臂伸肌和屈肌的力量。

动作方法：立正，一手持哑铃，掌心朝上。另一手微托持哑铃手肘关节，靠于腰部，手紧握哑铃充分屈腕静止 15 秒，休息 5 秒，再充分立腕静止 15 秒（图 9−2−4）。

屈伸腕动态练习

①　②

图 9−2−3　俯立划船

图 9−2−4　屈伸腕静态练习

7. 腕部“8”字绕环

目的：主要发展肱桡肌的力量。

动作方法：立正，一手握持哑铃（男生可以双手持哑铃），做“8”字绕环运动（图 9−2−5）。

腕部“8”字绕环

图 9−2−5　腕部“8”字绕环

二、站姿类职业体能训练

现代社会职业分类精细，有些职业需要长时间站立工作，如教师、迎宾员、售货员、烹饪师、护士等职业岗位，均需要长时间站立。站立也是一种静力性姿势，分为立正式站立（如解放军站岗）和任意式站立（如超市的收银员）。立正式站立是一种强度极大的静力性工作，而任意式站立，因在一定程度上可以活动身体某些部位，并有机会在较小范围内做一些移动性活动，所以其静力负荷的劳动强度较小。职场站姿绝大多数属于任意式站立。

（一）站姿类职业生理负荷特征

1. 站姿的解剖学特征

（1）腰腹部。自然站立时，躯干部位的重量经过腰椎向下传导，需要腰部肌肉力量予以支撑，以保持腰椎的正常生理前凸。腹肌力量较弱的人，如肥胖者，特别是腹部肥胖者，由于大量脂肪组织堆积在腹部，肌肉组织相对较少，且比较松弛，因而对腹部的支撑较弱，进而加重了腰部肌肉的负荷，肚子越往前凸，腰部肌肉的负担便越大，久而久之就可造成腰部肌肉紧张。

（2）脊椎。脊椎的负荷为某段以上的体重、肌肉张力和外在负重的总和。不同部位的脊椎节段承担着不同的负荷。由于腰椎处于脊柱的较低位，因而负荷相当大。

当人体处于静态任意式站位时，因为要维持正常的站姿，即保持躯干的相对竖直，腰椎相对静态坐位时只能有很小程度的前屈或后伸。站姿时脊柱须保持自然弯曲度。挺腹站立是常见的站姿，此时腰椎处于向后伸拉状态，腰椎承受很大的压力负荷。

（3）下肢。人体走动或站立时，小腿肌肉紧张收缩，以维持身体姿势并保持身体平衡。但长时间保持站立不动，会影响下肢血液循环，导致下肢肿胀，甚至静脉曲张。

人体在正常的站姿下，全身的体重均匀地从脊柱、骨盆传向下肢，再由两下肢传至两脚，因此人类的两脚具有负载体重的重要功能。另外，从解剖学观点来看，成年人共有 206 块骨头，其中两脚就占了 52 块，俨然是全身的支柱。但长时间站立工作及过度负重，如搬运重物、长途步行，可诱发平足症。

2. 站姿的生理学特点

（1）血液循环。站姿对血液流动的影响与坐姿相同。但维持站姿比维持坐姿时肌肉的静力性张力更大，即有更多的肌纤维处于静力性等长收缩状态，肌张力一般超过该肌肉最大随意收缩范围的 15%~20%。研究表明，一旦肌张力超过最大随意收缩范围的 15%，就很容易导致肌肉疲劳。

直立体位时，因血液的流体静力学作用，血液滞留在心脏高度以下的血管中，由于静脉管壁薄而易于扩张，使其容积大为增加，滞留了大量的血液，致使静脉回流量下降。故长时间站立，血液回心受阻严重，易出现脚背浮肿、趾关节炎或静脉曲张等症状。发病一般为 6~8 年，妇女更容易发生。长时间直立，位于心脏以上部位的颈、脑部也易供血不足，而出现头痛、头晕等症状。

（2）骨骼肌肉。人体的肌肉在平时需要一定的张力以维持一定的身体姿势。站立时，大腿、小腿、腰背部、臀部的肌肉处于等张收缩状态，比坐姿时有更多的肌纤维参与静力性工作，且维持相对较高的紧张性。尽管静力性工作能量消耗水平不高，氧需要量通常不超过 1 升 / 分钟，但很容易产生腰背部和下肢疲劳。

（二）站姿类职业体能锻炼方法

1. 深蹲

目的：主要发展大腿肌群和臀大肌力量。

动作方法：把杠铃担负在颈后肩上，屈膝下蹲到大腿与地面平行或稍低，大腿和臀部用力，两脚蹬地使身体恢复到直立，重复练习一定的次数和组数（图 9–2–6）。

①　②

图 9–2–6　深蹲

2. 踏板弓箭步

目的：主要发展股四头肌、股二头肌和小腿肌群的力量。

动作方法：身体直立，面对踏板，右腿屈膝呈弓箭步踏踏板，左腿伸直；交换腿连续做（图 9–2–7）。

①　②　③　④

图 9–2–7　踏板弓箭步

3. 踮脚跳跃

目的：主要发展小腿腓肠肌、比目肌和股四头肌的力量，对提高身体平衡能力也有一定的价值。

动作方法：两脚并拢站立，两膝微屈，双脚前脚掌原地向上纵跳，膝盖伸直；下落时，前脚掌先着地，然后全脚掌着地，再踮脚起跳（图 9–2–8）。

①　②　③　④

图 9-2-8 踮脚跳跃

4. 仰卧起坐

目的：主要发展腹直肌力量。

动作方法：仰卧于垫上，两小腿弯曲，两脚固定，双手交叉抱于头后。腹肌收缩使额头向膝部靠拢直至接触膝盖。然后还原，重复此动作一定的次数和组数（图 9-2-9）。

①　②

图 9-2-9 仰卧起坐

5. 直腿上举

目的：主要发展腹直肌、髂腰肌的力量。

动作方法：仰卧于垫上，两手放于体侧，两腿并拢伸直，靠腹部力量慢慢举起，保持躯干与大腿成 120° 左右的夹角，静止 5～10 秒，然后还原（图 9-2-10）。

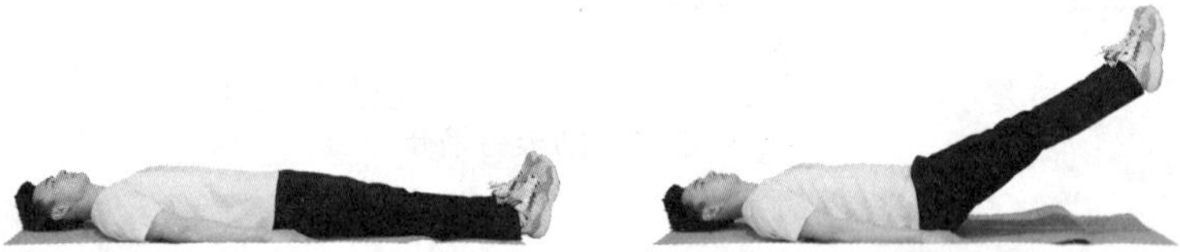

①　②

图 9-2-10 直腿上举

三、变姿类职业体能训练

（一）变姿类职业生理负荷特征

变姿类职业从业人员，静力性工作与动力性工作交替进行，所以这类人群劳动（工作）时的解剖学、生理学负荷特征与坐姿、站姿类职业有许多相同之处，但又不完全等同。因为这类从业人员工作姿势变化没有一定的规律，有些工种（如园艺工）姿势变化频率高，肌肉交替休息不易疲劳；有些工种（如机械工）工作时需要承受一定的静力性负荷，因此肌肉一直处于紧张收缩的状态，很容易造成肌肉紧张、僵硬。变姿类职业工种繁多，因此要针对不同的工种进行区别分析。

变姿类岗位从业人员在高温、高湿、高寒、辐射和噪声等恶劣环境下工作，工业自动化程度相对低，体力消耗大，且存在不良姿势、过度用力和骨骼振动等诸多职业性疾患危险因素。因此，这类职业对人体健康提出了特殊要求：不但需要具备良好的心肺功能，同时也需要身体各部位具备良好的协调性和灵活性。这类人员在选择健身项目或开展有针对性的体能训练时，应考虑发展身体各部位的素质，使全身各部位都得到运动，以适应工作的需要。

（二）变姿类职业体能锻炼方法

1. 增强心肺功能的练习方法

对建筑工作一线的技术人员心肺功能调研发现，有些员工在烈日下工作，常出现因心脏功能不能适应高温环境而昏厥的现象。因此，对室外工作人员加强心肺功能的训练是必要的。在选择运动项目时，可考虑健美操、游泳、跳绳、越野、健身跑等项目。

2. 提高肌肉耐力的练习方法

肌肉耐力是肌肉长时间维持工作的能力。持续高抬举作业，如手举焊枪、紧固螺丝和打孔等，需要保持长时间的肌肉收缩状态，如果肌肉耐力稍差，将导致肌肉供血不足，肌肉获取的氧和营养物质也相对减少，代谢物不能及时排出，引起局部肌肉疲劳，工作效率降低，甚至出现工伤事故。提高肌肉耐力的练习应采用小负荷、重复多次的练习方法。

3. 抗热、抗寒、抗风雨、抗辐射能力的练习方法

室外工作时，夏天的炎热，冬天的寒冷，风雨霜雪等都可引起人体免疫能力的降低，导致机体不适，进而引起疾病。对此，应加强有氧运动，以提高免疫力。同时，可参加定向越野、野外素质拓展等项目，以提高抗疲劳能力、野外生存能力和环境适应能力等。

4. 提高平衡能力的练习方法

有效的平衡，有赖于身体的柔韧性、躯干主要肌肉的力量，以及良好的肌肉协调性。这对于高空作业者，像高空建筑工、高层清洁工（蜘蛛人）等，是必须具备的能力。因此，在选择体能训练或运动项目时，应考虑加强稳定性、下肢肌肉静力性耐力、灵敏性的练习。下面重点介绍提高平衡能力的几种方法。

（1）燕式平衡。

目的：增强小腿、后背和腹部主要肌肉工作的稳定性。

动作方法：由站立开始，左脚向前迈一步，上体前倾，右腿向后上举，抬头挺胸，两臂侧平举呈燕式平衡。做动作时支撑腿要伸直，两腿交替进行（图 9-2-11）。

（2）静止拱桥。

目的：增强后背和腹部主要肌肉工作的稳定性。

动作方法：仰卧于垫上，双腿屈曲，手臂放在体侧，脊柱位于中间位置，利用臀部、

大腿和躯干肌肉用力提起骨盆，直到肩、髋与膝成直线，持续 3~5 秒，然后身体缓慢下降，还原（图 9–2–12）。

图 9–2–11 燕式平衡

图 9–2–12 静止拱桥

四、特殊职业体能训练

随着社会的发展，分工越来越精细，特殊职业种类也不断增加。特殊职业主要根据工作时空、工作风险的特殊性来界定，比如空中乘务员、航海人员，以及处理突发事件的职业如警察、消防人员和安保人员等。现主要介绍空乘人员的职业体能训练。

（一）耐力素质训练方法

（1）各种形式的长时间跑，如持续跑、变速跑、越野跑、法特莱克跑等。

（2）长时间的有氧运动如骑自行车、登山、游泳、滑冰等。

（3）一定时间的球类运动或比赛。

（4）长时间的游戏及循环练习。

（二）力量素质训练方法

1. 静力性力量练习

静力性力量练习的主要特点是肢体不产生明显的位移，肌肉收缩产生张力，但一般不发生长度的变化。完成静力性练习时，因工作的肌肉一直处于收缩状态，会影响其血液循环，疲劳出现较早。静力性力量主要练习方法如下。

（1）对抗性静力练习。

（2）负重静力练习。

（3）动静结合练习。

2. 动力性力量练习

动力性力量指肌肉做非等长收缩时产生的力量。动力性力量练习又分为以下 5 种。

（1）最大力量练习。最大力量是用最大力量克服阻力的能力。如举起杠铃的最大重量。发展最大力量的方法主要是采用克服大阻力（最大力量的 80% 以上强度）、重复次数少的练习。

（2）速度力量练习。速度力量又称爆发力，它是指在最短时间内发挥最大力量的能力。速度力量锻炼的特点是适当减少阻力（最大力量的 60%~70%），用最快的速度完成动作。如跳远练习。

（3）绝对力量练习。绝对力量的练习一般借助附加重量（次极限重量）或最大重量（极限重量）的重物。如卧推杠铃、深蹲和半蹲杠铃。

（4）相对力量练习。相对力量要求练习者具有较强克服自身体重的能力。练习的主要方法有体操、短跑、武术、摔跤、拳击等。

（5）力量耐力练习。力量耐力是指长时间克服阻力的能力。它要求既要克服一定的阻力（约 50% 的强度），又能坚持较长时间，以达到一定的疲劳感觉为宜。如俯卧撑、仰卧起坐等。

（三）速度素质训练方法

（1）信号刺激法。利用突然发出的信号提高人体对简单信号的反应能力。如以站、坐、跪、卧姿准备，看教师手势向各个方向起动等练习。

（2）反口令练习法。根据信号复杂程度的变化，作出相反的应答动作。

（3）“米”字形快速往返移动。

（4）上、下坡跑动练习等。

（四）抗眩晕能力训练方法

（1）连续前滚翻、后滚翻。

（2）仰卧左右侧滚翻。

（3）坐转：双腿屈膝、两手平举向前，然后开转。

（4）原地跳转 360°。

（5）闭目旋转直线走。

（6）单足站立，反复下蹲起立。

（7）走平衡木。

（8）荡秋千。

自测题 9

第十章　运动心智能训练

本章导学

运动心智能是指通过体育活动培养学生适应未来工作岗位所需要的健康心理及相关素养。根据学生适应未来职业岗位所需的特殊技能，本文从沟通、合作、细心、果敢、坚持、服从、责任、创新等方面，对运动心智能的训练内容与方法提出了建议。旨在培养学生团队精神、坚毅性格及社会责任感，达到“磨炼意志、陶冶情操、完善人格、熔炼团队”的目的，发挥“以体育智、以体育心”的独特功效。

学习目标

知识目标：了解运动心智能的内涵。

能力目标：掌握人与人之间、人与群体之间基本的沟通与合作方法，塑造学生细心、果敢、坚韧等优良品质。

素质目标：培养学生团队精神、坚毅性格及社会责任感，提升解决难题的能力。

思政课堂

传承体育工匠精神弘扬体育正能量

体育无处不在，体育的力量感染着每一个人。从中国女排五连冠，到平昌冬残奥会中国轮椅冰壶队问鼎，体育的正能量为国人带来了无数个荣耀时刻。

2016 年里约奥运会上，中国女排姑娘们排除万难，时隔 12 年再夺奥运冠军，举国振奋。作为这支冠军队伍的成员，全国人大代表、江苏女排队队长张常宁十分感慨，她说：“女排精神是从郎导她们那一代开始传承下来的，她们的五连冠一直被大家津津乐道，我们也是从小耳濡目染。我们在里约遇到困难时，郎导也曾和我们讲过她们的故事。她们第一场比赛就输给了美国队，而到决赛时又战胜了对手。她告诉我们面对困难时不要惧怕，只要有一线希望，就可以战胜困难！不仅是在赛场上，女排精神在日常生活中也同样得以体现。现在大家的职场生活压力很大，也会遇到很多困难，努力克服困难的精神和女排精神是相通的。”

体育精神不仅带给体育运动的亲身经历者力量，更树立起一种体育文化自信，这种自信源自体育工匠们对运动项目的深入研究以及执着与坚定。“项目有项目的哲学，团队有团队的文化！”全国人大代表、北京体育大学副校长陈立人如是说。这位曾带领中国跆拳道队从零开始，并最终站上世界最高领奖台的功勋教练，对于体育文化有着独到的理解。陈立人向记者娓娓道来：当年跆拳道队伍起步时一穷二白，而优势项目乒乓球队有着学哲学的传统，这一传统也被带到了跆拳道初创队伍里，在传承的过程中我们也进行了创新，最终引领跆拳道队站上了世界的最高领奖台。此前竞技体育方面我们讲技术层面比较多，现在更要关注人文层面，国内外很多优秀的教练员都十分重视队伍的文化建设。体育文化内涵丰富，我们要弘扬中国文化，讲中国故事，坚持传承与创新。

文化兴则国运兴，文化强则民族强。体育文化的传承与创新需要文化自信作支撑，更需要工匠精神的加持。弘扬体育正能量，发展体育文化，将助力国家文化软实力的提升，为文化强国建设贡献力量。

摘自 2018 年 3 月 21 日《中国体育报》

第一节 沟通与合作

人类自诞生发展到现在，沟通与合作一直是维系人类社会发展的重要因素，沟通能促进人与人之间的合作，沟通能使人更加了解我们生活的环境，有效的沟通与合作更是构建现代和谐社会的重要途径。

对于学生来讲，有效沟通具体体现在能清晰明确地表达自己的观点；认真聆听并理解他人的观点；能够换位思考，尊重、包容他人，与他人建立良好的关系；能够及时交流合作进展，分析经验教训及目标达成度，协商制定今后的改进措施。

训练项目举例："盲人方阵""毕业墙"。

一、盲人方阵

（一）项目简介

盲人方阵项目是一个考验团队合作能力的项目，要求在规定的时间内利用提供的工具做成一个面积尽量大的正方形，并且所有学生相对均匀地分布在正方形的四条边上。这个项目能培养团队成员的沟通意识，提高沟通技巧和决策能力；让学生感受特殊环境下完成任务的合作方式；使成员了解团队领导的领导风格对完成任务的影响和重要作用；培养学生科学的思维方式和对知识点的运用能力；使学生理解角色定位及尽职尽责地完成本职工作的重要性。

（二）人数与时间

（1）16 人为宜。

（2）项目讲解与学生提问时间：15 分钟。

（3）项目执行时间：40~50 分钟。

（4）回顾总结时间：30 分钟。

（5）总耗时 80 分钟左右。

（三）场地与物品 / 器械准备

（1）场地：一块平整开阔的场地，室内外均可。

（2）所需物品：长短不一的若干根绳子，眼罩若干（数量不少于该队队员的人数）。

（四）操作流程（图 10-1-1）

图 10-1-1 盲人方阵课堂场景

（1）考察场地，准备器械。

（2）请学生站在场地上，将身上佩戴的各种硬物摘掉，分发眼罩，讲述眼罩的正确使用方法。

（3）学生戴上眼罩后，布置项目，学生提问。

（4）项目开始。

（5）项目结束，回顾总结与分享。

（五）规则及注意事项

（1）在以团队为圆心半径 5~6 米的范围内，地上有若干绳子，请找到它们。

（2）在 45 分钟内，用这些绳子围成一个尽可能大的正方形，并且所有学生相对均匀地分布在正方形的边上。

（3）整个项目进行的过程中不得摘下眼罩或偷看。

（4）服从教师口令。

（5）项目结束前，队长征得所有队员的同意，教师才可同意学生把绳子放在地上，可用脚踩住，并按规定摘去眼罩。

（六）总结分享

（1）感官因素分析。

（2）个人与集体的关系。

（3）心理补偿现象。

（4）效率与公平的关系。

（5）沟通、决策、执行的重要性。

二、毕业墙

（一）项目简介

毕业墙项目是一项团队合作项目，是拓展培训中最精华的部分，往往是一整套拓展培训的最后一个项目。要求所有学生必须在 40 分钟之内，不借助任何可以延长自己肢体长度的物品，全部爬上这堵高 4.2 米的逃生墙，任何一名学生没有爬上去，都视作项目失败。

毕业墙

通过这个项目，学生能增强团结一致、密切合作、克服困难的团队精神；学会民主、有效讨论，合理、快速决策，科学评估创新方案与风险；培养勇于实践和不断尝试的精神；体会只有团队获胜才是真正胜利的心情；提高危急时刻的生存技能、安全意识、保护意识。

（二）人数与时间

（1）11 人以上。

（2）应尽量让所有学生都通过这一项目，时间上酌情控制。

（三）场地与物品 / 器械准备

（1）高空专业场地或一块平整的场地（临时搭建求生墙，确保其牢固程度）。

（2）所需器械：一面 4~4.2 米高、4 米左右宽的专业逃生墙；一只大垫子（长度应大于求生墙的宽度，宽度不小于 2 米，足够厚，或者由几块小垫子拼起来）；两只小垫子（放至求生墙上方）；一根扁带或小绳套（紧急救助时用）。

（四）操作流程（图 10–1–2）

（1）场地布置，准备好垫子，放置在求生墙下方，边缘紧贴求生墙。

（2）教师集中学生注意力，介绍项目名称、目标、类型，详细讲解规则及动作要点，要求学生演示两个保护手法，允许学生提问。

（3）做热身操。

（4）询问是否有近期动手术、习惯性脱臼、心脏病等不适合剧烈运动的学生。如果有，请不要隐瞒疾病，不要参与此项目，在旁边观察即可。

图 10–1–2 毕业墙项目课堂场景

（5）其他准备工作。

① 身上硬物去除：眼镜、首饰（戒指、手镯）、发卡、笔、钥匙（圈）、腰带配件和口袋中物品等全部去除。

② 鞋子可脱可不脱，脱鞋必脱袜，因为袜子容易打滑。

③ 如学生穿着比较光滑的衣服，应要求其脱下。

④ 女生请将衣服束进裤子，穿裙子的不能参与该项目。

（6）项目开始，项目监控。

（7）项目结束，回顾总结与分享。

（五）规则及注意事项

（1）只能从墙的正面攀爬，不允许从两侧或其他方向攀爬。

（2）不可借助任何可以延长自己肢体长度的物品，如皮带、衣服和围巾等。

（3）当已经翻上墙的学生必须下来帮忙时，他不得从侧面下来，只能从墙正面下来，且最后还要攀爬到墙的上面。

（4）如果人数较多，已翻墙成功的学生可沿梯子下来，站在指定区域，不得帮助未上墙的学生，但可以言语鼓励。

（5）不得助跑起跳，不可采用蹬走上墙的动作。

（6）攀爬时重心紧靠墙面，严禁蹬墙（做这个动作时容易对膝盖造成伤害）。

（7）禁止两组和两组以上人梯同时攀爬。

（8）禁止上方学生生拉硬拽，不可拉衣物、鞋子、手指或手掌，只能抱住大肢体，如腰部、腿部。

（9）腕腕相扣：手腕和手腕相扣，这是两人肢体连接唯一正确的方法。

（10）如果采用搭人梯的方法，必须使用“大圆石”保护法（抱石保护），即下面的学生以弓步站立，双手举过头，肘略屈，掌心对着攀爬者，抬头密切关注攀爬者，灵活控制自己的身体姿势及重心，当攀爬者出现不稳时，应随时准备扶持（想象手中托着一块大圆石，将它按在墙上，慢慢放下）。

（11）采用倒挂姿势参与项目的学生应没有颈椎、腰背等疾病，近视度数应低于 600 度。

（12）三个注意原则。

① 大关节原则：注意保护人的各个关节，严禁踩踏膝关节、肩关节、颈、脊柱和

头，可以踩大腿的上部以及肩关节和颈之间部分。

② 大声示警原则：无论攀爬的学生还是下方做人梯的学生，当你觉得有何不适或者感觉自己有危险时，一定要大声示意。及时更换将其放下，但攀爬学生不能马上松手，应在教师的指挥下，安全降落。

③ 服从教师口令原则：当教师发现学生的动作有危险时会果断叫停，学生要服从教师口令。

（六）总结分享

（1）一个人无法做到的事情，在团队的努力下全部完成。

（2）个人奉献在团队中的作用。

（3）翻墙前后顺序的制定，考验了团队的决策和资源分配能力。

第二节　细心与果敢

细心与果敢具体体现在面对复杂工作时，能周全思考和细致作业；面对多种选择时，能冷静判断情势并善于挑战，这是学生应具备的素质，也是本节的训练任务与目标。

训练项目举例：“穿越电网”“信任背摔”。

一、穿越电网

（一）项目简介

穿越电网项目是一个高度体现团队合作与分工的项目，通过这个项目，学生能体验团队协作的快乐，培养团队的统筹策划能力和资源整合管理的能力，培养学生注重细节的意识，培养团队应对突发事件的应急能力。

穿越电网

（二）人数与时间

（1）每组 14 人左右为宜。

（2）项目讲解学生提问时间：20 分钟。

（3）项目执行时间：40 分钟。

（4）总结时间：30 分钟。

（5）总耗时：90 分钟。

（三）场地与物品 / 器械准备

（1）场地：一块平整的场地，室外为佳，最好是草地。

（2）所需物品：若干 10 厘米长的红色丝带，一张特制的“蜘蛛网”。

（四）操作流程（图 10-2-1）

把大家带到“电网”前，一字排开，教师站在学生与电网之间，开始布置项目。

（1）模拟场景：你们面前是一张（带有两万伏高压电的）电网，要求所有学生在规定的时间内从电网的一侧穿越至另一侧，如还有人留在原地，算作整个项目失败。

（2）讲解规则，示范托举运送队友的安全动作，并让学生演练一遍。

（3）项目开始。

图 10-2-1　穿越电网项目课堂场景

（4）项目结束，回顾总结与分享。

（五）规则及注意事项

（1）网的有效范围：4 条蜡旗绳围成的四边形，不可从旁边绕过，也不能从最底部的蜡旗绳下钻过或从最高处的蜡旗绳上方跃过。

（2）每个网洞只能使用一次，每次只能有一人通过，用完后此洞即作废，教师系上红丝带作为标记。

（3）在穿越电网的过程中，任何人（包括保护学生）身体的任何部位及其附属物（衣服、鞋子、头发等）都不能触网，否则，正在穿越电网的人必须退回原处，同时，这个网洞也将被封死且不能再使用。

（4）任何人不得绕过电网到另一侧帮忙，只能通过规则允许的方式过网。

（5）不允许做空翻、鱼跃等危险动作。

（6）服从教师口令：当教师发现学生的动作有危险时会叫停，此时学生必须立刻服从。

（7）当被托举学生或托举学生觉得有危险时，应马上叫停，其他人根据动作规定，将被托举学生放下，重来。

（六）总结分享

（1）组建团队的意义与价值。

（2）合理分配资源。

（3）虽然分工不同，但所有人都要对结果和绩效负责。

（4）严谨、认真、负责的态度是项目完成的关键要素。

二、信任背摔

信任背摔

（一）项目简介

信任背摔项目是综合个人心理挑战与团队合作的项目，要求每一名学生轮流站在背摔台上，背对着大家，身体笔直地倒下，其他学生在台下把他接住，并安全放到地面。

（二）人数与时间

（1）项目最低人数要求为 11 人，不宜超过 15 人，其中男生应不少于 3 人。当学生中有人体重过大（超过 100 千克）时，则应保证至少有四名男生位于主要部位接人。如果不能达到这个要求，则考虑撤换该项目。但是切记不可只免去该名队员参与项目，否则对个人容易造成不良心理影响，同时影响整队的融合感。

（2）项目讲解与学生提问时间：15 分钟。

（3）项目执行时间：30~40 分钟。

（4）回顾总结时间：30 分钟。

（5）总耗时：80 分钟左右。

（三）场地与物品 / 器械准备

场地：一块平整的场地，室外为佳。

所需物品：绑手带，每队一条，材质柔软为宜；背摔台，高度在 1.4~1.7 米为宜，太低达不到体验效果，太高则容易产生安全隐患。可因地制宜，选择固定建筑物作为背摔台。如果需要临时搭建背摔台，则务必注意其牢固程度，以防出现摇晃、坍塌等安全事故。

（四）操作流程

（1）场地、物品与器械准备，场地确认。

（2）在背摔台前，学生成弧形排开，强调严肃性，教师讲解项目名称、目标和动作要领等，学生提问。

（3）动作演示，如背摔学生姿势、保护学生动作要领及压力测试等。

（4）学生准备，项目开始，学生间相互鼓励。

（5）全体成员都经历背摔后，回顾总结与分享。

（五）项目规则

1. 背摔学生的动作要求（图 10-2-2）

（1）双臂向前伸直，掌心向下；双手体前交叉，十指交叉握紧，腕关节向内翻转；双臂紧贴胸口，两肘向里收紧，同时用绑手带绑住腕关节。

图 10-2-2　信任背摔项目课堂场景

（2）站在背摔台上时，脚后跟伸出台面 2 厘米左右。

（3）膝关节伸直，不要收腹、团身，不用力蹬板，保证身体笔直地倒下去，倒下时，两脚并拢，不要抬小腿，严禁竖直跳下（防止身体部位打到下面学生脸部，同时嘱咐最近的两位学生集中注意力）。

（4）遵循呼应原则：准备好后，大声问下面的保护学生“准备好了吗”，听到呼应“准备好了”之后，大声数“1、2、3”后，果断地倒下。保护学生接背摔学生时，先放脚，再把上身扶正，待其站稳后才可以松手。

2. 台下保护学生注意事项

（1）组合要求。身高、力量相仿的学生两两一组，从背摔台向外面对面、肩靠肩排成两排。

检查地面保护者方法

（2）动作要求。

弓：各组合都伸出右脚（或同侧脚伸出），弓箭步站立，脚弓相对，脚的内侧相贴，膝关节内侧相贴，避免膝盖相抵。

直：腰背挺直，后腿绷直。

弯：两臂平举，肘部微屈。掌心向上，五指并拢。

叉：面对面的两个人的手臂交错平行，手背搭在对面人的肩胛骨和上臂上。膝关节交叉，脚交叉。

靠：组合内的两人靠近，左右组合间肩膀靠紧。每一组学生应站稳身体，用肩膀顶住队伍向外的冲力。

头部：上体后仰，目光集中在背摔学生的背部，注意其倒下来的方向，适当调整，调整时要整队身体前后平移。

（六）总结分享

（1）信任的五个维度。

（2）体现责任心的三阶段。

（3）如何经营责任心。

第三节　坚持与服从

坚持与服从具体体现在面对长时间学习工作时，能激发动力；面对上级指令时，能迅速坚决执行。这是学生应具备的素质，也是本节的训练任务与目标。

训练项目举例：“团队攀岩”“合力造桥”。

一、团队攀岩

（一）项目简介

团队攀岩项目是一项经典的拓展培训项目，它既有高空项目的挑战性，又需要团队制定合理的计划。要求学生在安全保护下，沿着各自岩道攀爬，获得最高实际分的组为优胜组。

结合了目标任务的攀岩，能让学生体验高空攀爬的挑战，提高身体的协调性；培养不轻言放弃、勇于拼搏的精神；提高目标设计和过程管理的能力。

（二）人数与时间

每人（组）计划用时 8 分钟左右。

（三）场地与物品 / 器械准备

（1）场地：专业的高空场地。

（2）器械准备（根据团队的数量决定使用的岩道数和保护点数量，以下按三条岩道准备）。

① 高空保护点：上方保护装置三套（每套保护装置含一张“虎皮”，两根短扁带，两把铁锁，静力绳一根）。

② 攀爬学生装备：坐式安全带十个（至少六个，注意型号）、铁锁六把、头盔三个。

③ 教师保护装备：坐式安全带三个、头盔三个、铁锁三把、“8”字环三个、手套三副。

④ 教师挂保护点装备：坐式安全带一个，上升器一个、头盔一个，长扁带两条，“8”字环一个，铁锁两把。

⑤ 每队一张攀岩积分表（表 10-3-1）。

表 10-3-1　团队攀岩积分表

队名：　　　　　　　　　　　　　　　　最终得分：

序号	姓名	岩道	目标分	攀爬分	得分
1		a			
2		b			
……		c			

（四）操作流程

（1）场地布置。

（2）教师集中学生注意力，介绍项目名称、目标、类型，详细讲解规则及动作要点。

① 攀爬要领：身体贴近岩壁，固定三点，移动一点，利用腿部的力量缓解手部疲劳，胳膊尽量伸直，利用骨骼的力量减轻肌肉的疲劳。

② 下降要领：下降过程中，身体后倾，双手抓紧保护绳。双脚膝关节伸直，用脚沿着岩壁慢慢向下走，在空中不要打转。

（3）要求学生演示两个保护手法，学生提问。

（4）做热身操。

（5）询问是否有近期动手术、习惯性脱臼、心脏病等不适合剧烈运动的学生，如果有，请不要隐瞒疾病，酌情参加。

（6）身上硬物去除：眼镜、首饰（戒指、手镯等）、发卡、笔、钥匙（圈）、腰带配件和口袋中物品等全部去除。

（7）试攀学生攀爬完毕后，各队学生填写表格。

（8）项目开始，安全监控，记录评分。

（9）项目结束，回顾总结与分享。

（五）规则及注意事项

（1）每一小组在攀爬之前全体学生喊他们的名字及队训。

（2）不允许抓胸前的保护绳及两边的架子。

（3）三重检查原则：安全装备（安全带、头盔）要学生自查、队长复查、教师检查。

（4）各队出一名试攀学生，其他学生根据该学生表现决定自己选择的岩道和目标分，个人和团队分别制定最低目标和最高目标，试攀学生的成绩可选择是否保留。

（六）总结分享

（1）个人愿景和团队愿景的关系。

（2）近期目标和长远目标的关系。

（3）借鉴他人的经验，提高自己完成效率。

二、合力造桥

（一）项目简介

合力造桥项目是一个团队合作项目，要求学生在规定时间内，用所给材料造一座桥。

（二）人数与时间

（1）每组 4 人为宜，组数必须是偶数。

（2）项目讲解与学生提问时间：15 分钟。

（3）项目执行时间：40~60 分钟。

（4）回顾总结时间：20 分钟。

（5）总耗时：90 分钟左右。

（三）场地与物品 / 器械准备

（1）场地：一块较大的场地，能保证组与组之间的必要间隔距离，避免互相接触、沟通、偷看作品；或者利用场地内的屏障，将各组隔开。

（2）所需物品（每组）：剪刀 1 把，A4 纸 1 张，透明胶 1 卷，吸管 2 根，筷子 2 双，纸杯 4 个，牙签 10 根。

（四）操作流程

（1）将学生平均分成偶数组，编号一、二、三、四……，分发物品。

（2）将各组带到指定位置后布置任务。

（3）项目开始。

（4）项目结束，回顾、总结与分享。

（五）规则及注意事项

（1）要求在 60 分钟内，第一组和第二组合作造一座桥，第三组和第四组合作造一座桥（组多，则以此类推）。

（2）每组负责造半座桥。

（3）整个过程中，两个合作小组之间只有三次沟通交流的机会，每次只能派一名代表走到教师指定的地点进行交流，交流时间最多为 3 分钟。

（4）交流时不能携带造桥材料，也不能用笔和纸等辅助工具，只能用语言和手势交流。

（5）如果要进行交流，必须得到两个小组的同意，如一组申请交流，而另一组拒绝，则此次交流不展开，教师负责传递申请结果。

（6）项目进行至 50 分钟时，教师宣布各组造桥结束，要求两个合作小组在 10 分钟内进行对接。

（7）对接过程中，不可对已完成的桥梁进行任何修改。

（8）判断桥梁优胜的标准有 4 个：对称性、实用性、美观性和创新性。

（六）总结分享

（1）按照规则完成自己的任务是合作的前提。

（2）高效且有效的沟通技巧。

（3）谈判与妥协。

第四节　责任与创新

面对职责和使命，能自觉履行职责信守承诺完成任务；面对全新课题，善于尝试多种选择去探索新事物，这是学生应具备的素质，也是本节的训练任务与目标。

训练项目举例：“信任之旅”“穿越雷阵”。

一、信任之旅

（一）项目简介

信任之旅项目是一个团队合作项目，要求学生承担好自己的责任，在限定时间内，通过一块有障碍物的场地。

（二）人数与时间

（1）16 人左右为宜。

（2）项目讲解与学员提问时间：10 分钟。

（3）项目执行时间：30 分钟。

（4）回顾总结时间：20 分钟。

（5）总耗时：60 分钟。

（三）场地与物品 / 器械准备

（1）场地：一块平整开阔的场地。

（2）所需物品：一半人数的眼罩，作为障碍物的物品（如砖块、有破洞便于穿越的渔网等）。

（四）操作流程

（1）教师布置场地，在场地中设置需要跨越、穿越、绕行的障碍物。

（2）教师集中学生注意力，介绍项目名称、目标、类型和规则，学生提问。

（3）将学生平均分成两组，一组扮作“盲人”，一组扮作“哑人”，项目开始。

（4）项目结束，回顾、总结与分享。

（五）规则及注意事项

（1）当所有盲人戴上眼罩后，教师告诉哑人，哑人的职责是保证盲人顺利地通过前面一片崎岖的道路。

（2）每位哑人认领一个盲人，开始信任之旅，整个过程中，除了带领盲人通过障碍之外，哑人不能透露自己的身份信息。

（3）信任之旅开始后，盲人和哑人都不可以说话，只能用身体接触或者借助物体发出的声音为引导。

（4）不能使用现代科技产品功能，如手机中的语音朗读功能。

（5）信任之旅完成后，哑人将盲人带到指定区域坐下，哑人则到另一片区域坐下。

（6）坐下后，盲人摘下眼罩，可以找任意哑人交流。

（7）最后要求盲人寻找曾帮助自己的哑人。

（六）总结分享

（1）体会换位思考在人际交往的重要性。

（2）安全无小事。

（3）感恩那些帮助过我们的人。

二、穿越雷阵

（一）项目简介

穿越雷阵项目是一个团队合作项目，要求团队中尽可能多的人在规定的时间内找出穿越雷区的安全路线。它能培养团队创造和探索的精神；提高团队合作分工能力；培养队员的奉献精神；突破思维定式，培养发散性思维；认识双向沟通的重要性。

（二）人数与时间

（1）16 人为宜。

（2）项目讲解与学生提问时间：10 分钟。

（3）项目执行时间：40 分钟。

（4）回顾总结时间：10 分钟。

（5）总耗时：60 分钟。

（三）场地与物品 / 器械准备

（1）场地：一块平整的场地，面积至少 5.5 平方米（图 10-4-1）。

（2）所需物品：雷阵图图纸 2 套，雷阵地毯 1 块；资料夹和纸笔 1 套。

（四）操作流程

（1）场地布置、器材准备。

（2）教师带领学生到指定位置，介绍项目名称、目标、类型和规则，学生提问。

① 学生站位：学生站到雷阵入口处一侧的黄线以外，一字排开，但不允许出左右两侧粗黄线及延长线。

② 教师站位：教师站在学生与入口处一侧黄线之间出口处。

雷阵图

项目时间：　　　　　　　　未按原路返回：

雷阵内不止一人：　　　　　踩线：

重复触雷：　　　　　　　　调格、试探：

过程记录：　　　　　　　　成绩：

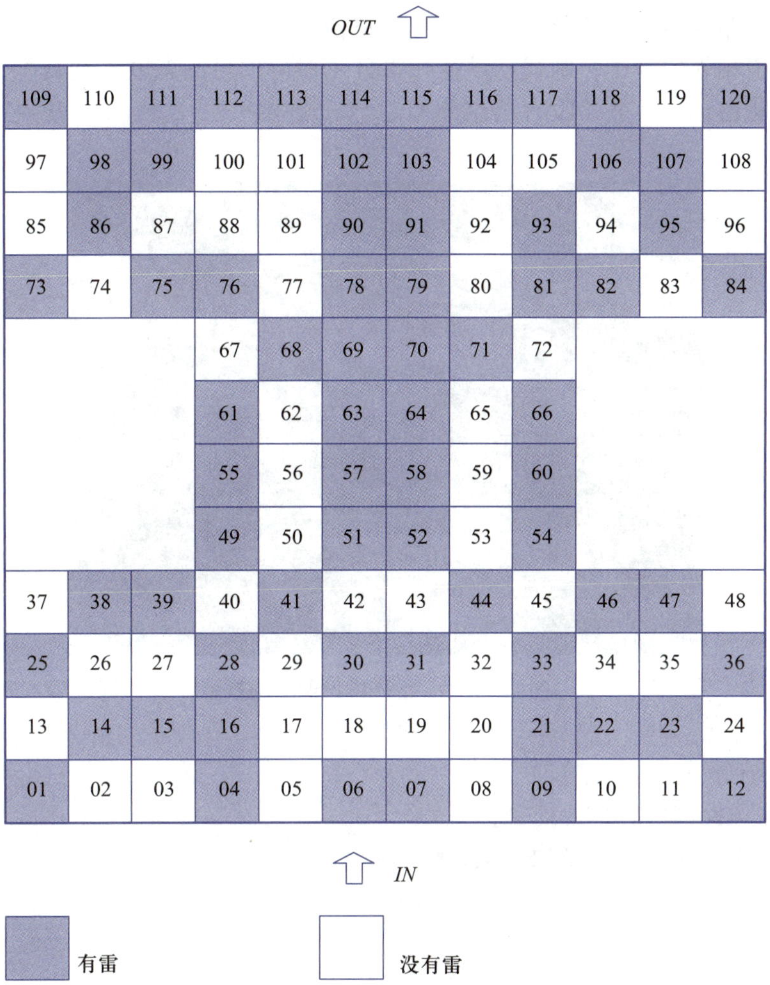

图 10-4-1　雷阵图示例

（3）项目开始。

（4）项目结束，回顾总结与分享。

（五）规则及注意事项（图 10-4-2）

（1）雷区范围：四条黄线以内。

（2）每次只能有一名学生在雷区内活动。

（3）雷区内的雷不会因为触动而消失，它会一直存在。

（4）学生依次进入雷区探雷，每走一格，双脚踏实后听从老师的口令。口令分为两种：若听到“请继续”，雷区内学生可继续探雷；若听到“对不起，您触雷了，请按原路退回”，则雷区内学生必须按原路返回至雷区以外。

（5）只能走相邻的格子，不能踩线、试探，违者将按原路返回。

（6）有四种扣分现象。

① 雷区内有不止一名学生活动，扣 1 分（这说明我们的团队缺少约束力，决策者没有站出来约束）。

② 不按原路返回，扣 1 分（团队未有效整合）。

③ 没有走相邻的格子、踩线、试探扣 1 分（对待项目的态度不认真）。

④ 重复触雷，扣 1 分（没有角色分工）。

图 10-4-2 雷阵项目课堂场景

自测题 10

（六）总结分享

（1）走投无路时，你的心态如何？

（2）大胆地尝试，寻求解决方案。

第十一章　大球类运动

本章导学

篮球、足球、排球是三种集体性球类运动，排球属于隔网对抗型运动，而篮球、足球则属于同场对抗型项目。这三个项目虽有自己的特点，但又有许多共性，都属于集体配合项目，动作技术不是特别复杂，战术变化较多，团队整体协作配合十分重要，这在比赛中尤为突出。三大球项目对练习者的体能要求较高，运动负荷较大，对增强学生体质、陶冶情操、丰富体育文化生活，促进学生身心全面发展具有良好的作用。

通过本章的学习，学生能够了解三大球运动的基本知识，掌握三大球的基本技术、战术和基本规则，提高篮球、排球、足球运动的欣赏水平，培养健身兴趣和顽强拼搏、团结协作的精神。

学习目标

知识目标：了解篮球、排球、足球运动的起源、发展与锻炼价值。

能力目标：掌握篮球、排球、足球运动的基本技术、运动方法，提高身体素质。

素质目标：提高篮球、排球、足球运动的欣赏水平，培养健身兴趣和顽强拼搏、团结协作的精神。

思政课堂

永不言弃，迎难而上的中国女足精神

2022 年 2 月 6 日，在女足亚洲杯决赛中，中国队在 0：2 落后的局面下，追回并反超比分，最终 3：2 战胜韩国队，时隔 16 年重返亚洲之巅！中国女足已获 9 次亚洲杯桂冠，夺冠次数超过其他任何一支球队。

强强对决中，在竞技水平之外，心态和意志力的考验尤为重要。赛时过半，仍久攻不下、落后两球，在足球赛场尤其是在重要赛事的决赛中，如此境地可谓“濒临绝境”，甚至许多观众都已做好“最坏结果”的心理准备。危局中，中国姑娘们不屈不挠、敢打敢拼，用最荡气回肠的方式，把困境转为顺境，让不可能变成可能。

回顾中国女足整个亚洲杯淘汰赛征程，每场都曾面对困局，最后却都能完成逆转：四分之一决赛，先丢一球后，中国女足 3：1 击败越南队；半决赛面对夺冠热门日本队，面对球队主力因伤缺席的不利局面，王珊珊加时赛 119 分钟读秒绝平，朱钰两度扑点，终结七场不胜对手的尴尬纪录……精神不是万能的，但精神的力量不可或缺。中国女足主教练水庆霞在战胜日本队后说：“通过这么多年的努力，我们找回了‘铿锵玫瑰’精神。”因为精神的力量，因为信仰的支撑，经历了一次又一次风雨的洗礼，中国女足扛住了所有难题，成就了“一棵大树的茁壮”。

胜负从来不是第一位的，但迎难而上的自强和拼搏，永远是最动人的。在新的时代背景下，相信女足精神还会历久弥新、不断丰富，影响一代又一代敢于追梦的奋斗者。

第一节　篮球运动

一、篮球运动概述

（一）篮球运动的起源与发展

篮球运动最早出现在美国，是美国马萨诸塞州青年基督教学校体育教师奈·史密斯博士于 1891 年冬天发明的。当时，天气特别寒冷，奈·史密斯博士为了使学生不受寒冷天气的影响，能够在室内开展有益的体育活动，便将竹篮钉在墙上，用向篮子里投球的方式进行游戏，篮球运动由此诞生。

最初，篮球游戏无明确的竞赛规则，场地大小不等，活动人数不限，时间也不作具体规定，只要达到预定的分数就算胜利。1892 年，奈·史密斯博士制定出世界上第一本篮球竞赛规则，共 13 条。1904 年在第三届奥运会上首次进行篮球表演赛。1908 年美国制定了统一的篮球规则。1936 年第十一届奥运会男子篮球正式成为比赛项目。1948 年，国际业余篮球联合会决定每四年举办 1 届世界男子篮球锦标赛。1976 年，女子篮球也被列为奥运会比赛项目。篮球运动竞争性强、锻炼价值高，已经成为世界上深受人们喜爱的运动项目之一。

（二）我国的篮球运动

近代篮球运动于 1895 年传入我国，先在天津、北京、上海、广州等地的基督教青年会中传开，后来逐渐扩大到教会学校和一般学校。1910 年，在南京举行的清政府第一届全国运动会上，男子篮球被列为表演项目。1913 年，我国组队参加了第一届远东运动会的篮球比赛，这也是我国篮球队第一次参加国际比赛。1974 年我国男、女篮第一次参加了亚运会，并双双获得第三名。进入 20 世纪 90 年代以来，我国男、女篮的整体水平都有很大提高。女篮国家队在 1992 年第二十五届奥运会、1994 年第十二届世界女篮锦标赛和 2022 年女篮世界杯中三次夺得亚军，成为世界强队之一。男篮国家队在第二十五届奥运会、第二十九届北京奥运会和第十一届世界男篮锦标赛中，均取得了第 8 名的历史最好成绩。

二、篮球运动的基本技术

（一）移动技术

1. 移动技术总体要求

移动技术的练习，应根据篮球运动的特点，做到快、活、稳。快是指起动速度快、脚步移动快、抢断球移动快；活是指进攻与防守脚步移动要灵活、场上战术配合要灵活、进攻时处理球的方法要灵活；稳是指传接球要稳、投篮要稳、比赛过程中控制球要稳。正因为篮球运动的各种技术都要配合移动来完成，所以移动技术在篮球比赛中是非常重要的。移动技术（图 11-1-1）有很多，目的都是摆脱对方的防守，跑到有利的位置去接球。防守时脚步要提前抢位进行断球，不断地给对方造成威胁。

2. 常用的移动步法

（1）基本站立姿势。队员在球场上要保持一种既稳定又能突然起动的站立姿势。

动作要领：两脚前后或左右开立，距离与肩同宽，膝稍屈，身体重心落在两脚前脚

移动步伐

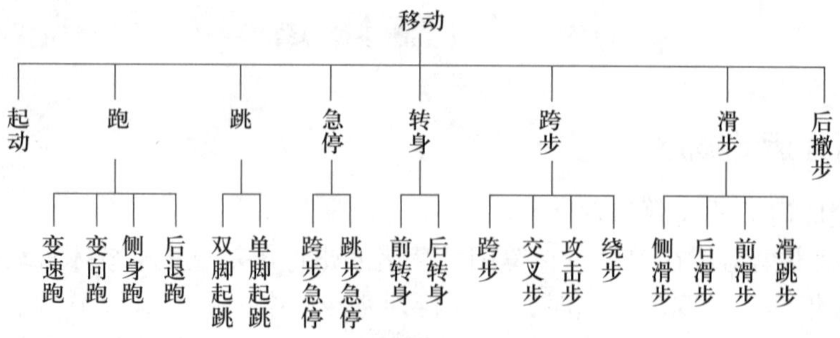

图 11-1-1 移动

掌，上体稍前倾，抬头、收腹、含胸，两臂稍屈，自然置于体侧，注意场上情况，以便及时向球场任何方向移动。

（2）起动。起动是队员在球场上由静止状态转为运动状态的动作过程，是获得位移初速度的方法。

动作要领：起动前应保持两脚左右分开做原地小碎步跑，重心下降成屈膝姿势。起动时用一脚前脚掌的内侧做短促有力的蹬地动作，以腰部力量带动身体重心迅速向起动的方向前进。起动后两臂迅速摆动，前三四步跑要短而快，然后逐渐加大步伐，进入正常快速奔跑状态。

（3）侧身跑。侧身跑是跑动时为了便于观察场上情况并随时准备接侧后方传来的球所采用的跑动方法。

动作要领：脚尖和膝盖对着跑动方向，头和腰部向球的方向扭转，侧肩，上体和两臂放松，随时观察场上情况。

（4）变速跑。变速跑是为有效摆脱防守而采用的跑动方式。

动作要领：加速跑时，上体前倾，前脚掌积极后蹬，迅速摆臂，加快脚步频率；减速跑时，上体抬起，加大步幅，减缓步频，脚掌积极制动性着地。

（5）变向跑。变向跑是队员在跑动中突然改变方向的一种脚步动作。

动作要领：变向时（以从右向左跑为例），上体稍向右前倾，同时右脚前脚掌内侧用力蹬地，随之腰部扭转，上体向左前倾，移动重心，左脚向左前方跨出一小步后，右脚迅速向左脚的侧前方跨出一大步，继续跑动。

（6）急停。急停是队员在跑动中突然制动的动作过程，是衔接其他技术动作和摆脱对手的有效方法。急停主要包括跨步急停和跳步急停两种方式。

跨步急停动作要领：在急停的瞬间先跨出一大步，后脚跟先着地，同时降低重心，上体稍后仰以减少向前冲力。第二步跨出着地时，身体侧转（左脚跨第一步身体左转）脚尖稍向内转，脚掌内侧蹬地，同时两腿深屈，上体前倾，急停后身体重心落在两脚上。这种急停一般在运球过程中运用，也适用于由进攻转为防守的快速跑动中。

跳步急停（一步急停）动作要领：急停前，单脚或双脚跳起离地，上体稍后仰。接着两脚同时平行或前后落地。落地后两膝弯曲，重心下降，两臂屈肘，微微张开，帮助维持身体平衡。这种急停一般适用于跑动中向前接球。

（7）转身。转身是一脚做中枢脚进行碾地旋转，另一脚随之转动来改变身体原来的方向。这种动作在比赛中运用广泛，经常与其他脚步动作结合使用。转身可分为前转身和后转身。

动作要领：两膝弯曲，收腹，含胸，上体稍向前倾，转身时重心移向中枢脚，中枢脚以前脚掌为轴用力碾地，另一脚前脚掌内侧蹬地，同时以肩带动腰向前或向后转动身体方向，注意把身体重心保持在一个水平面上，不能上下起伏。

（8）滑步。滑步是防守移位的重要步法。常用的有侧滑步、前滑步、后滑步、交叉步等。

侧滑步动作要领：以向左为例，左脚向左前跨出，落地的同时，右脚前脚掌内侧用力蹬地，尽量贴近地面随左脚滑动。移动时要注意身体重心始终在两脚中间，且保持在一个水平面上，不能上下起伏。前、后滑步的要领与此相同，只是方向不同。

交叉步动作要领：向左移动时，右脚积极蹬地，并迅速从左脚前向左前迈出，上体微微左转，右脚落地，左脚迅速向左跨出，重心落于两脚间，身体平稳不起伏，两脚交叉要迅速。

3. 常用的练习方法

移动技术易犯错误及其纠正方法

（1）在场内根据手势或其他信号做侧身跑、变速跑、变向跑、后退跑。

（2）在场上做直线快跑、曲线快跑，利用三个圆圈做弧线跑，利用场上横线做折线跑。

（3）每人一球，抛球后，起动快跑接球，球不许落地。

（4）听信号做徒手急停急起或运球急停急起练习。

（5）在跑动中做抛球、接球急停练习。

（6）原地徒手或持球做两腿转移重心、跨步、前转身、后转身的练习。

（二）传、接球技术

传、接球是篮球比赛中运用最多的基本技术，它是组织进攻的纽带，是战术配合的必要手段。

1. 双手胸前传接球

双手胸前传球

动作要领：双手持球于胸前，五指自然分开握球的侧后方，两肘自然下垂于体侧，两腿自然前后（或左右）开立，两膝微屈；传球时，两脚蹬地重心前移，两臂向传球方向伸出，用手腕外翻和拇指、食指、中指力量加速，直到手心向前将球传出，身体重心随球前移（图 11-1-2）；接球时，两臂前伸迎球，手指自然分开，两拇指成八字形，两手呈半球状，当手指触球时，两臂随球迅速收回，减缓球速和冲击力，然后将球握住置于胸前（图 11-1-3）。

图 11-1-2　双手胸前传球

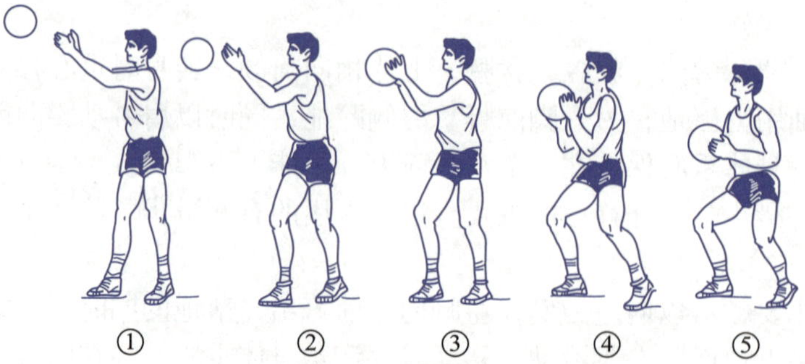

图 11-1-3 双手胸前接球

击地反弹传球

2. 双手击地传接球

动作要领：将球向斜前方地面传出，球击地点在两人之间靠近接球人的 1/3 处，球弹起高度在接球人的腰腹部；接球时，掌心向着来球反弹的方向，屈膝弯腰伸手迎球，接球后手腕上翻持球于腹前（图 11-1-4）。

图 11-1-4 双手击地传球

单手肩上传球

3. 单手肩上传接球

单手肩上传球是比赛中经常运用的一种远距离传球方法。它的速度快、准确性高，快攻长传中经常应用这种方法。

动作要领：以右手传球为例，双手持球于胸前；两脚平行开立，左脚向前迈出半步，身体右转重心后移，同时把球引至右肩上方，手指分开，手腕后屈托球后下部；传球时右脚蹬地转体，右臂前挥，手腕前屈，用手指拨动的力量将球传出（图 11-1-5）；接球时，手臂伸向来球方向，掌心微凹正对来球，当手触球后顺势后引，翻腕，双手持球于腰腹前。

图 11-1-5 单手肩上传球

4. 常用的练习方法（以上三种技术均适用）

（1）原地五角形传接球练习（图 11-1-6）。五人站成五角形，①传球给③，③传球给⑤，⑤传球给②，②传球给④，④传球给①，如此反复练习。

（2）迎面跑动传接球（图 11-1-7）。将学生分成两组，相距 8 米成纵队相对站立，用一球做迎面跑动中传接球练习。

传接球易犯错误及其纠正方法

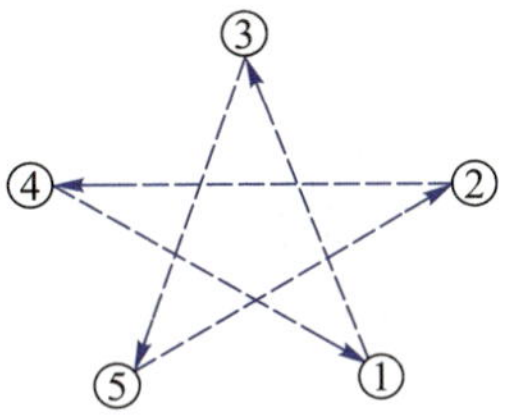

图 11-1-6　原地五角形传接球

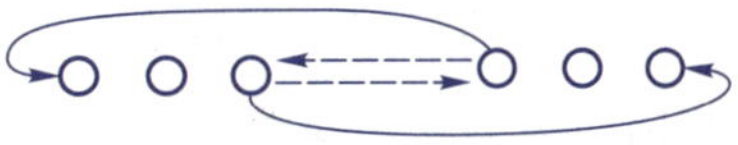
图 11-1-7　迎面跑动传接球

（三）运球技术

运球是持球队员在原地或移动中用单手连续按拍和迎引从地面反弹起来的球的动作方法，是控球、组织战术配合及突破防守的重要技术。

1. 高手运球

高手运球

动作要领：运球时，抬头目视前方，上体稍前倾，以肩为轴，手用力向前下方拍按球，球落于身体的侧前方。高手运球反弹的高度高、距离远，有利于观察场上情况。

2. 低手运球

低手运球

动作要领：运球时，两腿深屈，降低重心。上体前倾角度要大，用身体和靠近防守队员一侧的腿来保护球。拍球时，以肘为轴，将球从地面向上反弹的高度控制在膝关节以下，便于更好地控制球和摆脱防守继续前进。

3. 运球急停急起

动作要领：在快速运球中突然急停时，手拍按球的前上方，两脚做跨步急停，并降低重心，维持身体平衡。运球急起时，后脚用力蹬地，上体迅速前倾用手拍按球的后上方，迅速起动向前运球，注意要用身体和腿来保护球（图 11-1-8）。

图 11-1-8　运球急停急起

4. 体前变向换手运球

动作要领：运球队员欲从对手右侧突破时，先向对手左侧运球，当对手向左侧移动时，运球队员突然改变方向。变向时，右手拍按球右上方，使球落点靠近自己左侧，同时，左脚向左前方跨出，上体向左扭转，侧肩，用臂、腿和上身保护球，然后用左手拍按球的正后方，手的动作要快，球反弹的高度要低，右腿迅速跨出从对手的右侧突破。

5. 运球转身

动作要领：以右手运球为例。运球转身时，侧对防守者，右脚在前做中枢脚，将球控制在身体右侧，右手按球的右侧上方。向后转身，右脚蹬地后撤的同时，将球拉向身体后侧方落地反弹，即换左手运球，从对手的右侧突破。

6. 常用的练习方法

运球易犯错误及其纠正方法

（1）原地高、低运球，体会按拍球的部位及指腕的用力感觉。

（2）原地体前左、右手交替运球，体会推拨球动作和按拍球的部位。

（3）原地体侧前后运球，体会前推后拉时的触球部位和用力感觉。

（4）听信号或看手势变换运球的高度和速度。

（5）每人一球，绕篮球场进行高手、低手运球，体会触球部位和手脚协调配合，熟练后可过渡到各种运球。

要求：控制好球的落点，掌握好用力大小，手脚协调配合。

（四）投篮技术

原地投篮一般在远距离投篮和罚球时运用较多，跳起投篮不仅可以增强个人和全队的攻击力度，而且具有较大的战术意义。

1. 原地单手肩上投篮

原地单手肩上投篮

动作要领：持球手五指自然分开，用手指根以上部位托球后下方置于肩的前上方，另一手扶住球的内侧上方；两脚前后或左右站立，两膝微屈，重心在两脚之间，上体自然正直，两眼注视球篮；投篮时，投篮手臂随下肢伸直和脚蹬地力量向前上方伸出，球出手时手臂完全伸直，身体重心随出球方向上升，脚跟提起，用手腕前压的动作使球从食指、中指指端飞出（图 11-1-9）。

图 11-1-9 原地单手肩上投篮

2. 跳起投篮

急停跳投

跳起投篮具有突然性强、出球点高和不易防守的优点，可以与传球、突破和其他假动作相结合，在不同距离的情况下都可运用。

动作要领：跳起投篮的手法与原地单手肩上投篮相同，只是跳起在空中将球投出，两手持球的内侧上方；两脚前后或左右站立，两膝微屈，重心在两脚之间，上体自然正直，两眼注视球篮；投篮时，投篮手臂随下肢伸直和脚蹬地力量向前上方伸出，球出手时手臂完全伸直，身体重心随出球方向上升，脚跟提起，用手腕前压的动作使球从食指、中指指端飞出（图 11-1-10）。

图 11-1-10　跳起投篮

3. 行进间单手肩上投篮

行进间单手肩上投篮一般在快攻与切入篮下时采用较多，投篮出手点高，接近篮圈，容易投中。

动作要领：以右手投篮为例，右脚大步跨出接球，左脚步伐小些，随即蹬地起跳，右腿提膝，左手保护球，当身体跳至最高点时，右臂和身体充分向上伸展，掌心向上，用手腕和手指的力量将球投出，一般称之为“跑篮”（图 11-1-11）。

图 11-1-11　行进间单手肩上投篮

4. 行进间单手低手投篮

行进间单手低手投篮适用于在摆脱防守后切入篮下或与防守者平行时，利用速度和空中身体伸展动作进行投篮。

动作要领：以右手投篮为例。当右脚前跨在空中时，双手接球，接球后两臂放在右侧，以身体保护球；右脚落地后，左脚再前跨一步，用力向上起跳，右腿自然提起，身体尽量向上伸展，右手顺势向前方伸出，至最高点时用手腕手指上挑拨球，使球从食指和中指指端向前旋转，拨球入篮（图 11-1-12）。

图 11-1-12 行进间单手低手投篮

投篮易犯错误及其纠正方法

5. 常用的练习方法

（1）徒手练习。做原地投篮动作，重点体会投篮的手法和用力过程。

（2）原地持球向上投篮，体会持球手法和用力顺序。

（3）两人一组，一人做投篮动作，另一人站在台阶上，单手放球上，稍加阻力，帮助投篮者体会上下肢协调配合和用力顺序。

（4）原地持球做跳起投篮的模仿练习。

（5）原地持球站在篮下跳起投篮。

（6）一路纵队，在罚球线处做原地跳起投篮练习。

（五）持球突破技术

持球突破是持球队员利用快速的脚步动作和良好的运球技术超越防守者的一项进攻技术。

1. 交叉步持球突破

动作要领：从右面过人时即以右脚为轴，用左脚向防守者右脚外侧跨出第一步（步子要大些），同时向右侧身探肩，用左肩前冲的动作保护球，用左手将球拍至右脚前侧方再蹬左脚跨第二步随即运球（图 11-1-13）。

2. 同侧步持球突破

动作要领：左脚为轴（以从防守者左侧突破为例），左脚前脚掌蹬地，右脚向防守左侧迈出，中枢脚左脚离地前用右手推拍球于迈出脚侧前方，同时左脚蹬离地，加速超越防守者，且上体右转身，利用上体保护球（图 11-1-14）。

持球突破易犯错误及其纠正方法

3. 常用的练习方法

（1）原地徒手模仿练习，体会跨步转体和用力顺序。

（2）原地持球模仿练习，体会蹬跨、转体和放球结合。

（3）每人一球，原地持球做与投篮、虚晃假动作结合的突破脚步动作。

（4）两人一组防守者将球传给进攻者，进攻者根据防守者位置和动作，判断时机突破。

图 11-1-13　交叉步持球突破

图 11-1-14　同侧步持球突破

（5）一对一从突破消极防守练习到突破积极防守练习。

三、篮球运动的基本战术

篮球战术，是指在篮球比赛中，根据篮球运动的特点和具体对象，所确定的攻防集体配合及全队协调行动的特定组织形式和方法，基础是 2～3 人的战术配合，它是组成全队战术的基础，只有熟练地掌握和运用战术基础配合，才能使全队战术内容更加丰富、更加灵活，更有效地发挥作用。

（一）进攻战术基础配合

1. 传切配合

传切配合是利用传球和切入组成的简单配合。

一传一切：有球队员④将球传给⑤后，立即摆脱❹的防守向篮下切入，接⑤的回传球投篮（图 11-1-15）。

空切：无球队员⑥摆脱❻的防守后向篮下空隙区域切入接⑤的传球投篮（图 11-1-16）。

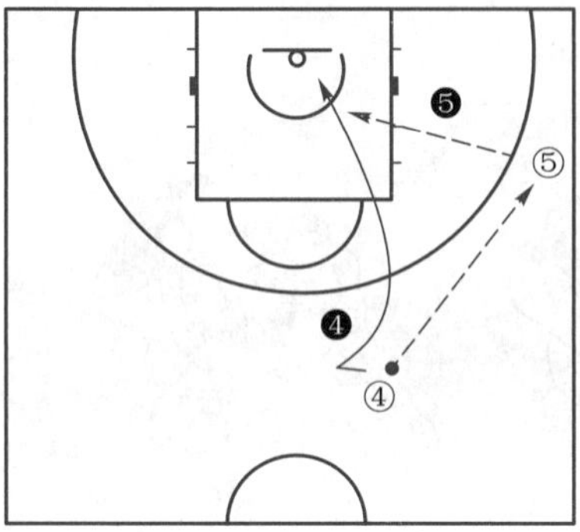

图 11-1-15 一传一切

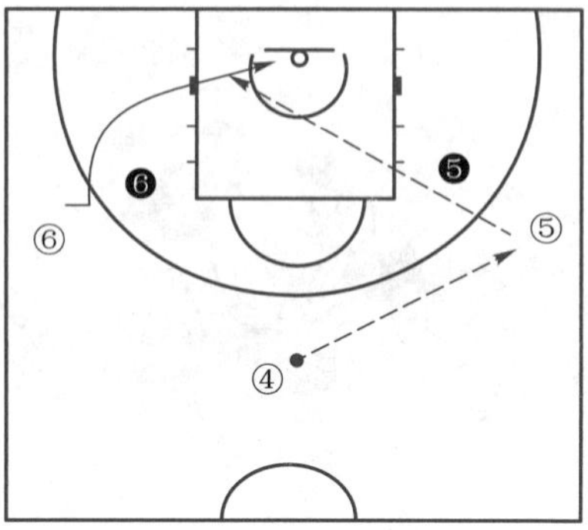

图 11-1-16 空切

2. 掩护配合

掩护配合是进攻队员以合理的动作，用身体挡住同伴的防守者的移动路线，使同伴摆脱其防守的配合方法。

侧掩护：④持球，⑤跑到防守者❹的侧后面，用身体挡住❹的移动路线，使④摆脱防守运球上篮（图 11-1-17）。

反掩护：如果⑤做掩护时对方换防，④就不向篮下突破，适当向外拉开运球。⑤此时利用后转身把❹挡在身后面向篮下切入接④的传球投篮（图 11-1-18）。

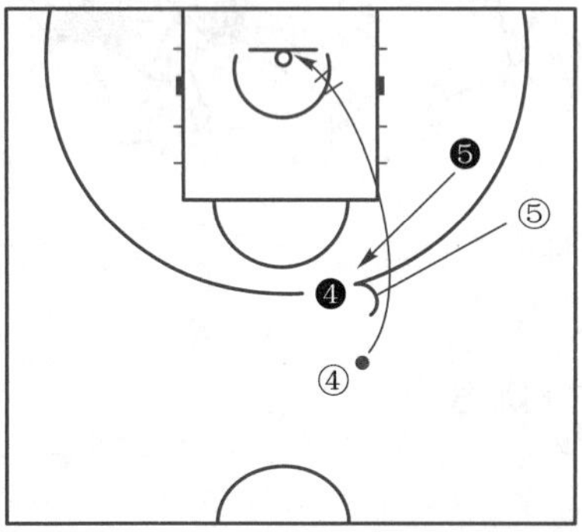

图 11-1-17 侧掩护

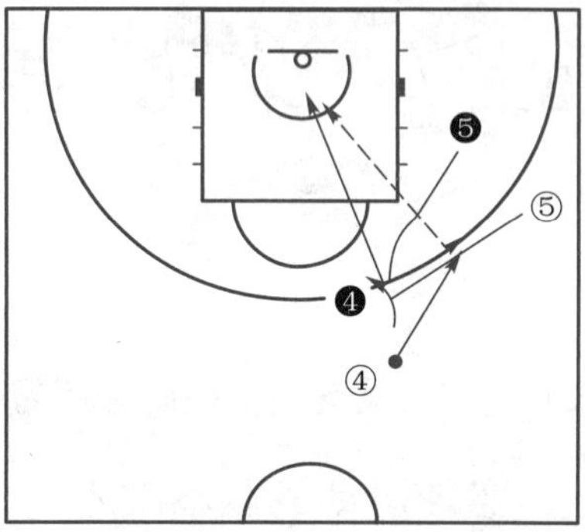

图 11-1-18 反掩护 1

如图 11-1-19 所示，④将球传给⑤后，向相反方向跑动，给无球队员⑥做掩护，使⑥得以摆脱防守接⑤的传球投篮。

如图 11-1-20 所示，如果对方❻和❹换防，⑤不要向篮下切入，面向外做要球动作。此时④应及时把❻挡在身后，利用后转身切向篮下接⑤的传球投篮。

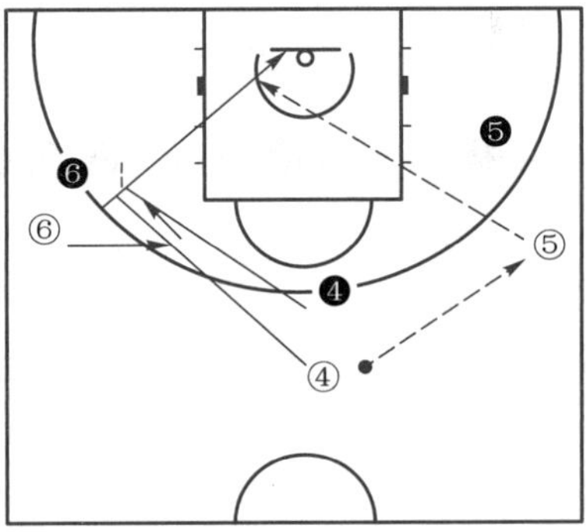

图 11-1-19　反掩护 2

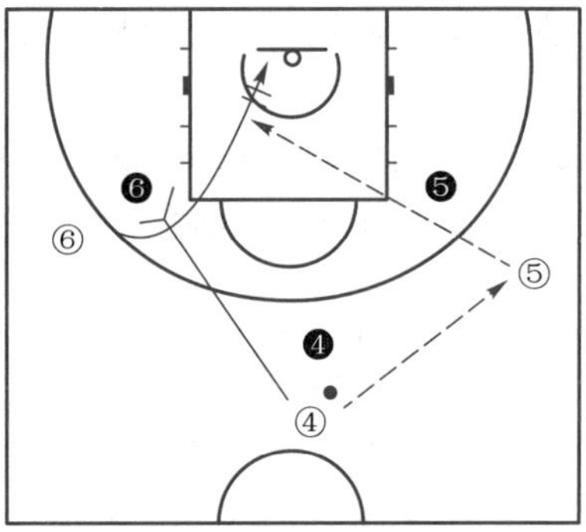

图 11-1-20　反掩护 3

定位掩护：⑤传球给④后做从底线切入的假动作，当把❺带到⑥的身旁时，利用⑥的定位掩护摆脱❺的防守。⑥根据⑤的移动方向和位置可上一步或撤一步把❺挡住。④接球后可做投篮假动作，再将球传给⑤（图 11-1-21）。

3. 突分配合

突分配合是持球队员利用突破技术打乱对方防御部署，给同伴创造空位，并及时传球给空位队员的简单配合。⑤从防守者的左侧突破，吸引❼、❺“关门”防守，此时⑦借机向空位移动，接⑤的传球投篮（图 11-1-22）。

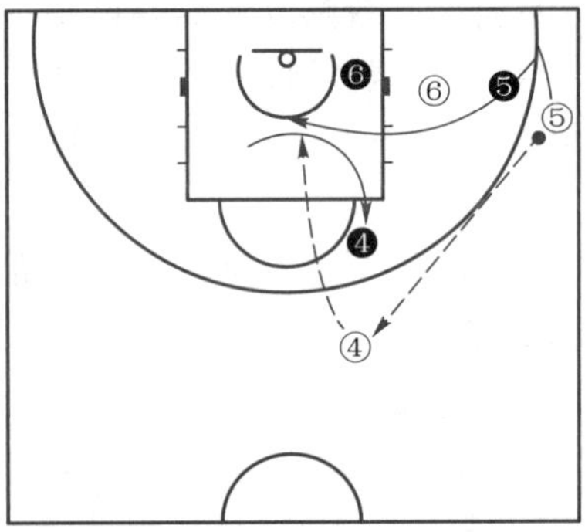

图 11-1-21　定位掩护

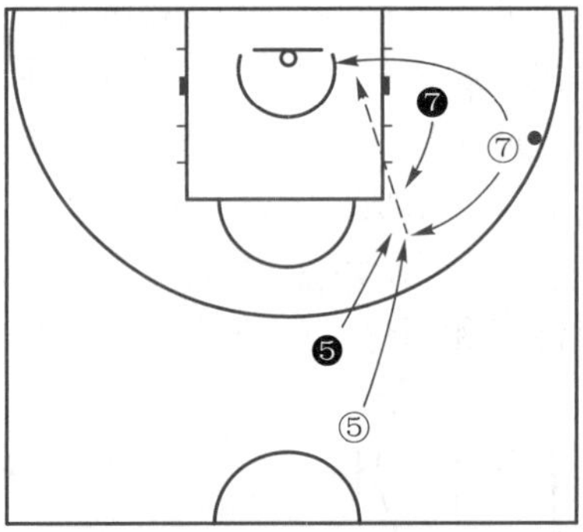

图 11-1-22　突分配合

（二）防守战术基础配合

防守战术基础配合是 2~3 名防守队员协同防守的配合方法。

1. 挤过

当进攻队员④给⑤作掩护时，防守者❺觉察后，在④接近自己的同时，运用横跨步从进攻队员⑤和④之间挤过继续防守⑤（图 11-1-23）。

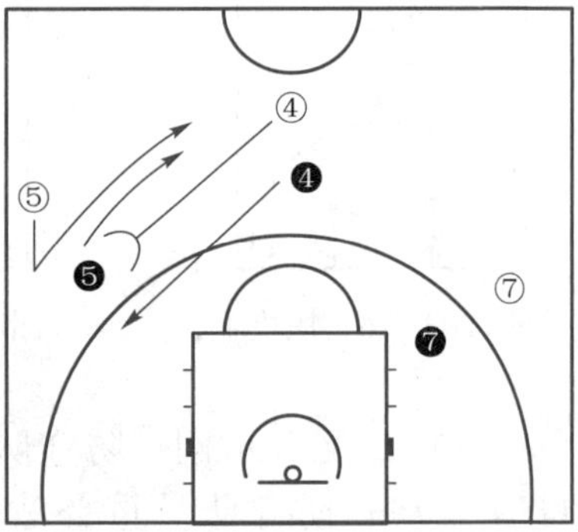

图 11-1-23　挤过

2. 交换防守

进攻队员④持球，⑤给④作掩护，④要在掩护后运球切入，此时防守队员❺应及时预示❹交换防守。

换防后❺防④，❹防⑤（图 11-1-24）。

3. 关门

当④运球突破时，❹随之移动。临近的防守队员❺迅速向❹靠近，❺和❹形成“两扇门”共同堵住④的突破路线（图 11-1-25）。

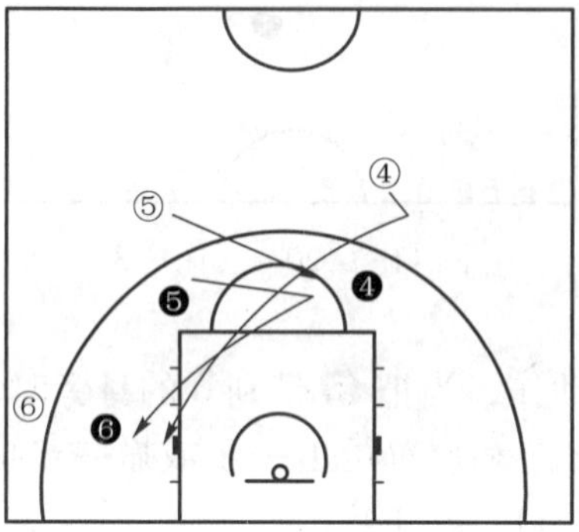

图 11-1-24 交换防守

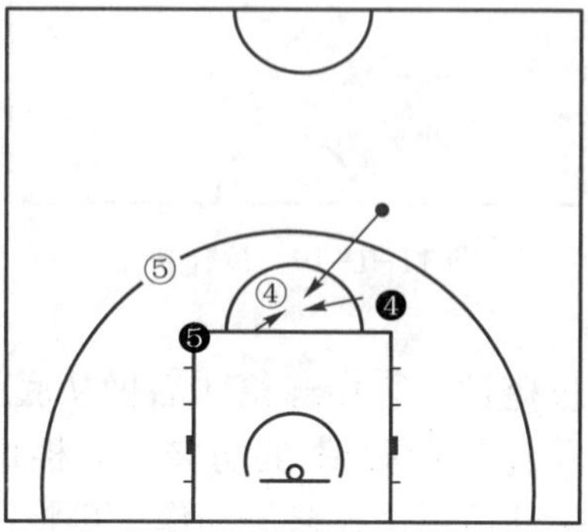

图 11-1-25 关门

（三）快攻

快攻是由防守转入进攻时，趁对方立足未稳，以最快的速度进行攻击的战术配合。快攻的组织方法如下。

锋线队员看到同队队员获球后，要迅速沿边线向前场底线移动。获球队员应首先将球传给快下底线的队员，如无机会则应及时将球传给接应队员（图 11-1-26）。

接应队员由中路或边路快速运球或传球推进至前场（图 11-1-27），后续队员要快速跟进，争取形成以多攻少的局势。

二攻一配合示例：根据防守队员的防守位置，进攻队员要拉开横向、纵向距离，利用快速传球和运球突破进攻篮下，尽可能减少传球次数（图 11-1-28）。

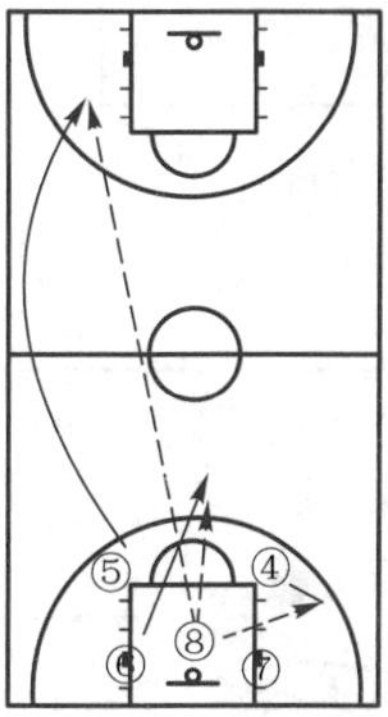

图 11-1-26 快攻 1

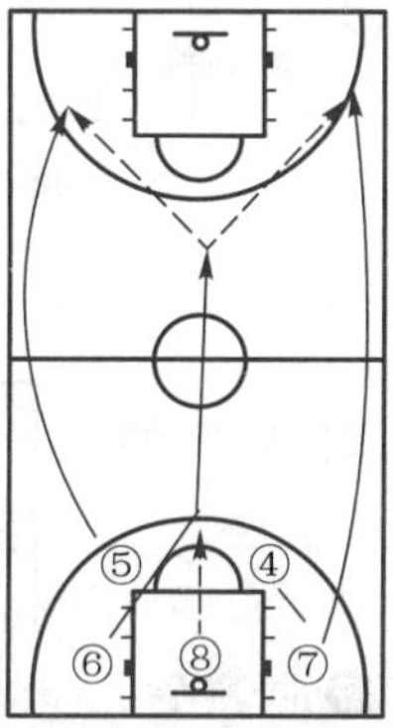

图 11-1-27 快攻 2

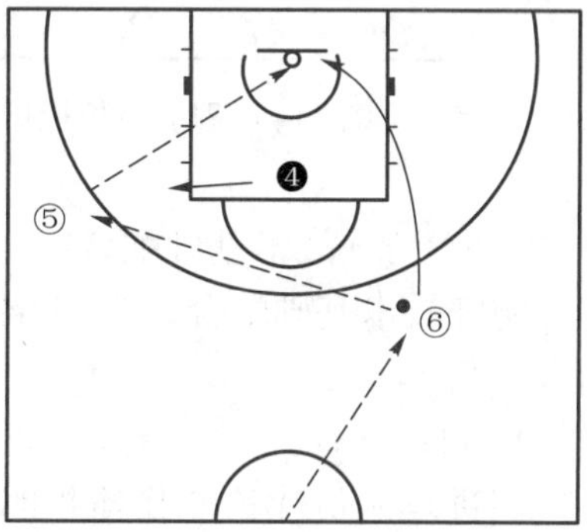

图 11-1-28 二攻一配合

三攻二配合示例：防守队员平行站位时，可采用中路突破，有补防则分球（图 11-1-29）；防守队员重叠站位时，球要尽快转移至边路突破，有补防则分球（图 11-1-30）。

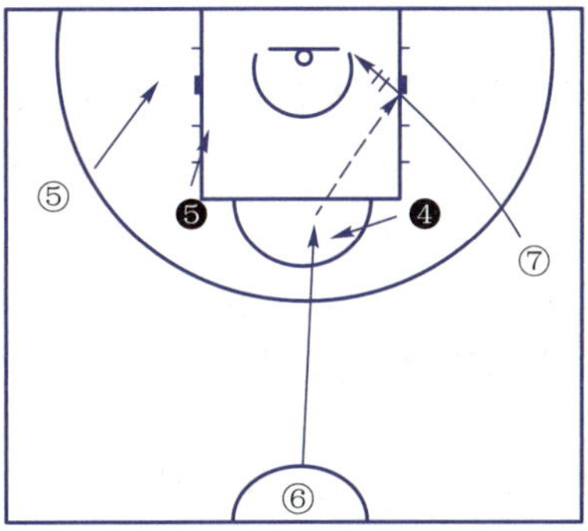

图 11-1-29　三攻二配合 1

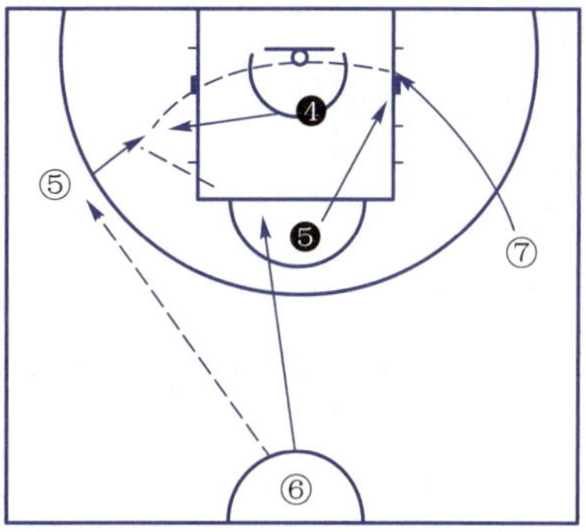

图 11-1-30　三攻二配合 2

（四）半场人盯人防守

半场人盯人防守是由进攻转入防守后，迅速退回后场，各自盯住自己负责防守的对手，对持球队员要紧逼，阻挠其投篮、突破或传球给离球较近的队员，对离篮较近的队员也要盯紧，离球较远时则可离远一些，以便协助同伴防守，在同伴漏防的情况下，要及时补防，迅速跟进。

1. 配合要点

脚步移动的速度要快；提高个人防守能力，盯人时要人球兼顾。

2. 练习方法

（1）一对一进行攻防练习，进行三对三、四对四、五对五半场人盯人防守教学比赛。

（2）全队防守时的选位练习。进攻队员基本不动，利用球不断转移，让防守队员按照防守持球队员与徒手队员的原则进行选位。练习数次后，防守队员按顺时针方向换位四次，然后攻守交换，依次进行练习（图 11-1-31）。

（五）2-1-2 区域联防

区域联防是指由进攻转入防守时，所有队员迅速跑回后场，每个队员负责防守一个区域，并与同伴密切配合，将每个队员的防守区域联系起来，组成集体的联合防守。

1. 区域联防的特点

篮下防守较紧密，有利于抢篮板球时发动快攻。对中远投篮不准，但善于个人突破或内线威胁较大的球队，采用区域联防效果较好（图 11-1-32）。

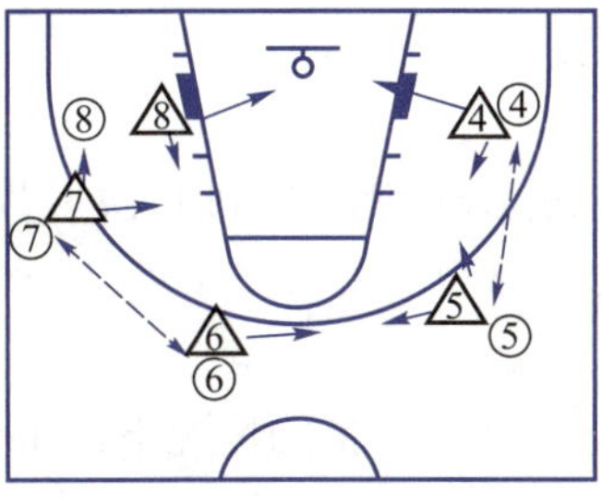

图 11-1-31　全队防守选位

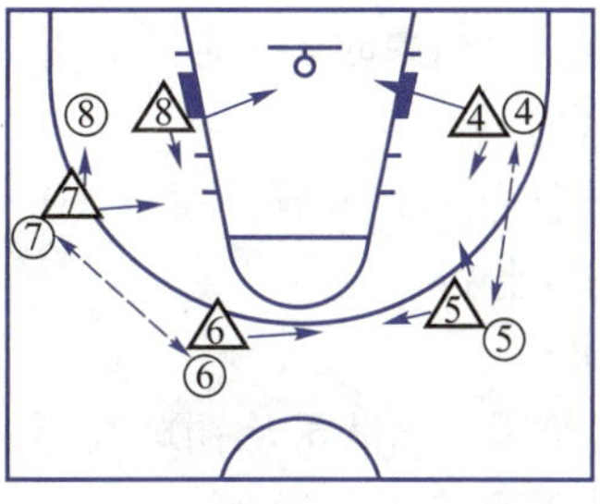

图 11-1-32　区域联防

2. 防守要求

以球为主，随球移动，对自己防区的持球队员适当采用盯人防守，其他队员适当向持球队员和篮下靠拢，准备协防和防对手穿插。

3. 练习方法

（1）球在弧顶时的防守移动配合。△5上前防守持球队员④，△4、△7分别防守⑦和⑥，并随时准备与△5合作“关门”配合或抢断④的传球，△6防守⑤，△8错位防守⑧，严防其接球（图 11–1–33）。

（2）防守中锋策应时的配合。当中锋⑥号接球时，△6号上前防守，△4协防⑦，△7防堵⑤向篮下空切，△8防堵⑧横切和溜底线。交换，依次进行练习（图 11–1–34）。

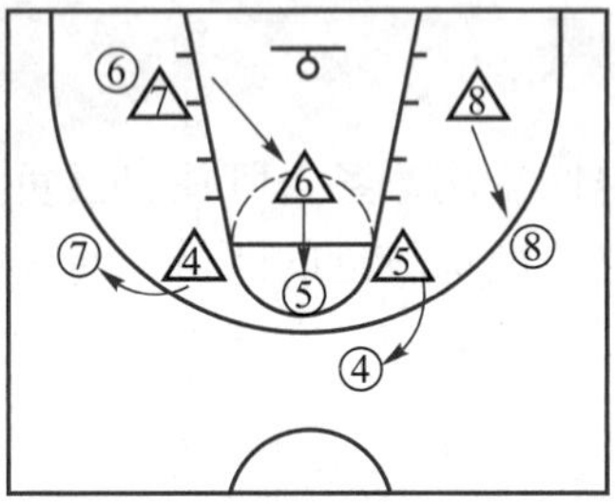

图 11–1–33　球在弧顶时的防守移动配合

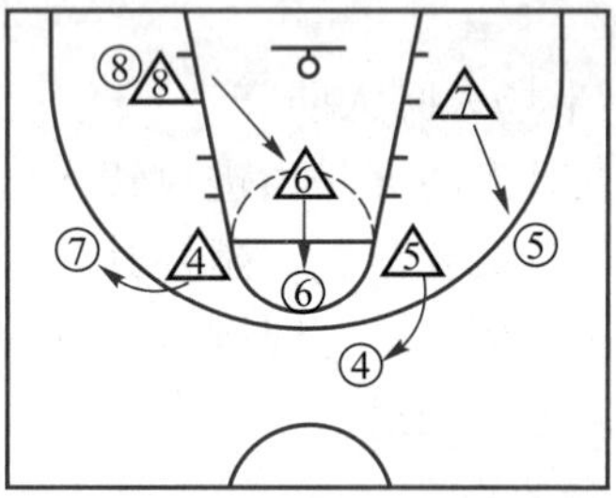

图 11–1–34　防守中锋策应时的配合

四、篮球运动场地规则

（一）篮球场地及比赛用球

篮球场长 28 米，宽 15 米，球场的丈量从界线的内沿量起，篮筐的内径最小为 45 厘米，最大为 45.7 厘米，其距离地面 3.05 米。篮球的外壳由皮革、橡胶或合成物质制成。球的圆周不得小于 74.9 厘米，不得大于 78 厘米；重量不得少于 567 克，不得多于 650 克。充气后，使球从 1.8 米的高度（从球的底部量起）落到球场的地面上，反弹起来的高度不得低于 1.2 米，也不得高于 1.4 米。

（二）比赛通则及一般规定

1. 比赛的定义

每场篮球比赛由两个队参加，每队出场 5 名队员。每队的目标是在对方篮筐得分，并阻止对方得分。

2. 比赛的胜者

在比赛时间结束时得分较多的队，将是比赛的胜者。

3. 比赛时间

比赛一般由 4 节组成，每节 10～12 分钟。如未分出胜负，则进行决胜期比赛，每一决胜期为 5 分钟。

4. 罚球

罚球是给予一名队员从罚球线后的半圆内的位置，在无争抢的情况下得 1 分的机会。

5. 球中篮和它的得分值

球进入篮筐，如是罚球得 1 分，如是从 2 分投篮区投篮得 2 分，如是从 3 分投篮区投篮得 3 分。

（三）常见违例

违例是违反规则。罚则是将球判给对方队员在最靠近发生违例的地点掷球入界，正好在篮板后面的地方除外，除非规则另有规定。

1. 队员出界和球出界

当队员身体的任何部分接触界线上方或界线外的除队员以外的地面或任何物体时，即是队员出界；当球触及了在界外的队员或任何其他人员，界线上方或界线外的地面或任何物体，篮板支撑架、篮板背面或比赛场地上方的任何物体即是球出界。在球出界、甚至球触及了除队员以外的其他物体而出界之前，最后触及球或被球触及的队员便是使球出界的队员。

2. 非法运球

当在场已获得控制活球的队员将球掷、拍、滚或运在地面上，并在球触及另一队员之前再次触及球为运球开始。当队员双手同时触及球或允许球在手或双手中停留时为运球结束。队员第一次运球结束后不得再次运球，除非在两次运球之间他在场上已失去了对活球的控制，如投篮被对方触及球、传球或漏接后触及了另一队员。下列情况不算运球：连续投篮、运球前后的漏接，用拍击的方式试图获得球等。

3. 带球走

当队员在场上持着一个活球，其脚或双脚超出本规则所述的限制向任一方向非法移动是带球走。判断带球走的关键是确定和观察持球队员的中枢脚。

4. 3 秒违例

当某队在前场控制活球并且比赛计时正在进行时，该队的队员不得停留在对方队的限制区内超过持续的 3 秒，否则为违例。

5. 5 秒违例

进攻球员必须在 5 秒之内掷出界外球，或在被严密防守时，必须在 5 秒之内传、投或运球；当裁判员将球递给罚球队员处置时，该队员必须在 5 秒内将球出手。5 秒违例有两种情况：

（1）发界外球时（不论边线还是底线），如果 5 秒内还未能发出，即为违例。

（2）运球后手持球被严密防守，如果 5 秒内不传球或投篮，也是违例。

6. 8 秒违例

每当一名队员在他的后场获得控制活球时，为进攻方，进攻方必须在 8 秒内使球进入他的前场，否则为违例。

7. 24 秒违例

每当一名队员在场上获得控制活球时，他的队必须在 24 秒内尝试投篮。在 24 秒装置的信号发出前，球必须离开投篮队员的手，而且球离开投篮队员的手后，球必须触及篮筐或进入篮筐，否则为违例。

8. 球回后场违例

控制活球的队员不得使球非法地回他的后场，否则为违例。

9. 掷球入界违例

当发生下列情况时为掷球入界队员违例。

（1）球超过 5 秒未掷出。

（2）球离手前或离手瞬间触及场内地面。

（3）裁判员递交球时沿界线方向移动超出 1 米或向两个方向移动。

（4）掷球入界后在球触及场内其他队员前又首先触及球。

（5）球未触及场内队员而直接出界。

（6）将球直接掷入球篮。

10. 脚踢球和拳击球违例

故意踢或用腿的任何部分阻挡球或用拳击球是违例。球偶然地接触到腿的任何部分，或腿的任何部分偶然地触及球，不是违例。

（四）常见犯规

犯规是对规则的违犯，含有与对方队员的非法身体接触和违反体育道德的行为。犯规者的每一次犯规应被登记入记录表并接受相应的处罚。

1. 侵人犯规

侵人犯规是队员与对方队员的接触犯规，无论球是活球还是死球都不应通过伸展他的手、臂、肘、肩、髋、腿、膝或脚来拉、阻挡、推、撞、绊、阻止对方队员行进；不应将其身体弯曲成“反常的”姿势；不应放纵任何粗野或猛烈的动作。关于身体接触犯规应注意下列基本原则：尽可能避免发生身体接触；在不发生身体接触的前提下有权占据没有被对方占据的场上任何位置；如果在占据场上位置的过程中发生了身体接触，应由造成身体接触的犯规人负责。

2. 双方犯规

（1）双方犯规是两名互为对方的队员大约同时相互发生侵人犯规的情况。

（2）罚则。应给每一犯规队员登记一次侵人犯规，不判给罚球。

3. 违反体育道德的犯规

根据裁判员的判断，一名队员在规则的精神和意图的范围以外试图去直接抢球而造成的接触是违反体育道德的犯规。

4. 技术犯规

（1）技术犯规是包含（但不限于）行为性质的队员非接触的犯规。

（2）罚则。

① 有一名队员犯规，则给他登记一次技术犯规，作为队员个人犯规并计入全队犯规次数。

② 有一名教练员、助理教练员、替补队员或随队人员犯规，给教练员登记一次技术犯规，并不计入全队犯规次数。

③ 应判给对方队员 1 次罚球，以及随后在记录台对面的中线延长部分掷球入界，或在中圈跳球开始第 1 节的比赛。

5. 取消比赛资格的犯规

队员、替补队员、教练员、助理教练员或随队人员任何恶劣的违反体育道德的行为是取消比赛资格的犯规；一名队员被登记了 2 次违反体育道德的犯规时，该队员也应被取消比赛资格。

第二节　排球运动

一、排球运动概述

（一）排球运动的起源与发展

1895 年美国人威廉·摩根使用篮球内胆在室内的网球场上，做隔网用手击球而不使球落地的游戏，并且不限参加人数和击球次数，就是排球运动的雏形。随着这项运动的普及与发展，国际排球联合会（简称国际排联）在 1947 年成立，排球运动也发展成为世界性的体育项目，成为三大球之一，并于 1949 年举行了第一届世界排球锦标赛。

1905 年，排球传入我国，经历了由 16 人制到 12 人制，到 9 人制，到 6 人制的演变过程。我国于 1950 年全面开展 6 人制排球运动。1951 年举行了第一届全国排球比赛。1954 年国际排联将中国排球协会吸纳为正式会员。20 世纪 80 年代初，我国女子排球队刻苦训练，接连击败世界强队、蝉联世界冠军，获得“五连冠”，实现了“冲出亚洲，走向世界”的愿望，并极大地鼓舞了全国人民。进入 21 世纪后，我国女排又先后取得 2003 年世界杯、2004 年雅典奥运会冠军、2015 年世界杯和 2016 年奥运会冠军，为祖国争得了荣誉。

随着时代的发展，排球运动也在不断地变化发展。从中分化、繁衍而来的诸如软式排球、气排球、沙滩排球、小排球，以及残疾人排球等多种多样的排球运动形式，同样受到社会各阶层人们的喜爱。

知识链接　中国女排五连冠

中国女排五连冠是指 1981 年至 1986 年，中国女子排球队在世界杯、世锦赛和奥运会上 5 次蝉联世界冠军，成为世界排球史上第一支连续 5 次夺冠的队伍。中国女排五连冠荣誉：1981 年，在日本首夺世界杯；1982 年，在秘鲁世锦赛再登顶；1984 年，折桂洛杉矶奥运会；1985 年，在日本再夺世界杯；1986 年，在捷克斯洛伐克夺得世界杯。

（二）排球运动的价值

经常参加排球运动有利于身心健康，主要体现在以下几点。

（1）增进健康、强健体魄。排球运动不仅能改善人体中枢神经系统和内脏器官的功能状况，而且能提高人的力量、速度、弹跳、灵敏、耐力等专项身体素质和运动能力。

（2）培养与锻炼良好的心理素质。排球运动会让人学到很多控制自己情绪和调节自身心理的手段和方法。

（3）培养勤奋、助人、拼搏的优秀品质。经常参加排球运动，可以培养人的优良体育道德作风和团结协作的集体主义精神。

（4）培养人的信息收集能力，提高配合及应变能力。排球运动是一项依靠瞬时判断力采取动作决策的运动，尤其在现代排球比赛中，准确的判断已成为制胜因素之一。

二、排球运动的基本技术

排球基本技术是指运动中各种合理的击球动作和为完成击球动作而采用的其他配合

动作的总称。包括垫球、传球、发球、扣球和拦网这五种完整的击球动作及各种准备姿势、移动、起跳等动作。完成动作时要做到轻松协调、用力合理、技术正确，在符合生理要求和规则精神的前提下，以能充分运用时间和空间变化、最大限度地发挥个人的体能和技能为原则。

（一）准备姿势和移动

1. 准备姿势

准备姿势是指准备移动或迎接来球时的身体姿势。常用的姿势主要有以下几种（图 11-2-1）。

（1）半蹲准备姿势。半蹲准备姿势是两脚左右开立，略比肩宽，一脚在前、一脚在后，两脚尖向前微内收，膝关节保持一定弯曲。上体前倾，重心在两脚之间略靠前。两臂自然弯曲，全身肌肉适当放松，双手置于腹前，两眼注视来球，两腿始终保持微动状态，这一动作的作用是使身体处于适当紧张状态，便于向各个方向移动及做各种垫球、传球的技术动作。

（2）稍蹲准备姿势。稍蹲准备姿势的身体重心比半蹲准备姿势稍高，动作方法基本相同，主要用于扣球和传球。拦网时两脚左右开立，平行站位，如图 11-2-1 ②所示。

（3）低蹲准备姿势。低蹲准备姿势，其身体重心比半蹲准备姿势低，重心靠前，肩超过膝，膝超过脚尖，手置于胸腹之间，主要用于后排防守，防止对方扣球，如图 11-2-1 ③所示。

图 11-2-1 基本准备姿势

2. 移动

移动由起动、改变方向、制动构成。常用的步伐主要有以下几种。

（1）并步和滑步。当来球距离身体一步左右时采用并步和滑步。如向前移动则后脚蹬地，前脚向前一步，后脚迅速跟上做好击球前的准备姿势。并步可向各个方向移动，主要用于垫球、传球、拦网等技术。当来球距体侧稍远、弧度较高时，可快速连续并步移动，连续并步称为滑步。

（2）跨步。当来球较低、离身体 2 米左右时采用跨步。首先，向移动方向跨出一大步，同时屈膝，上体前倾，身体重心移至起跨腿上。跨步可向前方，也可向侧方或向侧前方跨出。

（3）交叉步。当来球距体侧 2 米多时采用交叉步。比如向左移动时，上体稍向左转，右脚从左脚前面向左交叉迈出一步，左脚再迅速向左跨步落于右脚的左边，并使身体转向来球方向，保持击球前的准备姿势。

（4）跑步。当来球较远需要快速接近球时采用跑步。跑步应根据来球的方向，边跑边转身面向球，做好击球前的准备，在即将接近球时应适当减速、制动，以便击球。

3. 准备姿势和移动的练习方法

（1）模仿练习。根据动作要求，进行各种准备姿势和移动步伐的模仿练习。

（2）组合练习。进行各种准备姿势和移动步伐的组合练习。

（3）结合球移动练习。两人间隔 2~3 米，一人抛球（前、后、左、右），另一人移动在对手头前上方接住球，进行若干次后交换练习。

（二）垫球

垫球是用腕关节以上手臂部位从球的下部，利用来球的反弹力向上击球的技术动作。现主要介绍以下 4 种垫球技术。

1. 正面双手垫球（图 11-2-2）

双手正面垫球

图 11-2-2　正面双手垫球

（1）准备姿势。以半蹲或稍蹲准备姿势，两脚开立、稍宽于肩，两脚一前一后，两膝弯曲。在排球场左半场一般左脚在前，右半场一般右脚在前，中间依习惯而定。肘关节自然弯曲，两手置于腰腹之间，两手相对，拇指朝上。

（2）垫球手型击球部位。当球接近腹前时，掌根紧靠，合掌互握，两拇指朝前，两臂自然伸直，前臂稍外展靠拢，如图 11-2-3 所示。用前臂腕关节以上 10 厘米左右桡骨内侧平面触球为宜，如图 11-2-4 所示。

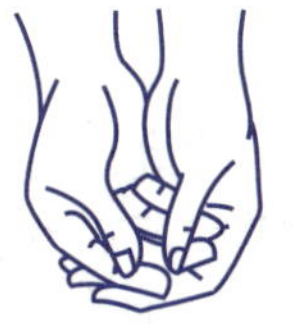

图 11-2-3　垫球手型

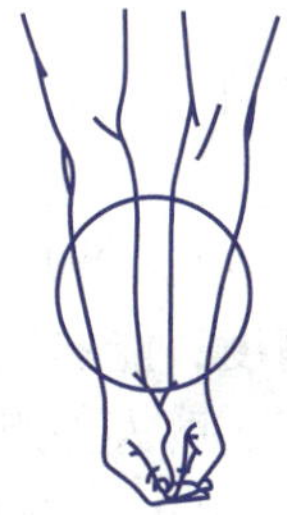

图 11-2-4　击球部位

（3）击球点。当球飞至腹前一臂距离时，两臂夹紧前伸，插到球下。

（4）击球用力。当来球力量小、速度慢时，击球主要靠手臂上抬力量，以增加球的反弹速度，同时配合蹬地，使重心向前上方移动，当来球有一定力量时，迎击动作要大、速度要慢，手臂适当放松，蹬地提肩压腕，向前抬臂。如果是重球，则不主动迎击球，收腹含胸，手臂随球后撤，并适当放松以缓冲来球力量，同时用微小的手臂和手腕动作控制垫球的方向和角度。

2. 体侧垫球（图 11-2-5）

以右侧垫球为例。当球从右侧飞来时，右脚跨出一步，重心右移，两臂夹紧组成垫球手型向右伸出，左肩向下倾斜，腰部用力，身体向左转，重心微向内转，与提右肩的动作配合，两臂自右后下方向前截住球的飞行路线，垫击球的后下部。但注意不要随球摆臂以免球从侧面飞出。

图 11-2-5　体侧垫球技术

3. 背垫

背对击球方向，从体前向背后垫球叫背垫。垫球时先迅速移动到球的落点下方，背对击球方向，两臂靠拢伸直，击球点高于肩。击球时抬头挺胸，展腹后仰，直臂向后上方抬送用力，如图 11-2-6 所示。

图 11-2-6　背垫技术

4. 垫球的练习方法

（1）徒手模仿练习。徒手进行各种模仿垫球动作的练习。

（2）抛接球练习。两人一组，相距 3 米，一人持球向同伴前、后、左、右抛球，同伴用各种步伐快速移动，双手把球接住，若干次练习后交换。

（3）自垫球练习。单人持球，自抛自垫。先把球控制在一定的高度，能熟练控制后再适当提高垫球高度。

（4）一抛一垫练习。两人一组，一抛一垫，若干次练习后交换。

（5）对垫练习。采用正面垫球动作，两人一组先原地对垫，熟练后再练习移动对垫。

（三）挡球

挡球主要用于防守中接高于肩的力量较大、不便于传或垫的球。

1. 双手挡球

双手挡球手型有两种，一种是抱拳式，两肘弯曲，一手半握拳，另一手外抱，两掌外侧朝前，如图 11-2-7 所示。另一种是并掌式，两肘弯曲，两虎口交叉，两掌外侧朝前，合掌成勺形，如图 11-2-8 所示。不管使用哪种手型，挡球时一定要屈肘，使肘朝前，腕后仰，以掌外侧和掌根组成的平面挡击球的后下部。击球瞬间手腕要紧张，用力适度，击球点在额前或两侧肩上。

图 11-2-7　抱拳式双手挡球技术

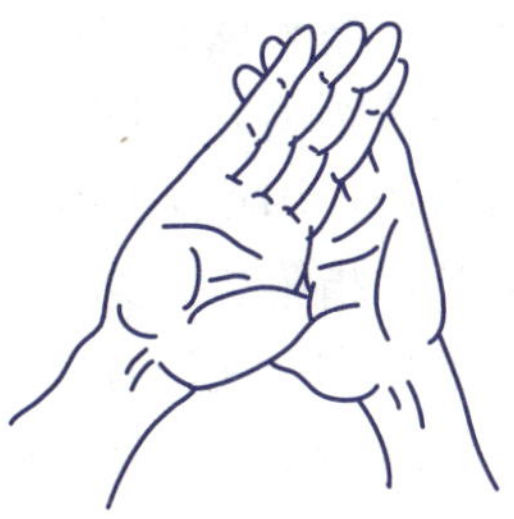

图 11-2-8　并掌式双手挡球技术

2. 单手挡球

单手挡球多用于挡来球较高、力量较轻，在头部以上或侧上方的球。单手挡球的手型有两种：一是掌根平面击球，击球时手张开，手指自然弯曲，用掌根平面击球；二是开始时需握拳，击球时用掌心平面击球。不管采用哪种手型击球，挡球时手腕放松，击球瞬间手腕后仰，并保持紧张，使击球平面朝前上方，对准球的后下部击球。

3. 挡球的练习方法

（1）徒手模仿练习：按照动作要求进行徒手模仿双手、单手挡球练习。

（2）慢速抛挡球练习：两人一组，相距 5 米，一人持球向同伴肩部以上慢速抛球，同伴先进行双手挡球练习若干次，再进行单手挡球练习若干次，如此反复练习并交换。

（3）快速抛挡球练习。方法同上，加快抛球速度，抛球要控制好球速、落点及力量，挡球者挡球时尽量把球挡起，如此反复练习并交换。

（四）传球

传球是接应一传或防守后，把球传给攻手进攻的一项重要技术。现主要介绍以下两种传球技术。

1. 正面传球

（1）准备姿势。采用稍蹲准备姿势，两脚左右开立，一前一后，约同肩宽，两膝稍弯曲，上体自然挺起，但身体重心不后移，面对来球。两手自然抬起，放松，屈肘置于脸前。

正面上手传球

（2）迎球：当来球下降至额头高度时，蹬地伸膝伸臂，两手向前上方迎击来球，如图 11-2-9 所示。

（3）手型：两手自然张开呈半球状，两拇指相对成“一”字形，食指成“八”字形，如图 11-2-10 所示。

图 11-2-9　正面传球技术

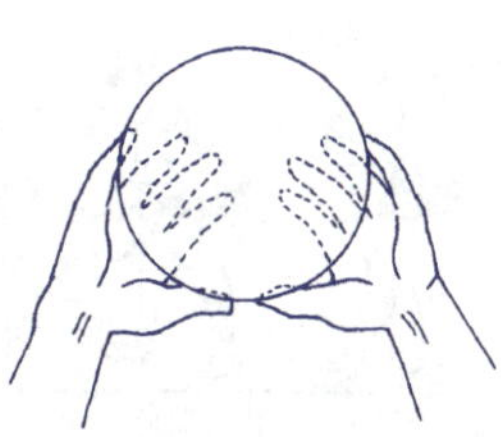

图 11-2-10　传球手型

（4）击球点。当来球距身体1米左右时，则开始向上伸臂和伸膝迎击来球。击球点约在额前上方一球距离，如图11-2-9。

（5）用力动作：用蹬地伸膝向上展体和伸臂的顺序来协调手臂传球动作，用拇指内侧、食指全部及中指第二、第三关节触球，无名指和小指在两侧辅助控制传球方向。手触球的刹那，手指和手腕应保持一定的紧张程度，用手指的弹力和手腕、手臂与身体伸展的协调力量将球传出，如图11-2-9。

2. 背传球

向后上方传球称为背传球。上体比正面传球稍后仰，身体重心在两脚之间，双手自然抬起，放松置于脸前，传球手型同正面双手传球，击球点保持在额上方，如图11-2-11所示。触球时抬上臂，挺胸，上身后仰，手腕后仰，掌心向上，击球的下部。大拇指应多发力，利用食指和中指向上辅助控制球的方向，身体自下而上，向后上方伸展协调发力（图11-2-11）。

图11-2-11 背传技术

3. 传球的练习方法

（1）徒手模仿练习。徒手模仿传球前的准备姿势、伸展动作、传球前的手型等。

（2）一抛一传练习。两人一组，相距2~3米，一抛一传，练习若干次后交换。

（3）对墙传球。面对墙，近距离对墙做连续传球练习。

（4）原地自传球。练习手指、手腕击球动作与手指弹力的合理运用，体会手指触球时的感觉，提高控球的能力。

（5）原地对传。两人一组，练习正面双手传球的完整动作。

（6）移动后传球。两人一组，互传时有意不把球传到位，迫使对方移动后传球，着重提高判断来球和快速移动取位的能力。

（五）发球

发球不仅是比赛的开始，也是进攻的开始。准确而有进攻性的发球不仅可以得分，也可以破坏对方的战术组合。对于初学者或水平较低者来说，发球重点应放在成功率上，以减少失误为主。现主要介绍以下两种发球技术（以右手发球为例）。

1. 正面下手发球（图11-2-12）

（1）准备姿势。面对球网，两脚自然开立，左脚在前，两膝微屈，上体稍前倾，重心在两腿之间，左手持球于腹前。

图11-2-12 正面下手发球技术

（2）抛球与挥臂。两脚前后开立，左脚在前，同时左臂伸直，左手将球在体前右侧轻轻抛远，离手约一球距离，在抛球前右臂伸直，以肩为轴向后摆动。右脚蹬地，身体重心随后臂向前摆动而移至前脚。

（3）击球与击球部位。身体前倾，右臂摆至右侧后下方，接着右脚蹬地向左转体，带动右臂向前上方摆动，右手半握拳，用掌根击球的后下部。击球后身体重心随之迅速向前，进入场内准备防守。

2. 正面上手发球（图 11-2-13）

图 11-2-13　正面上手发球技术

（1）准备姿势。面对球网，两脚自然开立，左脚在前、右脚在后，左手持球于身前。

（2）抛球与挥臂。抬臂、手掌平托上送，将球平稳垂直地抛于右肩上方，高度适中。在左手抛球的同时，右臂抬起屈肘后引，与肩平，手掌自然张开，同时抬头、挺胸、展腹，身体重心移向左脚，然后蹬地，上体向左转动，同时收腹带动手臂挥动做鞭打动作。以腰带肩，肩带动前臂，前臂带动手腕。

（3）击球点与击球部位。在右肩前上方用手掌坚硬部位击中球的后下部（图 11-2-14）。击球后身体重心随之前移，迅速进入场内准备防守。

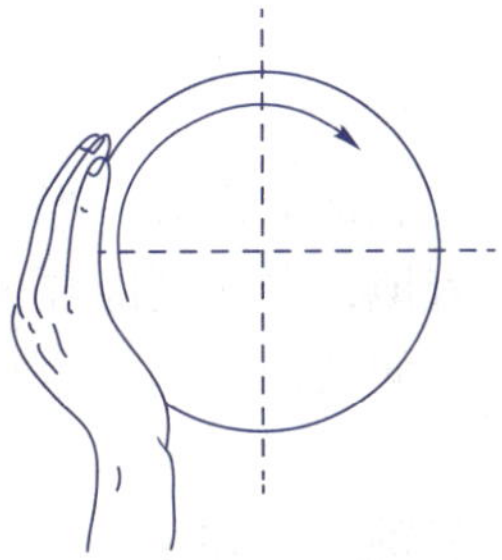

图 11-2-14　击球点与击球部位

3. 发球的练习方法

（1）徒手模仿练习。按照动作要领，模仿正确的发球动作，反复练习。

（2）抛球练习。单手或双手持球，垂直上抛，抛出的位置与高度要固定，反复练习。

（3）对墙或对网发球练习。距离先近后远，反复练习。

（4）隔网发球练习。两人一组，相对站立，距离逐渐加长，反复练习。

（5）指定区域发球练习。将球发向指定发球区域，练习发球控制能力。

（六）扣球

扣球在排球比赛中是最积极、最有效的得分手段之一，不但可以直接得分，还可以振奋本方队员士气。现以正面扣球技术为例进行介绍，如图 11-2-15 所示。

图 11-2-15 正面扣球技术

1. 准备姿势

身体略前倾，两臂放松自然下垂，两眼注视来球。

2. 助跑

以 3 步助跑右手扣球为例，助跑时，左脚先向前迈出一小步，接着，右脚迅速跨出一大步，左脚及时并上，踏在右脚前，两脚稍内扣，与此同时，两臂绕体侧向后引，然后积极向前上方摆动，配合起跳。

3. 起跳

从起跳动作看，当右脚着地后，右膝迅速弯曲缓冲，一般在右脚缓冲到最大弯曲时左脚着地，左膝缓冲幅度较小，两臂由后上方摆起，向前用力上摆，两腿用力伸膝、上体用力伸展，两脚蹬地起跳离地。

4. 空中击球

起跳后上体呈反弓形。挥臂时，以迅速转体、收腹动作带动右臂向前上方快速挥动，击球时五指张开呈勺形，以全手掌包满球，以掌心为击球中心，击球的中后部，同时主动屈腕向前推压，使扣出的球加速上旋。

5. 落地

落地时以前脚掌着地，同时顺势屈膝缓冲过渡到全脚掌。

6. 扣球的练习方法

（1）助跑起跳练习。按口令做一步、两步、三步助跑起跳练习，强调摆臂动作练习。

（2）模仿挥臂鞭打动作练习。徒手模仿挥臂鞭打动作，并注意腰腹发力。

（3）自抛自扣练习。对墙自抛自扣练习或两人相距 8 米左右对扣练习。

（4）连续扣球练习。对墙连续扣球练习。

（5）扣固定球。持球站在球网前高台上，掷球于球网上沿，助跑起跳扣固定球。

（6）扣抛球。扣球者助跑起跳至 4 号位，把 3 号位抛来的球扣过网。

（7）扣二传球。扣球者助跑起跳至 4 号位，把 3 号位二传传来的球扣过网。

知识链接　郎平——“铁榔头”

郎平，奥运冠军，原中国国家女子排球队著名运动员、教练员，20 世纪 80 年代女子体坛“世界三大扣球手之一”，凭借强劲而精确的扣杀而赢得“铁榔头”的绰号。曾荣膺世界女子排球锦标赛“MVP”。1996 年获得国际排联颁发的“世界最佳教练”奖。2002 年 10 月，由知名排球教练、运动员和记者组成的评委会以 100% 的投票支持率，评选郎平进入排球名人堂，使她成为亚洲排球运动员中获此殊荣的第一人。

（七）拦网

拦网不仅能让本方直接得分，干扰和破坏对方的扣球，减轻本队防守压力，也可以削弱对方进攻锐气，动摇对方攻手扣球信心，鼓舞本队士气。

1. 单人拦网

（1）准备姿势。面对球网，密切注视对方动向，两脚平行开立，距网 30~40 厘米，两膝弯曲，两手自然弯曲置于胸前，屈肘，随时准备起跳。如图 11-2-16 所示。

图 11-2-16　单人拦网准备姿势

（2）移动。移动有并步、滑步、交叉步等。当球距离自己较近时，可以采用并步移动。右脚向右跨出一步，随即左脚跟上，下蹲准备起跳。当球距离自己较远时，也可以采用交叉步移动，身体稍向右转，右脚先向右迈出一小步，然后左脚交叉向右迈出一大步，之后右脚跟上，迈在左脚的右边，制动下蹲，准备起跳。这一方法在从 3 号位向两侧 2 号、4 号位移动拦网时采用最多。

（3）起跳。原地起跳，两脚用力蹬地，两膝弯曲重心降低，两臂在体侧做小幅度用力上摆，带动身体向上垂直起跳，如图 11-2-17 所示。

（4）空中击球。起跳时，两手从额前贴近并平行于球网向上方伸出，两臂伸直，两肩尽量上提，以提高拦网点，两手自然张开呈勺状，当手触球时，两手突然紧张，手腕下压，用力盖球的前上方。拦网时根据对方扣球线路变化，两手在空中向球的变线方向伸出，拦完球后迅速收回手臂，以免触网。如图 11-2-17 所示。

（5）落地。拦完球后自然落地，屈膝缓冲，准备下一个动作。

图 11-2-17 单人拦网起跳、空中击球技术

2. 集体拦网

集体拦网是以单人拦网为基础，两人或三人协同拦一个进攻点的配合行动。两人或三人的协同拦网，目的在于扩大拦网面积，多数为双人拦网。拦对方 4 号位或 2 号位扣球时，本方 2 号位或 4 号位先取位拦直线或中斜线，3 号位迅速移动过来，拦中斜线或小斜线。拦对方 3 号位的扣球时，本方 3 号位先取位，2 号位或 4 号位积极配合拦网。

3. 拦网的练习方法

（1）徒手模仿练习。对墙或对网徒手练习，体会完整动作。

（2）拦固定球练习。一人站在网对面高台上举球在网上，其他人排队跳起拦固定球。

排球练习易犯错误及纠正方法

（3）原地拦网练习。一抛一拦，拦击定点位置扣球。

（4）4 号位、2 号位拦网练习。拦固定路线球，拦不固定路线球。

三、排球运动的基本战术

（一）阵容配备、位置交换及“自由人”运用

1. 阵容配备

阵容配备就是根据本队的实际情况，安排队员的场上位置，合理地将全队的力量组织搭配起来，最大限度地发挥每位球员的技术、战术特长和作用。

（1）“四二”配备。如图 11-2-18 所示，即场上有 4 个进攻队员和 2 个二传队员。4 个进攻队员又分为 2 个主攻、2 个副攻，他们都站在对角位置上，其优点是无论怎样轮转换位，前后排都能保持 1 个二传队员和 2 个进攻队员，容易组织和发挥攻击力量，给对方的拦网及防守造成困难。但此阵形对 2 个二传队员的进攻和拦网能力要求较高，否则就会影响“四二”配备的进攻效果。

（2）“五一”配备。如图 11-2-19 所示，场上有 5 个进攻队员和 1 个二传队员。这种阵容配备的优点是拦网和进攻力量得到进一步加强，全队只需要适应一个二传队员的打法，相互之间容易建立默契，有利于二传队员统一贯彻战术意图，同时保证有三点进

攻。当前排两点攻时，要充分利用两次传球及后排扣球等战术变化突袭对方，以弥补两点进攻的不足。

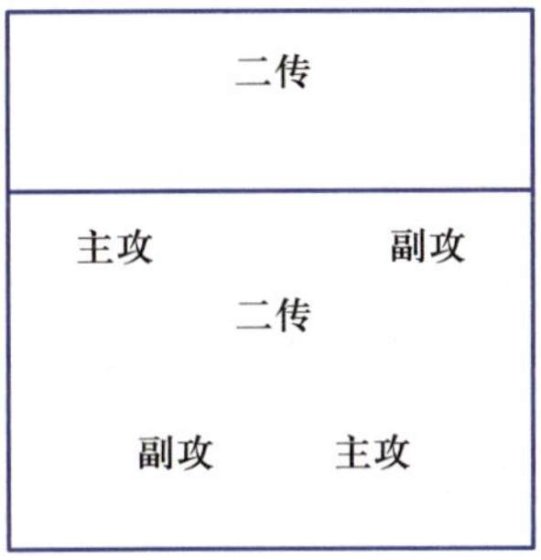

图 11-2-18 “四二”配备

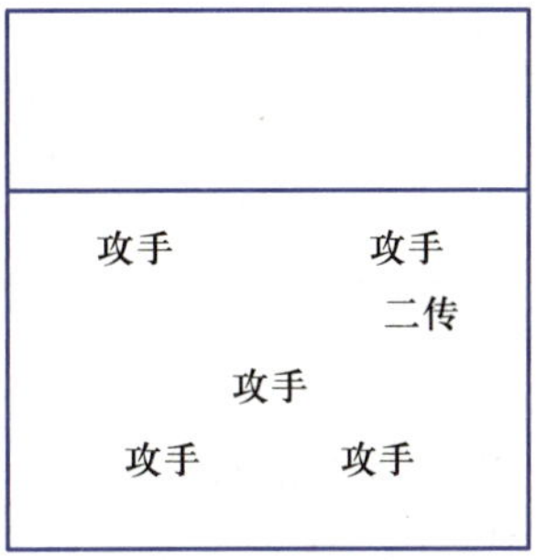

图 11-2-19 “五一”配备

2. 位置交换

为了最大限度地发挥每个队员的特长，加强攻防力量，在比赛规则允许的条件下可交换位置。位置交换通常分前排队员之间换位与后排队员之间换位。

前排队员之间换位是为了让攻手换到自己的专位上进行拦网与进攻，有利于得分。

后排队员之间换位，是为了加强后排防守，发挥个人防守专长，以确保防守质量。不管是前排还是后排位置的交换，换位前都应按规则允许的轮转位置站位，防止越位犯规。

3. “自由人”运用

“自由人”是专职防守的球员，负责接发球和后排防守。自由人通常具有全队最快的反应速度和最好的一传与防守技术。自由人不需要在网前进攻或防守（规则不允许），因而可选择由一传技术好的矮个子球员担任，这样可大大提高全队的防守水平。另外，自由人的替换次数是不受限制的，且不计入正规换人次数，当前排队员轮换至后排时，可用自由人替换下场休息，这样既可以提高后排防守水平，又可以提高下一次进攻端攻击水平。因此科学合理使用自由人，也是战术中不可或缺的一项。

知识链接　自由人

“自由人”即自由球员，是国际排联于 1996 年世界女排大奖赛中试行的一项规则。自由人的功能在于加强防守达到攻守平衡的效果。在 2000 年悉尼奥运会排球比赛中，首次规定每次换发球之后记录并播报比赛成绩。与此同时，该届奥运会上开始出现自由人。

（二）排球基本进攻战术

进攻战术是指在接对方发、垫、传、扣、拦过来的球后，本队所采取的有组织、有目的的配合进攻行动。现主要介绍以下 3 种战术。

1. “中一二”进攻战术

由前排中间的 3 号位队员作为二传，把球传给两边 4 号位和 2 号位的队员进攻。二传手在 2、4 号位时球发出后，可以置换到 3 号位，如图 11-2-20 所示。

当前排二传队员位置轮换到 4 号位或 2 号位时，可以在对方发球后迅速移动换到 3 号位，如图 11-2-21 所示。

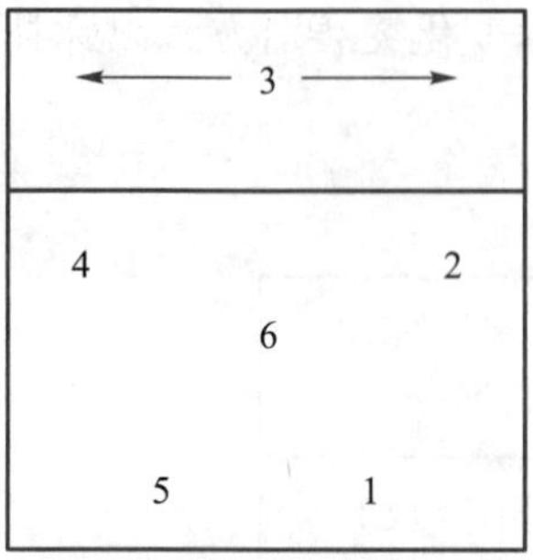

图 11-2-20　“中一二”进攻战术

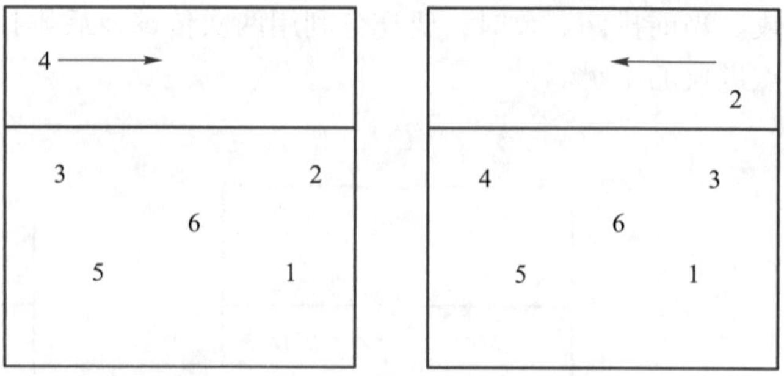

图 11-2-21　“中一二”进攻战术

“中一二”进攻战术的优点是一传队员向网前 3 号位垫球比较容易，有利于组织进攻，适合初学者采用。

2.“边一二”进攻战术

由前排 2 号位队员做二传，将球传给 3 号位、4 号位队员进攻。这种组织形式叫“边一二”进攻形式，如图 11-2-22 所示。

“边一二”进攻战术的优点是主、副攻队员在 3 号位、4 号位用右手扣球都很顺手，同时，战术组织变化较多。但缺点是对 4 号位及 5 号位队员一传准确性要求较高。

3.“插上”进攻战术

对方发球后，后排一个队员迅速移动插到前排做二传组织进攻。这种组织形式叫“插上”进攻形式，如图 11-2-23 所示。

“插上”进攻战术的优点是在任何轮次中，总能保持前排有 3 个进攻点，战术变化较多。但缺点是对插上的二传队员个人能力要求较高。

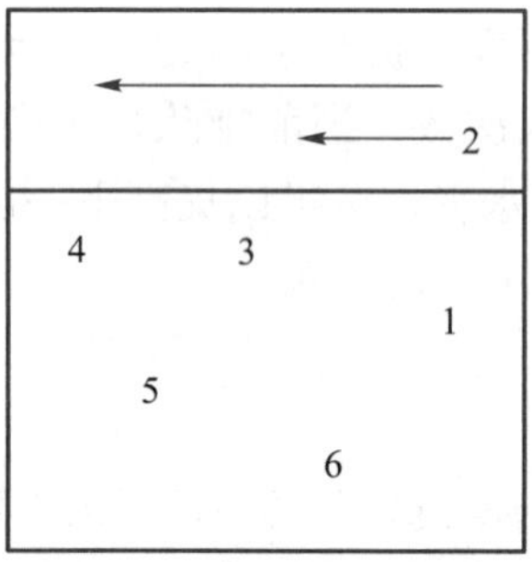

图 11-2-22　“边一二”进攻战术

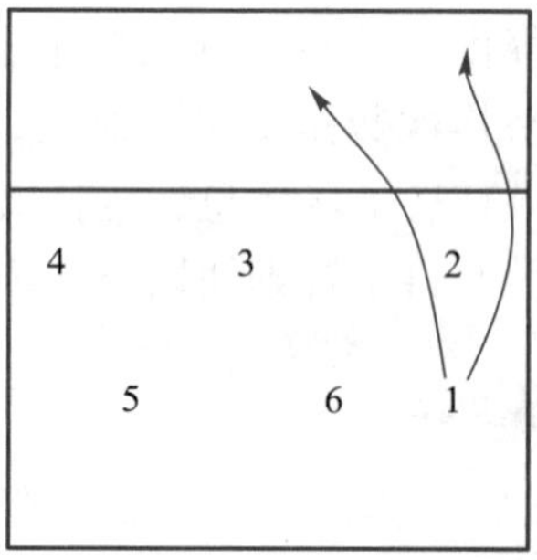

图 11-2-23　“插上”进攻战术

（三）排球一传与防守基本站位阵形

1. 接发球站位阵形

接发球站位是指在对方发球之前，本方队员为了接好发球，在本方场地内事先站好位置及其布局。本节重点介绍五人接发球站位阵形，此阵形比较适合技术水平较低的队采用。

（1）“M”形接发球站位，二传队员站在网前或后排插上位置，前面两名队员接前场区域来球，中间一名队员接中场区域来球，后面两名队员接后场区域来球，呈“M”形站位，如图 11-2-24 所示。

（2）“W”形接发球站位，二传队员站在网前或后排插上位置，中间三名队员接中前场区来球，后排两名队员接后场区域来球，呈“W”形站位，如图 11-2-25 所示。

2. 防守站位阵形

技术水平较低的队比赛时，由于对方进攻力量不强，扣球线路变化少，吊球又多，可主动采用二传单人拦网的防守阵形，前排队员后撤，准备防守与进攻，如图 11-2-26 所示。

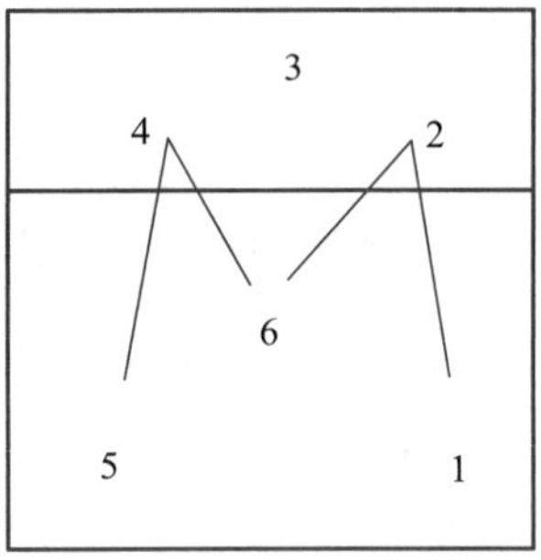

图 11-2-24 “M”形接发球站位

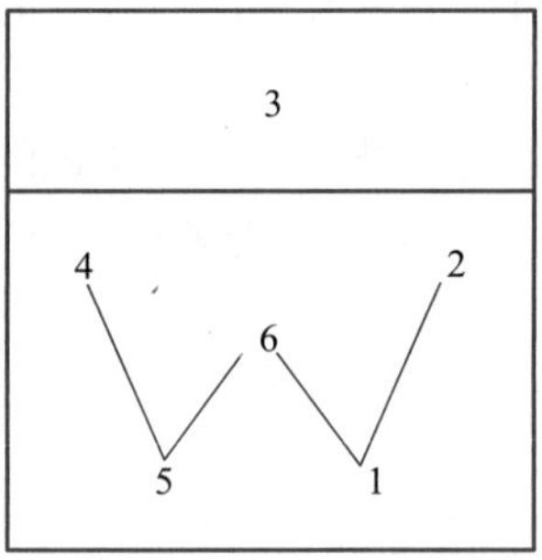

图 11-2-25 “W”形接发球站位

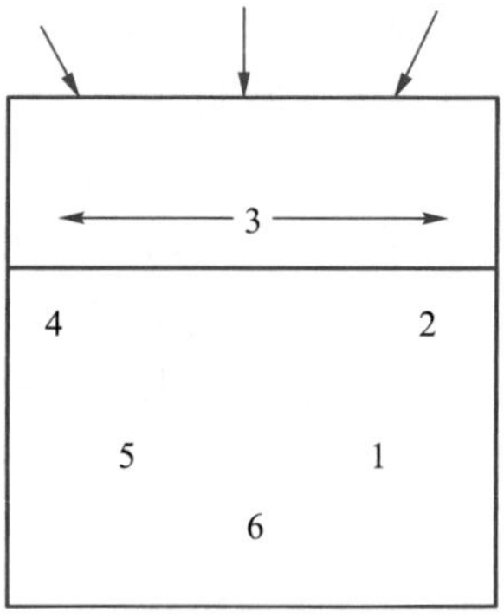

图 11-2-26 接扣球站位阵形

四、排球运动场地规则与锻炼方法

（一）场地器材与设备

1. 场地规格

（1）比赛场地。如图 11-2-27 所示，比赛场地为对称的长方形，球场的边线长为 18 米，端线宽为 9 米，中间为中线，将球场分为两个半场。两个半场距离中线 3 米处各有一条进攻限制线。场上所有的线宽均为 5 厘米。另外，比赛场区四周至少有 3 米宽

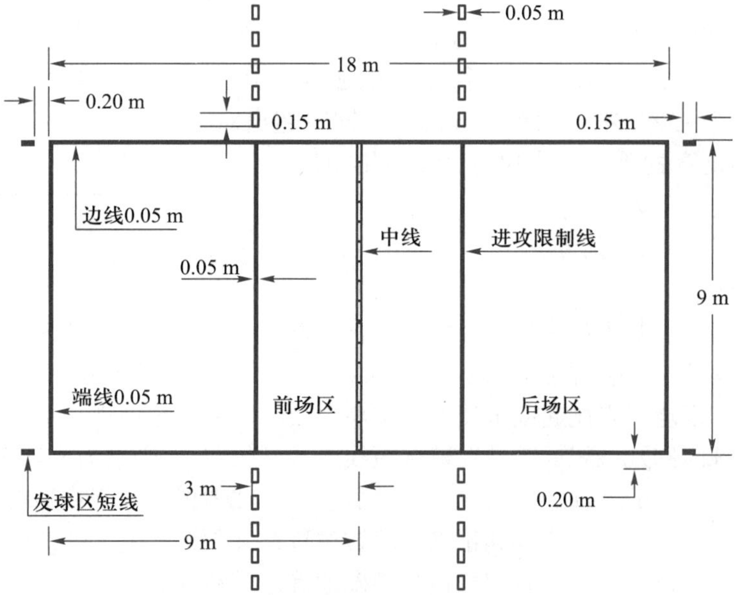

图 11-2-27 排球比赛场地示意图

的无障碍区，且从地面量起至少要有 7 米高的无障碍空间，国际排联规定世界性比赛球场周围至少有 12 米的无障碍空间。

（2）发球区。宽为 9 米，位置在端线后，其深度延至无障碍区的终端。在两条边线的延长线上划两条短线，线长 15 厘米，与端线垂直并距端线 20 厘米，此两条短线之间的区域即为发球区，短线宽度包括在发球区之内。

（3）换人区。两条进攻限制线的延长线之间、记录台一侧边线外的范围为换人区。端线与进攻限制线的延长线之间、记录台一侧边线外的范围为“自由人”换人区。

2. 器材与设备

（1）球。正式比赛用球应是国际排联批准的单色的浅色球或彩色球。球的圆周长为 66~67 厘米，重量为 260~280 克。正式比赛采用三球制，在一次比赛中所用球的颜色、周长、重量、气压及牌号等标准都必须是统一的。

（2）球网与网柱。球网为黑色，长 9.50~10 米（每边标志带外 25~50 厘米），宽 1 米，网眼直径 10 厘米。球网架设在中线上空，球网的高度男子为 2.43 米，女子为 2.24 米。网柱应为两根高 2.55 米的光滑圆柱，分别架设在两条边线外 0.5~1 米处，最好可以调节高度。

（3）标志带与标志杆。标志带为两条宽 5 厘米、长 1 米的白色带子，分别系在球网两端，垂直于边线。标志杆是长 1.80 米、直径 10 毫米，由玻璃纤维制成的有韧性的杆子。两根标志杆分别设置在标志带外沿球网的不同侧面，并高出球网 80 厘米，且高出部分涂有红白相间的颜色。标志带和标志杆都是球网的一部分，标志杆同时又是球网的边界。

（二）比赛方法

排球比赛两队各上场 6 人，位置如图 11-2-28 所示，运动员运用各种技术、战术进行攻防比赛。比赛采用每球得分制，胜一球即得一分。正式比赛采用五局三胜制，比赛前四局为 25 分制，以先得 25 分并同时超出对方 2 分为胜一局。当比分为 24∶24 时，比赛继续进行至某队领先 2 分为止。第五局决胜局为 15 分制，先得 15 分的队，同时超出对方 2 分，取得整场比赛的胜利。当比分为 14∶14 时，比赛继续进行至某队领先 2 分为止。

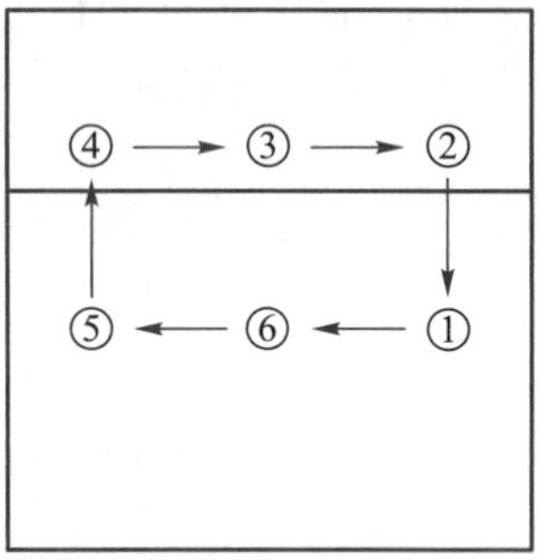

图 11-2-28 排球比赛队员位置及轮转方向

（三）主要规则与裁判方法

1. 发球犯规

发球队员必须在裁判员鸣哨后 8 秒之内将球发出，超出时间则判为发球延误。裁判员鸣哨前的发球无效，须重新发球，鸣哨之后有挥臂动作，但未击中球，判对方得分，并交换发球权；发球时未抛起或未使球清楚离手便击球为发球违规，换由对方发球。当发球队员在击球时踏及端线或踏越发球区短线（或延长线），则判为发球区外发球犯规。未按照位置表所登记的发球顺序发球，记录员应在发球击球后即刻鸣哨报告，裁判员应随即纠正错误，并要求队员恢复到正确的轮转位置，并判该队失 1 分，由对方发球。如果发球轮转错误早已发生，此时记录员应准确地确定其错误何时发生，从而取消该队自错误发生后的所有得分，对方得分仍然有效。如果不能确定错误发生的时间，则仅判该队失 1 分，由对方发球。

2. 位置错误

规则规定队员的位置是根据其脚的着地部位来判定的。每一名前排队员至少有一只脚的一部分，比同列后排队员的双脚距中线更近（平行也不行），否则为同列位置错误；每一名右边（左边）队员至少有一只脚的一部分，比同排中间队员的双脚距场地的右边（左）边线更近（平行也不行），否则为同排位置错误。不管是同列错误还是同排错误，都判该队失 1 分，由对方发球，且要求队员恢复到正确位置。

3. 击球时的犯规

比赛击球时，每队最多击球三次（拦网除外），第三次必须将球击过网并进入对方场区，否则为四次击球犯规。击球时动作必须清晰，如一名队员击球时，接触球时间长，或使球停滞为持球犯规。一名队员连续击球两次或球连续触及身体的不同部位，为连击犯规。但在第一次击球时，允许身体不同部位在同一击球动作中连续击球。以上犯规均判该队失 1 分，由对方发球。

4. 球网附近的犯规

比赛进行中队员触及球网为犯规，判该队失 1 分，由对方发球。但队员无意识、轻微、不影响比赛的触网和由球被击入球网而造成的球网触及队员不算犯规。拦网时，允许越过球网触球。但在对方进行进攻性击球前或击球时，在对方空间触及球，则判为过网击球。网下穿越时，规定在不妨碍对方比赛的情况下，允许队员在网下穿越进入对方空间，但妨碍对方比赛则判为犯规。另外，比赛进行中队员整个脚、手等身体任何部分越过中线，触及对方场区为过中线犯规。但队员的一只脚或双脚越过中线触及对方场区时，脚的一部分还接触中线或置于中线上空是允许的。以上球网附近的犯规均判该队失 1 分，由对方发球。

5. 拦网犯规

拦对方发过来的球为拦发球犯规。队员在对方进攻性击球前或击球时在对方空间拦网触球为过网拦网犯规。后排队员靠近球网处参加集体拦网，并将手伸向高于球网处阻挡对方来球，即使本人未接触到球，只要集体拦网成员的任何队员触球，则判后排队员拦网犯规。以上拦网犯规均判该队失 1 分，由对方发球。

6. 进攻性击球犯规

在前场区域对发过来的高于球网的球，完成进攻性击球为犯规，但在后场区域起跳，击球后仍在后场区域落地不犯规。后排队员在前场区域或踏及进攻线及其延长线，击整体高于球网上沿水平的球，并使球整体由过网区通过球网垂直面或触及对方拦网队员，则为后排队员进攻性击球犯规。以上两种进攻性击球犯规均判该队失 1 分，由对方发球。

第三节　足 球 运 动

一、足球运动概述

（一）足球运动的起源与发展

现代足球最早产生于 19 世纪的英国。1835 年，英国谢菲尔德成立了世界上第一个足球俱乐部。1863 年 10 月 26 日，英格兰足球总会正式成立，并制定出世界上第一个统一的足球规则，随之出现足球联赛。英格兰足球总会的成立，代表世界足球运动进入了一个崭新的阶段，于是世界公认这一天为现代足球的诞生日。1903 年，比利时、丹麦、法国、荷兰、西班牙等国家商议成立一个国际足球组织，1904 年，国际足球协会成立。1908 年，足球被正式列入奥林匹克运动会的比赛项目之中。第一届世界杯赛事在 1930 年由乌拉圭主办，东道主乌拉圭夺得冠军。

（二）足球运动的价值

（1）足球运动的体育价值。足球运动能提高人们的力量、速度、灵敏、耐力、柔韧等身体素质，而且能改善人的高级神经活动，尤其是能增强人体心血管系统、呼吸系统等内脏器官的功能，进而促进人体的健康。

（2）足球运动的智育价值。足球运动不仅是一项体力运动，也是一项脑力运动，需要瞬间的反应能力、卓越的观察能力以及快速的决断能力，踢球的同时大脑也在飞速运转，时时计算着来球的轨迹和速度，这也是对大脑能力的开发和运用。足球运动所需要的团队协作精神对人们的工作学习也具有积极的引导作用。

（3）足球运动的德育价值。足球的竞技精神和团队文化在德育方面具有丰富的内涵：公平与竞争、团队与荣誉、超越自我、永不言弃的体育精神。现代足球运动的发展，与爱国主义教育的开展也有着密不可分的联系。

（4）足球运动的美育价值。在足球比赛中，球员本身所具备的强健体魄和不断展现的运动技能，无时无刻不在展现着运动之美。竞技运动完美诠释着智慧与力量、激情与活力。欣赏足球比赛就是在享受视觉盛宴，在欣赏不一样的艺术之美。

知识链接 足球重要赛事

世界杯足球赛：国际足球联合会统一领导和组织的世界性的足球比赛。每届比赛从预选赛到决赛前后历时 3 年，是世界上规模最大、影响最大、水平最高的足球比赛，也是世界上观众最多的体育比赛项目。

奥运会足球赛：1896 年第一届奥运会，足球是表演赛的项目；从 1900 年第二届奥运会起，足球被列为正式比赛项目。

二、足球基本技术

足球技术是指运动员在足球比赛中所采取的合理动作的总称。足球技术分为有球技术和无球技术两大类。

无球技术是指运动员在比赛中，在不控球的情况下所完成的各种技术动作。一场 90 分钟的足球比赛，即便是一名优秀的足球运动员，真正的控球时间也只有 2~3 分钟，而其他时间都是在无球情况下活动的。无球技术主要有以下 4 种。

（1）起动。起动是指运动员由静止或活动中突然加速快跑，占据有利空间或地域的一种技术。足球比赛中的起动在许多情况下是与各个技术动作紧密联系的，因此，突然快速地起动会为完成各项有球技术赢得时间优势。

（2）急停和转身。急停是指快速运动状态突然转换成静止状态的一种制动方式，常见的急停方式有跨步急停和跳步急停。转身是指利用脚步的移动和身体的转动来改变身体原来所处状态的一种方法，分为前转身和后转身两种。

（3）跳跃。跳跃是指运动员在比赛中为获得有利的空间位置而采取的一种腾空方法。一般采用单脚或双脚两种起跳方法。

（4）假动作。假动作是指在比赛中，为摆脱对方的紧逼或为抢夺对方控制的球，用快速而逼真的身体虚晃动作，使对方产生错觉，做出错误的判断和动作，从而达到自己的预期目的的一种技术。

有球技术是指在快速和激烈对抗的条件下，最能体现完成攻守任务的技术。它是足球运动中个人技术的主要部分，是足球运动的主体。有球技术主要包括颠球、踢球、停球、运球、头顶球、抢截球、假动作、掷界外球、守门员技术等。以下主要介绍有球技术。

（一）颠球

颠球是利用身体的合理部位反复接触球，增进触球部位肌肉对球的敏感性，通过反复练习逐步了解、熟悉球性的有效方法。掌握球在各种状态下的运行规律，为踢球、接球技术的学习奠定基础。

（1）挑球：支撑脚踏在球的侧后方约 30 厘米处，膝微屈，挑球脚的前脚掌踏在球的上方并向后拖拉，当球滚上脚背时，脚尖稍抬起向上挑球（图 11-3-1）。

（2）脚背正面颠球：支撑腿膝关节微屈，当球落到离地面约 20 厘米以下高度时，颠球脚的膝、踝关节适当放松，并柔和地向前上方甩动小腿，脚尖稍翘起，用脚背轻击球的底部（图 11-3-2）。

图 11-3-1　挑球

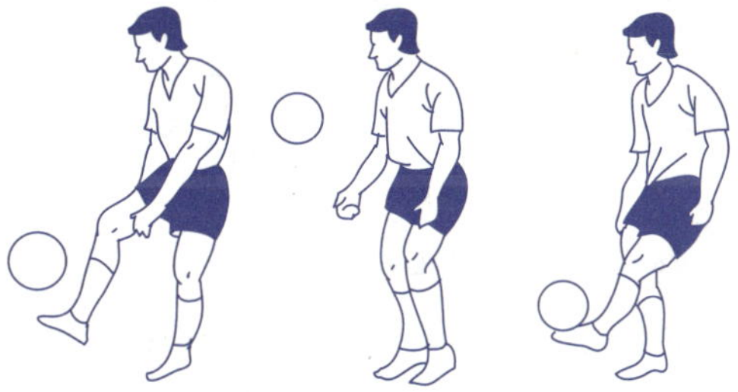

图 11-3-2　脚背正面颠球

（3）脚内侧颠球：支撑腿膝关节微屈，当球落到膝关节高度时，颠球脚屈膝盘腿，脚内侧向上摆，轻击球的底部（图 11-3-3）。

（4）脚外侧颠球：支撑脚膝微屈，当球落到膝关节高度时，颠球脚屈膝，脚外翻，脚外侧呈水平状态轻击球的底部（图 11-3-4）。

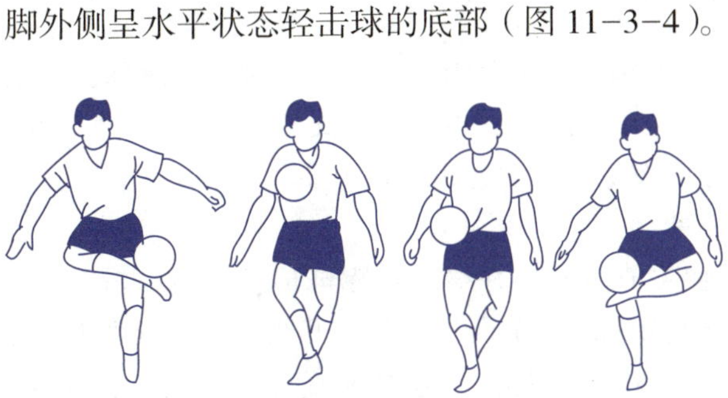

图 11-3-3　脚内侧颠球

图 11-3-4　脚外侧颠球

颠球练习方法

（5）大腿颠球：支撑腿膝微屈，当球落到接近髋关节高度时，颠球腿大腿屈膝上摆，当大腿摆到成水平状态时用大腿中部击球的底部（图 11-3-5）。

（6）头颠球。两腿左右或前后开立，膝微屈，头后仰使前额正面呈水平状态，当球下落到接近前额正面时，两脚柔和地向上蹬伸，用前额正面轻击球的底部（图 11-3-6）。

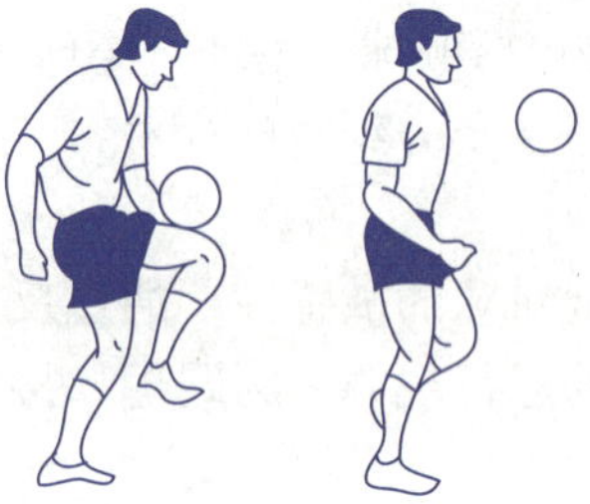

图 11-3-5　大腿颠球

图 11-3-6　头颠球

（二）踢球

踢球即有目的地用脚的某一部位将球踢向预定的目标。只有熟练地掌握踢球动作，才能完成战术配合和射门。踢球的方法按部位和方式可分为脚内侧踢法、脚背正面踢法、脚背内外侧踢法、脚跟踢法等（图 11-3-7）。

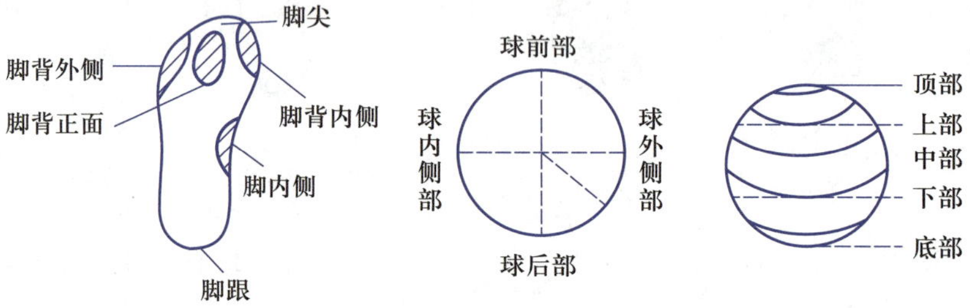

图 11-3-7　脚及球的各部位

知识链接　踢球的方法

踢球的方法主要有脚内侧踢球、脚背正面踢球、脚背内侧踢球、脚背外侧踢球、脚跟和脚尖踢球。不论哪一种踢球技术，其完整的动作过程都由助跑、支撑、摆腿、击球和踢球后的随前动作这五个技术环节组成。其中，支撑、摆腿、击球是主要环节。

1. 脚内侧踢球

脚内侧踢球

支撑脚：立于球旁 15~25 厘米处，膝关节微屈，并移动到踢球最理想的位置。

踢球脚：着力部位为脚后跟与大拇指关节和踝关节所构成的三角形。在踢定位球时，踢球腿以髋关节为轴从后向前摆动，并屈膝外展，大腿与地面垂直时，小腿加速前摆，脚内侧正对出球方向。触球时脚掌和地面平行，踝关节紧张，脚形固定（图 11-3-8）。

图 11-3-8　脚内侧踢球

2. 脚背正面踢球

脚背正面踢球

支撑脚：支撑脚踏在球侧，脚趾指向出球方向；膝关节微屈，身体前倾，约与球中央部位垂直。

踢球脚：必须以正脚背踢到球的中央部分，脚背与球大约成 30° 角，身体与踢球脚必须和球心的水平面近乎垂直，并以近乎垂直的路线踢击皮球。踢定位球时，直线助跑，在支撑脚前跨的同时，踢球腿大腿顺势后摆，当膝关节摆至足球上方时，小腿加速向前摆，脚背绷直，脚趾紧扣，击球后，身体和踢球腿顺球前移（图 11-3-9）。

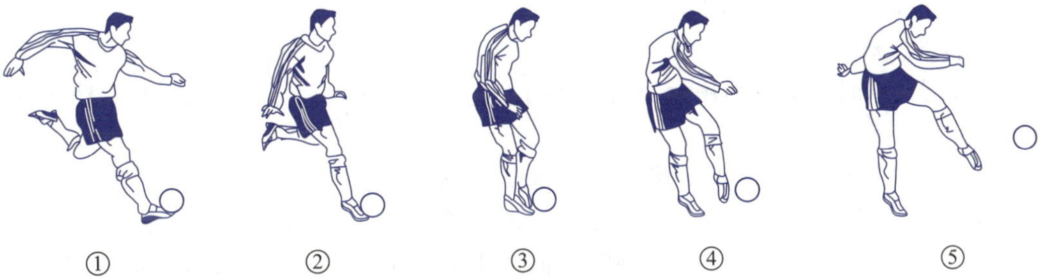

图 11-3-9　脚背正面踢球

3. 脚背外侧踢球

脚背外侧踢球

支撑脚：踏在球的侧方 10~12 厘米处，脚尖正对球的方向，膝关节微屈。两臂自然张开。

踢球脚：支撑的同时踢球脚以髋关节为轴，大腿带动小腿由后向前摆动，当膝关节摆至接近球正上方时，小腿做鞭打爆发式的摆动，膝盖和脚尖内转，脚面绷直，脚趾紧扣，以脚背外侧部位踢球的中后部，踢球腿随球继续前摆（图 11-3-10）。

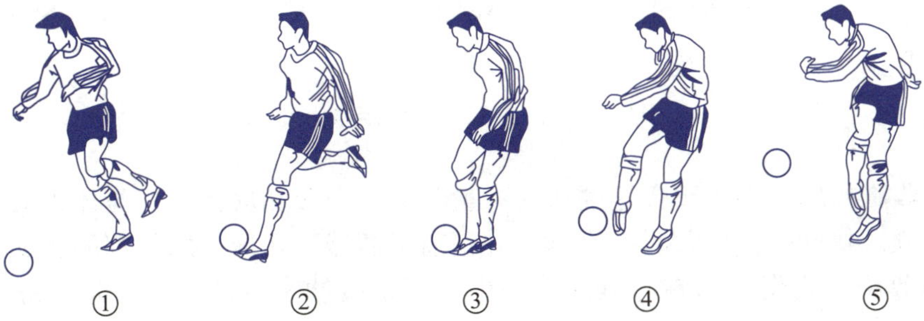

图 11-3-10　脚背外侧踢球

脚背内侧踢球

踢球练习方法

4. 脚背内侧踢球（又称内脚背踢球）

支撑脚：位于球侧后方少许，脚尖指向出球方向，与球距离保持大约20厘米。

踢球脚：（以右脚为例）踢球脚由球内侧向外侧摆动踢球。球则由右侧向左旋转。若踢球时踢的是球的中央部位，那么球会同时下旋。在踢定位球时，踢球腿以髋关节为轴，大腿带动小腿向前内侧迅速摆动，当膝关节摆到靠近球的内侧上方时，小腿加速向前摆。触球时，脚面绷直，脚趾紧扣，脚尖指向斜下方，击球后踢球腿顺势前摆（图11-3-11）。

图11-3-11 脚背内侧踢球

（三）停球

1. 胸部接球

用胸部接球时，胸部面积大，接球稳当，适合接高球。胸部停球有挺胸接球和收胸接球两种。

（1）挺胸接球。一般用于接高于胸部的下落球。停球时，身体正对来球，收下颌，双臂自然张开，重心落在两脚之间，两膝微屈，上体稍向后仰。在球碰到胸部时，挺胸憋气，脚跟上提，使球触胸后向前上方弹起，之后用头或用脚将球控制好（图11-3-12）。

图11-3-12 挺胸接球

（2）收胸接球。多用于接速度快、力量较大的平球和反弹球。身体正对来球，两脚前后开立。接球时，胸部对准来球，并稍前挺迎球。在球接触胸部的刹那，两肩前引，迅速收胸，收腹，用胸部触压球的中上部来缓冲来球的力量，将来球接在身前（图11-3-13）。

图 11-3-13　收胸接球

2. 脚内侧停球

脚内侧停球动作比较容易掌握，球与脚的接触面积大，容易接稳，并便于改变方向和结合下一个动作，可以用来接地滚球、反弹球和空中球。

脚内侧停球

（1）接地滚球时，支撑脚正对来球方向，膝关节稍屈，上体稍向前倾，接球腿屈膝外展并前迎，脚尖稍翘，在与球接触的刹那，脚掌轻轻下压并后撤以缓冲来球力量，用脚前掌将球接在脚下。

（2）接反弹球时，身体正对来球，支撑脚位于球落点的侧前方，接球脚的前掌对准球的反弹方向，触球的后中上部，当球刚反弹起时，脚内侧轻压球的中上部。停空中球时，脚内侧对准来球路线，在和球接触前的刹那迅速后撤缓冲，将球控制在自己所需要的位置（图 11-3-14）。

图 11-3-14　停反弹球

脚内侧停反弹球

（3）接空中球时，抬高停球大腿膝关节弯曲，用脚内侧对准来球，在脚与球接触前的刹那，小腿放松后撤，将球停在自己的控制范围内（图 11-3-15）。

图 11-3-15　脚内侧停空中球

3. 正脚背接球

正脚背接球适用于接空中下落的球。接球时，身体正对来球，接球腿屈膝提起，以脚背对准来球。在球与脚接触的刹那，小腿和脚腕放松下撤，缓冲来球力量，让球

停球练习方法

落到身前。

4. 外脚背接球

接地滚球时，支撑腿稍屈，接球脚提起，膝稍屈，放于支撑脚的侧前方，脚背外侧对准来球方向。在球与脚接触的瞬间，接球脚轻轻下压，将球接到身前。

（四）运球与运球过人

运球是运动员在跑动中，用身体某一部位触球（主要是脚的推拨动作），有目的地将球保持在自己所能控制范围内而做的连续触球动作。运球过人是指运动员凭借合理的运球动作突破对手的防守。

1. 运球

脚背正面运球

（1）脚背正面运球：脚背正面运球时，身体保持正常跑动姿势，上身微前倾，步幅不宜过大，两臂自然摆动，运球腿提起，膝关节稍屈，踝关节前送，脚跟提起，脚尖下指。在脚着地前用脚背正面部位触球后中部将球推送前进。

（2）脚背内侧运球：运球时，身体稍侧转且自然协调放松，步幅小，上体前倾，运球腿提起外展，膝微屈外转，脚跟提起，脚尖外转，使脚背内侧正对运球方向，在运球脚落地前用脚背内侧推拨球，使球向前侧作曲线或弧线运行。高速运球时不宜使用此种运球方法。

脚背外侧运球

（3）脚背外侧运球：脚背外侧运球时身体保持正常跑动姿势，上体稍前倾，步幅不宜过大，运球腿提起，膝关节稍屈，脚跟提起，脚尖内转，使脚背外侧正对运球方向，在运球脚落地前用脚背外侧推拨球的后中部，使球作曲线或弧线运行。此种运球方法能用身体隔开对手与球，所以掩护时经常使用。

脚内侧运球

（4）脚内侧运球：运球时，支撑脚稍向前跨，领先于球，肩部指向运球方向，支撑腿膝关节微屈，重心放在支撑腿上，另一条腿提起屈膝，用脚内侧推球的后中部前进（图 11-3-16）。

图 11-3-16 脚内侧运球

2. 运球过人

足球练习常见问题及解决方法

运球过人是一种在准确判断和把握对手的防守站位和重心变化的情况下，利用速度、方向或动作变化，突破防守的技术。在运球过人时，运球脚很难再发挥蹬地起动的作用，所以，运球脚主要完成拨、拉、扣、挑等动作。

运球过人按动作方法可大致分为利用速度强行过人、利用身体的掩护强行过人、利用变速运球过人，以及利用人球分路过人、运球假动作过人等。

（五）头顶球

运球练习方法

头顶球是指球员用前额将球击向预定目标的技术动作。此动作的意义是在集体配合后准确地击空中球或射门等，防守时也常常起到举足轻重的作用。头顶球正确的部位是前额骨的正面和侧面，这两个部位均能做原地顶球、跑动中顶球、跳起顶球。

1. 原地顶球

前额正面顶球时应先选好站位，身体正对来球方向，两脚前后自然开立，膝关节稍屈，重心在后，双眼紧盯来球。球来的一瞬间，腰部前挺，胸部上提，下颌平收，两臂自然张开、上体稍后仰，顶球时后脚迅速蹬地，上体由后向前摆动，在即将触击球的刹那，两腿迅速用力蹬伸，以腰腹和颈部的快速摆动主动迎击来球。击球时，颈部肌肉保持紧张，双眼紧盯出球方向。

2. 跳起顶球（图 11-3-17）

两眼注视来球，身体正对来球，两脚左右开立，间隔 15~20 厘米，脚尖稍向内转，膝关节微屈，上体稍前倾，两臂屈肘后伸，身体重心平均落在两只脚上。起跳后展腹挺胸，形成背弓，两眼始终注视来球。跳至最佳点时，迅速收屈上体，收紧下颌，前额积极迎球顶送发力，顶球后两腿自然屈膝、屈踝落地。

顶球练习方法

图 11-3-17　跳起顶球

（六）抢截球

抢截技术是防守技术的综合体现，能起积极有效的防守作用，是指防守队员通过争夺、堵截、破坏等方式延缓或阻拦对方的进攻的运动技能。抢截球技术具体体现为正面抢截、侧面抢截、侧后抢截等。

抢截球练习方法

1. 正面抢截

当对方带球队员迎面而来时，两脚前后稍开立，两膝稍屈，身体重心下降，并平均落在两脚上，面向对手。在对方带球脚触球将要着地或刚刚着地时，抢球脚前跨截球。双方发生上体的接触时，抢球人可用合理部位冲撞对方，使其身体失去平衡，从而把球控制在自己脚下（图 11-3-18）。

图 11-3-18　正面抢截

2. 侧面抢截

当防守队员与带球进攻的队员成平行位时，在与对方平行跑动争球的瞬间，身体重心降低，两臂贴紧身体，在对方靠近自己的脚离地时，肩和上臂可有合理的冲撞动作，使其失去平衡，趁机将球控制在自己脚下（图 11-3-19）。

① ②

图 11-3-19 侧面抢截

（七）假动作

假动作是指在比赛中，运动员利用各种动作的假象来隐蔽自己的真实意图，从而迷惑对方，使对方做出错误判断或使其身体失去平衡，形成对自己有利形势的行为。接近对方时才能运用假动作，真假动作的衔接要迅速、适当，真真假假，变幻莫测，令对方难以捉摸。

（1）踢球假动作技术：传球中，当对手前来堵抢时，可以先向一方做假动作，趁对手去封堵假动作路线时，突然改变踢球脚法将球传或运向另一方向。

（2）头顶球与胸部接球假动作技术：当队员准备接胸部以上的高空来球时，对手迎面逼近准备抢截，此时接球的队员做出胸或头、接或顶的假动作诱使对手立定，以假当真，在其封堵接、传路线的瞬间，突然改变动作，用头或胸接住球，也可将球顶出。

（3）运球假动作技术：对方迎面抢截球时，可用左（右）脚的脚背内侧扣拨球动作与身体的虚晃动作相配合，诱使对手的重心发生偏移，然后用左（右）脚的脚背外侧向同侧方向拨运球越过对手。对手从侧面来抢截球时，先快速向前运球，诱使对手紧追过来，然后做出突然减速或停球假动作，使对手随之放慢速度，再突然起动加速推球向前甩掉对手。对手从身后来抢截球时，运球者用左（右）脚掌从球的上方擦过，做大交叉步，身体也随动作前移，诱使对手向运球者的移动方向堵截，然后以运球脚前脚掌为轴，突然向右（左）后方转身，用右（左）脚背内侧将球扣回，把对手甩掉。

（八）掷界外球

掷界外球
练习方法

掷界外球是一种下端固定的爆发式的平摆运动，必须有稳固的支撑。掷球时，面对出球方向，两脚前后或左右开立，膝关节弯曲，上体后仰成背弓，重心移到后脚上，两手自然张开，拇指相对，持球的侧后部，屈肘将球置于头后，根据身高和臂长掌握合理的掷出角（不超过 45°），充分利用蹬地、腰腹和手腕的力量，将球快速掷出（图 11-3-20）。运动员应会利用助跑的初速度，这样有助于将球掷远。

① ② ③

图 11-3-20 掷界外球

足球比赛规则规定直接接到界外球者没有越位限制。但是规则对掷界外球技术动作规格却做了严格的规定。掷界外球有两种违例较多的情况，一是掷界外球的动作不连贯致使动作分解，二是助跑掷远距离球时单脚离地。

（九）守门员技术

守门员是一个队的最后一道防线，主要任务是将球门守住不让对方进球。由守转攻时，则用快速、准确的传球组织发起进攻。守门员可在罚球区内用手处理球，是球队中唯一有此特权的队员，在争夺罚球区内的高空球时起第三中卫的作用。守门员的技术主要有准备姿势、选位、接球、扑接球、拳击球、托球和发球等。

（1）准备姿势：守门员的准备姿势是完成下步技术动作的基础。做准备时，守门员两脚左右开立与肩同宽，两膝自然弯曲，身体略向前倾，两脚跟稍提起，重心落于前脚掌上，两臂自然弯曲，掌心向下，两眼注视来球。守门员接地滚球有两种姿势——直立接球和单膝跪立接球。

（2）接平直球：双臂屈肘前迎，在球接触胸前瞬间，夹紧双臂，收腹，屈体，将来球力量缓冲掉，把球抱在胸前。

（3）接高球。先确定接球点，然后迅速移动起跳，两臂上伸迎球，两手拇指成八字，手腕和手指适当用力接住球，同时屈肘、收臂向下带引球，顺势转腕将球抱于胸前。当来球速度过快或者处理球比较棘手的时候，使用托球或者拳击球是比较好的选择（图 11-3-21）。

图 11-3-21　守门员技术

三、足球基本战术

足球战术是指比赛双方为了将个人与集体的特长充分发挥出来，进攻对方弱点，赢得比赛所采用的手段和方法。按照攻防的基本特点，足球战术可分为比赛阵形、进攻战术、防守战术三大部分。在进攻和防守战术中，又分别包括个人、集体与全队的攻防战术。

（一）比赛阵形

比赛阵形是指按照攻守战术的需要所设置的全队队员在场上的位置排列、攻守力量搭配和职责分工的形式。各阵形的名称根据队员排列的形状而定。目前，世界上普遍采用的阵形有“四四二”“四三三”“三五二”“五三二”等几种。

（二）进攻战术

1. 个人进攻战术

个人进攻水平的高低与整体进攻战术质量的好坏直接相关。提高个人战术水平对比赛的成效至关重要。队员无球时的摆脱、跑位和有球时的传球、射门、运球突破等都属于个人进攻战术。

2. 整体进攻战术

整体进攻战术是指比赛中一方为了完成进攻战术任务而采用的全局性的配合方法。整体进攻战术包括边线进攻、中路进攻和快速反击等。在此仅简单介绍一下边线进攻。充分利用场地的宽度，拉开对方的防线是边线进攻的特点。当由守转攻时，可由边卫或者边锋发动边线进攻。经过局部配合突破后，将球传到中央，由其他进攻者包抄射门。比赛中，防守队员一般集中在中间地区，边线地区防守队员相对少些，所以从边线进攻对方防线比较容易突破（图 11-3-22）。

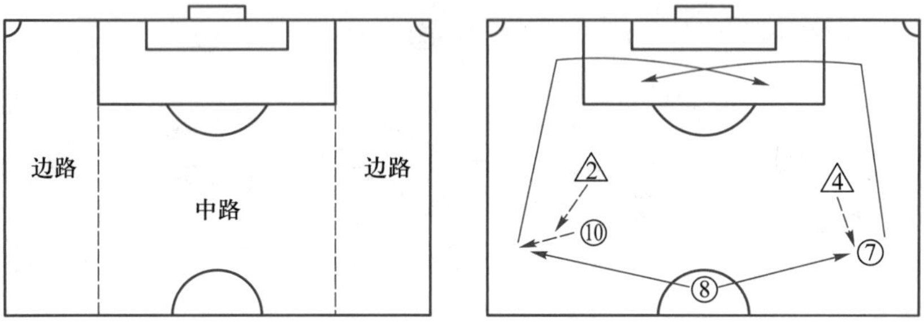

图 11-3-22　边线进攻

（三）防守战术

防守战术基本类型有两种：人盯人防守是指在规定的范围内盯人紧逼，不交换看守；区域紧逼防守（紧逼和保护相结合）是指在个人的防区内紧逼，作交替看守。人盯人防守各自都有明确的防守对象，如对方左边锋大幅度地斜插至右路，则由后卫紧跟盯防，不交替看守。紧逼和保护是防守最根本的原则。只有紧逼才能有效地主动抢断、压制对方技术的优势而获取主动权。保护的目的是更好地紧逼和控制空当。

四、足球主要规则简介

（一）场地设置

比赛场地应为长方形，长 90～120 米，宽 45～90 米。任何时候长度都必须超过宽度（图 11-3-23）。

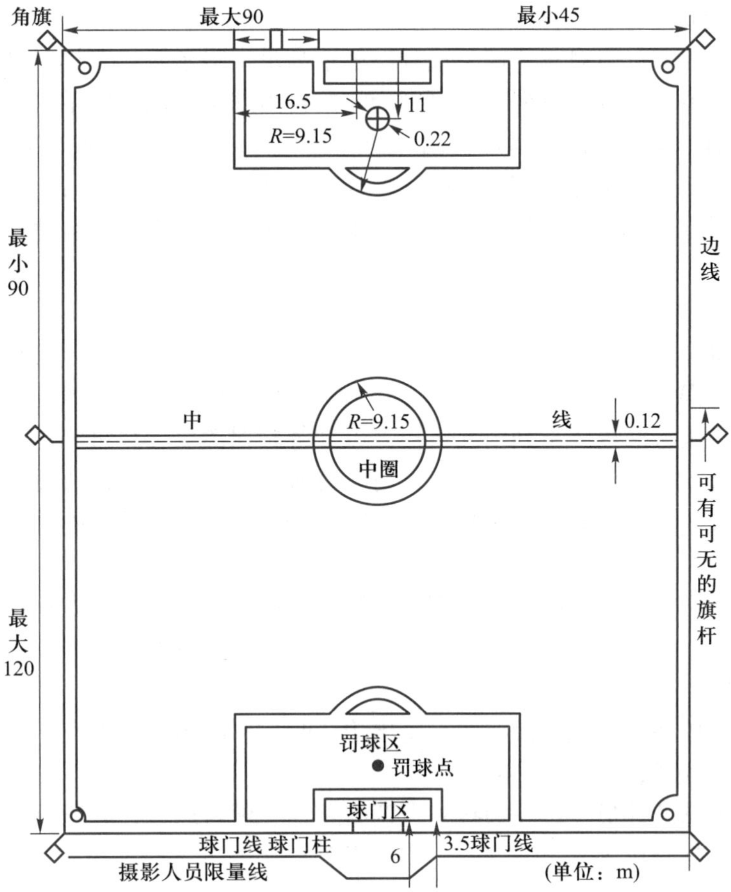

图 11-3-23　足球场地图

（二）规则简介

1. 比赛时间

比赛分为两个半场，上下半场各为 45 分钟。半场休息时间不得超过 15 分钟。上下半场由于某些原因而消耗的时间都要补足。

2. 球员人数

场上每队不得多于 11 名球员，最少要有 7 名球员，其中有一名守门员，守门员的球衣颜色必须不同于两队球员球衣的颜色。

3. 越位

进攻球员没有球时站于防守一方的半场，且防守方的球门线与该进攻球员之间，除守门员外只有一位防守球员时，进攻的球员所在位置、便是越位位置。

4. 直接任意球

球员犯规，在该点由对方任意罚球，直接射进球门，可算得分。下列情况可判直接自由球：踢或企图踢对方球员；绊倒或企图绊倒对方球员；跳向对方球员；冲撞对方球员；殴打或企图殴打对方球员；推对方球员；抓、拉对方球员；向对方球员吐口水；非守门员用手触球；铲球未触球前触及对方。

5. 间接任意球

球员犯规，在该点由对方罚球，裁判以单手高举手势示意；直接射进球门，却未经其他球员触及，不算得分。下列情况可判为间接自由球：守门员用手将球交出，在球未触及其他球员前，又一次用手触球；同队球员故意将球踢向守门员，守门员用手触球；守门员用手直接获得同队球员掷入场内的界外球；守门员用手持球行走超过 4 步导致时间延误；阻挡对方球员前进；阻碍守门员用手将球交出；动作有危险性；其他犯规，规则未规定者。

6. 黄、红牌警告

下列情况将被处以黄牌警告：非体育精神行为；用语言或动作向裁判表示异议；连续违反规则；延误重新开始的比赛；对方踢角球或任意球时，不与球保持必要距离；未经裁判允许擅自出入球场。下列情况将被处以红牌判罚离场：严重犯规；言语无礼、侮辱或谩骂；粗鲁行为；对任何人吐口水；对方有机会进球得分时，故意用手触球；对方有机会进球得分，故意用犯规手段阻止；在同一场比赛，两次被黄牌警告。

7. 罚球

（1）球员在己方罚球区内触犯可判罚直接任意球的规则，由对方在罚球点判罚。

（2）罚球区的位置在球门前长 16.5 米、宽 40.32 米之长方形范围。

8. 界外球

（1）整个球体在空中或地面，全部越出边线时；在越出边线地点，由最后触球球员的对方球员掷球入场，比赛重新开始。

（2）掷界外球的球员须站在边线外、两脚着地、面对球场，并用双手掷球。

（3）掷界外球直接进入对方球门，不算得分。

9. 球门球

（1）直接进入对方球门，算得分。

（2）球由攻方球员触及，整个球体在空中或地面，全部越出球门线时，则判球门球。

（3）由守方球员在球门区内任何一点踢球门球。

10. 角球

（1）直接进入对方球门，算得分。

（2）球由守方球员触及，整个球体在空中或地面，全部越出球门线时，判角球。

自测题 11

第十二章　小球类运动

本章导学

乒乓球被世界公认为是中国的“国球”；羽毛球运动是一项在室内、室外均可进行的一项深受人们喜爱的群众性运动与健身项目；网球运动一向被称为“贵族运动”“高雅运动”。小球运动对身体运动素质要求较低，运动时姿势舒展，动作优美，深受青年学生的喜爱。小球类运动项目具有较高的观赏价值和广泛的群众基础。

本章通过介绍乒乓球、羽毛球、网球运动的起源、发展、特点与锻炼价值，使学生掌握三小球运动的基本技术、运动方法，从而提高学生身体素质，培养学生的学习兴趣和顽强拼搏、团结协作的精神。

学习目标

知识目标：了解乒乓球、羽毛球、网球运动的起源、发展、特点与锻炼价值。

能力目标：掌握乒乓球、羽毛球、网球运动的基本技术、运动方法，提高身体素质。

素质目标：提高乒乓球、羽毛球、网球运动的欣赏水平，培养兴趣和顽强拼搏、团结协作的精神。

思政课堂

国球精神：挑战极限的力量

在中国体育发展史上，乒乓球项目的地位最为特殊。它拥有最辉煌的竞技成绩、最庞大的群众基础和最深厚的文化底蕴。

中华人民共和国成立后，乒乓球成为我国发展最为广泛最具成就感的体育项目，从兴起到快速发展，到乒乓外交影响世界，乒乓球迅速成长为我国的国球。而国球之所以如此强大，离不开每一位乒乓运动员的努力拼搏。他们用热爱守护每份期待，有实力依然拼尽全力，愈战愈强。

在中国乒乓球队的训练馆里，几十年来一直悬挂着两幅醒目标语，一幅是“祖国利益高于一切”，另一幅是“艰苦创业、顽强拼搏、为国争光”。而后一条，一直被大家视为“国球精神”。

容国团在第二十五届世乒赛斩获男单冠军，成为新中国体育史上第一个世界冠军，也翻开了世界乒乓球史崭新的一页。他喊出的“人生能有几回搏”激励了一代又一代中国体育人。2019 年布达佩斯世乒赛上，马龙实现男单三连冠时喊出了振奋人心的“我是中国制造”！这是时隔 60 年两代乒乓球人的“隔空”对话，是“顽强拼搏、为国争光”精神的代代传承。容国团等老一辈乒乓球国手在国际赛场屡创佳绩，种下了中国乒乓球长盛不衰的基因，一代代乒乓球人接续奋斗，续写辉煌。

在中国乒乓人心目中，“国际大赛上获得亚军就是失败，国乒就是奔着冠军去参赛的”。也正是在这样的信念和坚守之下，国乒的辉煌战绩和崇高荣耀被不断创造，又不断被自己打破，才有了国乒这支中国体育军团当之无愧的王牌之师，称霸世界 20 余年，写下了体育历史上的不败神话。

不信极限、全力以赴，才铺展开了今天国乒能从容踏足的花路。倾尽所有、屡败屡战，才让中国体育健儿在世人面前扬眉吐气，让国旗徐徐升起、让国歌频频奏响。

也是这种不信极限的底层力量，让中国乒乓健儿在几十年争先夺标的征程中，孕育出了“胜了从零开始”“输球不输人”“打出风格、打出水平”“创新才有生命力”等一系列精神和理念，激励着更多人前赴后继。

第一节　乒乓球运动

一、乒乓球运动的起源与发展

（一）乒乓球运动的起源与发展

乒乓球运动起源于英国，是在网球的发展过程中派生出来的。19 世纪中期包括网球在内的球类运动朝着两个方向发展：一是向室外露天场地发展；二是向室内场馆发展，于是出现了“室内网球”。19 世纪后期英国的大学生从网球中得到启示，将“室内网球”搬到桌上，以餐桌为球台，以书作球网，用羊皮纸贴面作拍子，用橡胶或软木作球，在餐桌上打来打去。当时媒体称它为“桌上网球”。

当前世界各乒乓球强国普遍朝着打法多样、技术全面、战术灵活、能攻能守、能长能短、特长突出、加强主动进攻的方向发展。

（二）乒乓球运动的特点

（1）器材设备简单，在室内外均可进行，活动量可大可小，不受年龄、性别和身体条件的限制，很容易被大众接受。

（2）乒乓球速度快、变化多，要求练习者在瞬间对来球有较强的反应能力和应变能力，它能提高人体神经系统的灵敏性和协调性。

（三）乒乓球运动的锻炼价值

（1）可以增强身体素质。

（2）可以调节和改善神经系统灵活性。

（3）可以改善心血管系统和呼吸系统的功能。

（4）可以提高心理素质水平。

（5）可以促进交流，增进友谊。

二、乒乓球运动的基本技术

（一）握拍法

握拍法是指单手持球拍的方法。乒乓球有直拍握法和横拍握法两种握拍法，不同的握法优点也各不相同，从而产生各种不同的打法。

1. 直拍握法

球拍
握持法

（1）近台快攻型打法握拍法。拇指、食指自然弯曲，以拇指第一关节和食指第二关节压住球拍的两肩，两指间距适中（一般为一指宽），中指、无名指、小指自然弯曲，斜形重叠，以中指第一关节偏左部托于球板背面上 1/3 处，或中指、无名指微屈，同时压住拍面（图 12-1-1）。

（2）弧圈球型打法握拍法。球拍正面，拇指紧贴在拍柄的左侧，食指扣住拍柄，形成一个小环状，紧握拍柄。球拍背面，中指、无名指、小指自然弯曲顶在球拍的背部约 1/3 处。适于此打法的球拍的拍身大多为长方形，在拍顶部位有一软木垫，便于扣拍。因日本和朝鲜选手多使用此类拍，亦称“日式”球拍（图 12-1-2）。

（3）削球型打法握拍法。拇指和其余四指分开握球拍的两面。拇指弯曲紧贴拍柄的左侧肩部，其余四指握球拍的背面（图 12-1-3）。

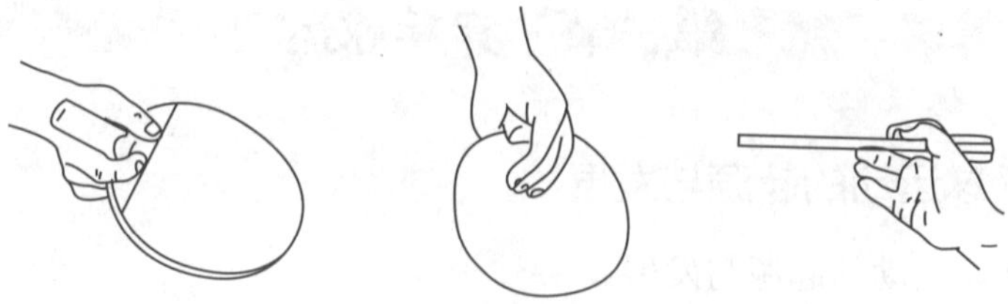

图 12-1-1 近台快攻型打法握拍法

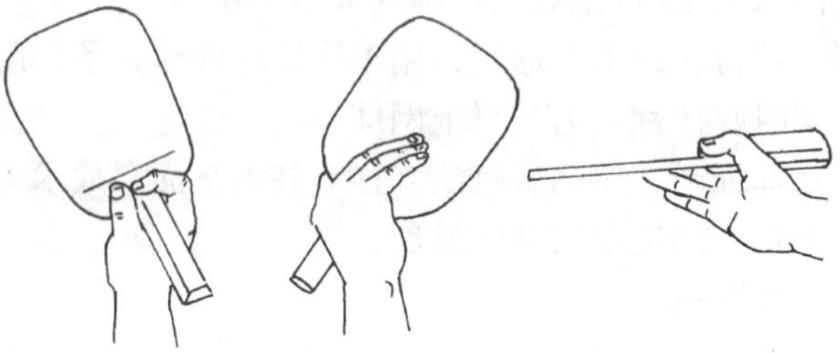

图 12-1-2 弧旋球型打法握拍法

图 12-1-3 削球型打法握拍法

2. 横拍握法

横拍握法分深握和浅握两种。其握拍方法是虎口压住球拍右上肩，拇指食指自然弯曲分别握拍前、后两面。其余三指弯曲握住拍柄。因手指动作相似故称八字式握法。此握法适用于快攻型或弧圈型打法（图 12-1-4）。

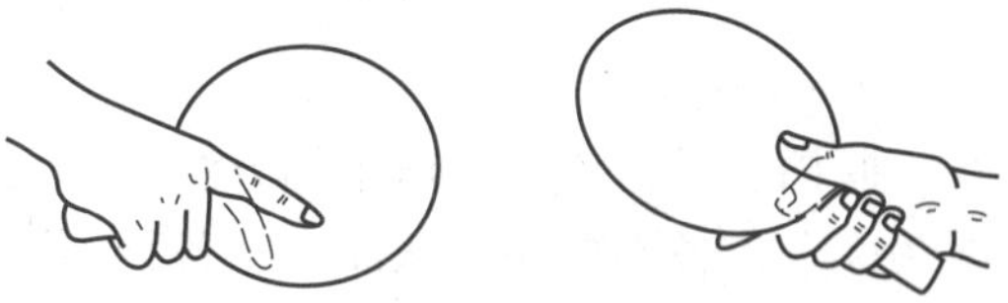

图 12-1-4 横拍握法

（二）准备姿势

准备姿势是指击球员准备击球或还击球时的身体各部位姿势。合理的姿势，有利于脚、腿蹬地用力和腰、躯干各部位的协调配合。两脚开立与肩同宽或比肩稍宽，两膝微屈，前脚掌内侧着地，重心置落在两脚之间、上体略前倾、收腹、下颌微收、两眼注视来球，球拍自然后仰置于腹部右前方，拍头指向右斜前方，横握拍的手部向下，前臂自然平举，非持拍手臂自然弯曲于身体左侧，抬起高于台面。准备姿势要两脚前脚掌内侧着地，双腿屈膝提踵放松微动。

（三）基本站位与基本步法

1. 基本站位

乒乓球运动的站位指的是球员与球台之间所处的位置。正确的站位有利于保持稳定的击球姿势和迅速移动。

（1）近台站位。一般是左脚稍前于右脚，左脚位置基本处于球台左边线的延长线上，身体与球台端线相距 40 厘米左右。

（2）中台站位：左脚略前于右脚，左脚位置基本处于球台左边线的延长线上，身体与球台端线相距 65 厘米左右。

（3）远台站位：两脚基本平行，左脚位置处于球台左边线的延长线上，身体与球台端线相距 1 米左右。

2. 基本步法

灵活的步法是抢占合理位置、运用各种技术击球的前提。

（1）单步。以一脚为轴，另一只脚向前、后、左、右不同方向移动，重心随之跟上。单步移动简单灵活，通常在接近网小球、削追身球等情况下使用。

（2）跨步。一脚蹬地，另一只脚向移动方向跨一大步，蹬地脚再跟着移动一步。跨步移动幅度比较大，进攻型选手左右移动击球时多使用此种步法。

（3）跳步。以一脚蹬地，两脚同时离地向前后左右跳动，双足有瞬间的腾空。跳步移动范围大于跨步，主要用于快攻型选手左右移动击球，常结合跨步使用。

（4）侧身步。以左脚为轴，右脚向左移动一步，或左脚先向左跨一步，右脚向左后移动一步。侧身步身体不腾空，重心起伏小，很稳定。通常在进攻型选手或削球选手左右移动时运用。

（5）交叉步。靠近来球方向的脚尖先向前转向移动方向，并略移半步或原地调动一下重心；远离来球方向的脚向来球方向跨一大步，在身体前（侧）瞬间成交叉状态。交叉步移动范围大，多用于快攻型或弧圈球型打法在侧身攻、拉后扑打时等情况。

（四）发球技术

发球是力争主动、先发制人的第一个环节。它由抛球和挥拍击球两个动作组成。抛球是前提，击球部位和挥拍方向直接影响发球的性质，而用力大小和第一落点的远近决定发球的变化。下面就 7 种主要发球技术加以介绍。

1. 平击发球

平击发球有正手平击发球和反手平击发球两种。动作要点：站位近台中间偏左处，将球置于非执拍手掌心，抛球的同时向右（左）侧上方引拍，大臂带动前臂向前挥拍，拍形稍前倾或接近垂直，在球的下降期击球的中上部或中部偏上位置，击球第一落点在球台中段区域。击球时发力小，少摩擦球，使球尽量不带旋转。

2. 正（反）手发急球

动作要点：抛球同时，执拍手向右（左）方引拍，拍形稍前倾，当球下降时，持拍手以肘关节为轴做内（外）旋向左（右）前方用力挥拍，触球后拍面前倾快速摩擦球的中上部，球的第一落点应在本方台面的端线附近（图 12-1-5）。

① ② ③ ④

图 12-1-5 正（反）手发急球

3. 正手发左侧上（下）旋球

在正手位由右向左挥拍摩擦球，球速较慢，但左侧上（下）旋转力较强，对方挡球后，球向发球员的左（右）侧上（下）方飞出。动作要点：正手发左侧上（下）旋球时，手臂自右（右后）上方向左（左前）下方挥摆，球拍从球的右侧中下部向左侧面（左侧下部）摩擦。拍触球一瞬间，以小臂发力为主，手腕为辅，以加快球的旋转（图 12-1-6）。

图 12-1-6 正手发左侧上（下）旋球

发下旋球

4. 反手发右侧上（下）旋球

发球员在身体的反手位由左向右挥拍摩擦球，球速较慢，但右侧上（下）旋转力较强，对方挡球后，球向发球员的右侧上（下）方飞出。动作要点：反手发右侧上（下）旋球时，执拍手由左（左后）上方经身前向右（右前）下方挥摆，触球的拍面从球的左中下部向左（右）侧上（下）部摩擦（图 12-1-7）。

① ② ③ ④ ⑤

图 12-1-7 反手发右侧上（下）旋球

5. 正手发转与不转球

动作要点：发加转球时，手臂由后上方向前下方挥动。前臂做旋外转动使拍面向后仰，手腕用力使球拍下部靠左的一侧去摩擦球的底部；发不转球时，前臂做旋外转动应稍慢，且使拍面的后仰角度变小、用球拍下部偏右的一侧碰击球的中下部。

6. 高抛发球

动作要点：各种高抛发球的动作方法与低抛发球基本相同。但要注意球要抛得高且稳，尽量使球垂直向上抛起。发球前，手臂要放松。击球点（以正手高抛发球为例）距右腰前约 15 厘米为宜（图 12-1-8）。

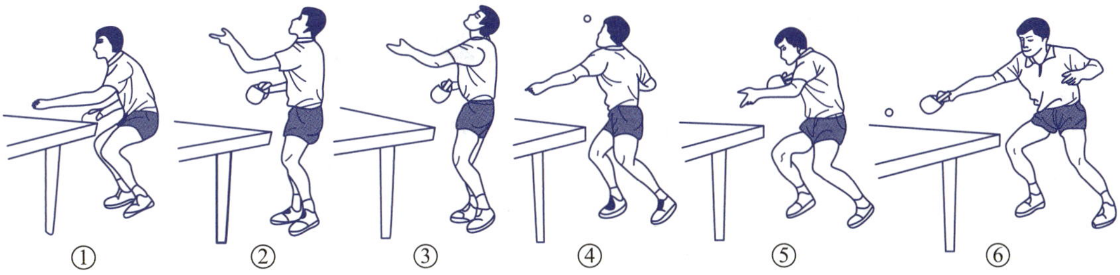

图 12-1-8　高抛发球

7. 发短球

动作要点：发球时，击球瞬间主要以手腕发力为主，摩擦球的部位与发力方向同发左（右）侧上（下）旋球相同，但要控制向前的力量。球的第一落点应在本方球台中区附近（图 12-1-9）。

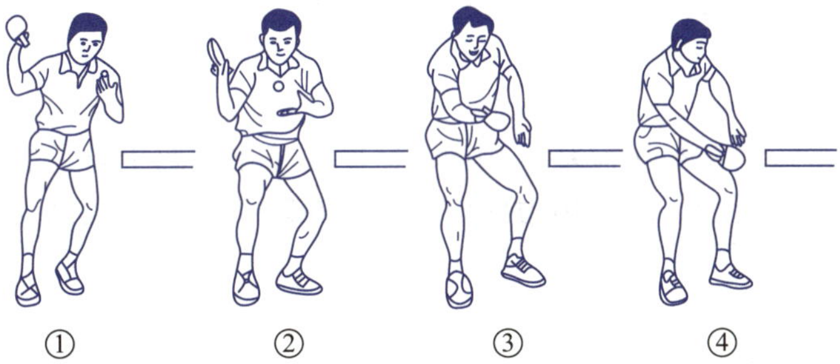

图 12-1-9　发短球

（五）推挡球技术

推挡球是我国近台快攻传统打法的独特技术。推挡球包括平挡、快推、加力推、推下旋和减力挡等。它是直板快攻打法的基本技术之一。下面主要对推挡技术加以介绍。

1. 平挡球

动作要点：两脚平行或左脚稍前，身体离球台约 50 厘米。击球前，前臂与台面平行伸向来球。在球的上升期击球的中部，主要是借助对方来球的反弹力将球挡回（图 12-1-10）。

反手推挡

2. 快推球

动作要点：准备姿势同平挡球，击球前手臂适当后撤引拍，击球时上臂带动前臂迅速迎击，重心前移，在球的上升期球拍前倾击球的中上部，同时手腕外旋，食指压拍，拇指放松使拍形前倾，击球后，手臂继续前送，手腕配合外旋使球拍下压（图 12-1-11）。

图 12-1-10 平挡球

图 12-1-11 快推

3. 加力推挡

动作要点：击球动作与快推基本相同，区别在于击球时上臂后收，前臂提高，引拍位置较高，触及球瞬间，前臂用力向前推压，在球的上升期或高点期击球的中上部（图 12-1-12）。

图 12-1-12 加力推挡

4. 减力挡

动作要点：击球动作与快推球基本相同。区别在于击球时稍屈前臂，球拍前引，球拍稍前倾，在球上升期击球的中部偏上位置，同时手臂、手腕稍向后收，以缓冲来球的反弹力。减力挡适用于对方远离球台时（图 12-1-13）。

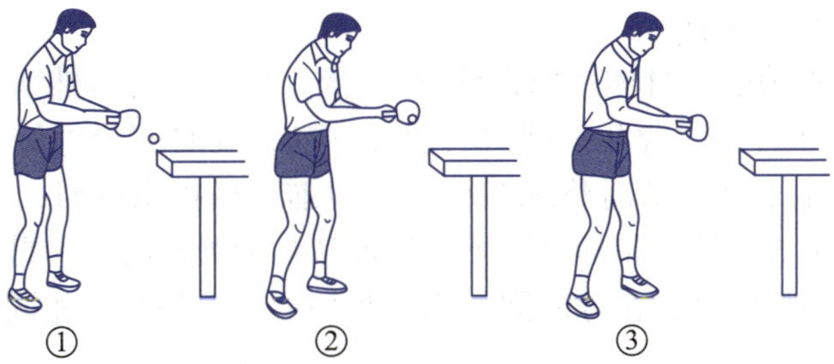

图 12-1-13　减力挡

5. 推下旋球

动作要点：准备姿势同快推。击球瞬间，球拍稍后仰，在球的高点期或下降前期击球的中下部，前臂向前下方用力，触球时手腕多向前摩擦球，有一个下切动作。推下旋球应控制好发力，不宜过大，推下旋球适用于回击下旋球（图 12-1-14）。

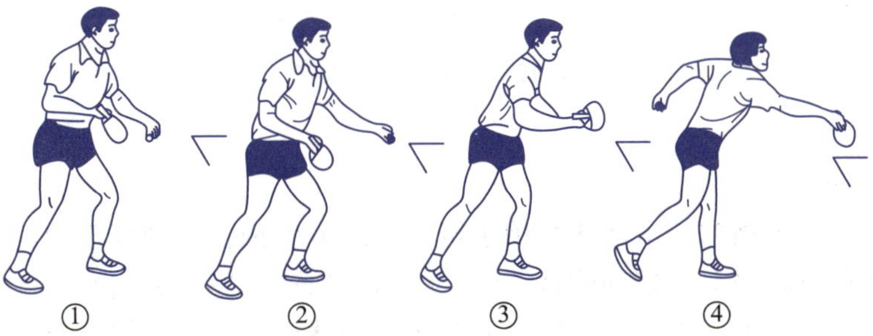

图 12-1-14　推下旋球

（六）攻球技术

攻球技术是乒乓球的重要基本技术，是进攻型选手争取主动、克敌制胜的主要手段。它分正手攻球和反手攻球两类，在每种技术中又可分为快攻、快点、快带、快拨、快拉、突击、扣杀、中远台攻等技术。以下介绍 6 种主要攻球技术。

1. 正手快攻（正手快抽）

动作要点：左脚稍前，身体离球台约 40 厘米，引拍于身体右侧方，上臂与身体约成 45° 角，与前臂成 100° ~110° 角，球拍成半横状，当球从台面弹起，前臂和手腕向前上方挥动，并配合内旋转腕的动作，使拍形前倾，在球的上升期击中球中上部。拍触球刹那，拇指压拍，同时加快手腕内旋速度，使拍面沿球体做弧形挥动，击球后挥拍至头部高度（图 12-1-15）。

正手攻球

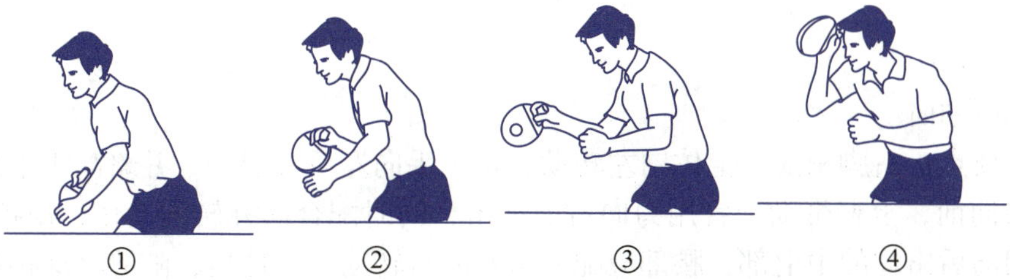

图 12-1-15　正手快攻

2. 反手快攻（反手快抽）

动作要点：右脚稍前，身体离球台约 40 厘米，持拍手臂自然弯曲，将球拍移至腹前偏左的位置。击球时，前臂和手腕向右前方挥动，同时配合外旋腕动作，使拍形前倾。在上升期击球中上部。随时将球拍挥至右肩前。横拍击球时，手臂在体前自然弯曲，手腕与前臂近乎成直线，拍柄稍向下。当球从台面弹起时，前臂向右前方挥拍触球的刹那，手腕配合向外转动，击球时间、部位和拍形与直拍基本相同（图 12–1–16）。

①　②　③　④　⑤

图 12–1–16　反手快攻

3. 正手扣杀

动作要点：左脚稍前，击球前持拍手臂向右后方引拍，并稍高于台面，球拍成半横状。当球弹到高点时，上臂带动前臂，将要触球时前臂加速用力向左前挥击，手腕跟着转动，在高点期前后击球中上部，拍形稍前倾。击球后，随势将拍挥至左胸前，上体左转，重心由后脚移至前脚（图 12–1–17）。

①　②　③　④

图 12–1–17　正手扣杀

4. 反手扣杀

动作要点：右脚稍前，上体向左转动，持拍手向左后方引拍，并略高于来球。击球时，肘略向前，上臂带动前臂用力向右前挥击，同时配合向外转腕动作，使拍面前倾，在高点期前后击球的中上部，腰部应配合由左向右转动。击球后，随势将球拍挥至右前方，身体重心移至右脚（图 12–1–18）。

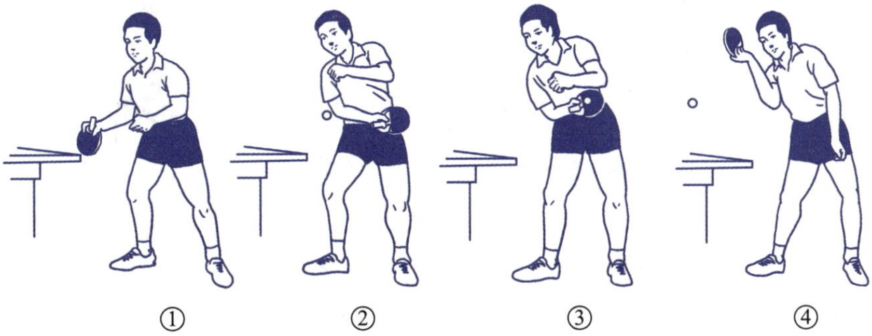

图 12-1-18　反手扣杀

5. 正手拉攻

动作要点：站位近台，左脚稍前，前臂随腰、腿右转且向后引拍，球拍垂直或稍前倾。在球的高点期或下降前期击球中部或中上部；手臂向左前上方挥动，以前臂发力为主、手腕发力为辅来转动摩擦球，击球后迅速还原（图 12-1-19）。

图 12-1-19　正手拉攻

6. 反手拉攻

动作要点：右脚稍前，身体离球台约 60 厘米。击球前，持拍手臂的上臂靠近身体，前臂向左下方移动，将球拍移至腹前偏左的位置，球拍略下垂并稍低于台面，拍形稍后仰。击球时，上臂稍向前同时配合向外转腕动作，前臂向右前上方迅速挥动，在球的下降期击球的中部或中下部。击球后，随势将球拍挥至额前，身体重心移至右脚（图 12-1-20）。

图 12-1-20 反手拉攻

正手搓球

反手搓球

（七）搓球技术

搓球是近台还击下旋球的一种基本技术。它与削球的主要区别在于站位近、动作小，常用于接发球、回击短球或搓球过渡。搓球技术按搓球时间不同分为慢搓和快搓，按搓球落点不同分为搓长球和摆短，按搓球旋转性能不同分为搓转与不转球。

1. 慢搓

动作要点：站位近台，两脚左右开立、反（正）手搓球时，向左（右）上方引拍，球拍稍后仰；正手搓时，身体稍向右转，击球时前臂做内旋转动，由上向前下方挥拍，在球的下降期或高点期搓擦球的中下部，同时注意手腕配合用力，击球后手臂放松，顺势前送，迅速还原（图 12-1-21）。

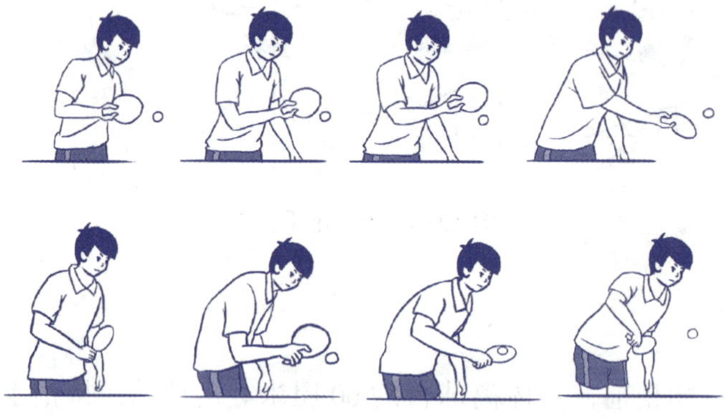

图 12-1-21 慢搓

2. 快搓

动作要点：站位近台，反、正手搓时，引拍至身体侧上方，击球时，上臂迅速前伸，前臂由上向前下方用力，拍面稍后仰，在球的上升期击球的中上部（图 12-1-22）。

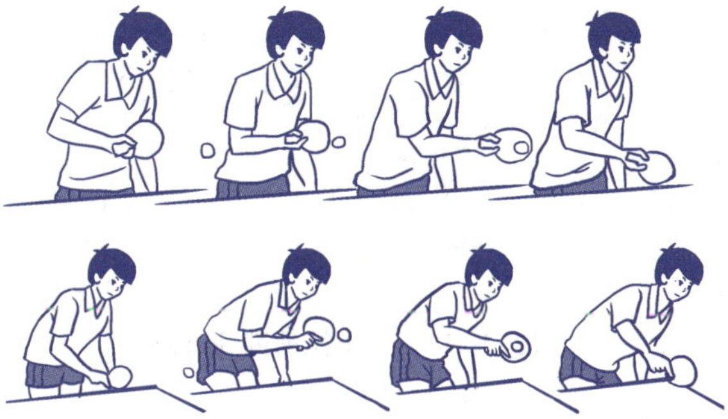

图 12-1-22　快搓

3. 搓转与不转球

动作要点：慢搓与快搓均能搓加转球与不转球，它主要取决于作用力是否通过球心。若作用力未能通过球心，搓球力量大、力臂长、旋转力强，即为加转球；若作用力通过球心，则为不转球。因此，搓加转球，手腕应向前下方切球，用球拍的下半部摩擦球；搓不转球，手腕应向前用力，用球拍的上半部或中部碰撞球。

（八）弧圈球技术

1. 正手拉加转弧圈球

正手拉弧圈球

加转弧圈球飞行弧线较高，速度较慢，稳健性好。对下旋力较强、较低或位置不合适的来球用拉加转弧圈球可以较容易地将球拉过去。

（1）准备阶段。左脚在前，右脚稍后，两膝微屈，身体略向右扭转，左肩略高于右肩，略收腹。手臂自然下垂，球拍后引的幅度较小，球拍低于来球。

（2）击球阶段。当球在台面弹起时，用前脚掌着地，以转腰带动肩、上臂、前臂和手腕，由后向前挥动。击球瞬间，快速收缩前臂，击球中上部，击球点在球的下降期。拍面前倾或与台面垂直，力是由下向前上方擦球。为提高拉球的旋转和速度，触球动作要逐渐加快，到触球时，达到最大速度，手腕在最后瞬间达到最佳的擦击力。

（3）结束动作。球击出后，球拍顺势挥至头前，身体重心随之移至左脚，此后迅速还原，准备下次击球（图 12-1-23）。

图 12-1-23　正手拉加转弧圈球

2. 正手拉前冲弧圈球

前冲弧圈球是弧圈打法的主要得分手段之一。具有飞行弧线较低、速度快、上旋较强、冲力大及球着台后急剧向下滑落的特点，因而可以起到扣杀作用（图 12-1-24）。

图 12-1-24 正手拉前冲弧圈球

（1）准备动作与拉加转弧圈球相似，不同的是，向右后方引拍，球拍与来球同高，身体重心比拉加转弧圈球时稍高，拍面前倾，重心在右脚上。

（2）挥拍击球时，身体中心及上臂带动前臂由右后方向左前挥拍击球的中上部。击球点在高点期或在下降期，前期击球时以向前发力为主。此外，直拍选手发力时，中指可在拍后有顶拍动作，横拍选手食指应有一定向前甩的动作。

（3）球离拍后迅速放松，顺势挥拍至头部左侧，用跳步使身体重心还原。

3. 反手拉弧圈球

反手拉弧圈球

反手拉弧圈球是横板选手的主要技术之一，具有速度快、富于节奏变化的特点。反手拉弧圈球常用于发球抢攻、接发球及退至中台进行反攻和对拉等。

（1）两脚平行或左脚稍左站立，引拍至腹部下方，两膝微屈，重心降低，前臂自然弯曲，拍面前倾。

（2）击球时，以肘关节为轴，两脚用力蹬地，伸膝，腰、髋向右转，前臂带动手腕，同时向右前方发力击球的中部。

近台快拉时，击球时间为上升期或高点期，在中台拉强烈下旋球时击球时间为下降前期，中远台对拉弧圈球的击球时间为球的下降期。

三、乒乓球运动的基本战术

（一）发球抢攻战术

我国乒乓球运动员的重要战术之一就是发球抢攻，此种战术是力争主动、先发制人的主要战术。发球的质量和第三板进攻的能力很大程度上决定了发球战术运用的效果。

（二）接发球战术

接发球战术以某一单项攻球技术为基础，具有很强的进攻性，可变接发球的不利地位为主动，也可直接得分，是乒乓球运动各种打法特别是进攻型打法的主要战术。从某种意义上说，球员的实战能力及各项基本技术的应用程度可以从接发球水平的高低反映出来。

（三）搓攻战术

搓攻战术是进攻型打法的辅助战术之一，主要利用搓球旋转的变化和落点的变化为抢攻创造机会。搓攻战术也是削球型打法争取主动的主要战术之一。

（四）推攻战术

推攻战术主要运用正手攻球和反手推挡的速度和力量，并结合落点变化和节奏变化来压制和调动对手从而争取主动或得分。推攻战术是左推右攻打法对付攻击型打法的主要战术。

（五）拉攻战术

连续运用正手快拉可创造进攻机会，然后采用突击和扣杀来作为得分手段。拉攻战术是快攻打法对付削球类打法的主要战术。

四、乒乓球比赛基本规则

（一）场地器材

比赛的场地尺寸最小为长 14 米、宽 7 米、高 4 米；球台不反光，长 2.74 米、宽 1.525 米，高 0.76 米；球网长 1.83 米、距球台高 0.1525 米；球体直径 40 毫米、重 2.7 克，白色；球拍形状、大小、轻重不受限制，但两面需以红黑区别，且不能反光。

（二）基本规则

1. 合法发球

合法发球要符合以下几个方面的规定：球静止于端线后台面上；抛球明显，高度不低于 16 厘米，且无旋转；在球体的下降阶段方可击球，整个发球过程需在比赛台面的水平面之上完成；击球时，球应在端线外，但不能超过身体离端线最远部分；发球动作需让人看清，不得隐蔽。

2. 重新发球

出现以下几种情况需要重新发球：接发球方尚未准备就绪；发球擦网；由意外干扰造成的发球或回击失误；恢复裁判中断的比赛。

3. 分、局、场

比赛中，发球和击球违例、连击、两跳、挪动球台、触网、双打时击球顺序错误等，均应判对方得 1 分。先得 11 分为胜 1 局，但 10 平后需净胜两分才能判胜。一场比赛可采用 5 局 3 胜制或 7 局 4 胜制。

4. 接、发球方位秩序

方位及先发球权由抽签决定；发球权每 2 分一交换，直至比赛结束，10 平后改为 1 分一交换；先发球权 1 局一交换；方位 1 局一交换，决胜局 5 分时交换位置。

5. 竞赛组织

单打采用循环赛和淘汰赛。团体赛由 3~5 名队员组成，双方抽签决定 ABC（主队）和 XYZ（客队）的人员定位，比赛对阵是：A–X、B–Y、C–Z、A–Y、B–X。

第二节　羽毛球运动

一、羽毛球运动概述

（一）羽毛球运动的起源与发展

1. 羽毛球运动的起源

现代羽毛球运动起源于 1873 年在英格兰的伯明顿庄园内举行的一场游戏活动。为此，这座庄园的名称成为羽毛球的英文名称。羽毛球的正式命名标志着现代羽毛球运动的诞生。

羽毛球运动诞生并开始流行后，其场地、器材等发生了一些变化。早期的羽毛球和球拍的形状与现在的基本相同，只是体积和质量较大。1877 年，英国巴斯羽毛球俱乐部在成立时完善了羽毛球比赛规则，其中不少条文至今仍被采用。同年，第一部成文的羽毛球比赛规则在英国出版。1893 年，世界上最早的羽毛球协会——英国羽毛球协会成立，并于 1899 年举办了全英羽毛球锦标赛。全英羽毛球锦标赛每年举办一次，一直沿袭至今。

2. 羽毛球运动的发展

1934 年，国际羽毛球联合会成立，总部设在伦敦；1939 年，国际羽毛球联合会通过了各会员国共同遵守的《羽毛球竞赛规则》。

1920 年，羽毛球运动传入我国。20 世纪 70 年代，我国羽毛球队已跻身于世界强队之列。1981 年 5 月，国际羽毛球联合会恢复了中国在国际羽联的合法席位，从此揭开了国际羽坛历史上新的一页。2006 年，国际羽毛球联合会正式更名为世界羽毛球联合会。我国运动员怀着为国争光的雄心壮志，学习了国外的一些先进的运动训练方法，勤学苦练，中国羽毛球选手开始了称雄世界的辉煌时代。

（二）羽毛球运动的特点

1. 一种全身运动项目

羽毛球运动的技术特点是灵活、快速、多变，因而对练习者的灵敏性、协调性、爆发力、耐力等有较高的要求。练习者在场地上不停地移动、跳跃、转体、挥拍，合理地运用各种击球技术和步伐，使球在场地上被往返击打多个回合，这样可以增大上下肢和腰部肌肉的力量，加快全身血液循环，增强心血管系统和呼吸系统的功能。长期进行羽毛球锻炼，可使心跳强而有力，肺活量和耐力提高。此外，羽毛球运动要求练习者在短时间内对瞬息万变的球路做出判断，果断地进行反击。因此，羽毛球能提高人体神经系统的灵敏性和协调性。

2. 运动量可合理调节

羽毛球运动适合于男女老幼，运动量可根据个人年龄、体质、运动水平和场地环境而定。活动时间以 40~50 分钟为宜。适量的羽毛球运动能促进青少年身高增长，能培养青少年自信、勇敢、果断等优良的心理素质。

二、羽毛球运动基本技术

（一）握拍法

球拍握持法

在羽毛球各项基本技术中，握拍是最简单但又是初学者容易疏忽的一项技术。正确的握拍方法是掌握合理、准确、全面击球技术的前提条件，而不正确的握拍方法则会妨碍各种击球技术的掌握和技术的进一步提高。握拍可分为正手握拍和反手握拍（下面涉及的技术均以右手为例）。

1. 正手握拍法

正确地握拍方法是先用左手拿住拍子的腰杆，使拍面与地面垂直。张开右手掌，虎口对准拍柄的内侧小棱边，小指、无名指和中指并拢握住拍柄，食指与中指稍微分开，用食指和拇指轻松地环扣住拍柄（图 12-2-1）。

正手握拍法易犯错误有以下 4 个方面。

握拍法学练方法

（1）拇指紧贴在拍柄的内侧宽面上。

（2）虎口对着拍柄的上侧窄面而不是对着拍柄内侧的斜棱。

（3）拳式握拍，各手指相互紧靠，掌心没有留出空间。

（4）握拍太靠上，不利于高球、杀球等技术动作的发力。

2. 反手握拍法

在正手握拍的基础上，将拍柄稍向外转，食指收回，拇指的第二关节内侧紧贴拍柄的内侧棱上或面上，其他三指放松地握住球拍（图 12-2-2）。不论采用哪种握拍法，在击球之前，都要松而自然，在球与球拍接触的一刹那，再紧握球拍。握拍的关键是一要放松，二要灵活。

反手握拍法易犯错误有以下 3 个方面。

（1）拇指用力顶在拍柄内侧宽面上。

（2）整个拇指都紧贴拍柄。

（3）手指紧张僵直。

图 12-2-1　正手握拍法

图 12-2-2　反手握拍法

（二）发球

1. 发球的基本姿势

（1）正手发球。单打一般站在发球区离发球线 1 米左右的中线附近，双打时可站前一些（图 12-2-3）。

（2）反手发球。站在发球区内靠近前发球线的位置上（图 12-2-4）。

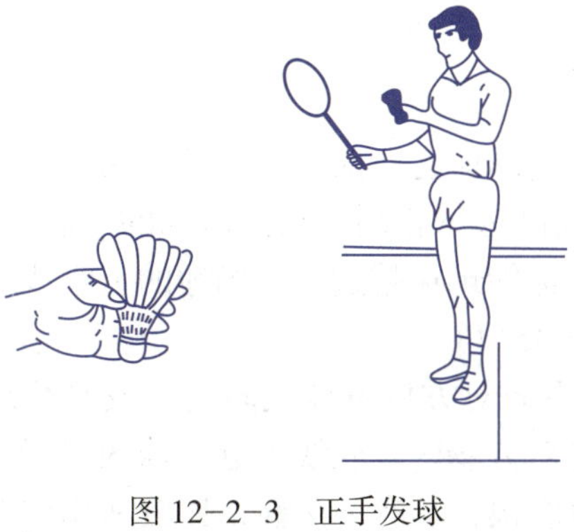

图 12-2-3　正手发球

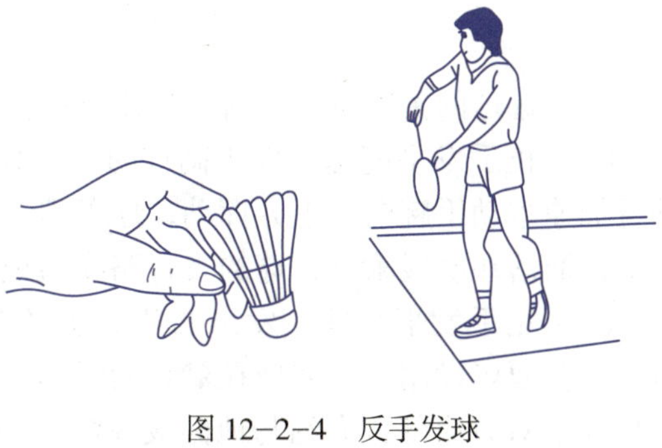

图 12-2-4　反手发球

2. 发各种弧线球

按发出的球在空中飞行的弧线不同，发出的球可分为高远球、平高球、平快球、网前球 4 种（图 12-2-5）。

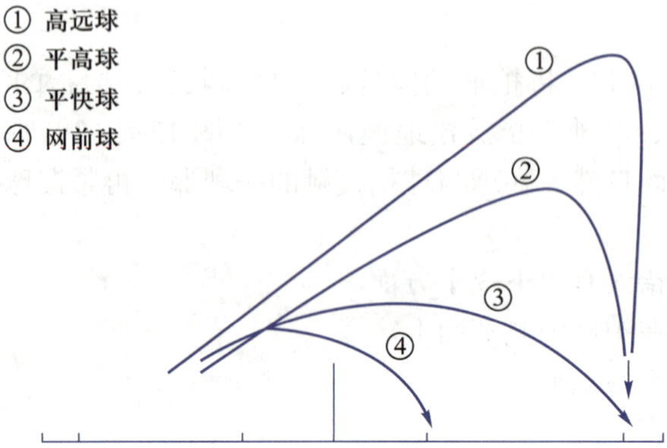

图 12-2-5 发各种弧线球

发高远球

（1）正手发高远球。把球发得既高又远，使球近乎垂直地落在对方后发球线附近的发球区内（图 12-2-6）。以右手持拍为例，正手发高远球时左肩侧对球网，左脚在前，身体重心在右脚上。右手臂在肩后上方举起。肘部微屈，左手持球举在腹部右前方，发球时左手放球下落的同时，球拍由下而上快速挥动以拍面正面击球，击球后持拍手臂靠惯性自然向左上方挥动。如图 12-2-6 所示，随后球拍快速恢复到正常位置。发高远球时，球的飞行路线与地面形成的角度大于 45°，球在对方后发球线附近垂直下落。

图 12-2-6 正手发高远球

发高远球的关键是击球时要控制好拍面的角度，击球应有向前上方强劲的爆发力。

（2）正手发平高球。发平高球时，动作大体与发高远球相同，只是击球的一刹那，前臂加速带动手腕向前上方挥动，球不需发得太高，但能迅速越过对方场地的上空或对方头顶而落在底线附近，球的飞行路线与地面大约成 45° 角。

（3）正手发平快球。发出的球既快又平，径直飞向对方后发球线附近。发平快球时，前臂要爆发用力，使球在最短的时间内迅速越过对方场区到底线附近。球的飞行路线稍高于对方肩部，大约与地面成 30° 角。平快球速度快，具有突然性，比较适用应对反应较慢、动作幅度大的对手。平快球的优势在于快速和突然性。其技术关键是：发球姿势与发其他弧线球姿势保持一致，不让对方预见发球的意图；要有较强的手腕爆发力，否则出手速度慢，反遭攻击。

（4）正手发网前球。发网前球时，站位靠前，握拍要放松，大臂动作小，主要靠前臂带动手腕向前切送，球要贴网而过，落点在发球区的前发球线附近。发网前球时，一定要避免给对方直接大力扣杀的机会，因此动作要隐蔽，动作的引拍阶段和高远球、平高球、平快球相似。

（5）反手发网前球、平快球。反手发网前球时，前臂向前挥动带动手腕，通过拍面的切削动作使球落到对方场区的前发球线附近，球的最高弧线略高于网；反手发平快球时，发球动作与发网前球一样，但在击球的一刹那手腕采用弹击的方法，将球击到底线附近。

知识链接　羽毛球的发球技术

发球是羽毛球运动中一项重要的基本技术。练习者通过不同的发球手法，发出不同弧度、不同高度、不同落点的球来控制对方，给对方接球造成困难，迫使对方只能做防守性回击，为自己创造进攻机会，甚至直接造成对方接球失误。

要保持发球技术动作的一致性，做到各种发球技术的前期动作一致，掌握发球的时间差、落点、弧线。羽毛球练习者要有良好的手感与控制球的能力，只有做到发球手法变化多样，才能很好地控制场上局势。

（三）击球

1. 高手击球

击球点高于头部的击球，称为高手击球。它可分为高远球、平高球、扣杀球和吊球等（图 12-2-7）。

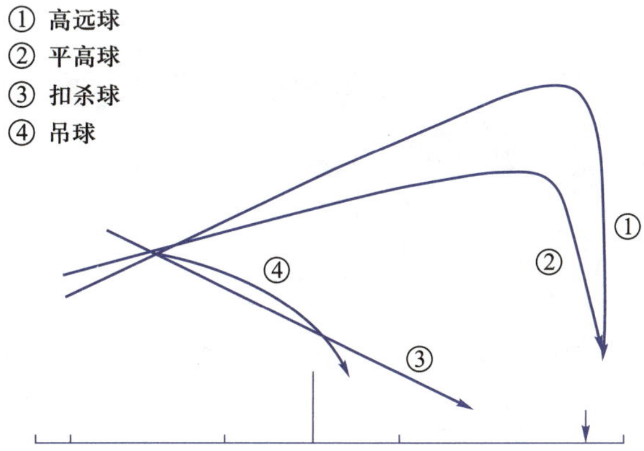

图 12-2-7　高手击球

技术要领：击球点要高，保持动作一致性，不可过早暴露回球的意图，发力正确又能控制力量，准确控制拍面角度。

（1）高远球。击出高弧线飞行的，几乎垂直落到对方底线附近场区的球，称为高远球。一般在自己处于被动的情况下，为了争取时间，变被动为主动，调整场上位置时常

高远球技术与应用

打出高远球，以使对方远离中心位置而退到底线附近回击球（图 12-2-8）。

图 12-2-8　高远球的打法

（2）平高球。击出的飞行弧线比高远球低，但对方举拍又拦截不到，落点在对方底线附近场区内的球，称为平高球。击平高球方法与击高远球方法基本一致，区别在于：击球点的拍面仰角小于击高远球。平高球是属于后场快速进攻的主要技术之一，它是比赛中控制对手、直接进攻或主动过渡以创造进攻机会的有效手段。

（3）扣杀球。将高球在尽量高的击球点上用大力挥击下压，扣杀到对方场区内，称为扣杀球。扣杀球力量大、击球点高、球速快、飞行弧线短直，因此它是后场进攻和争取得分的主要手段。在对付防守技术较差、反应较慢的对手时，与平高球、吊球配合运用，效果会更好（图 12-2-9）。

图 12-2-9　扣杀球的打法

（4）吊球。在中后场的高球，运用劈切或拦截的技术动作，使球轻轻地落在对方网前区，称为吊球。在击球瞬间，球拍有劈切球的动作称为劈吊球；以拍面拦住球使其反弹回去的叫拦吊球。由于吊球落点离网比较近，与平高球结合运用，就会拉开对方的防守范围，从而掌握场上的主动权（图 12-2-10）。

图 12-2-10　吊球的打法

2. 低手击球

击球点低于头部高度的球称为低手击球。低手击球主要有半蹲快打、接杀球、抽球等。

（1）半蹲快打。在中场区，将对方打过来约在肩以上至略高于头部之间的平快球，采取半蹲姿势，争取在较高的部位快速地平击回去，称为半蹲快打。半蹲快打技术可以快速、凶狠地紧逼对方，多用于双打比赛中。

（2）接杀球。接杀一般采用挡球、抽球和推球的技术。杀球技术凌厉、快速、多变，因此防守时要反应快、判断准，回球的落点和路线要运用得当。

（3）抽球。抽球可分正手抽平球、反手抽平球、正手抽底线球。下面以正手抽平球为例说明：脚跟提起。准备击球时，小臂稍后摆带有外旋，手腕由稍外展至后伸，使球拍引至后下方。击球时，小臂急速向右侧前方挥动，并由外旋转为内旋，手腕由后伸至伸直闪腕，手指握紧拍柄高速挥拍击球，由后向右侧稍平抽击球过网。击球后，持拍手顺势向左侧挥摆，左脚向左前方迈一步，准备迎击来球（图 12-2-11）。

图 12-2-11　正手抽平球

3. 网前击球

网前击球技术包括放网前球、搓球、挑球、扑球、推球和勾球等（图 12-2-12）。

（1）放网前球。当对方击来网前球时，用球拍轻轻一托，使球向上弹起恰好越过网就向下坠，称为放网前球。放网前球的关键在于严格控制托球的力量，如果托球力量过大，球过网太高易被对方扑击。

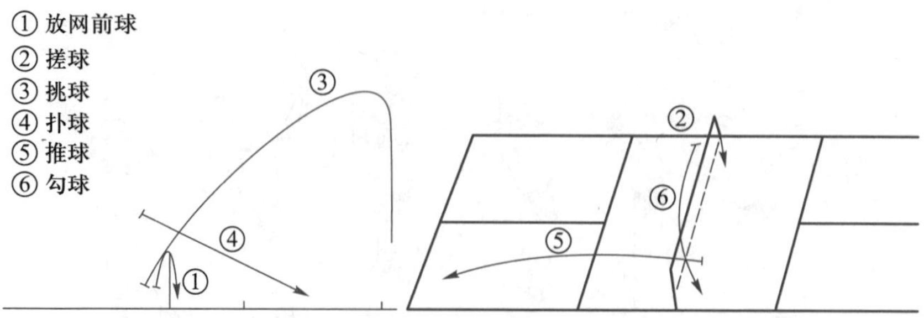

图 12-2-12 网前击球线路

（2）搓球。在网前用球拍切击球托，使球旋转翻滚越过网顶的击球技术称为搓球。搓球时，运用搓、切等动作摩擦球托，使球在越过网顶时的轨迹异常，给对方回击造成困难，从而创造进攻的机会。

（3）挑球。将对方击来的网前球，挑高回击到对方后场去，称为挑球。这是一种在较被动情况下的回击方法，把球挑高，挑向对方后场以赢得时间重新调整好身体重心与位置，准备下一次击球。挑球技术的关键在于：要根据球离网的远近适当调整拍面角度和用力方向，要用爆发力向前上方挑球。

（4）扑球。对方击来的球刚过网，高度仍在网沿以上时，迅速上前挥击下压击球，称为扑球。由于扑球速度快、路线短，往往让对方来不及防守，进攻威胁较大。

（5）推球。在网前较高的击球点上，用推击的方法向对方底线击出弧度较平、速度较快的球，称为推球。推球通常有正手推球和反手推球两种。由于击球点到网的距离很短，球又平直、快速，如能控制好落点，推球是一种很有攻击性的技术。推球的关键在于击球点要高并控制好拍面角度，球拍的预摆幅小，发力要短促、快速。

（6）勾球。在网前用屈腕的动作调整球拍角度，轻巧地将球回击到对方斜对角的网前区内，称为勾球。勾球技术性较高，它与搓、推等交替使用，效果更好。勾球的关键在于屈腕动作要突然、短暂、快速。

网前勾球技术

（四）步法

1. 常用的移动步法

羽毛球比赛时，运动员在场上为了跑到适当的位置击球而采取的快速、合理、准确的移动方法称为步法，步法包括起动、移动、到位配合击球和回动四个环节。步法被称为“羽毛球技术之母”，下面以右手握拍为例进行讲解（图 12-2-13）。

移动步法

2. 练习注意事项

（1）用讲解法陈述技术动作的要点、规范要求以及动作结构，建立正确的动作表象。

（2）用示范法让学生直观地观察正确的技术动作，进行模仿练习。

（3）教师观察指导学生练习，及时纠正错误动作。

（4）单一步法的反复练习。

（5）“米”字形组合步法的练习（图 12-2-14）。

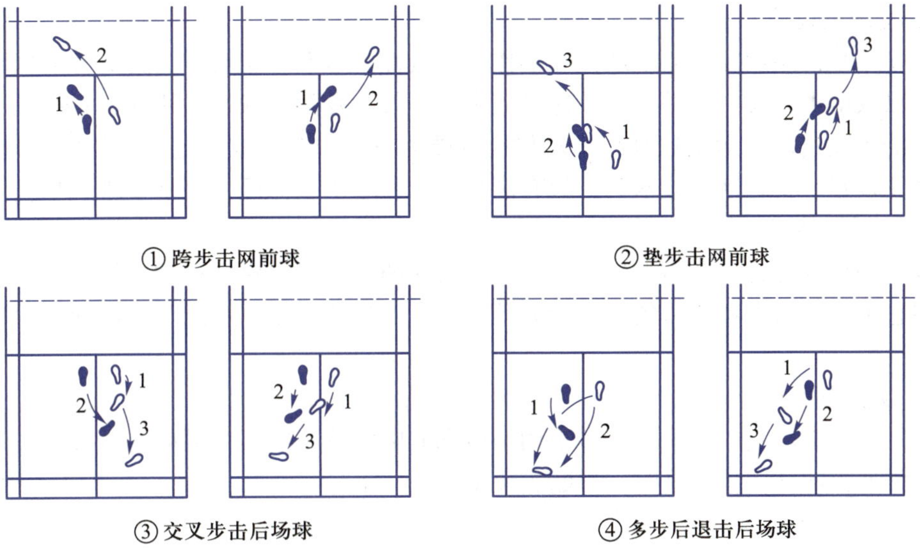

图 12-2-13　几种常用的移动步法

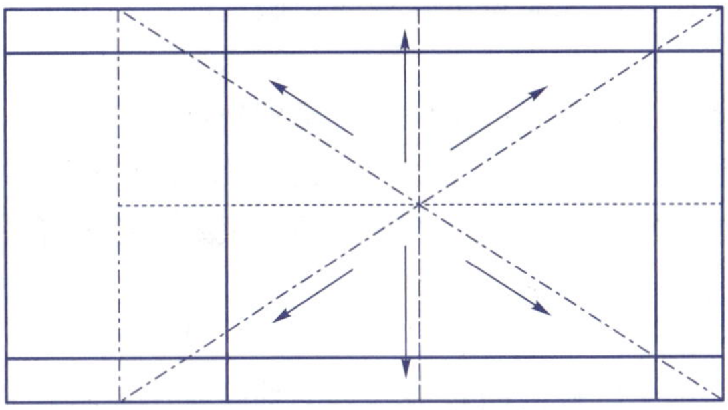

图 12-2-14　“米”字形组合步法

知识链接 步法简介

步法是羽毛球运动的灵魂，是各种击球技术的基础，直接影响着技术、战术的合理运用。

基本步法有蹬步、跨步、腾跳步、垫步、蹬转步、交叉步、并步、小碎步和单足跳步等，由这些步法组成了上网步法、后退步法、两侧移动步法、起跳腾空步法。

三、羽毛球的基本战术

战术是指运动员在比赛中根据双方的情况合理运用技术，有针对性地组织自己的攻、防手段以争取胜利的策略。在双方技术水平相当的情况下，正确地运用战术是取胜的关键。下面介绍一些常用的基本战术。

（一）单打战术

单打战术的运用必须坚持“以我为主”“以快为主”“以攻为主”的战术指导思想。

1. 发球抢攻战术

从发球起，注意发球的隐蔽性和动作的一致性，争取控制对方，给对方的判断带来困难，以取得主动权，攻杀得分。这种战术，一般为发网前球、平快球、平高球，争取第二拍的主动进攻。运用这种战术对付应变能力较差的对手或实施于比赛的关键时刻，效果往往很好。实施这一战术时，应有高质量的发球予以保证，否则很难成功。

2. 攻后场战术

攻后场战术是通过击高远球，压对方的底线两角，造成对方被动，然后寻找机会进攻。用它来对付初学者或后场还击能力较差、后退步法较慢以及急于上网的对手是很有效的。

3. 攻前场战术

对网前技术较差的对手，可多采用吊球和放网前球，使其在网前的对抗中失误，或对方勉强回击的球质量不高时，果断进攻得分。

4. 打四方球战术

若对手步法较慢、体力较差、技术不够全面，可以用快速、准确的落点攻击对方场区的四个角落，寻找机会进攻对方空当。此战术的主要目的是通过打落点，逼迫对方前后奔跑、被动应付，并在其击球质量下降或露出破绽时攻击得分。

5. 杀、吊上网战术

对手打来的后场高球，本方先以杀球配合吊球把球压下，落点选在场区的两条边线附近，致使对手被动回球。在对手回网前球时，本方迅速上网搓球、勾对角球或平推球，创造在中场大力扣杀的机会。这种战术必须能很好地控制杀、吊球的落点，在使对方被动回网前球时，主动迅速上网攻击。

6. 打对角线战术

对身体灵活性差、转体比较慢的对手，不论是进攻还是防守，均应以打对角线球或压反手为主。这样，对方会因移动困难而被动，从而为进攻创造机会。

7. 逼反手战术

一般情况，对手的反手技术相对较差，通过压后场反手，迫使对方用较差的反手击球而造成回球质量不高，从而为进攻创造机会。

（二）双打战术

1. 攻人战术

集中攻击对方在技术、步法上有明显弱点的选手，并伺机攻击另一人因疏忽而露出的空当。双打比赛中配对选手的技术一般是一人好，而另一人稍差些，即使两人水平相差不大，若能集中力量攻击其中一人，也可给对方造成很大的心理压力，从而使其出现失误。

2. 攻中路战术

当对方分边站位防守时，将球攻击到对方两人的中间。当对方前后站位时，可将球下压或平推两边场区。这样可使对方防守时互相争抢或互让而出现失误。

3. 攻后场战术

对方后场扣杀能力差，本方可通过平高球、推平球、接杀挑底线，把对方一人紧逼在底线两角移动。当对方回球质量不高时，则抓住机会大力扣杀。如另一对手后退支援时，即可击网前空当。

4. 后攻前封战术

当本方处于主动进攻时，站在后场的队员见高球就杀或吊网前球，迫使对方接网前球，这为本方前场队员创造了封网扑杀的机会。前场队员要积极封锁前场，迫使对方被动挑高球，一旦对手挑高球到不了后场，就为本方创造了再进攻的机会。

知识链接　羽毛球基本策略

掌握单打、双打的基本技术与战术，有效控制对手是获胜的基本策略。

培养随机应变的能力，机动灵活地运用各种打法和战术。无论是单打还是双打，都要了解对手的技术特点，充分利用场地调动对方，发挥自己的长处，果断进攻。

四、羽毛球运动场地规则简介

（一）球场

球场呈长方形，单、双打场地长均为 13.40 米，单打场地宽 5.18 米，双打场地宽为 6.10 米，场地线宽均为 0.04 米，且包括在场地之内。线的颜色，最好是白色、黄色或其他容易判别的颜色（图 12−2−15）。

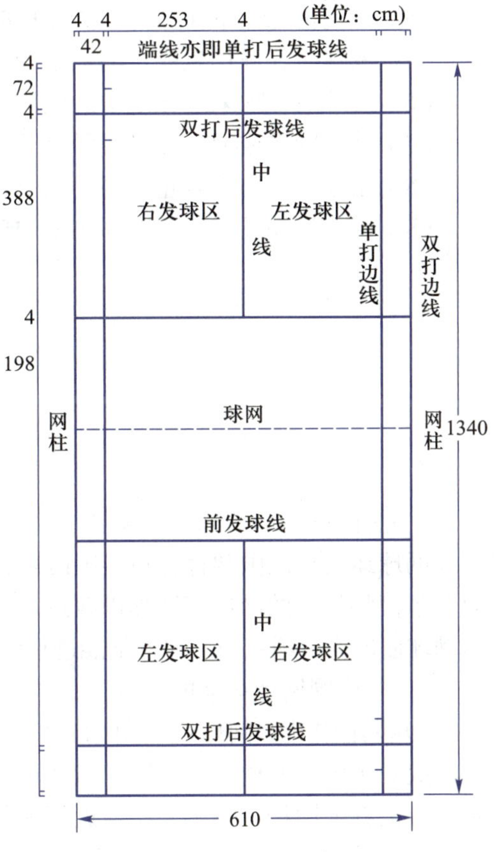

图 12−2−15　羽毛球场地示意图

（二）比赛规则简介

1. 挑边

赛前采用掷硬币的方法来决定发球顺序和场地。赢者优先选择发球或接发球、一个场区或另一个场区，输者选择余下的一项。

2. 计分方法

实行每球得分制，所有单项的每局获胜分皆为 21 分，最高不超过 30 分，每场比赛采用三局两胜制，率先得到 21 分的一方赢得当局比赛。如果双方比分为 20 平时，获胜一方需超过对手 2 分才算取胜。如果双方比分打成 29∶29，则率先得到 30 分的一方取胜。首局获胜一方在接下来的一局比赛当中率先发球。

3. 站位打法

（1）单打。当发球员得分为零或偶数时，双方运动员均在各自的右发球区发球或接发球；当发球员的分数为奇数时，双方运动员均在各自的左发球区发球或接发球。

（2）双打。比赛中，当比分为零或偶数时，球由右发球区对角发向对方的右接发球区；当比分为奇数时，球由左发球区对角发向对方的左接发球区。比赛中，只有当一方连续得分时，发球员才必须在左右发球区交替发球，而接发球队员的位置不变。其他情况下，选手应站在上一回合的各自发球区不变，以保证发球员的交替。

4. 休息时间

当一方在比赛中得到 11 分后，双方队员将休息 1 分钟。两局比赛之间的休息时间为 2 分钟。

5. 常见的违例

（1）过手违例。发球时，在击球的瞬间，发球员的拍杆应指向下方，使整个拍头明显低于发球员的整个握拍手部。否则，将判违例。

（2）过腰违例。发球时，在击球的瞬间，整个球应低于发球员的腰部。否则，将判违例。

（3）挥拍有停顿。发球开始后，有不正当的延误击球或挥拍动作不连贯，将判违例。

（4）脚移动、触线或不在发球区内。在发球的过程中，发球员和接发球员的两脚都必须和场地接触，不得移动，且都必须站在规定的发球区和接发球内，脚不得出线。否则，将判违例。

（5）最初击球点不在球托上或发球时未能击中球，将判违例。最初击球点不在球托上，是指发球时，球拍先触及羽毛或同时击中羽毛和球托。

（6）发球时，球未落在规定的区域。

（7）球从网下或网孔穿过或触及天花板及运动员的身体、衣服。

（8）击球时，击球点超过网的向上延伸面，即在对方场区上空击球。

（9）同一运动员连续两次挥拍击中球。

第三节 网球运动

一、网球运动概述

（一）网球运动的起源与发展

网球运动在法国孕育，在英国诞生，在美国开始普及并形成高潮。1873 年，英国人温菲尔德将早期的网球打法加以改进，使之成为夏天在草坪上进行的一种体育活动，此后网球便成为一项室内、户外都能进行的体育项目，20 世纪在世界各地得到广泛发展。

（二）中国网球运动的发展

19 世纪中叶，网球运动由西方的官员、商人、传教士和驻军带进中国。1953 年，中国成立了中国网球协会。网球虽然进入中国的时间比较早，但发展一直比较慢，发展水平与世界强国仍有不小差距。近年来随着网球运动的职业化发展，各项网球赛事的不断举办，我国网球运动员取得了不俗的成绩。2004 年雅典奥运会网球比赛，李婷、孙甜甜这对组合在女子双打比赛中成为黑马，为中国夺得首枚奥运会网球金牌。

（三）网球运动特点

（1）健身价值高。网球运动能提高人体力量、耐力、灵敏等素质，对发展身体协调性有积极作用。

（2）适合人群广。网球运动不受年龄、性别的影响。

（3）观赏性强。网球是一项技巧性很强的对抗性运动。现代网球打法具有快、狠、准、变等特点，要求运动员既能“满场飞奔”，又能凌空跳跃击球、斜飞鱼跃救球等，世界高水平运动员的竞赛更是令人惊心动魄。

（4）对心理素质要求高。网球比赛中不但要勇敢拼搏，而且还要坚韧不拔。网球比赛是力的较量，是技术、战术的较量，也是心理素质的较量。

二、网球的基本技术

（一）基本站位

网球是一项全身运动，基本站位是网球场上的第一基本功。其基本姿势是屈膝、沉腰，重心在双脚前脚掌，随时准备向各方向移动。无论采用何种击球动作，都要回到基本站位时的准备姿势。它是任何一种动作的开始。

（二）握拍

在网球运动中，正确地握拍非常重要，它直接关系到击球质量。握拍方法有“东方式”“西方式”“大陆式”3 种。为能清楚地说明各种握拍方法，需了解拍柄各部位名称（图 12-3-1）。

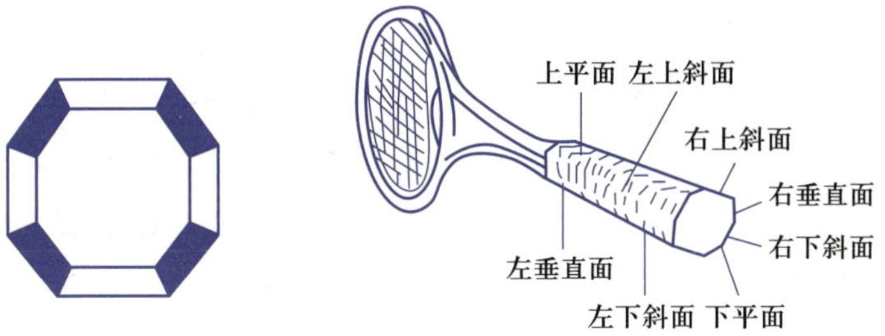

图 12-3-1　网球拍柄截面图

1. 东方式正、反手握拍法

握拍时用左手握拍颈处，把球拍置于体前，右手掌张开紧贴拍面，顺着拍面向拍柄后滑，并握好拍柄，拇指刚好高于中指面而低于食指，食指与其余三指自然弯曲握着拍柄下面，拇指与食指间的“V”形虎口恰好对在拍柄的上平面偏右的位置上，这是东方式正手握拍法。东方式反手握拍法，是在正手握拍的基础上，将握球拍手沿逆时针方向旋转一个平面，使手掌的“V”形虎口略偏左侧，位于左垂直面与上平面间的左斜面，食指关节在右上斜面的位置（图 12-3-2）。

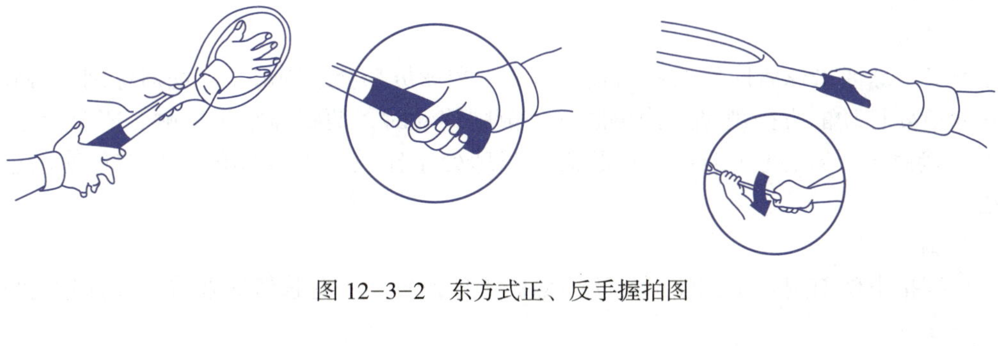

图 12-3-2　东方式正、反手握拍图

东方式握拍法的优点是能保持拍面与地面的垂直，使手掌有力地握着球拍末端，利用杠杆原理为击球蓄力。缺点是在反手击球时，必须变换握拍法。

2. 西方式握拍法

西方式握拍法是将手掌“V”形虎口对着拍柄上平面与右上斜面交接处，手掌中心贴在拍柄右垂直面，手腕稳固地紧靠在拍柄后侧右平面，大拇指关节在拍柄的左上斜面的位置（图 12-3-3）。

3. 大陆式握拍法

大陆式握拍法是手掌的“V”形虎口正对拍柄的左上斜面，大拇指扣压在左垂直面，食指第一关节握住拍柄上平面边沿和右上斜面的位置（图 12-3-4）。

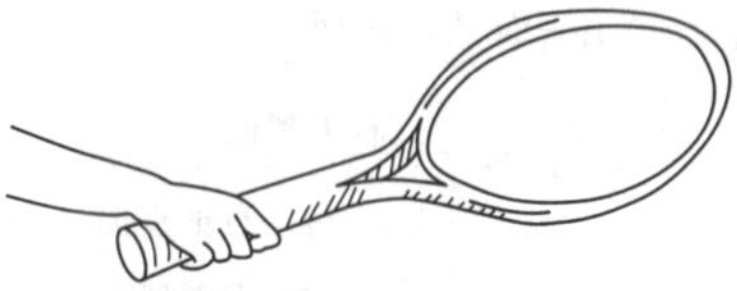

图 12-3-3 西方式握拍

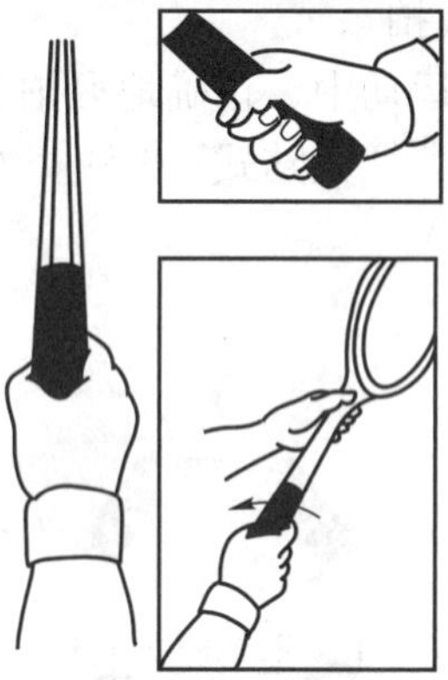

图 12-3-4 大陆式握拍

大陆式握拍法的优点是正、反手都能以不变的握法进行击球，缺点是腕力不足者不易打出好球。

（三）基本步伐

1. 交叉步

当一次击球过后，迅速退回场地中准备下次击球时，交叉步是最好的选择。当向着场地中央移动时，尽可能保持肩膀平行于球网，重心保持在两腿间，两腿呈交叉状向侧面跨步。如果向右侧移动，应先跨左腿在右腿前；相反同理。当要处理距离很远的球而需要做大幅度移动时（如近网短球或大角度的来球），要先侧身，然后疾速向球的方向奔跑。但如果每次击球都使用这样的步法，就会限制变向的能力，而且容易导致运用错误的步法。

2. 滑步

准备击球或击球后回位的距离较短时，多数球员都会采用滑步。面对球网，将外侧的腿向所要移动的方向滑动。内侧腿向外侧腿移动时，两腿在空中接触（依个人习惯，也可不接触），然后进入准备击球状态。当球处于比较靠近身体位置时推荐使用这种步法。

3. 碎步

在挥拍击球前用碎步调整可处于最佳的击球位置。一些顶级职业选手在挥拍击打落地球前，都会通过碎步来调整到理想的击球位置。多数业余选手通常只满足于移动到击球位置的附近，这样有时会导致需要弯腰，或伸长胳膊去击球，否则就只能拼命去做非常规的击球动作。尽管击球可以过网，但它未必能达到所期望的效果。若运动员通过碎步来调整到最佳的击球位置，将会大大提高击球的效果。

4. 跳步

在每次击球前，特别是进行网前截击的时候，球员应该使用跳步。从准备状态开始，当对手开始挥拍时，膝盖弯曲，做一个小跳跃（高度不要超过5厘米），双脚的前脚掌着地（略宽于肩）。这样会保持一个适当的站位，很容易向对手下一次击球的方向突然起动。

（四）正反手击球

1. 正手击球

正手击球是网球技术中最基本的击球方法，也是最可靠的进攻性击球手段。其特点是速度快、力量大，是初学者学习的第一种击球方法。

正手击球基本技术

（1）准备姿势。面对球网，两脚开立，距离略比肩宽，膝部放松微屈，上体稍前倾，身体重心置于两前脚掌之间，脚跟稍抬起。右手轻握球拍，左手扶住拍颈，球拍置于胸腹前，拍头指向前方略偏左，微上翘，高于握拍手腕，两肘轻触腰侧部，目光注视对手或来球，做好击球准备（图12–3–5）。

图12–3–5　正手击球准备姿势

（2）转肩后摆引拍。当判断来球需要用正手击球时，左手离开球拍，肩向右转，身体侧向球网，两脚前后开立，重心在右脚，球拍随转体快速平稳地向后摆动，球拍运动轨迹同大写英文字母“C”，球拍指向后方（图12–3–6①）。

（3）挥拍击球。击球前，左脚对着来球方向跨一步，跨步只求早不能迟。向前挥拍击球时，要握紧球拍同时手腕绷紧，腰部转动带手臂和球拍，从稍低于腰部处开始，做弧线轨迹运动，向前向上挥动。拍面垂直或稍前倾，击球点在身体右侧前方不超过腰的高度（图12–3–6②~④）。

（4）随球动作。当球离开拍弦后，球拍应自然地随着击球动作的惯性做随球动作，使持拍手臂向前伸展，肘关节向前向上跟进，继续向前挥动至左肩前上方，完成挥拍跟球运动（图12–3–6⑤）。

图12–3–6　正手击球

2. 反手击球

网球反手击球分为单手反手击球和双手反手击球，也是回击来球和进攻对方必须掌握的基本技术。反手击球指击打与握拍手相反方向的落地球打法，许多动作要领与正手击球有相似的地方，准备姿势与正手击球的准备姿势基本相同。

（1）单手反手击球（图 12-3-7）。

单手反手击球

① 转肩后摆：当球向反手方向飞来的一瞬间，变换握拍为东方式反手握拍。身体左转侧身背对球网，由转肩带动球拍向左后方充分摆动引拍，后摆引拍要平稳连贯，移动至最后一步，右脚前跨一步，重心在左脚，球拍后摆，拍头略低，球拍指向后方。

② 挥拍击球：击球时，以髋带动肩向右侧转动，同时上臂、前臂带动球拍由后下方向前上方挥出。击球时手腕固定握紧，身体应稍前倾，将转体和双臂伸展的力量作用于拍弦击球上，要保持击球的稳定性。

③ 随球动作：击球后，进行随球动作时，转体约 45° 面向球网，随球动作由后下向前上，在身体右侧前上方结束，重心在右脚，后脚跟踮起。

① ② ③ ④ ⑤ ⑥ ⑦ ⑧

图 12-3-7 单手反手击球

（2）双手反手击球。反拍双手握拍，双手都为东方式握拍。以右手握拍为例，右手用东方式反拍握法，右手掌根靠近拍柄的端部，左手以东方式正握拍法，握在右手的上方，不要交叠。对方来球到反手位时，身体左转，以转肩带动双手握拍向左后摆动引拍，右臂伸展，左背弯曲，上体侧对击球点，拍略低于来球。击球时重心前移，迎球时挥臂与转体协调配合。击球时右脚向前跨一步，重心前移，转腰带动双手由后下向前上方挥拍，在腰部高度、膝部前击球的中部或偏下。击球后继续向上做随挥动作，最后在右肩前上方结束（图 12-3-8）。

① ② ③ ④ ⑤ ⑥

图 12-3-8 双手反手击球

完整发球动作

3. 发球（图 12-3-9）

发球是网球技术中唯一不受对方制约的技术，分为平击发球、切削发球和旋转发球三种形式。平击发球力量大、速度快，但容易失误；旋转发球技术要求高，不容易掌握；切削发球比较容易掌握，适合初学者和对发球要求不高者。

图 12-3-9　发球

（1）动作要点与站位。发球时采用大陆式握拍的方法，发球站位要求在端线后 5 厘米处，身体自然放松，两脚开立与肩同宽，前脚与端线成 45° 角，重心放在后脚上，身体侧对球网。

（2）持球与抛球。持球时手持一个球，发球前将要发的球置于食指、中指和无名指的前端，用拇指和小指支撑球。抛球时手臂向身体的右前上方直臂抬起，到肩部与头部之间位置时，利用膝盖的屈伸，用手垂直向上抛球，出球后手肘伸直，球落下时在身体前脚的右前方。

（3）后摆引拍。当抛球手向上时，握拍手也应该向后上方运动，以肘为轴，小臂、手、拍头依次向体后，执拍手臂做大弧度地环绕向后引拍，右肘弯曲使球拍在背后呈悬垂弧状向下。背部下吊，同时屈双膝并伴随身体后展呈“弓”状。

（4）击球。球上抛引拍结束后，身体向前移动，握拍手和球拍向上伸展，在屈膝、背弓动作的基础上自下而上依次蹬直踝部、膝部，反弹背弓并向出球方向转体，与此同时仍以肘为轴带动手、拍头摆向击球点，最后在力的爆发点上“鞭打”抛送于空中的球。根据发球的类型，击球时用相应的拍面去接近球。切削发球就是由球的右上往左下切削击球，击球在中部偏右侧，使球产生右侧旋转，击球点在球抛至最高点，刚开始下落时的一瞬间；平击发球是在击球的一刹那，拍面不绕球切削，击球点应在身体的右眼前上方，以拍面中心平直对准球，击球的后中上部。

（5）击球动作已告完成，但整个发球过程却仍在继续。抛球挥拍击球后，球拍继续做弧线运动，从身体的左侧挥过，即击球后球员应顺着身体及挥拍的惯性做收腹、转肩和收拍的动作，最终球拍由大臂带动收向持拍手的异侧体侧，结束发球动作。

（五）网球其他技术动作

1. 截击球

截击球是网前技术中的一种攻击性击球方法，是指球在落地之前，将球击回到对方半场区的击球方法。它可分为近网截击、远网截击，或分为低球截击、中间截击、高球截击，还可分为正手截击和反手截击。

（1）握拍方法。正、反手网前截击球通常使用大陆式握拍法。

（2）截击动作要领（图 12-3-10）。

①　②　③　④

图 12-3-10　截击球

准备姿势和引拍：当对方球飞来时，侧身引拍远离后肩，正手引拍结束时，球拍几乎与场地垂直。反手一侧截击时，上肢的转动使球拍向场地地面展开。

向前挥拍和触球：正手截击球时，球拍向下向前移动。在这一动作过程中，前脚朝来球跨步成半开形站立姿势。双肩也向前转，肘部伸展，拍面稍开使球产生下旋。反手截击球与正手相似，但转体动作很小，触球点比正手截击更靠前。

随球动作：球拍向前向下移动，身体各部分逐渐减速。随球动作幅度极小，但在完成击球动作时，球员就在随球动作的开始阶段使球拍保持几乎与网平行的位置。

2. 高压球

高压球是当对手挑高球的时候，通过扣杀去争取直接得分的进攻技术，一般分为近网高压、后场高压、落地高压和反拍高压四种。

（1）握拍方法。球员应使用大陆式或东方式正手握拍法打高压球。

（2）高压球的动作要领（图 12-3-11）。

准备姿势和引拍：球员用小碎步侧身并做好迎击来球的准备。上体后倾，身体的全部重心移至后腿。引拍动作缩短，没有发球时的摆动动作。引拍动作结束时，屈肘至肩

①　②　③　④

图 12-3-11　高压球

高，拍面置于球员头部的后上方，非持拍手臂向上伸展以保持平衡和协调。

向前挥拍和触球：凭借身体运动产生的力量，拍头向上向前加速。上体前转，后肩移动至高于前肩，身体重心移至前腿，后脚抬起。小臂和肘部在触球时完全伸展，小臂外转以便平击球时在球员头部的前方击球，拍面与网平行，与击球方向垂直，非持拍臂在持拍臂下方交叉移动以保持平衡。

随球动作：小臂外转，上体跟随球的线路继续向前屈体，身体重心移至前腿。球员向前移动，恢复平衡准备再次击球。

3. 挑高球

（1）握拍法。挑高球都是在底线附近使用的，属于击落地球的一种打法，所以它的握拍法与底线正反拍抽击球一样。

（2）动作要领。

准备姿势和引拍。引拍动作的幅度略小，球拍向下移动，拍面展开，双膝弯曲以调整击球区，身体重心移至后脚。

向前挥拍和触球。拍面展开由很低的位置移向很高的位置，并控制击球速度，慢速地挥拍。随着身体重心向前和向上移动，膝部逐渐伸直。触球时拍面打开，腕部固定。

随挥动作。随着球的飞行路线移动，这是一个运行轨迹很高的动作，球拍动作在头部上方结束，此时整个身体保持平衡（图 12-3-12）。

图 12-3-12　挑高球

三、网球运动规则

网球比赛分为单打和双打两种形式。每位球员的目的都是尽力将球打到对方的场地上去，这样一来一回，直到有一方将球打出界或没接到球为止。在正式比赛前，需要确定发球顺序。整场比赛中，双方球员轮流发球。发出的球应从网上越过，落在对角的对方发球区内。每局第一分球记为 15 分，第二分球为 30 分，接下来为 40 分。

（一）发球规则

1. 发球前

发球员在发球前应先站在端线后、中点和边线的假定延长线之间的区域里，用手将球向空中任何方向抛起，在球接触地面以前，用球拍击球，球拍与球接触时，即算完成球的发送。

2. 发球时

发球员在整个发球动作中，不得通过行走或跑动改变站立的位置，两脚只准站在规定位置，不得触及其他区域。

3. 打球中

（1）右端线后发球得或失一分后，应换到左区发球。

（2）球应从网上越过，落到对角的对方发球区前的方格内，或其周围的线上。

4. 发球失误

未击中抛起的球，发出的球在落地前触及固定物（球网、中心带和网边白布除外）；违反发球站位规定。发球员第一次发球失误后，应在原发位置上进行第二次发球。

5. 发球无效

擦网球以球擦网后的落点判断。如果球下网或落到对角发球区外，则发球失误；如果对方接球员未做好接球准备，应重新发球。

6. 交换发球

第一局比赛结束，接球员成为发球员，发球成为接球员。以后每局结束，均依次互相交换，直至比赛结束。

（二）交换场地

（1）双方应在每盘的第 1、3、5 等单数局结束后，以及每盘结束双方局数之和为单数时，交换场地。

（2）在抢 7 分比赛中，每当双方分数相加之和达到 6 分更换一次场地。

（三）失分

发生下列任何一种情况，均判失分。

（1）在球第二次着地前，未能还击过网。

（2）还击的球触及对方场区线以外的地面、固定物或其他物品。

（3）还击空中球失败。

（4）故意用球拍触球超过一次。

（5）运动员的身体、球拍，在还击期间触及球网。

（6）过网击球。

（7）抛拍击球。

（8）发球双失误。

（9）击球时人的身体触网。

网球锻炼方法

（四）压线球

落在线上的球都算界内球。

（五）休息时间

（1）每两分球之间，捡到球后直至发出，最大间隔 25 秒。

（2）单数局结束交换场地时可休息 90 秒。

（3）每盘结束可休息 120 秒。

自测题 12

（4）每盘的第一局结束后，交换场地时不能休息。

（5）在抢 7 分比赛中，双方分数相加为 6 分时，更换场地时不能休息。

知识链接　四大满贯

“四大满贯”是指网球运动中的四项顶级系列赛事，网球运动员把获得四大满贯冠军视作至高无上的荣誉。按照一年中开赛的先后顺序，网球四大满贯依次为：澳大利亚网球公开赛、法国网球公开赛、温布尔登网球锦标赛、美国网球公开赛。从赛事的规模、历史、奖金、积分和影响力来说，大满贯系列赛都堪称职业网坛最重要的赛事。全满贯是指一位选手获得全部四大满贯的冠军。

第十三章　操舞类运动

本章导学

操舞类运动能够极大地锻炼肌肉，能够起到加速血液循环、新陈代谢等作用，用于减脂也有非常好的效果。这类运动最大的好处是只需要一个人，不需要搭档，随时随地就可以开始，非常简单便捷。最重要的是，多练习操舞运动还可以改善体态，使体态更加优雅。

学习目标

知识目标：了解健美操、街舞及安代健身操的起源与发展、特点与锻炼价值。

能力目标：掌握健美操、街舞及安代健身操的基本技术、锻炼方法，提高身体素质。

素质目标：改善学生的体态，培养学生持之以恒和团结协作的品质，提高学生对美的欣赏水平。

思政课堂

舞火红安代，展青春风采

中共中央办公厅、国务院办公厅印发《关于实施中华优秀传统文化传承发展工程的意见》，提出要进一步增强文化自觉和文化自信，坚守中华文化立场，传承中华文化基因，激发中华优秀传统文化生机活力，全面提升人民群众文化素养。安代健身操属于民族健身操的范畴，不仅是有效继承与弘扬中华优秀传统文化的基本手段，同时也是丰富与深化民族体育项目内容的重要途径。

2006 年 5 月 20 日，蒙古族安代舞经国务院批准列入第一批国家级非物质文化遗产名录。近四百年来，安代舞以其浓郁的“民间本色”备受蒙古族人民喜爱。

安代健身操是中华优秀传统文化项目“安代舞”与现代健身项目“健美操”融合发展而成的新兴体育项目，具有传播民族传统文化的先天优势，同时具备健美操的简单易学、门槛低、基本无场地限制等推广条件，成为弘扬爱国主义精神，推进体育课程思政的良好载体。

通过学习安代健身操，学生可以不断提高身体素质，培养团结协作、乐观自信、公平竞争等意识。安代健身操还具有校园文化品牌突出、传统文化特色鲜明、思政内涵丰富、教学管理规范、示范性好等典型效应。

第一节　健美操运动

一、健美操运动概述

（一）健美操运动的起源与发展

健美操一词源于“Aerobics”，这个词的意思是“有氧运动”“有氧健身操”。健美操是融体操、舞蹈、音乐为一体，在音乐伴奏下，以身体练习为基本手段、以有氧运动为基础，达到增进健康和塑造形体目的的一项体育运动。

健美操起源于传统的有氧健身运动，是有氧运动的一种。它通常采用徒手或配合轻器械进行练习，是在氧供应充足的情况下，以人体有氧系统提供能量的一种运动形式，是持续一定时间的、中等强度的全身性运动，主要锻炼练习者的心肺功能。

现代健美操是从20世纪60年代初开始萌芽的，这种操带有娱乐性，简单易学，深受人们喜爱。20世纪70年代在美国迅速兴起，掀起热潮。美国健美操代表人物简·方达为健美操在世界的推广作出了杰出贡献。健美操于20世纪70年代末80年代初传到我国。

1986—1988年，健身健美操和竞技健美操在我国得到了长足的发展。继1986年4月在广州举行的我国首次“全国女子健美操邀请赛”后，1987年5月在北京又成功地举办了首届正式的竞技健美操比赛——“长城杯”健美操邀请赛。为了有组织、有计划地推动全国大学生健美操运动的发展，1992年2月，在北京成立了中国大学生体育协会健美操艺术体操分会。1992年9月，中国健美操协会在北京的正式成立，标志着我国健美操运动进入一个崭新的发展阶段。

近年来，随着健身运动不断发展，人们对健身的理解进一步加深，对健身的需求也更加多样化和个性化。

（二）健美操运动的分类

健美操运动的种类繁多，根据其目的和任务可以分成三类：健身性健美操、竞技性健美操和表演性健美操。

健身性健美操也称大众健美操，它有音乐节奏鲜明、旋律轻松愉快、动作简单、运动强度较低、动作形式多、场地要求不高、随意性大等特点，主要以健身、健美、健心为目的，是集健身、娱乐于一体的健身运动，其宗旨是“健康第一”。

竞技性健美操是根据竞赛规则与技术规程的要求，创编出的具有较高艺术性、展示运动员高水平专项技术能力的成套动作，以比赛取得优异成绩为主要目的的竞技运动。竞技健美操只进行自编动作比赛。每套动作有一定的时间限制，成套的动作要根据其基本步伐、特色、难度、完成情况、时间、体形等各种因素来评分。

表演性健美操是指根据不同目的、场合、要求、表演者等情况进行编排，并在各种节日庆典和宣传活动中表演的健美操。表演性健美操的主要目的就是“表演”。在表演性健美操中，竞赛规则、比赛人数、形式、规模及动作的设计和选择限制性较小，自由度较大，目的是使动作更具观赏性，通过表演来展示健美操的魅力、价值和活力，使观众在观赏中陶冶情操、愉悦身心、净化心灵，同时起到宣传和推广健美操的作用。

本文主要介绍健身性健美操。

（三）健美操运动的价值

健美操是一项具有锻炼实效，深受群众欢迎的运动项目。健美操的锻炼价值可归纳如下：

（1）增进健康、增强体质。

（2）提高身体素质，提高艺术素养。

（3）塑造健美形体，培养端庄体态。

（4）焕发精神面貌，陶冶高雅情操。

（四）健美操运动的特点

（1）强烈的节奏感和韵律感。健美操是在节奏鲜明、欢快奔放的乐曲伴奏下进行的身体练习。

（2）广泛的群众性。健美操内容丰富，运动量可以灵活调控，它多以徒手形式进行锻炼，对场地、环境、气候等条件的要求不高，不同年龄段、不同体质、不同阶层和技术水平的人都能根据运动负荷和难度以及爱好有选择地参加锻炼，各种人群都能找到适合自己的练习方式。

（3）健身的安全性。健美操的运动负荷中等、运动强度处于中下水平，属于有氧负荷范围内，因此，适合不同体质的人群进行锻炼。

（4）高度的艺术性。健美操融舞蹈、音乐、体操于一体，追求人体高强度运动能力和动作完美，是体育与艺术高度结合的运动项目，表现出高度的艺术性。

（5）持续的创新性。健美操运动的创新性主要表现在技术风格、质量、动作组合形式、成套动作的编排、集体动作的配合、队形的变化、音乐的选配、器械的灵活运用，以及教学方法、手段的不断推陈出新。

（五）健身健美操身体运动部位的基本动作简介

健美操基本动作是健美操运动的基础，是最小单位的元素动作。千姿百态的健美操组合动作都是在基本动作的基础上变化和发展起来的。将健美操基本动作按一定的需要进行组合和编排则会产生不同难度、不同强度、不同风格及不同视觉效果的动作。健美操基本动作不复杂，只要我们掌握了元素动作及其变化规律，健美操的学习过程就变得简单多了。

健身健美操基本动作主要分为基本步伐、躯干基本动作和上肢基本动作。根据人体结构的机能特征，针对人体各部位设计的健身健美操基本动作见表 13-1-1。

表 13-1-1　健身健美操基本动作

身体运动部位	基本动作
头颈	屈（前、后、左、右）、转（左、右）、绕（左、右）、绕环（左、右）
肩部	提沉肩（单肩、双肩）、绕（前、后）、绕环（前、后）
上肢	屈、伸、举、摆、绕、绕环、振、旋；基本手型：并掌、分掌、拳
胸部	含、挺、移
腰部	屈（前、后）、伸、转（左、右、后）、绕（左、右）、绕环（左、右）

续表

身体运动部位	基本动作
髋部	顶（前、侧）、提（前、侧、后）、摆（左、右）、绕（左、右）、绕环
下肢	无冲击步伐（弹动、半蹲、弓步、提踵）、低冲击步伐（踏步类、点地类、迈步类、单腿抬起类）、高冲击步伐（迈步起跳类、双脚起跳类、单腿起跳类、后踢腿跑类）

二、健身健美操基本步伐

健身健美操基本步伐是构成健身健美操基本动作和组合的基础。只有正确掌握基本步伐并加以组合运用，才能把握健身健美操的风格特点及动作的准确规范，使动作千姿百态。

健美操
基本步伐

健身健美操基本步伐根据人体运动时对地面的冲击力大小分为低冲击步伐、高冲击步伐和无冲击步伐三大类。低冲击步伐是指始终有一只脚与地面接触的动作；高冲击步伐是指一瞬间双脚离开地面的动作；无冲击步伐是指做动作时，双脚始终接触地面的动作。

（一）低冲击步伐

1. 踏步类

双脚交替抬起和落地。

（1）踏步。

① 技术要点：单拍完成动作，双脚在原地交替抬起和落地。前脚先落地，过渡至全脚掌，踝关节、膝关节、髋关节依次缓冲，保持腰腹肌肉收紧。

② 动作变化：踏步转体、踏步分腿与并腿等。

（2）走步。

① 技术要点：向前走步时，脚跟先落地，再过渡到全脚掌落地；向后走步时相反。脚下落时，膝、踝关节要有弹性地缓冲。

② 动作变化：向前、向后、转体（弧线）走步等。

（3）一字步。

① 技术要点：4 拍完成动作，双脚依次向前迈步，并拢，再依次退一步，还原。前后要有并腿过程，双膝始终要有弹性缓冲。

② 动作变化：向前、向后、转体一字步等。

（4）V 字步。

① 技术要点：4 拍完成动作。以右脚为例，右脚向右前方迈一步，屈膝缓冲，左脚向左前迈一步成屈膝半蹲，双脚运动轨迹成“V”字形，然后从右脚开始依次退回原位。迈出的脚以脚跟落地，过渡至全脚掌，并注意关节的缓冲及动作的弹性。可加入不同的手臂动作。

② 动作变化：向前、向后、转体、跳起 V 字步等。

（5）漫步。

① 技术要点：4 拍完成动作。以右脚为例，右脚向前或向侧迈一步，屈膝缓冲，重心前移，左脚稍抬起；重心后移，右脚还原，左脚稍抬起。动作过程重心移动不要过大，以免失去对节奏的控制。

② 动作变化：向前、向后、转体漫步等。

2. 点地类

（1）技术要点：一条腿伸出，脚尖或脚跟点地，另一条腿稍屈。双腿有弹性地屈伸，点地时，重心始终落在主力腿上。

（2）动作变化：脚尖、脚跟点地，向前、向后、向侧点地以及移动、转体点地等。

3. 迈步类

一只脚先迈出一步，同时移动身体重心，另一只脚点地、并步或抬起。落地自然，缓冲有弹性。

（1）并步。

① 技术要点：2 拍完成动作。以右脚为例，右脚向右侧迈一步，左脚前脚掌并与右脚，稍屈膝下蹲，然后接反方向。落地时膝部应顺势向下屈膝缓冲，动作过程中保持腰腹的稳定。

② 动作变化：向前、向后、转体并步等。

（2）迈步点地。

① 技术要点：一只脚向侧方迈一步，双腿屈膝，重心移至一只脚支撑，另一只脚侧点地。重心移动明显，双膝做弹性屈伸。

② 动作变化：左右、前后移重心等。

（3）迈步屈腿。

迈步屈腿

① 技术要点：2 拍完成动作。一只脚向右侧迈一步，膝稍屈曲，另一条腿小腿后屈，然后可接反方向。第一拍迈一步落地时有一个双腿都屈的过程，接着重心应控制在支撑腿上，保持关节的弹动控制；主力腿做弹性屈伸，后屈腿的脚后跟屈向臀部。

② 动作变化：原地、迈步、转体后屈腿等。

（4）迈步吸腿。

① 技术要点：2 拍完成动作。一只脚向前或向侧迈一步，另一条腿屈膝抬至水平，然后还原。保持关节的弹性控制，屈膝抬起的腿可根据能力尽量抬高，腹肌收紧，上体稍前倾靠向大腿。

② 动作变化：原地、移动吸腿等。

（5）侧交叉步。

① 技术要点：4 拍完成动作。一条腿向侧迈出，另一条腿在其后交叉，稍屈膝，随之再向侧一步，另一只脚点地并拢，然后可接反方向相同动作。交叉步是向侧移动的主要步法之一，应尽可能增大完成动作的幅度，落地时膝部应顺势向下屈膝缓冲，动作过程保持腰腹稳定。

② 动作变化：转体、小跳、后屈侧交叉步等。

4. 单腿抬起类

一条腿支撑，另一条腿以各种形式抬起，还原。保持两条腿有控制地稍屈膝弹动，同时收腹，保持身体的稳定。

（1）吸腿。

① 技术要点：2 拍完成动作。一条腿支撑地面，另一条腿屈膝向上抬起，还原。保持支撑腿的弹性缓冲及身体稳定，可吸腿跳起。

吸腿跳

② 动作变化：移动、转体、跳吸腿等。

（2）踢腿。

① 技术要点：一条腿站立，另一条腿直膝加速上踢。主力腿微屈膝，上体保持直立。

② 动作变化：原地、向前、向侧移动踢腿，跳起踢腿等。

（3）弹踢。

① 技术要点：一条腿站立，另一条腿后屈膝随之向前下踢伸直。弹踢腿不须弹踢很高，要有控制。

② 动作变化：原地、向前、向后、向侧、转体弹踢等。

（二）高冲击步伐

1. 后踢腿跑

（1）技术要点：双腿依次后踢，双臂前后自然摆动。小腿向后屈膝后踢，支撑腿微屈。

（2）动作变化：原地、向前、向后、弧线、转体后踢腿跑等。

2. 双脚跳

（1）技术要点：两只脚有弹性地跳起落地。落地屈膝缓冲。

（2）动作变化：原地、转体双脚跳等。

3. 开合跳

（1）技术要点：分腿落地，再跳回并腿。分腿落地时，屈膝朝脚尖方向，全脚掌着地，屈膝缓冲。

（2）动作变化：原地、转体开合跳等。

4. 弹踢腿跳

（1）技术要点：一只脚跳起，另一只脚后屈膝随之向前下踢伸直。弹踢腿高度不须太高（向前或侧下 45°），弹直时要有所控制。

（2）动作变化：原地、移动、向前、向侧，向后、转体弹踢腿跳等。

5. 侧并小跳

（1）技术要点：一只脚向侧方小跳一次，另一只脚并上垫步跳一次。两只脚落地要有弹性，重心平稳移动。

（2）动作变化：原地、左右、前后、转体侧并小跳等。

6. 并步跳

（1）技术要点：一只脚迈出移重心，另一只脚在支撑脚内侧并腿跳起，落地缓冲。两只脚并步跳要有弹性，重心随之移动。

（2）动作变化：向前、后、侧、转体、斜方向并步跳等。

7. 弓步跳

（1）技术要点：并腿跳成分腿，一条腿屈膝，另一条腿伸直成弓步。重心在两条腿之间，两只脚在一条线上，前腿膝关节弯曲不超过 90°。

（2）动作变化：弓步交换腿跳、弓步转体跳、弓步剪刀跳等。

8. 摆腿跳

（1）技术要点：一只脚跳起，另一只脚自然摆起，还原成并腿。主力腿屈膝缓冲，上体保持正直。

（2）动作变化：向前、后侧摆腿跳等。

（三）无冲击步伐

1. 弹动

（1）技术要点：膝关节有弹性地屈伸。

（2）动作变化：转体弹动等。

2. 半蹲

（1）技术要点：双腿同时屈膝或伸直，做并腿半蹲或分腿半蹲。屈膝不得超过 90°，脚尖方向同膝关节方向一致，膝关节不超过脚尖，下蹲时身体前倾。

（2）动作变化：并腿半蹲、分腿半蹲、迈步转体半蹲等。

3. 弓步

（1）技术要点：一条腿屈膝，另一条腿伸直。身体重心在两条腿之间，两只脚在一条线上，前腿膝关节弯曲不超过 90°，前探不超过脚尖。

（2）动作变化：前后左右弓步、移动弓步、跳起弓步等。

4. 提踵

（1）技术要点：脚跟向上提起，小腿腓肠肌收缩，然后还原。

（2）动作变化：单脚提踵、双脚提踵、转体提踵等。

三、健身健美操上肢动作

1. 上肢动作

（1）自然摆动。屈肘前后摆动，同时或依次进行。

（2）臂屈伸。上臂固定，肘屈伸。臂屈时肱二头肌收缩，臂伸时肱三头肌收缩，可持小哑铃或沙袋练习。

（3）屈臂提拉。臂由下举提至胸前平屈。胸大肌和三角肌前束收缩，可持小哑铃或沙袋练习。

（4）直臂提拉。臂由下举提至前平举或侧平举。练习部位和方法同上。

（5）冲拳。握拳由腰间冲至某位置。如向前冲拳、向上冲拳。

（6）推。手掌由肩侧推至某位置。如前推时，胸大肌和三角肌前束收缩；上推时，三角肌中束收缩。

2. 手型

健美操中手型有多种，是从爵士舞、芭蕾舞、西班牙舞、迪斯科等舞蹈以及武术的手型吸收发展而来。手型的选用可以使手臂动作更加生动活泼。常见的手型如下（图 13-1-1）。

图 13-1-1　健美操常见的手型

四、健身健美操躯干动作

在健身健美操运动中，躯干主要起连接、保护和固定作用。躯干部位的练习通常是为了锻炼躯干前后肌肉设计的。特别是躯干中部只有脊柱和腰腹部周围的肌肉、软组织支撑上半身并连接身体的上下部分，许多人由于前后肌肉发展不平衡、力量不足造成损伤和不良形态。因此，在健身健美操练习中锻炼这些肌肉尤为重要，这一点在传统的有氧操练习中能很明显地看到。

锻炼躯干肌肉的方法和动作很多，可徒手，也可使用轻器械或固定器械，有负荷的肌肉练习效果更好。这里，我们只介绍发展躯干各部位肌肉的基本方法和动作。

1. 胸部

（1）含胸。直臂或屈臂做内收动作，可持小重量的哑铃、沙袋或橡皮筋完成。通常与臂的外展动作结合进行练习。

（2）俯卧撑。根据不同水平，练习者可采取跪撑、双脚分腿俯撑、并腿俯撑及单脚俯撑姿势，做手臂的屈伸动作，屈臂时吸气，伸臂时呼气。

2. 肩背部

（1）外展。屈臂或直臂做外展动作，也可持小重量的哑铃、沙袋或橡皮筋完成。通常与臂的内收动作结合进行练习。

（2）提肩、沉肩。双肩用力上提、下拉。

（3）上举、下拉。双臂由侧上举下拉至髋侧，如果利用固定器械进行练习，效果会更好。

3. 腰腹部

（1）仰卧起坐：仰卧，屈膝，双脚同肩宽，腹肌收缩，上体抬起，腰部始终保持与地面接触。

（2）侧卧抬起：屈膝侧卧，两肩接触地面，腰侧部肌肉收缩，上体抬起，腰部始终保持侧卧与地面接触。

（3）仰卧提髋：仰卧，双腿稍屈膝上举，腹直肌收缩，使髋关节向上抬起。注意做各动作时不要利用惯性。

（4）站立侧屈：分腿站立，稍屈膝，侧腰肌收缩使上体侧屈，还原。

（5）站立体转：分腿站立，稍屈膝，腹斜肌和腰肌收缩使上体向侧水平扭转。

（6）俯卧两头起：仰卧，竖脊肌收缩，异侧的手臂和腿同时抬起，还原。动作要匀速，不宜快。

五、健身健美操的成套动作

健身健美操成套动作是在健身健美操基本动作和组合动作的基础上发展创新而成的。这里介绍第三套全国大众健美操锻炼标准二级的动作（节选）。

（一）组合一：8×8 拍

1. 第一个八拍动作（图 13-1-2）

（1）下肢步伐。1~4 拍右脚走十字步，5~8 拍向后走四步。

（2）上肢动作。第 1 拍右臂侧举，第 2 拍右臂侧举，第 3 拍双臂上举，第 4 拍下举，5~8 拍屈臂自然摆动。

①　②　③　④　⑤~⑥　⑦~⑧

图 13-1-2　组合一　第一个八拍动作

2. 第二个八拍动作

动作同第一个八拍，但向前走四步。

3. 第三个八拍动作（图 13-1-3）

（1）下肢步伐。1~6 拍漫步，7~8 拍为 1/2 后漫步。

（2）上肢动作。1~2 拍右手前举，第 3 拍双手叉腰，4~5 拍左手前举，6 拍双手胸前交叉，7~8 拍双臂侧后下举。

①~②　③　④~⑤　⑥　⑦~⑧

图 13-1-3　组合一　第三个八拍动作

4. 第四个八拍动作（图 13-1-4）

（1）下肢步伐。1~2 拍右脚向右并步跳，3~8 拍左脚向右前方做 6 拍前侧后漫步。

（2）上肢动作。1~2 拍屈左臂自然摆动，3~4 拍前平举弹动 2 次，5~6 拍侧平举，7~8 拍后斜下举。

第五至八个八拍，动作相同，但方向相反。

①　①之后　②　③　③之后　④　⑤~⑥　⑦~⑧

图 13-1-4　组合一　第四个八拍动作

（二）组合二：8×8 拍

1. 第一个八拍动作（图 13-1-5）

（1）下肢步伐。1~2 拍右脚向右侧滑步，3~4 拍为 1/2 后漫步，5~8 拍左脚开始向左前方做侧并步 2 次。

（2）上肢动作。1~2 拍右臂侧上举，左臂侧平举，3~4 拍双臂屈臂后摆，5~6 拍击掌 3 次，7~8 拍双手叉腰。

①~②　③~④　⑤　⑥　⑦　⑧

图 13-1-5　组合二　第一个八拍动作

2. 第二个八拍动作（图 13-1-6）

（1）下肢步伐。1~4 拍左脚开始向左后方做侧并步 2 次，5~6 拍左脚向左侧滑步，7~8 拍为 1/2 后漫步。

（2）上肢动作。1~2 击掌 3 次，3~4 拍双手叉腰，5~6 拍左臂侧上举，右臂侧平举，7~8 拍双臂屈臂后摆。

3. 第三个八拍动作（图 13-1-7）

（1）下肢步伐。1~4 拍右转 90°，上步吸腿 2 次，5~8 拍 V 字步左转 90°。

（2）上肢动作。1~4 拍双臂向前冲拳、向后下冲拳 2 次，5~8 拍双臂由右向左水平摆动。

①　②　③　④　⑤~⑥　⑦~⑧

图 13-1-6　组合二　第二个八拍动作

①　②　③　④　⑤　⑥　⑦

图 13-1-7　组合二　第三个八拍动作

4. 第四个八拍动作（图 13-1-8）

（1）下肢步伐：1~4 拍左腿吸腿（侧点地）2 次，5~8 拍动作同 1~4 拍，但方向相反。

（2）上肢动作：第 1 拍双臂胸前平屈，第 2 拍左臂上举，第 3 拍同第 1 拍，4 拍还原，5~8 拍同 1~4 拍，但方向相反。

第五至八个八拍，动作相同，但方向相反。

①　②　③　④　⑤　⑥　⑦　⑧

图 13-1-8　组合二　第四个八拍动作

（三）组合三：8×8 拍

1. 第一个八拍动作（图 13-1-9）

（1）下肢步伐。1~4 拍右脚侧并步跳，4 拍时右转 90°；5-8 拍左脚开始侧交叉步。

（2）上肢动作。1~4 拍双臂上举、下拉，5-8 拍双臂屈臂自然摆动，第 8 拍双臂侧下举，上体向左扭转 90°，朝正前方。

图 13-1-9　组合三　第一个八拍动作

2. 第二个八拍动作（图 13-1-10）

（1）下肢步伐。1~4 拍向右侧并步跳，4 拍时左转 90°；5-8 拍左脚开始侧并步 2 次。

（2）上肢动作。1~4 拍双臂上举、下拉；5~6 拍右臂前下举，7~8 拍左臂前下举。

图 13-1-10　组合三　第二个八拍动作

3. 第三个八拍动作（图 13-1-11）

（1）下肢步伐。1~4 拍左脚向前做一字步，5~8 拍依次分并腿。

（2）上肢动作。第 1 拍双臂肩侧屈，第 2 拍双臂下举，3~4 拍双臂胸前屈，5~6 拍双臂上举掌心朝前，7~8 拍双手放膝上。

4. 第四个八拍动作（图 13-1-12）

（1）下肢步伐。1~4 拍向后做一字步，5~8 拍依次分并腿 2 次。

（2）上肢动作。1~2 拍手侧下举，3~4 拍胸前交叉，5~8 拍双臂经胸交叉 1 次侧上举，1 次侧下举。

第五至八个八拍，动作相同，但方向相反。

图 13-1-11　组合三　第三个八拍动作

图 13-1-12　组合三　第四个八拍动作

（四）组合四：8×8 拍

1. 第一个八拍动作（图 13-1-13）

（1）下肢步伐。右脚开始小马跳 4 次，向侧、向前，呈梯形。

（2）上肢动作。单臂体侧向内绕环，5~8 拍同 1~4 拍。

图 13-1-13　组合四
第一个八拍动作

2. 第二个八拍动作（图 13-1-14）

（1）下肢步伐。1~4 拍向右后弧形跑 4 步，右转 270°，5~8 拍开合跳 1 次。

（2）上肢动作。1~4 拍屈臂自然摆动，5~6 拍双手放腿上，第 7 拍击掌，第 8 拍放于体侧。

3. 第三个八拍动作（图 13-1-15）

（1）下肢步伐。1~4 拍右脚向右前上步后屈腿，5~8 拍右转 90°，左脚向前上步后屈腿。

（2）上肢动作。1 拍双臂胸前交叉，2 拍右臂侧举、左臂上举，第 3 拍动作同第一拍，第 4 拍双手叉腰，5~8 拍动作同 1~4 拍，但方向相反。

图 13-1-14　组合四　第二个八拍动作

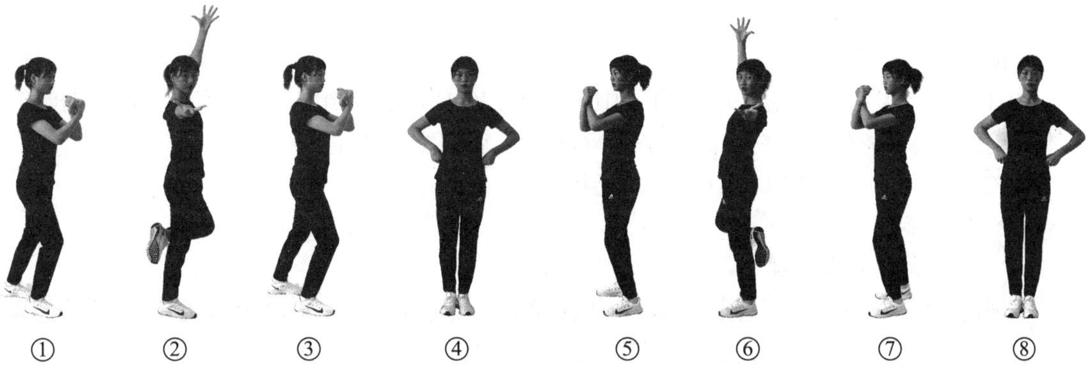

图 13-1-15　组合四　第三个八拍动作

4. 第四个八拍动作（图 13-1-16）

（1）下肢步伐。1~4 拍在右、左侧点地各 1 次，5~8 拍右脚上步转髋，还原。

（2）上肢动作。1 拍右手左前下举，2 拍双手叉腰，3~4 拍动作相同，但方向相反，5 拍双臂胸前平屈，6 拍前推，7 拍同 5 拍，8 拍放于体侧。

第 5~8 个八拍，动作相同，但方向相反。

图 13-1-16　组合四　第四个八拍动作

六、健美操运动竞赛规则

国际健美操竞赛规则的每一次变动和修改，都会对健美操的发展和与之相关的训练理念、方法带来重大的变革。为了体现健美操的健身、健美、健心的特点，必须了解健美操运动竞赛规则。

（一）比赛目的与宗旨

大力发展全民健身事业，深入研究新时代背景下群众体育需求的新特点、新要求和新思路，深层次挖掘多元健身形式，大力发展全民健身事业，大力推广科学健身方法，全面提高全民健康水平，激励广泛的健身人群参与，展示多元化的健身文化形式，提供科学的健身指导理论，弘扬时尚的体育健身思想，提升文明生活水平。

（二）参赛组别

1. 按年龄分组

（1）学校组：幼儿组、小学组、中学组（初中组、高中组）、大学组（普通院校组、体育院校组）、精英组（高校高水平运动队及运动训练专业）。

（2）社会组：青年组、中年组、老年组。

2. 按内容分组

（1）时尚健身操（舞）

规定动作：2010 年《全国普及组有氧健美操规定动作》、2011 年《全国普及性健美操全民推广套路》、2012 年《全国全民健身操等级推广规定动作》。

自选动作：有氧健身操、有氧健身舞、健身轻器械操、表演轻器械操、表演轻器械健身舞、有氧踏板操、有氧舞蹈。

（2）时尚健身课程

自选传统有氧操、健身舞蹈、有氧搏击、健身踏板、动感单车、健身球、健身杠铃等参赛项目。

（3）大众锻炼标准

规定动作：少儿 1~3 级（全国健美操大众锻炼标准）、2 级、3 级、4 级、5 级、6 级套路。

（4）广场健身操（舞）

规定动作：2013 广场健身舞规定动作。

自选动作：广场健身操，广场健身舞。

（5）街舞

规定动作：2012 年健酷街舞规定动作、2013 年时尚街舞推广动作。

自选动作：传统街舞、流行街舞。

（6）民族健身操（舞）

自选民族健身操、民族健身舞、民族器械健身操等参赛项目。

3. 参赛人数

参赛队员性别不限，人数分为 6~24 人。

4. 比赛时间

自选动作成套比赛时间为 2 分钟 ±10 秒，有氧舞蹈、有氧踏板比赛时间为 1 分 30

秒 ±5 秒。

5. 比赛场地

12×12 米的正方形空地。

6. 着装仪容

男、女运动员着装款式不限，可适量添加服装配饰，如飘带、亮片、适宜的设计图案等；男女运动员着装应整洁、美观，头发不遮脸，允许化淡妆，不得佩戴任何首饰和手表（民族健身操、民族健身舞例外）；必须着合适内衣，不得过于暴露，不得显示文身，不得造型怪异，服装上不得出现描绘战争、暴力、宗教信仰或性爱主题的元素。

第二节　健身街舞

健身街舞是在街舞风格的音乐伴奏下，以街舞的基本动作为表现形式，通过身体多部位，特别是小关节和小肌肉群运动，达到健身、健心目的的运动项目。健身街舞将有氧运动与街头舞蹈进行有机重组，保留了街舞中帅气和积极的元素，舍弃了颓废与消极的元素，以有氧运动形式及强度要求进行练习，是现代青年学生非常喜爱的健身方式之一。

一、健身街舞的特点

1. 保持了有氧运动特性

健身街舞是中低强度的有氧运动，对身体多部位，特别是对小关节和小肌肉群锻炼比较多，其动作设计以肢体的大幅度动作和步伐移动为主，保证了一定的运动强度，体现出健身性的特点。

街舞初级组合

2. 突出了地域文化特性

在动作类型上，健身街舞选择了具有街舞特点与风格的动作，充分体现了街舞的舞蹈特色，舍弃了高难度技巧动作和对身体易造成伤害的动作，体现了健身街舞的安全性特点。

3. 均衡发展身体特性

相对于器械等通过循环练习来刺激局部肌肉的锻炼方式，健身街舞还显示出均衡性特点，通过对身体肌肉的全面刺激，体现对身体，包括上、下肢及身体左、右两侧的全面、平衡的发展。

4. 鲜明的节奏特性

健身街舞还具有节奏性特点，街舞的音乐除了较强的低音效果，更多的是强调音乐的切分音节奏，丰富多彩的动作与节奏鲜明的音乐相互配合，使健身街舞练习更有感染力。

二、健身街舞基本动作介绍

（一）身体基本部位动作

1. 头部

（1）屈：指头颈关节角度的弯曲，动作有前屈、后屈、侧屈（图 13-2-1）。

图 13-2-1　头部屈

（2）平移：指头颈部相对于肩的横轴做向前、向后、向左、向右的水平移动（图 13-2-2）。

（3）转：指头颈部绕身体垂直轴的转动。有头左转、头右转（图 13-2-3）。

图 13-2-2　头部平移

图 13-2-3　头部转

2. 肩部

（1）提肩与沉肩：指肩胛骨做向上和向下的运动（图 13-2-4）。

（2）内扣和外展：指肩部所做的内旋和外旋的动作（图 13-2-5）。

图 13-2-4　提肩与沉肩

图 13-2-5　内扣和外展

3. 胸部

（1）含展胸：背部向后（胸部向前）运动，形成胸凹背弓（胸凸背凹）的动作（图 13-2-6）。

（2）移：胸部向左、右移动的动作（图 13-2-7）。

（3）振：肩胛骨做加速后展的动作。

图 13-2-6　含展胸

图 13-2-7　胸部移动

4. 上肢

（1）Lock：锁舞的基本动作，一串连续、快速的手部动作后，双臂在体前撑开定住，好像锁住的动作。

（2）Point：迅速笔直地伸出手臂，指向各个方向的动作。

（3）Wrist-roll：手腕快速的、上下翻转的动作。

（4）Cobra：从一只手做“波浪”动作，经过肩传到另一只手，然后将“波浪”再送回来的动作。

5. 髋部

（1）顶髋：指髋关节做水平移动的动作（图 13-2-8）。

（2）摆髋：指髋关节做钟摆式的连续移动动作。有向左、向右摆髋（图 13-2-9）。

图 13-2-8　顶髋

图 13-2-9　摆髋

（3）绕和绕环：指髋关节做弧形或圆形动作。

（4）“8”字绕：指髋部向左、右两侧连续做对称的绕环的动作，形成一个“8”字。

（5）提膝：膝关节向上抬起的动作。有前提膝、侧提膝（图 13-2-10）。

（6）拧动：脚前掌与脚跟的转动动作（图 13-2-11）。

图 13-2-10　提膝

图 13-2-11　拧动

（7）Wave：相邻的身体各关节依次弯曲，随之依次伸展的连贯动作。

（8）the Pop：依靠肌肉的收缩完成震动身体不同部位的动作。

（二）基本律动

（1）Up/Down：膝关节有节奏地连续完成屈和伸的动作，关节要有控制，有弹性（图 13–2–12）。

（2）Bounce：指 Up/Down 动作完成中所展现的带有节奏感的韵律、律动。

（3）Rock：体现律动的身体摇摆动作。

（三）基本移动步法

（1）滑步：两脚在地面上好像滑冰一样滑动的动作（图 13–2–13）。

（2）走步：脚步向前、后、左、右移动的动作。

（3）移动柔软步：在移动过程中，由脚尖过渡到全脚掌着地，身体重心随之移动，接着换另一只脚，两脚交替进行的动作。

图 13–2–12 Up/Down

图 13–2–13 滑步

第三节 安代健身操

一、安代健身操概述

（一）安代健身操的起源

安代舞被称为蒙古族集体舞蹈的活化石，是蒙古民族舞蹈艺术殿堂里的一颗明珠，至今已有 400 多年的传承历史。2006 年，蒙古族安代舞被列入第一批国家级非物质文化遗产名录。

“安代舞”是一种原生态舞蹈。它源自民间，具有鲜明的民族风格，充满浓郁的生活气息，经过悠悠历史长河，迄今仍在内蒙古地区广为流传。安代舞发源于科尔沁草原南端的库伦旗，在元代得以盛行。安代舞形成初期，以唱为主，故有“唱安代”之称，后来逐渐演变为载歌载舞的艺术形式，形成了“绕树而舞 – 踏足而舞 – 击掌而舞”的具有鲜明民族特色的舞蹈形式。表演安代舞时众人手握绸巾随着领唱和领舞边唱边舞，并按逆时针方向在场内绕行。“安代舞”多在那达慕大会、祭敖包及一些民间喜庆活动中举行，时间几天至二十几天不等。有时参加的人多了，可另请歌手，另开场地，进行竞赛，称为“夺安代”。

（二）安代健身操的发展

随着时代的发展与进步，带有迷信色彩的安代舞已不复存在，安代舞在保留原始风格、特点的基础上，广泛吸收现代健美操等项目的特点，逐渐形成一种新的体育健身方式——安代健身操。

安代健身操不受时间地点的限制，随时随地可以开展，演员就是观众、观众即是演员，一人领唱众人应和，稍加改造和创新就可以变为便于群体参与、相对整齐规范的群体操。

安代健身操，保留了独具特色的民族传统动作特点，如跺足、踏足、冲跑、踢腿、翻转跳跃、腾空跳跃等基本步法，手持绸巾进行甩巾、绕巾、摆巾、抡绸、击掌等技术动作，与现代健美操的基本步法、各种手臂动作等充分结合，通过科学合理的编排，既保留了传统蒙古族安代舞优美动情的曲调，又充满着现代健美操的动感，充分融合了民族特色和时代气息，是一项具有合理性、创新性、安全性、娱乐性的体育健身项目。

二、安代健身操的基本技术动作

（一）上肢动作

1. 绸巾动作

跳安代健身操时，一般需要手持绸巾来完成上肢动作。绸巾的形状一般为正方形或者长方形，可以根据具体需要选择不同尺寸、不同颜色的绸巾。动作主要包括甩巾、绕巾、摆巾、抡绸等基本动作。

2. 常用徒手动作

（1）头颈动作：包括头颈屈、转、绕及绕环。

（2）肩部动作：包括提肩、沉肩、肩的绕及绕环。

（3）胸部动作：包括含胸和展胸。

（4）上肢动作：包括举臂，臂的屈伸、摆动、交叉。

（5）腰部动作：包括腰的屈、转、绕及绕环。

（6）胯部动作：包括顶胯、提胯、摆胯、胯的绕及绕环。

（二）基本步伐

1. 踏、顿

安代健身操中踏、顿等基本动作，与蒙古舞动作的特点是一脉相承的。通过踏步、跺脚、冲跑、踢腿等基本下肢动作来配合节奏的强烈程度。

2. 交替类步伐

交替类步伐指两脚始终做依次交替落地的动作。它分为踏步、走步、一字步、V 字步、漫步、跑步。

3. 迈步类步伐

迈步类步伐指一条腿先迈出一步，重心移到这条腿上，另外一条腿用脚跟、脚尖点地或吸腿、屈腿、踢腿等，然后再向另一个方向迈步的动作。它分为并步、迈步点地、迈步吸腿、迈步后屈腿、侧交叉步。

4. 点地类步伐

点地类步伐包括脚尖点地、脚跟点地。

5. 抬腿类步伐

抬腿类步伐包括吸腿、摆腿、踢腿、弹踢腿、后屈腿。

6. 双腿类步伐

双腿类步伐包括并腿跳、分腿跳、开合跳、半蹲、弓步、提踵。

三、安代健身操动作学习

（一）成套动作学习

安代健身操分解动作

1. 动作组合（一）

（1）1–8 拍

上肢动作：由下至上甩巾，幅度要大。

下肢动作：原地跑步。

（2）2–8 拍

上肢动作：向左右侧上 45° 甩巾。

下肢动作：迈步点地。

（3）3–8 拍

上肢动作：左右手臂上下交叉绕臂抡巾。

下肢动作：踏步。

（4）重复以上 3 个 8 拍动作。

安代健身操完整动作

2. 动作组合（二）

（1）1–8 拍

上肢动作：向侧甩巾、向上甩巾，双臂侧上甩巾。

下肢动作：跺足后接原地跺足。

（2）重复以上 1–8 拍动作 3 次。

3. 动作组合（三）

（1）1–8 拍

上肢动作：向前甩巾、向上甩巾。

下肢动作：漫步。

（2）2–8 拍

同 1–8 拍。

（3）3–8 拍

上肢动作：双臂依次向上绕环抡巾。

下肢动作：漫步。

（4）4–8 拍

同 3–8 拍。

4. 动作组合（四）

（1）1–8 拍

上肢动作：向前甩巾、向上甩巾。

下肢动作：漫步。

（2）2–8拍

上肢动作：2~4拍同1~4拍，5~8拍双臂向左下、右下绕巾下甩。

下肢动作：屈膝并腿跳。

（3）4–8拍

重复以上（1）（2）动作，方向相反。

5. 动作组合（五）

（1）1–8拍

上肢动作：向前摆巾。

下肢动作：连续侧并步。

（2）2–8拍

上肢动作：向下甩巾，手臂上举。

下肢动作：漫步、踏步转圈。

（3）4–8拍

重复（1）（2）动作，方向相反。

（4）5–8拍

上肢动作：向前甩巾、向上甩巾。

下肢动作：漫步。

6. 动作组合（六）

（1）1–8拍

上肢动作：双臂交叉绕环后，前后摆巾。

下肢动作：漫步。

（2）2–8拍

上肢动作：双臂向侧上甩巾。

下肢动作：跺足。

（3）4–8拍

重复（1）（2）动作。

（4）5–8拍

上肢动作：向上甩巾、向前甩巾。

下肢动作：跺足、漫步。

7. 动作组合（七）

（1）1–8拍

上肢动作：上下甩巾。

下肢动作：后踢腿跑。

（2）2–8拍

上肢动作：向前甩巾、向上甩巾。

下肢动作：漫步。

（3）3–8拍

上肢动作：1–4拍双臂同时绕臂抡巾，5–8拍上下甩巾。

下肢动作：漫步、后踢腿跑。

（4）4–8 拍

上肢动作：甩巾。

下肢动作：后踢腿跑、漫步。

（5）5–8 拍

上肢动作：1–4 拍向前向上甩巾、5–8 拍双臂同时绕臂抡巾。

下肢动作：漫步。

8. 动作组合（八）

（1）1–8 拍

上肢动作：双臂绕环绕巾。

下肢动作：跑步。

（2）2–8 拍

上肢动作：上下甩巾。

下肢动作：前后点地。

（3）4–8 拍

重复（1）（2）动作。

9. 动作组合（九）

（1）1–8 拍

上肢动作：双臂交叉摆巾。

下肢动作：跺足。

（2）2–8 拍

上肢动作：双臂上下甩巾。

下肢动作：跺足。

（3）3–8 拍

上肢动作：双臂向左右侧上甩巾。

下肢动作：迈步点地。

（4）4–8 拍

上肢动作：双臂侧上举。

下肢动作：跑步。

（二）安代健身操编排注意事项

1. 合理性原则

在编排时，要注重全套动作的合理性，既包括动作结构的合理性，也包括动作难度、运动负荷的合理性。

2. 流畅性原则

在编排动作时，要注意动作与动作之间的连接具有规律性和连贯性，便于练习者能够快速、顺利地掌握动作。

3. 创新性原则

安代健身操对安代舞和健美操进行了充分融合，在编排时，既要考虑安代舞的技术特色，又要结合健美操的项目特点，在不断创新中激发人们的锻炼兴趣。

自测题 13

第十四章　健体类运动

本章导读

健体类项目主要以健身、塑形、养性为主要目的。健美运动巧妙地把体育和美育有机地融为一体，使身体各部位肌肉均衡、强健、发达；健身气功是中华民族的文化瑰宝，作为一种独特的身心锻炼方法，在中国养生学中占据重要地位，具有悠久的历史和深厚的文化底蕴；瑜伽通过身体体位训练、气息和心理调节等手段促进学生身心健康、改善体质、增强身体活力、延缓机体衰老，是体育健身养生的重要手段。

学习目标

知识目标：了解健美运动、健身气功及瑜伽的起源与发展、特点与锻炼价值。

能力目标：掌握健美运动、健身气功及瑜伽的基本技术、锻炼方法，提高身体素质。

素质目标：增进学生健康，培养学生审美能力、身体的表现能力，弘扬中华民族传统美德。

思政课堂

执着的追求，让你我走向成功

钱吉成是中国健美界非常重要的运动员，是中国第一个世界健美冠军。

17 岁时，身材矮小的钱吉成在一位同学家里看到《健与美》杂志，被杂志里世界健美明星的造型照片吸引住，从此就爱上了健美，并踏上了寻觅健美梦想的旅程。为了实现这个梦想，1991 年，怀揣梦想的钱吉成和朋友凑了 8 000 多元钱，开了一家健身房。可惜，没有生意经验的钱吉成开健身房以失败告终，但他不服输，1994 年，他抱着对健美运动的梦想只身来到海南，在三亚某酒店的健身房当健身教练，月薪仅 300 元。

健美运动是一件需要投入且相当枯燥的事情。平时要避免摄入高脂肪的食物，无油、无盐、无糖的食物是一般人不可能坚持食用的。参加健美比赛，钱吉成还要自己支付费用。健美运动员一个月在食物方面的支出很大。钱吉成虽然囊中羞涩，但仍然孜孜不倦地去追求自己的梦想。2005 年，在第 59 届上海世界健美锦标赛 60 千克级比赛中，钱吉成在众多世界高手的夹击中勇夺冠军，成为中国历史上第一个健美世界冠军。2008 年，钱吉成当选北京奥运圣火传递境内第一站——三亚市的火炬手。

希望同学们执着追寻梦想，实事求是闯新路，不畏艰辛攻难关，坚持不懈求胜利，不负时代、不负韶华，争做堪当民族复兴重任的时代新人！

第一节　健美运动

一、健美运动概述

自古以来健与美都是结合在一起的，健美运动就是这样一种强调肌肉健壮与美的体育活动，它巧妙地把体育和美育有机地融为一体。健美运动通常是指使用杠铃、哑铃、拉力器以及训练肌肉的专用健身器，利用其重量及身体自重给予身体各部位适当的刺激，从而使身体各部位肌肉均衡、强健、发达的运动项目。

（一）健美运动的起源与发展

19 世纪晚期，德国人尤金·山道首创了通过各种姿态来展示人体美的运动，为现代健美运动的发展奠定了基础，他被公认为“国际健美运动的创始人”和“世界上第一位健美运动员”。20 世纪 40 年代初，加拿大人本·韦德兄弟周游 90 多个国家和地区，宣传推广健美运动，于 1946 年创建了国际健美联合会。1969 年，国际健美联合会加入国际单项体育联合会总会。

20 世纪 30 年代，现代健美运动由欧美传入我国，并在上海蓬勃发展。1949 年后，上海先后建立了“健美体育馆”“强华体育社”等近十个健美场所。1983 年，在上海举办了第一届“力士杯”男子健美邀请赛。1984 年，在广州体育馆举行了第二届“力士杯”男子健美邀请赛。1985 年年底，我国正式加入国际健美联合会。自 1994 年以来，中国健美协会成功举办了多次国际重要健美赛事和会议。随着全民健身计划的实施，中国健美运动也以日新月异的面貌在各地蓬勃开展。

（二）健美运动的特点与价值

1. 发展肌肉，增长力量

人体各器官系统是按照“用进废退”的自然规律变化的，健美训练中要经常采用各种各样的杠铃、哑铃对全身各部位肌肉进行锻炼，特别是每次练习几乎都是极限练习，因此能够使肌肉得到强烈的刺激，从而使肌纤维增粗，肌肉中的毛细血管网增多，肌肉的生理横断面增大，肌肉因此变得丰满结实。

2. 增进健康，增强体质

健美运动可使心肌增强，心脏容量增大，血管弹性增强，从而提高心脏的收缩力和血管的舒张能力，使心搏有力，心输出量增加。健美运动还能使血液中的红细胞、白细胞和血红蛋白增加，从而提高身体的营养水平、代谢能力和对疾病的抵抗能力。健美运动对呼吸系统和消化系统同样具有良好的促进系统功能的作用。

3. 改善体形体态

健美运动的各种动作能促进骨骼的生长和肌肉的发展。科学的训练还可减少肌肉中的脂肪含量，达到消脂减肥的目的。这些变化都能够有效地改善人的体形体态。

4. 调节心理活动，陶冶美好情操

健美的体形能使人在心理上产生一种满足感。健美运动可以提高创造美、鉴赏美的能力，使人在生活中追求真、善、美，自觉地抵制假、恶、丑的现象，使人精神振奋、精力充沛、注意力集中、充满信心。

二、基本技术

（一）握法与握距

1. 握法

握法是指在健身健美训练时，两手持握器械把手、杠铃和哑铃的方法。在抗阻训练中经常用到下列 4 种不同的握法。

（1）正握。前臂内旋的握法，如杠铃卧推时使用的就是正握的方法。

（2）反握。前臂外旋的握法，如杠铃弯举时一般使用的就是反握的方法。

（3）正反握。一手正握，一手反握的握法，这种握法在抗阻训练的杠铃练习保护中经常使用。

（4）对握。两手掌心相对的握法，如哑铃锤式弯举时使用的就是对握的方法。

在以上握法中，拇指都要压在食指和中指上，因为这种握法稳固且安全。

2. 握距

握距是指在健身健美训练时，持握器械把手、杠铃和哑铃的两手之间的距离。每个人在肩宽、手臂长度上的差别，导致了握距上的差别。但对于个人来说，通常分为窄握、中握和宽握 3 种。一般来说，两手之间的距离比肩宽长 10~20 厘米为中握距，两手之间的距离同肩宽或窄于肩宽为窄握距，两手之间的距离比肩宽长 20 厘米以上为宽握距。

（二）身体的姿态与稳定

在抗阻训练中，除了某些通过躯干本身的运动进行的锻炼外，躯干都应保持稳定的状态，即保持收腹（骨盆中立位），挺胸（两肩胛骨后缩、下降）。头部与躯干要保持在一条直线上，下颌微收。

在站姿训练时，两脚距离要与肩同宽或略宽于肩，全脚掌着地，脚尖稍外展，双膝微屈，不要锁定，膝对准脚尖。

在坐姿或卧姿训练时，两脚要自然分开，全脚掌着地，身体与训练凳接触的位置一定要保证训练时躯干的稳定。

（三）动作速度（节奏）

动作速度（节奏）是指在健身健美训练时，目标肌肉向心收缩和离心收缩的时间。为了不使用惯性的力量和避免受伤，练习时目标肌肉向心收缩和离心收缩的时间一般都是 2~4 秒，也可以向心收缩快些（2~3 秒），离心收缩慢些（3~4 秒）。

（四）呼吸方法

适用于所有健身健美训练的呼吸方法：目标肌肉做向心收缩时呼气，做离心收缩时吸气。训练时，锻炼者往往会在用力时憋气。憋气会对人体产生如下作用：

（1）憋气时压迫胸腔，使胸膜腔内压上升，造成静脉血回心受阻，进而引起心脏充盈不充分，输出量锐减，血压大幅下降，导致心肌、脑细胞及视网膜供血不全，产生头晕、恶心、耳鸣和眼黑等感觉，影响和干扰了运动的正常进行。

（2）憋气结束，出现反射性的深呼吸，造成胸膜腔内压骤减，原来留于静脉的血液迅速回心，冲击心肌并使心肌过度伸展，心输出量大增，血压也骤升。这对心力储备差者十分不利。特别是儿童的心脏因承受能力低而易使心肌过度伸展导致松弛，老年人因血管弹性差、脆性大而容易使心、脑、眼等部位的血管破损，产生严重不良后果。

（五）保护带的使用

在进行健身健美训练时，可以使用腰部保护带，这样能增加腹腔内的压力，减少脊柱的压力，从而保护脊柱。但应有选择地使用保护带，不应所有的练习都使用保护带。因为过分依赖保护带，会使腰腹肌对躯干的稳定作用减弱，一旦没有佩戴保护带进行练习，很容易受伤。在站立姿势使用较大重量、腰背部负荷较大的练习（如下蹲、站立推举、俯身划船等练习）时，可以使用保护带。

三、身体主要部分肌肉练习方法

（一）胸部肌肉练习方法

1. 杠铃平板卧推

练习时平躺于卧推架条凳上，双脚着地，双手直臂持杠铃于胸上方。双臂慢慢弯曲，双肘外展，将杠铃放到胸大肌上部，随即收缩胸肌，将杠铃推起至双臂伸直。此动作主要锻炼胸大肌、三角肌前束、三头肌等（图 14−1−1）。

图 14−1−1　杠铃平板卧推

2. 哑铃仰卧飞鸟

练习时平躺在长凳上，双手直臂持哑铃于胸上方。双臂向身体两侧徐徐张开至最低点，保持 1~2 秒，收缩胸肌，将哑铃沿原路返回胸上方。此动作主要锻炼胸大肌、三角肌前缘、二头肌等（图 14−1−2）。

图 14−1−2　哑铃仰卧飞鸟

3. 俯卧撑练习（图 14-1-3）

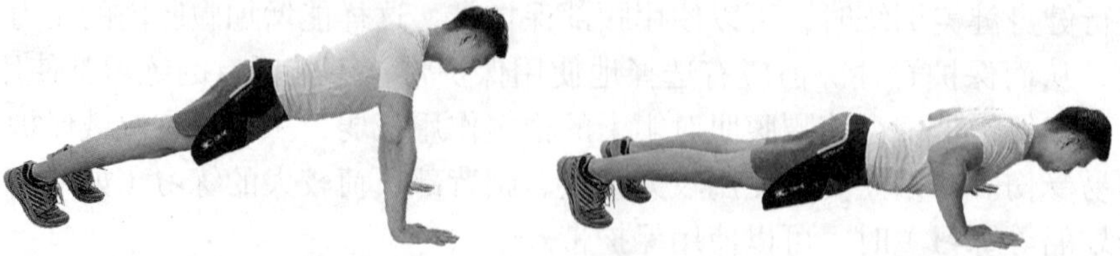

图 14-1-3　俯卧撑

（二）肩部肌肉练习方法

1. 杠铃坐姿推举

练习时核心收紧，双脚稳定，坐于哑铃凳上，双手持杠铃，翻上至颈前。双肩三角肌带动上臂上举至双臂伸直，杠铃举至头上最高处，慢慢返回原位。颈前推举主要锻炼三角肌前、中束，以及胸大肌上缘和肱三头肌等（图 14-1-4）。

2. 哑铃站姿侧平举（飞鸟）

练习时两脚开立与肩同宽，双手各持一哑铃，微屈肘置于身体两侧。微屈双臂，将哑铃分别从体侧上举至头顶，再沿原路返回原位。此动作主要发展三角肌的中束和前束（图 14-1-5）。

图 14-1-4　杠铃坐姿推举

图 14-1-5　哑铃站姿侧平举（飞鸟）

（三）背部肌肉练习方法

1. 引体向上

练习时双手握住高单杠，与肩同宽，身体自然下垂，两脚可交叉叠在一起。背部及双臂用力，将身体向上拉引，至胸部下缘接触横杠，略保持片刻，然后慢慢返回原位，重复进行。单杠引体主要发展背阔肌、斜方肌中下部、大圆肌、小圆肌、肱二头肌及小臂屈肌群（图 14-1-6）。

2. 杠铃俯身划船

练习时双脚开立与肩同宽，双腿微屈，上体前屈 90° 左右，腰部挺直，双手直臂将杠铃拉离地面。上体保持基本不动，双手将杠铃杆拉向肚脐，在最高点保持 1~2 秒再原路返回。此动作主要发展背阔肌、斜方肌、大小圆肌、冈下肌以及腰背部深层肌肉（图 14–1–7）。

图 14–1–6　引体向上

图 14–1–7　杠铃俯身划船

（四）臂部肌肉练习方法

1. 杠铃站姿弯举

练习时两脚开立，与肩同宽，双腿微屈，上体稍前倾，双手直臂握杠铃于大腿前。大臂保持不动，用力向前屈双小臂，将杠铃举至颈前，略停片刻，沿原路返回原位。杠铃弯举主要锻炼肱肌、肱二头肌及小臂屈肌等（图 14–1–8）。

图 14–1–8　杠铃站姿弯举

2. 杠铃臂屈伸

练习时仰卧在长凳上，双手握杠铃，直臂将杠铃置于胸上方，两臂略向头的方向倾斜。大臂不动，双小臂后屈，双手将杠铃从胸上方慢慢向头顶方向放下，直至杠铃接近头顶，再用力将杠铃沿原路举回原位。这个动作可以有效地锻炼肱三头肌（图 14–1–9）。

图 14–1–9　曲杆杠铃仰卧臂屈伸

（五）腰部肌肉练习方法

1. 杠铃硬拉

练习时双脚开立，与肩同宽或稍窄，直腿体前屈，两手握住地面上的杠铃杆，握距稍宽于肩。双手紧握杠铃，腰背用力将其直臂拉起，至上体完全挺直，然后再沿原路慢慢返回。此动作能使全身的大部分肌肉、肌腱、骨骼及关节等受到较大的刺激，特别是重点锻炼腰背部肌肉及大腿股二头肌、臀大肌等（图 14-1-10）。

图 14-1-10　杠铃硬拉

2. 训练凳挺身

俯卧在训练凳或跳箱上，上体自然下垂，双脚固定在架上或由他人压住，双手抱头。收缩腰背肌肉，使上体向上弓起，至顶点略停片刻，再缓慢沿原路返回。此练习主要锻炼背长肌和背短肌，对臀大肌及大腿后群肌肉亦有较好的刺激作用（图 14-1-11）。

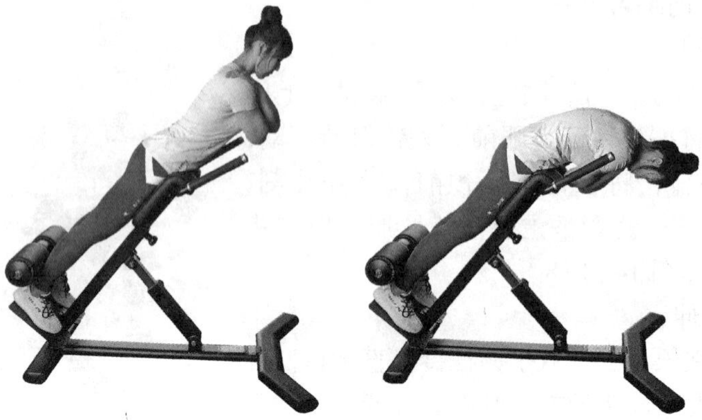

图 14-1-11　训练凳挺身

（六）腹部肌肉练习方法

1. 平板支撑

俯卧，双肘弯曲支撑在地面上，肩膀和肘关节垂直于地面，双脚踩地，身体离开地面，躯干伸直，头部、肩部、胯部和踝部保持在同一平面，腹肌收紧，盆底肌收紧，脊椎延长，眼睛看向地面，保持均匀呼吸（图 14-1-12）。

图 14-1-12　平板支撑

2. 仰卧屈体

练习时端坐在仰卧起坐架上（或坐在垫子上双脚固定），双手放在头后。上体向后躺下，至上体与大腿成 150° 角左右，随即返回原位。此练习可锻炼腹直肌、前锯肌、大腿前部肌肉等（图 14-1-13）。

图 14-1-13　仰卧屈体

（七）臀腿部肌肉练习方法

1. 负重深蹲

练习时将杠铃置于颈后肩上，双手握住杠铃杆，身体直立，双脚与肩同宽或略宽于肩。屈腿下蹲至最低位置，随即起立至全身挺直。这个动作对股四头肌、臀大肌、腰背部肌肉等有非常强的刺激作用（图 14-1-14）。

2. 持哑铃剪蹲（图 14-1-15）

图 14-1-14　负重深蹲

图 14-1-15　持哑铃剪蹲

四、健身健美训练的保护

当练习者进行抗阻训练时，保护其不受到任何伤害，是首要任务。一般情况下，在杠铃、哑铃等自由重量练习时需要施加保护，因为这些练习容易失控，导致受伤。在练习者进行练习时，如因力量不足，不能完成规定次数时，应在适当时机给予帮助和保护。以下练习特别需要加以保护——头上练习（如哑铃坐姿推举等练习）、面部朝上的仰卧练习（如杠铃平板卧推、杠铃仰卧臂屈伸等练习）和杠铃置于颈后的练习（如负杠铃下蹲等练习）。

在头上练习和仰卧练习中，保护者一定要注意调整好自己和锻炼者的位置，保护者的高度要高于练习者。在杠铃练习中，保护者要用正手握持铃保护。保护者要尽量靠近练习者，背部要挺直，不要弓背，还要注意自己的身体稳定，如有必要，可采用两脚前后站立的方式。杠铃位于肩后的保护，也要求保护者高于练习者。保护者和练习者应当互相交流，并告知自己的意图。缺乏交流和提示，可能会干扰或危及练习者。在头上或仰卧进行哑铃练习中，保护者要注意把手靠近练习者的腕部，接近哑铃的位置，而不是肘部。

教师还要注意锻炼所处的周围环境是否安全，以及其他一些细节问题，如杠铃片是否锁住，器械插销是否完全插入孔中等。

第二节　健身气功

健身气功是中华民族的文化瑰宝，具有悠久的历史和深厚的文化底蕴。健身气功内容以及练习方法，体现了中国古典的哲学理念、中医思想、经络学说、品德伦理等传统文化。它是以自身形体活动、呼吸吐纳、心理调节相结合为主要运动形式的民族传统体育项目，健身气功以中国多元传统文化为内涵，注重修养道德，特别是注重以德培功。学练健身气功时，要特别注意松静自然、动静相间、练养结合等事项。2001 年开始，国家体育总局气功运动管理中心在继承传统的基础上，组织专家、学者整理编创了八段锦、五禽戏等优秀功法。这些健身气功功法古朴、典雅、科学、有效，具有良好的修身养性、保健养生的效果。

八段锦
功法源流

八段锦功法是一套独立而完整的健身功法，起源于北宋，距今已有八百多年的历史。古人把这套动作比喻为“锦”，意为五颜六色，美而华贵。其动作舒展优美，具有“祛病健身，效果极好；编排精致；动作完美”的特点。此功法分为八段，每段一个动作，故名为“八段锦”。

五禽戏是中国传统导引养生的一个重要功法。有关五禽戏的最早记载见于西晋时陈寿所著的《三国志·华佗传》，五禽戏包括虎戏、鹿戏、熊戏、猿戏、鸟戏。国家体育总局气功运动管理中心组织专家、学者编创的健身气功·五禽戏，动作数量沿用了陶弘景《养性延命录》的描述，为十个动作，每戏两个动作。五禽戏突出了身心共养的特点，是一套集修身养性、娱乐观赏于一体的健身功法。五禽戏以腰为主轴，带动躯干及上下肢向各个方向运动，对脊柱和脏腑进行了有效的锻炼。

下面以“八段锦”为例，简要介绍其功法。

一、八段锦的技术特点

（1）柔和缓慢，圆活连贯。习练时动作不僵不拘，身体重心平稳，轻飘徐缓，同时路线带有弧影，动作无停顿断续之处，像行云流水连绵不断，如春蚕吐丝相连无同。

（2）松紧结合，动静相兼。习练时心静体松，适当用力松紧配合适度。动作轻灵活泼，节分处沉稳有序，在外观上看略有停顿之感，但内劲继续，动静相兼。

（3）神与形合，气寓其中。习练时内实精神、外示安逸，神形兼备，通过精神的修养和形体的锻炼，促进真气在体内的运行，以达到强身健体的功效。

二、八段锦动作名称（表 14-2-1）

表 14-2-1　八段锦动作名称

预备势			
第一段	两手托天理三焦	第二段	左右开弓似射雕
第三段	调理脾胃须单举	第四段	五劳七伤往后瞧
第五段	摇头摆尾去心火	第六段	两手攀足固肾腰
第七段	攒拳怒目增气力	第八段	背后七颠百病消
收势			

三、八段锦动作图解

1. 预备势

并步站立，左脚侧开半步，与肩同宽。两掌向两侧摆起，然后慢慢屈膝，两掌合抱于腹前（图 14-2-1）。

预备势和两手托天理三焦

2. 两手托天理三焦

两臂下落于腹前，两掌交叉（图 14-2-2 ①）。两掌缓慢上托，两腿慢慢伸直，当两掌上托到胸前时，翻掌向头上方托起，充分抬头，动作不停（图 14-2-2 ②）。两臂伸直，下颌微收，略停两秒。最后，两臂向身体两侧下落，松腰松胯，两膝微屈，两掌捧于腹前（图 14-2-2 ③）。重复上述动作。

图 14-2-1　预备势

①　②　③

图 14-2-2　两手托天理三焦

3. 左右开弓似射雕

右移重心，左脚侧开一步，直腿站立，两臂合抱于胸前，左掌在外（图 14-2-3 ①）。左掌立掌成八字掌，右掌屈指成爪，两腿半蹲成马步，两手分别向左右两侧拉爪推掌，犹如拉弓射箭，略停两秒，眼睛看八字掌方向（图 14-2-3 ②）。随后，重心右移，两手变自然掌，右手向右侧打开，眼睛看右掌（图 14-2-3 ③）。最后，左脚回收，并步站立，两掌分别由两侧下落，捧于腹前（图 14-2-3 ④）。重复上述动作，最后一遍时，收半步，成开步站立，两掌合抱于腹前（图 14-2-3 ⑤）。

左右开弓似射雕

①　②　③　④　⑤

图 14-2-3　左右开弓似射雕

4. 调理脾胃须单举

调理脾胃须单举

两腿慢慢伸直，左掌斜向上托起，右掌慢慢转掌下按，两臂在上托下按的过程中，如怀抱婴儿（图 14–2–4 ①）。左掌过胸之后，旋臂上托，上托之掌有托天之势，下按之掌有拄地之力，舒胸展体，拔长腰脊，略停两秒（图 14–2–4 ②）。随后，松腰沉髋，两膝微屈，左掌经面前下落至腹前，两掌捧于腹前。重复上述动作（图 14–2–4 ③）。最后一遍时，右掌从体前下落，成伏案式（图 14–2–4 ④）。

① ② ③ ④

图 14–2–4 调理脾胃须单举

5. 五劳七伤往后瞧

五劳七伤往后瞧

两腿慢慢直立，两臂伸直，掌心向后，指尖向下（图 14–2–5 ①）。随之，两臂充分外旋，掌心向外，头向左后方转动，目视左斜后方，展胸夹背，略停两秒（图 14–2–5 ②）。然后，松腰沉髋，两腿微屈，含胸松背，两臂回旋按于髋旁，恢复成伏案式。向另一侧重复上述动作（图 14–2–5 ③）。最后一遍时，两掌合抱于腹前（图 14–2–5 ④）。

① ② ③ ④

图 14–2–5 五劳七伤往后瞧

6. 摇头摆尾去心火

摇头摆尾去心火

右脚平开一步，两掌上托至头上方，目视前方（图 14–2–6 ①）。两腿慢慢半蹲成马步，两臂向两侧落下，掌指轻轻扶于大腿处（图 14–2–6 ②）。上体右倾，随之俯身，经体前旋至左侧，成左偏马步，向右侧顶髋，并向前、左、后旋转，同时向左仰面摇头（图 14–2–6 ③④）。最后，收下颌，敛尾闾，立身中正，目视前方。向另一侧重复动作，最后一遍时，右脚回收成开步站立，两掌经两侧上举下按到腹前，屈膝微蹲（图 14–2–6 ⑤）。

图 14-2-6　摇头摆尾去心火

7. 两手攀足固肾腰

两臂向前上举起，下按于胸前（图 14-2-7 ①②）。随之，转掌心向上，顺势沿腋下向后插掌，沿脊柱两侧向下摩运到臀部（图 14-2-7 ③）。上体前俯，头颈自然，两掌继续沿腿后摩运，经两脚外侧置于脚面，抬头，拔长腰脊，略停两秒（图 14-2-7 ④）。最后，两掌沿地面尽量前伸，以臂带身，慢慢起身，拉长腰身，回到开始时的动作（图 14-2-7 ⑤）。重复上述动作，最后一遍时，两掌向前下方落下，落于腹前，屈膝微蹲（图 14-2-7 ⑥）。

两手攀足固肾腰

图 14-2-7　两手攀足固肾腰

8. 攒拳怒目增气力

左脚开步，两腿屈膝半蹲成马步，两掌握固，抱于腰侧（图 14-2-8 ①）。左拳缓慢用力向前冲出，拳要握紧，力达拳面，脚趾抓地，眼睛逐渐圆睁，目视左拳冲出方向（图 14-2-8 ②）。接下来做旋腕，左拳变掌，转虎口朝下，旋绕一周后，变握固收回腰间，眼睛脚趾放松（图 14-2-8 ③）。重复另一侧（图 14-2-8 ④）。本式一左一右为一遍，最后一遍时，身体重心右移，左脚回收成并步站立，两拳变掌，自然垂于体侧（图 14-2-8 ⑤）。

攒拳怒目增气力

9. 背后七颠百病消

并步站立，两脚跟提起，脚趾抓地，提踵而立，同时提肛、收腹、松肩、垂肘、立项竖脊，略停两秒（图 14-2-9）。然后，脚跟徐缓下落，轻震地面，全身放松。重复上述动作。

背后七颠百病消和收势

10. 收势

两臂向两侧摆起，缓缓合抱于小腹，两掌相叠。静养片刻后，两臂自然下落。收势时，意念归一，宁心静养，感觉气沉丹田，小腹部温暖舒适（图 14-2-10）。

①　②　③　④　⑤　⑥

图 14-2-8　攒拳怒目增气力

①　②　③

图 14-2-9　背后七颠百病消

图 14-2-10　收势

第三节　瑜伽运动

一、瑜伽运动概述

（一）瑜伽运动的起源与发展

瑜伽是梵语“yoga”的音译，本意是“结合”，中文译作“相应”，表达的是能修之心与所修之法相应。瑜伽起源于古印度，距今已有数千年的历史。

瑜伽以促进身心健康为目的，通过身体体位训练、气息和心理调节等手段，改善体质、增强身体活力、延缓机体衰老，是体育健身养生的重要途径。

（二）瑜伽运动的特点与价值

1. 瑜伽的特点

瑜伽是一种集修身与养心于一体的修炼方法，它既不同于体操、舞蹈，也不同于一般的有氧运动。它是一项动作舒缓、强度可自行调控、动静结合的运动，有动作与呼吸紧密结合、身心合一、精神专注、注重感受、顺应自然的技术特性。

瑜伽习练倡导科学、安全、可控。要求动作步骤分明，体位动作配合正确的呼吸和冥想进行，任何姿势都能控制在自己身体所能承受的范围内，不超出自身的极限，没有强迫性，避免对身体造成伤害。

瑜伽除了呼吸、体位和冥想之外，还很注重饮食，提倡尽量吃清淡、有营养和天然的食物，倡导自然健康的生活方式。

2. 瑜伽的价值

瑜伽是一种健身减压的运动形式，促进人的身体健康和心理健康，是一个帮助人们充分挖掘和发挥身体潜能的运动。

（1）瑜伽的健身价值。瑜伽的健身价值体现在身和心两方面的收获。其生理健康价值表现在有效调节神经系统、内分泌系统等各大系统，进而改善身体健康状况。实践证明，长期坚持瑜伽习练对于人的身体、心理健康具有明显的促进作用。

（2）瑜伽的文化教育价值。现代瑜伽健身文化强调以人为本、注重健康、规范道德、提升品格，尤其在对人们的思维方式、价值观念、行为规范等方面产生了积极影响。瑜伽有助于提高人的专注力，有助于培养顽强的意志品质，有助于增强自信心和激发奋发向上的精神。

（3）瑜伽的美学价值。瑜伽作为一种独特的社会文化现象，其自身所蕴含的美学价值是毋庸置疑的。无论是瑜伽表演者还是欣赏者，均可认识到人体之美和意境之美。

二、瑜伽运动的练习方法

在瑜伽练习时，没有正确的方法和专业的指导可能导致种种错误和伤害。练习者有必要了解瑜伽练习原则、瑜伽呼吸法和基本的练习方法。

（一）瑜伽练习原则

瑜伽运动适合每一个人，但不是每一个体式都适合所有人。因此，在练习的过程中每一位习练者都应遵循瑜伽练习原则，做到科学正确地练习。

（1）全面性原则。在每次练习时应尽可能涵盖全身关节、肌肉不同平面的不同活动范围，如脊柱的运动应包括前屈、后弯、侧弯、扭转体式；同时还要涵盖和人健康有关的体能要素。

（2）超负荷原则。瑜伽练习时的运动量要稍高于正常运动量，以促进身体功能的逐步提高。随着练习的深入，逐渐增加强度，让身体不断去适应新的要求，同时应注意避免过度疲劳。

（3）针对性原则。每个人应根据自己的身体素质、身体状况、适应能力和运动目标选择相应的体式，有针对性地进行练习。

（4）量力而行、循序渐进原则。瑜伽练习者在做瑜伽运动的过程中不要攀比、不要逞强。可以给自己制定阶梯式目标，循序渐进地增加运动量和练习难度。

（二）瑜伽呼吸法

在瑜伽运动中，要通过呼吸带动体式的进步，没有呼吸就没有体式。瑜伽呼吸法，即通过各种不同的呼吸方法有效地按摩内脏，更好地吐故纳新、洁净身体。常见的瑜伽呼吸法有腹式呼吸法、胸式呼吸法和完全式呼吸法。

1. 腹式呼吸法

腹式呼吸法是通过膈肌的收缩或舒张，使腹腔器官随之下移或提升，腹部亦随之鼓起或复原的呼吸方法。

腹式呼吸

（1）练习方法。

① 取坐姿或者仰卧姿势，双手轻轻放于腹部。

② 由鼻慢慢地吸气，放松腹部，感觉空气被吸向腹部，手能感觉到腹部越抬越高。

由嘴吐气时，慢慢收缩腹部肌肉，将空气排出肺部。吐气的时间长度是吸气的 2 倍。

（2）练习功效。扩大肺活量，改善心肺功能，减少肺部感染概率，尤其是降低肺炎患病率；按摩腹部可改善腹部内脏器官功能，对安神益智也有好处。

2. 胸式呼吸法

胸式呼吸

胸式呼吸法是通过肋间肌的收缩或舒张，使肋骨提升或下移，胸部亦随之扩张或复原的一种调养呼吸的方法。

（1）练习方法。

① 选择山式站姿、任何瑜伽坐姿或仰卧姿势。将双手放在十二肋两侧，不要施加压力。

② 收缩腹部，吸气。在保证腹腔壁内收的前提下感觉肋骨架下部升高并向两侧推出。

③ 腹腔壁持续内收，呼气。感觉肋骨架回落。

④ 在吸与呼的过程中始终收缩腹部，感觉肋骨架像一架手风琴向两侧扩张和收缩。

（2）练习功效。加强腹肌力量，锻炼心脏，改善血液循环。

3. 完全式呼吸法

完全式呼吸法是将胸式呼吸和腹式呼吸结合在一起的一种呼吸方法。

完全呼吸

（1）练习方法。

① 吐气：慢慢地往腹部吸气，使腹部胀起，把腹部充满的空气提升到胸部。一边吸气一边提肩，使空气提到喉咙里。

② 腹部慢慢地瘪下去，缩胸，放下肩部，吐气。

（2）练习功效。给大脑和身体补充更多的氧气，增大肺活量、净化血液、增加活力和耐力，缓解肌肉和内脏疲劳，增强消化功能和心脏功能，提高免疫力，改善心理状态，控制情绪，提高注意力。

（三）瑜伽坐式

1. 简易坐

简易坐

双腿交叉，左脚压在右腿下方，右脚压在左腿下方。挺直脊背，收紧下颌。

2. 金刚坐

屈起双腿，臀部坐在脚跟上，放松肩部，收紧下巴，挺直脊背，减轻腿部的压力。

金刚坐

3. 莲花坐

坐正，双腿向前伸直。屈起右腿，将右腿放在左大腿上，脚心朝上再屈起左腿，将左腿放在右大腿上方，脚心朝上挺直脊背，收紧下颌。

（四）瑜伽冥想

瑜伽冥想是现代人静心凝神、修养身心的一种方式，是注意力集中的最高表现，人们通过冥想可以获得内心的宁静喜悦、心平气和，最终达到身体和心灵的和谐统一。

莲花坐

冥想的姿势有多种，有坐姿、站姿和卧姿等。一般采用坐姿，采用坐姿的冥想叫“静坐”或“打坐”。适宜冥想的坐姿较为常见的有简易坐、半莲花坐、莲花坐。

（五）瑜伽练习环节

一次完整的瑜伽练习包括调息、热身、体式、休息术四个环节。调息的目的是让身体和大脑安静，集中注意力开始练习。热身的目的是预热关节，使关节灵活，为体式练习做好身体准备。最后的休息术是恢复过程。通过这一系列练习让身体经历一次完整的能量运行。

1. 调息

调息法通过有规律地吸气和呼气，以及有意识地屏息，刺激和按摩内脏器官，进而唤醒潜藏在体内的能量，使之得以保存、调理和提升。调息时可以取坐姿、跪姿、仰卧等，配合胸式呼吸、腹式呼吸等方式进行。

2. 热身

热身的方式有局部关节热身、简易体式热身和拜日式热身。

3. 体式

瑜伽体式是指将身体置于一种平稳、安静、舒适的姿势。体位练习是瑜伽练习的重要环节，体式练习时注意量力而行，选择适合自己身体条件的体式，每一种体式做到自己身体允许的极限处。

4. 休息术

瑜伽休息术是主动地、有意识地放松方式。瑜伽休息术让练习者有意识地使身体和心灵进入深层的放松状态，有助于练习者肌体和精神的恢复。仰卧是瑜伽放松术的最好体位，也可以采取俯卧和婴儿式放松。

三、瑜伽体位法

瑜伽体位法又称体式、调身法、姿势功法。体位法使人意志坚强、身体轻盈，是一种锻炼身体、强化身体，并使身体健康美丽的调息方法。体位法通过身体的前弯、后仰、侧弯、俯卧等各种姿势，对人体脊柱、骨骼、肌肉等进行全方位的刺激与按摩，提升身体素质，弥补自身的不足与缺陷，增强人体免疫力。体位法按照难易程度可分为初级体位、中级体位和高级体位。下面介绍几种经典的体位法。

（一）初级体位

1. 山式

双脚并拢站立，大脚趾相触，脚跟微分开。脚趾张开，体重在脚上前后左右均匀分布，并轻轻压住地面，感觉双脚扎根地面。小腿肌肉向内夹紧。大腿收紧，髌骨上提。内收腹肌，耻骨稍上提，略收尾骨。肋骨上提，拉长脊柱。展肩，肩部向后下沉。双臂、双手轻柔地向下延伸。下颌微收，眼神柔和，面部表情放松，挺拔站立（图 14-3-1）。

山式

2. 祈祷式

山式站立开始。吸气，双手由体侧抬起至胸前合十。拇指对准胸口，目视前方或闭上双眼深呼吸调整。呼气，双手打开经体侧放下，回复至山式站立（图 14-3-2）。

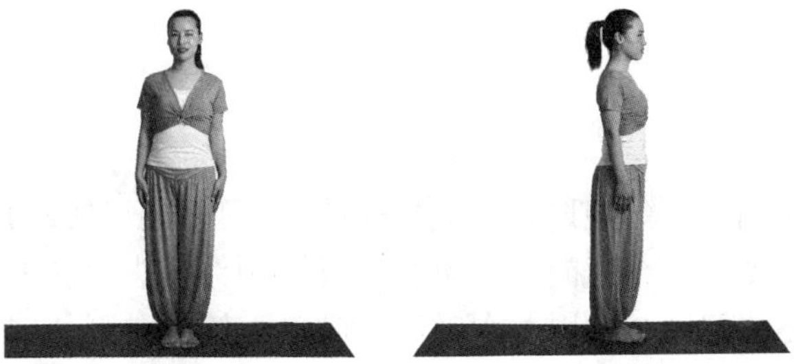

①　②

图 14-3-1　山式

①　②

图 14-3-2　祈祷式

3. 站立后弯式

山式站立。吸气，双臂经前向上举过头顶，大臂尽量贴耳，掌心相对。呼气，向前推动髋关节，臀部肌肉收紧，脊柱缓慢向后弯曲，颈部适度舒展。吸气，腰部发力，上体逐渐恢复到正中。呼气，双手经体前收回，身体回复到山式站立，全身放松（图 14-3-3）。

①　②　③

图 14-3-3　站立后弯式

4. 上体前屈式

山式站立。吸气，双臂经前向上举过头顶，大臂贴耳，全身伸展，目视前方。呼气，尾骨向后运动，上体前屈，直至双手抱住双脚脚踝，并用前额触两膝以下部位；保持此姿势并做 2 次以上深呼吸。吸气，双臂向前伸直，大臂夹耳、抬头引领脊柱回复到上一步骤。呼气，双手慢慢由前回落到体侧，回复到山式站立（图 14-3-4）

①　②　③

图 14-3-4　上体前屈式

5. 骑马式

山式站立，立于垫子前端。吸气，向上展臂。呼气，上体前屈，双手置于双脚两侧；屈膝，左腿后撤，膝盖、脚背着垫。吸气，脊背向上，挺胸、延展颈部、头顶向上顶，双手指尖触垫，目视前方。保持此姿势并做 2 次以上深呼吸。呼气，俯身向下；向前收回左腿。换异侧腿进行练习（图 14-3-5）。

图 14-3-5　骑马式

6. 顶峰式

俯卧垫上，双腿分开与肩同宽，两肘弯曲，双手平放于双肩下，指尖朝前。吸气，身体从地面上撑起，臀部向上抬，手臂推直与脊柱成一直线，头颈部适度放松、舒展。背部伸展，腿部绷直，膝盖不要弯曲，脚后跟尽量下压，身体呈三角形。保持体式并做 5 次深长呼吸。呼气时，身体恢复到起始状态（图 14-3-6）。

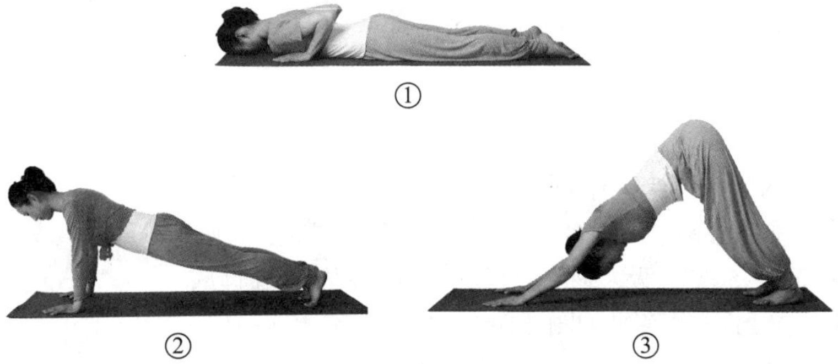

图 14-3-6　顶峰式

7. 下犬式

跪坐于垫子，两脚分开与髋同宽，双手放于垫面上，手臂与大腿垂直地面。吸气，手脚支撑地面，腹部收紧，将臀部推到最高点，腿伸直，脊柱延展，脚跟下沉，保持 3~5 次呼吸（图 14-3-13）。呼气，屈双膝，屈肘，还原跪立姿势，调整放松（图 14-3-7）。

图 14-3-7　下犬式

8. 八体投地式

在下犬式基础上，呼气时弯曲膝盖点地，臀部后坐于双脚之间。弯曲双肘，小臂贴垫，臀部抬起，推动身体在垫上向前滑行，胸部触及地面，下颌沿着地面向前。在此姿势的最后位置时翘臀塌腰，髋关节和腹部应稍微抬离地面，只有双脚脚趾、双膝、胸部、下颌、双手八个点触垫（图 14-3-8）。

图 14-3-8　八体投地式

9. 蛇式

双膝并拢跪在垫子上，两脚脚跟分开，两脚脚趾微微接触，臀部坐于两脚内侧。臀部抬起成四肢着地状，臀部向后推回，上身前扑，双臂扶地，吸气调整。呼气，尾骨发力，臀部抬起，身体尽量贴着垫子向前滑行，成八体投地式。吸气，身体继续向前移动，延长吸气，腰背部发力，脊柱向上向后卷曲，保持2次以上呼吸。吸气，下颌收回，头部回正。呼气，屈肘，身体上部有控制地回落垫上，双膝用力支撑、尾骨引领身体向后收回，恢复初始状态。调整呼吸，全身放松（图 14–3–9）。

图 14–3–9　蛇式

10. 树式

树式

山式站立或两脚分开与髋同宽。吸气，左脚承重，把右脚脚跟放于左大腿根部。双掌合拢，伸直手臂高举过头顶。目视前方，保持3~5次呼吸。呼气，双手还原体侧，右脚放下与左脚并拢，换另一侧练习（图 14–3–10）。

图 14–3–10　树式

（二）中级体位

1. 战士二式

山式站立。吸气，分开双腿，右脚右转 90°，左脚稍向右转，两臂侧平举。呼气，弯曲右膝使大小腿成 90° 角，眼看右手。吸气，缓慢伸直双腿，转双脚朝前。呼气，换另一侧练习，最后还原至山式（图 14–3–11）。

图 14–3–11　战士二式

2. 舞蹈式

山式站立。左腿站立，屈右膝，右脚向后向上，右手抓右脚踝，脚心向上。吸气，左手向上伸展到头部上方，身体稍前倾，左臂向前延展，右腿向后伸展，目视前方，保持3~5次呼吸。呼气，松开手脚，还原至山式，换另一侧练习（图 14–3–12）。

①　②　③　④

图 14-3-12　舞蹈式

3. 弓式

俯卧，屈膝，双手向后抓住脚踝。吸气，腹收紧，抬双膝离地，拉动双脚向上离地，保持 3~5 次呼吸。呼气，身体、双膝落地（图 14-3-13）。

弓式

4. 犁式

仰卧，双腿伸直绷紧，脚尖绷直；吸气，两腿向上抬起，一直抬到和身体垂直的位置，双手掌保持原位。呼气，同时双腿向头部方向下探，努力使脚趾触及头部前方地面，接地点的距离尽量向前，保持正常呼吸（图 14-3-14）。

犁式

图 14-3-13　弓式

图 14-3-14　犁式

（三）瑜伽体位经典组合：朝日礼拜

① 祈祷式—② 站立后弯式—③ 上体前屈式—④ 骑马式—⑤ 顶峰式—⑥ 八体投地式—⑦ 眼镜蛇攻击式—⑧ 顶峰式—⑨ 骑马式—⑩ 上体前屈式—⑪ 站立后弯式—⑫ 祈祷式（图 14-3-15）。

朝日礼拜组合

①　②　③

图 14-3-15 朝日礼拜组合

自测题 14

朝日礼拜组合对身体的内分泌、循环、呼吸、消化系统等都有很好的影响，并有助于它们相互平衡。在做朝日礼拜组合动作时，身体主要的肌肉可以得到锻炼，它尤其适合久坐的人和平时不常锻炼的人练习。

第十五章　武术与民族传统类运动

本章导学

文化是一个国家、一个民族的灵魂。文化兴则国运兴，文化强则民族强。体育文化建设是社会主义文化建设的重要组成部分。本章介绍武术与民族传统类运动项目的基本知识、技术，在使学生掌握基本运动技能的同时，进一步发挥体育的多功能校园文化价值。

学习目标

知识目标：了解武术与民族传统类运动项目的基本知识、基本技术和技能。

能力目标：掌握武术与民族传统类运动项目的基本技术、运动方法，提高身体素质。

素质目标：培养学生爱国主义、集体主义精神、增强文化自信。促进学生知行合一、刚健有为、自强不息。

思政课堂

武术是中国传统体育的代表，也是中华优秀传统文化的瑰宝。2020 年 1 月 8 日，在瑞士洛桑举行的国际奥委会执委会会议上，武术被列为第四届青年奥林匹克运动会正式比赛项目，这是武术首次成为奥林匹克系列运动会正式比赛项目。武术能够进入青奥会，对于中国体育而言是一个重要事件，同时也是中国文化实力的体现。

国际奥委会对武术的认可有三方面原因：一是武术是一个以青少年为主的项目，训练和比赛的场地简单，对环境没有任何危害，与青奥会的理念相符。二是武术在全世界普及度非常高，国际武术联合会在全球有 155 个会员组织。武术在非洲相当普及，155 个会员组织中有 39 个来自非洲，非洲在 2018 年青少年运动会中就已将武术列为正式项目。三是如果中国的体育项目进入 2022 年达喀尔青奥会，能够促进北京冬奥会更好地筹办。

武术作为中华文化和传统体育的代表，是中华优秀传统文化的瑰宝，同时是中国数千年文明的精髓。武术能够进入青奥会，有利于不同国家、不同民族、不同信仰的青少年相互交流，促进中华优秀传统文化的推广。

第一节　武术运动

一、武术运动概述

武术是以技击动作为主要内容，以方法、套路和搏斗为运动形式，注重内外兼修的中国传统体育项目。武术起源于人类的生存自卫斗争，伴随着人类的产生而萌芽，随着人类社会的演进而发展。武术运动在我国历史悠久，是我国特有的民族文化遗产，内容极为丰富，形式多种多样，具有内外合一、形神兼备、节奏鲜明的运动特色和民族风格。

新中国成立后，逐步完善的武术管理体制，为武术运动的健康发展提供了组织上的有力保证，使得武术运动不仅在科学化、规范化和社会化方面取得了长足的进步，也使得武术大踏步地走出国门并迅速在全球推广开来。目前，主要的竞技武术比赛有全国武术（套路、散打）锦标赛和冠军赛，亚洲武术（套路、散打）锦标赛，亚洲青少年武术（套路、散打）锦标赛，世界武术（套路、散打）锦标赛，世界青少年武术（套路、散打）锦标赛，世界杯武术散打比赛，以及综合性赛事中的全运会武术（套路、散打）比赛和亚运会武术（套路、散打）比赛等。

（一）武术运动的分类

武术主要包括套路和散打两种运动形式。武术套路有拳术、器械、对练和集体项目形式，拳术主要包括长拳、南拳、太极拳、形意拳、八卦掌、通背拳、地躺拳等。器械有刀、剑、棍、枪、双刀、双剑、九节鞭、三节棍等。对练项目分为徒手对练、器械对练和徒手对器械三种类型。集体项目是多人进行拳术器械演练的形式。这些不同的套路形式，不仅体现了武术的攻防格斗内涵，而且展现了优雅美观、节奏鲜明的风格特点。武术的基本技击内容是踢、打、摔、拿、击、刺。

（二）武术运动特点

武术动作所具有攻防技击性是武术的本质特性。例如，散打、短兵等搏斗运动的技术与实用技击术基本上是一致的，集中体现了武术攻防格斗的特点。作为中国武术特有表现形式的套路运动，虽然拳种不同，风格各异，但都是以踢、打、摔、拿、击、刺、劈等攻防动作构成套路的主要内容。

动作具有内外合一、形神兼备的特点。既讲究动作的形体规范，又要求精气神传意、内外合一的整体运动观，是中国武术的一大特点。所谓内，指人的精神、意识和气息的运行；所谓外，指人体手眼身步的形体活动。“内练精气神，外练筋骨皮”是众多拳种的练功准则，如形意拳讲究“内三合，外三合”，太极拳要求“以意识引导动作”等。套路演练在技术上特别要求把内在的精气神与外部的形体动作紧密结合，做到手到眼到，形断意连，使意识、呼吸、动作协调一致。这一特点充分体现了武术作为一种文化形式在长期的历史演变中备受中国古代哲学、医学、美学等文化的渗透和影响，形成独具民族风格的运动形式和练功方法。

武术的内容和练习形式丰富多样，不同类别的武术项目练功方法、动作结构、技术要求、运动风格和运动负荷不尽相同，分别适应不同年龄、性格、职业、体质的需要，人们可以根据自己的条件和兴趣爱好加以选择。同时，武术运动较少受时间、季节的限制，场地器材也可以因陋就简，为开展群众性体育活动创造了有利条件。

二、五步拳

五步拳是武术入门套路，是学习武术的初级必学套路。五步拳包含了武术中最基本的弓、马、仆、虚、歇五种步型，结合拳、掌、勾三种手型及上步、退步步法和搂手、冲拳、按掌、穿掌、挑掌、架打、盖打等手法构成的组合练习套路。通过练习五步拳可以使学生初步建立武术套路的概念，发展学生的身体素质，尤其是身体的“柔韧性”“协调性”“灵活性”，提高动作的连贯性，奠定学习武术的基础。

知识链接 长拳基本技法要求

1. 手要捷快　2. 眼要明锐　3. 身要灵活
4. 步要稳固　5. 精要充沛　6. 气要下沉
7. 力要顺达　8. 功要纯青　9. 四击合法
10. 以形喻势

（一）五步拳动作说明

手型：拳、掌、勾。

手法：冲拳、推掌、架打。

步型：弓步、马步、仆步、虚步、歇步。

步法：弹腿、蹬腿。

学练要点：五步拳是结合长拳的主要步型，步法、手型、手法编成的组合拳。

（二）五步拳动作图解

五步拳

动作顺序：预备式—弓步冲拳—弹腿冲拳—马步架打—歇步盖冲拳—提膝仆步穿掌—虚步挑掌—收式（并步抱拳）。

（1）预备姿势：并步抱拳（图 15-1-1）。

（2）弓步冲拳：成左弓步，左手向左平搂，收回腰间抱拳，冲右拳，目视前方（图 15-1-2）。

（3）弹腿冲拳：重心前移，右腿向前弹踢，同时冲左拳，收右拳，目视前方（图 15-1-3）。

图 15-1-1

图 15-1-2

图 15-1-3

（4）马步架打：右脚落地，向左转体 90°，下蹲成马步，同时左拳变掌，屈臂上架，冲右拳，目视右方（图 15-1-4）。

（5）歇步盖冲拳：左脚向右脚后插一步，同时右拳变掌向左下盖掌，掌外沿向前，身体左转 90°，收左拳，目视右掌（图 15-1-5）。上动不停，两腿屈膝下蹲成歇步，同时冲左拳，收右拳，目视左拳（图 15-1-6）。

图 15-1-4

图 15-1-5

图 15-1-6

（6）提膝仆步穿掌：两腿起立，身体左转。随即左拳变掌，顺势收至右腋下；右拳变掌，由左手背上穿出，手心向上。同时左腿屈膝提起，目视右手（图 15-1-7）。上动不停，左脚落地成仆步，左手掌指向前，沿左腿内侧穿至左脚面，目视左掌（图 15-1-8）。

图 15-1-7

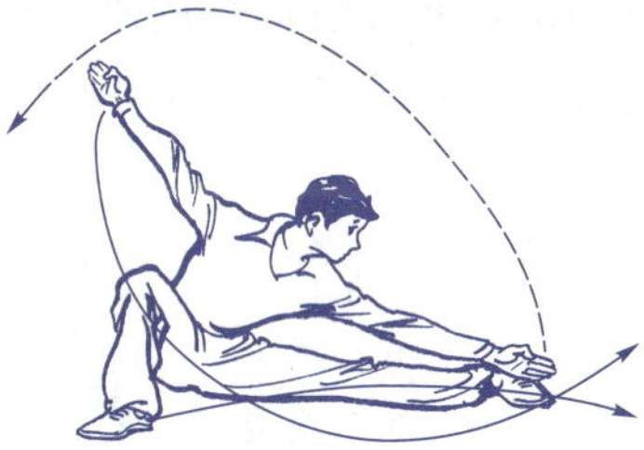

图 15-1-8

（7）虚步挑掌：左腿屈膝前弓，右脚上前成右虚步。同时左手向后画弧成勾手，右手顺右腿外侧向上挑掌，目视前方（图 15-1-9）。

（8）收式（并步抱拳）：左脚向右脚靠拢成并步。同时左勾手和右掌变拳，回收抱于腰间，目视前方（图 15-1-10）。

图 15-1-9

图 15-1-10

三、二十四式简化太极拳

二十四式简化太极拳是中华人民共和国成立后推行的简易太极拳套路。1954 年，国家体育运动委员会对武术工作提出“挖掘、整理、研究、提高”的方针，1955 年成立了武术研究室，从太极拳着手统一编写教材以推广武术运动，在杨式太极拳的基础上，删去繁难和重复的动作，选取 24 式，编成简化太极拳。

二十四式简化太极拳动作分解具体如下。

知识链接　二十四式简化太极拳动作名称

1. 起势	2. 左右野马分鬃	3. 白鹤亮翅	4. 左右搂膝拗步
5. 手挥琵琶	6. 左右倒卷肱	7. 左揽雀尾	8. 右揽雀尾
9. 单鞭	10. 云手	11. 单鞭	12. 高探马
13. 右蹬脚	14. 双峰贯耳	15. 转身左蹬脚	16. 左下势独立
17. 右下势独立	18. 左右穿梭	19. 海底针	20. 闪通臂
21. 转身搬拦捶	22. 如封似闭	23. 十字手	24. 收势

（一）起势

（1）预备式：身体自然站立，两脚并拢，两手垂于大腿外侧；头顶正直，口闭齿扣，胸腹放松；眼平视前方。

（2）两脚开立：左脚向左分开，两脚平行同肩宽。

（3）两臂前举：两臂慢慢向前举，自然伸直，两手掌心向下。

（4）屈腿按掌：两腿慢慢屈膝半蹲，同时两掌轻轻下按至腹前（图 15-1-11）。

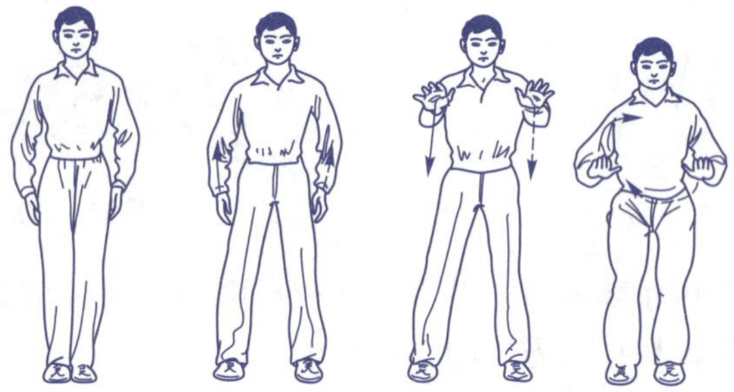

图 15-1-11　起势

学练要点：起脚时先提脚跟，高度不过足踝，落脚时前脚掌先着地，要做到点起点落、轻起轻落。上举两臂时，不可耸肩，不要出现指尖朝下的折腕。屈膝时松腰敛臀，上体保持正直，两掌下按时沉肩垂肘。

起势

（二）左右野马分鬃（图 15-1-12）

1. 左野马分鬃

（1）抱球收脚：上体稍右转，右臂屈抱于右胸前，左臂屈抱于腹前，成右抱球；左脚收至右脚内侧成丁步。

（2）弓步分手：上体左转，左脚向左前方迈出一步，成左弓步；同时两掌前后分开，左手心斜向上，右手按至右胯旁，两臂微屈。

2. 右野马分鬃

（1）抱球收脚：重心稍向后移，左脚尖翘起外撇；上体稍左转，左手翻转在左胸前屈抱，右手翻转前摆，转腹前屈抱，成左抱球；重心移至左脚，右脚收至左脚内侧成丁步。

左右野马分鬃

（2）弓步分手：同前弓步分手，唯左右相反。

学练要点：弓步时，不可将重心过早前移，否则会造成脚掌沉猛落地，后脚应有蹬碾动作；分手与弓步要协调同步；转体撇脚时，先屈后腿，腰后坐，同时两臂自旋。

图 15-1-12　左右野马分鬃

（三）白鹤亮翅

（1）跟步抱球：上体稍左转，右脚向前跟步，落于左脚后；同时两手转至胸前，屈臂抱球。

白鹤亮翅

（2）虚步分手：上体后坐并向右转体，左脚稍向前移动，成左脚虚步；同时右手至右额前，掌心向内，左手按至左腿旁，上体转正；眼平视前方（图 15-1-13）。

学练要点：抱球与跟步要同时进行；转身时身体侧转不超过 45°；左脚前移与分手同时完成。

①跟半步胸前抱球　②后坐举臂　③虚步分手

图 15-1-13　白鹤亮翅

搂膝拗步

（四）左右搂膝拗步（图 15-1-14）

1. 左搂膝拗步

（1）收脚托掌：上体右转，右手至头前下落，经右胯侧向后方上举，与头同高，手心向上，左手上摆，向右画弧落至右肩前；左脚收至右脚内侧成丁步；眼视右手。

①左转落手　②右转收脚举臂　③出步屈肘　④弓步搂推

⑤后坐撇脚　⑥跟步举臂　⑦出步屈肘　⑧弓步搂推　⑨后坐撇脚

⑩跟步举臂　⑪出步屈肘　⑫马步搂推

图 15-1-14　左右搂膝拗步

（2）弓步搂推：上体左转，左脚向左前方迈出一步成左弓步；左手经膝前上方搂过，停于左腿外侧，掌心向下，指尖向前，右手经肩上，向前推出，右臂自然伸直。

2. 右搂膝拗步

（1）收脚托掌：重心稍后移，左脚尖翘起外撇，上体左转，右脚收至左脚内侧成丁步；右手经头前画弧摆至左前肩，掌心向下，左手向左上方画弧上举，与头同高，掌心向上；眼视左手。

（2）弓步搂推：同前弓步搂推，唯左右相反。

（五）手挥琵琶（图 15-1-15）

（1）跟步展臂：右脚向前收拢半步，落于左脚后，右臂稍向前伸展。

（2）虚步合手：上体稍向左回转，左脚稍前移，脚跟着地，成左虚步；两臂屈肘合抱，右手与左肘相对，掌心向左。

学练要点：两手摆掌时有上挑并向里合之意；合臂时腰下沉，两臂前伸，腋下虚空。

手挥琵琶

①跟步展臂　②后坐挑掌　③虚步合手

图 15-1-15　手挥琵琶

（六）左右倒卷肱（图 15-1-16）

1. 右倒卷肱

（1）退步卷肱：上体稍右转，两手翻转向上，右手随转体向后上方画弧，上举至肩上耳侧，左手停于体前；上体稍左转；左脚提起向后退一步，脚前掌轻轻落地；眼视左手。

倒卷肱

（2）虚步推掌：上体继续左转，重心后移，成右虚步；右手推至体前，左手向后、向下画弧，收至左腰侧，手心向上；眼视右手。

2. 左倒卷肱

（1）退步卷肱：同前退步卷肱，唯左右相反。

（2）虚步推掌：同前虚步推掌，唯左右相反。

学练要点：转身时用腰带手后撤，走斜弧形路线；提膝屈肘和左掌翻手都要同步完成；推掌走弧形且坐腕、展掌、舒指。

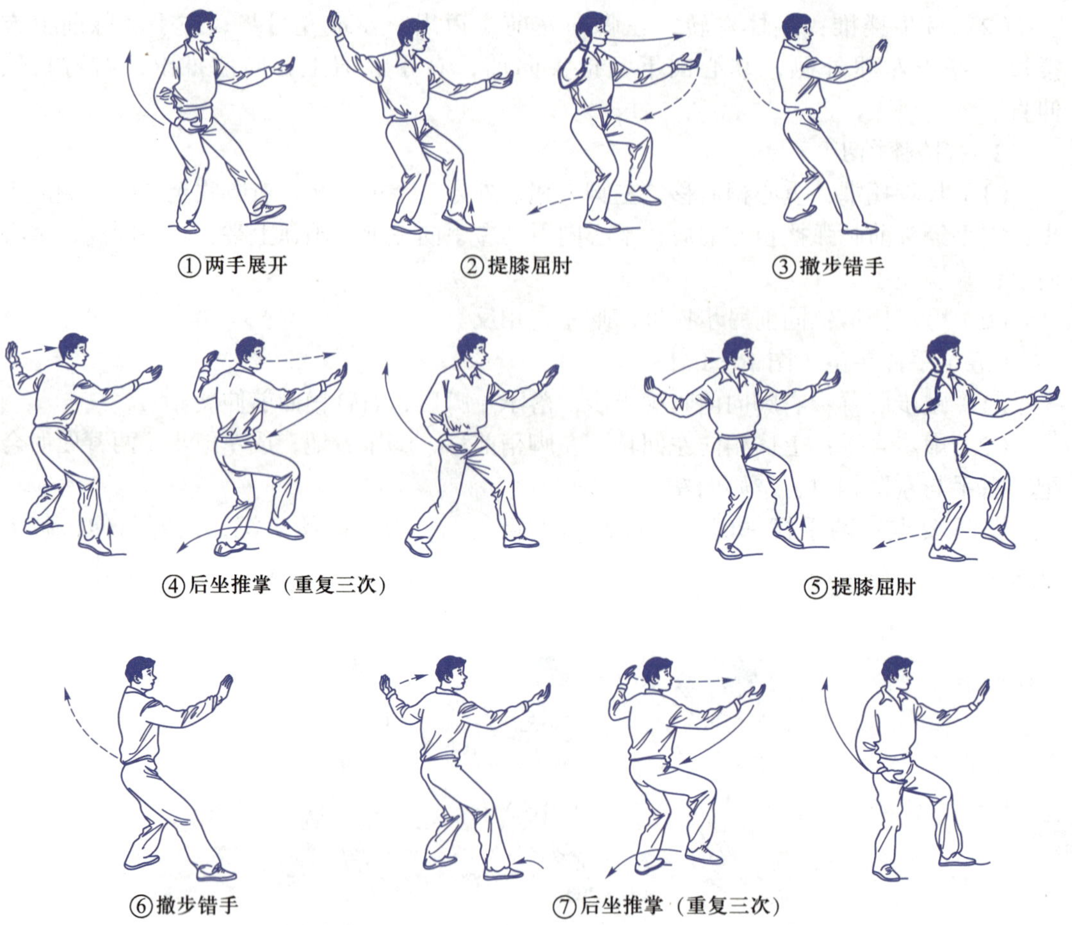

图 15-1-16　左右倒卷肱

左揽雀尾

（七）左揽雀尾（图 15-1-17）

（1）抱球收脚：上体右转，右手向侧后上方画弧，左手在体前下落，两手呈右抱球状；左脚收成丁步。

（2）弓步掤臂：上体左转，左脚向前方迈成左弓步；两手前后分开，左臂半屈向体前掤架，右手向下画弧，按于左胯旁，五指向前；眼视左手。

（3）转体摆臂：上体稍向左转，左手向左前方伸出；同时右臂外旋，向上、向前伸至左臂内侧，掌心向上。

（4）转体后捋：上体右转，身体后坐，两手同时向下，经腹前向右后方画弧后捋，右手举于身体侧后方，掌心向外，左臂平屈于胸前，掌心向内；眼视右手。

（5）弓步前挤：重心前移成左弓步，右手推送左前臂向体前挤出，两臂撑圆。

（6）后坐引手：上体后坐，左脚尖翘起，左手翻转向下，右手经左腕上方向前伸出，掌心转向下，两手左右分开与肩同宽，两臂屈收后引，收至腹前，手心斜向下。

（7）弓步前按：重心前移成左弓步，两手沿弧线推至体前。

学练要点：捋时要转腰带手，不可直臂、折腕。挤时，松腰、弓腿一致。按时，两手沿弧线向上、向前推按。

图 15-1-17　左揽雀尾

（八）右揽雀尾（图 15-1-18）

（1）转体分手：重心后移，上体右转，左脚尖内扣；右手画弧右摆，两手平举于身体两侧；头随右手移转。

右揽雀尾

（2）收脚抱球：左腿屈膝，重心左移，右脚收成丁步；两手成左抱球状。

（3）弓步臂：同前弓步掤臂，唯左右相反。

（4）转体摆臂：同前转体摆臂，唯左右相反。

（5）转体后捋：同前转体后捋，唯左右相反。

（6）弓步前挤：同前弓步前挤，唯左右相反。

（7）后坐引手：同前后坐引手，唯左右相反。

（8）弓步前按：同前弓步前按，唯左右相反。

（九）单鞭（图 15-1-19）

（1）转体运臂：上体左转，左腿屈膝，右脚尖内扣；左手向左画弧，掌心向外，右手向左画弧至左肘前，掌心转向上；视线随左手运转。

单鞭

（2）勾手收脚：上体右转，右腿屈膝，左脚收成丁步；右手向上向左画弧，至身体右前方变成勾手，腕高与肩平，左手向下、向右画弧至右肩前，掌心转向内；眼视

图 15-1-18　右揽雀尾

图 15-1-19　单鞭

勾手。

（3）弓步推掌：上体左转，左脚向左前方迈出成左弓步；左手经面前翻掌向前推出。

学练要点：重心移动平稳，两腿要虚实分明；做勾手时右臂不要过直；推掌时随上体转动，弓腿，翻掌前推。

（十）云手（图 15−1−20）

（1）转体松勾：上体右转，左脚尖内扣；左手向下、向右画弧至右肩前，掌心向内，右勾手松开变掌。

云手

（2）左云收步：上体左转，重心左移，右脚向左脚收拢，两腿屈膝半蹲，两脚平行向前成小开立步；左手经头前向左画弧运转，掌心渐渐向外翻转，右手向下、向左画弧运转，掌心渐渐转向内；视线随左手运转。

（3）右云开步：上体右转，重心右转，左脚向左横开一步，脚尖向前；右手经头前向右画弧运转，掌心逐渐由内转向外，左手向下、向右画弧，停于右肩前，掌心渐渐翻转向内；视线随右手运转。

（4）左云收步：同前左云收步。

（5）右云开步：同前右云开步。

（6）左云收步：同前左云收步。

图 15−1−20　云手

学练要点：以腰为轴，转腰带手交叉画圆；上下肢要协调一致不可脱节；身体平移，不可起伏。

（十一）单鞭（图 15-1-21）

单鞭

（1）转体勾手：上体右转，重心右移，左脚跟提起；右手向左画弧，至右前方时掌心翻转变勾手；左手向下向右画弧至右肩前，掌心转向内；眼视勾手。

（2）弓步推掌：同前弓步推掌。

学练要点：同前单鞭。

①落步右转举臂 ②出步勾手 ③弓步推掌

图 15-1-21 单鞭

（十二）高探马（图 15-1-22）

高探马

（1）跟步翻手：后脚向前收拢半步；右手勾手松开，两手翻转向上，肘关节微屈。

（2）虚步推掌：上体稍右转，重心后移，左脚稍向前移成左虚步；上体左转，右手经头侧向前推出；左臂屈收至腹前，掌心向上。

学练要点：跟步时上体正直，不可起伏；推手与虚步同时。

①跟步翻手 ②虚步推掌

图 15-1-22 高探马

（十三）右蹬脚（图 15-1-23）

右蹬脚

（1）穿手上步：上体稍左转，左脚提收向左前方迈出，脚跟着地；右手稍向后收，左手经右手背上方向前穿出，两手交叉，左掌心斜向上，右掌心斜向下。

（2）分手弓步：重心前移成左弓步；上体稍右转，两手向两侧画弧分开，掌心皆向外；眼视右手。

（3）抱手收脚：右脚成丁步；两手向腹前画弧相交合抱，举至胸前，右手在外，两掌心皆转向内。

（4）分手蹬脚：两手手心向外撑开，两臂展于身体两侧，肘关节微屈，腕与肩平；左腿支撑，右腿屈膝上提，脚跟用力慢慢向前上方蹬出，脚尖上勾，膝关节伸直，右腿与右臂上下相对，方向为右前方约 30°；眼视右手。

学练要点：两手交叉距离胸部 20 厘米，身体左转 45°；两手高不过头，分手撑掌与蹬脚同时完成。

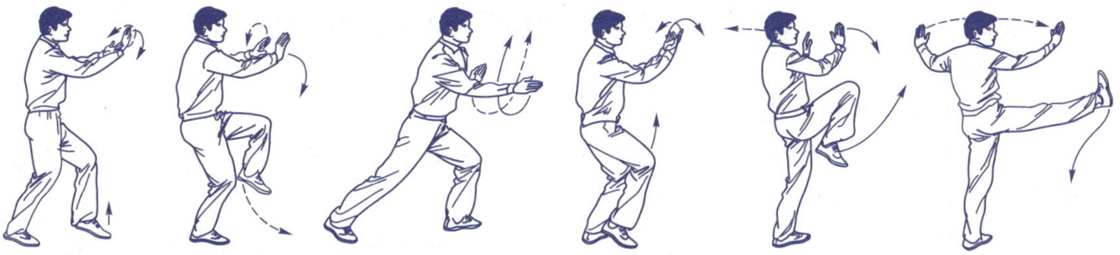

①提脚收手　②左转出步　③弓步画弧　④合抱提膝　⑤分手蹬脚

图 15-1-23　右蹬脚

（十四）双峰贯耳（图 15-1-24）

（1）屈膝并手：右小腿屈膝回收，左手向体前画弧，与右手并行落于右膝上方，掌心皆翻转向上。

（2）弓步贯拳：右脚下落向右前方上步成右弓步；两手握拳经两腰侧向上、向前画弧摆至头前，两臂半屈成钳形，两拳相对，同头宽，拳眼斜向下。

双峰贯耳

学练要点：弓步的方向与右蹬脚的方向一致；弓步贯拳时肘关节下垂，上体正直。

①收脚落手　②出步收手　③弓步贯拳

图 15-1-24　双峰贯耳

（十五）转身左蹬脚（图 15-1-25）

（1）转体分手：重心后移，左腿屈坐，上体左转，右脚尖内扣；两拳松开，左手向左画弧，两手平举于身体两侧，掌心向外；眼视左手。

（2）抱手收脚：重心右移，右腿屈膝后坐，左脚收至右脚内侧成丁步；两手向下画弧交叉合抱，举至胸前，左手在外，两手心皆向内。

转身
左蹬脚

（3）分手蹬脚：同右蹬脚，唯左右相反。

①后坐扣脚　②左转展手　③合抱提膝　④分手蹬脚

图 15-1-25　转身左蹬脚

学练要点：转身时，就充分坐腿扣脚，上体保持正直，不可低头弯腰；左蹬脚与右蹬脚的方向要对称。

（十六）左下势独立（图 15-1-26）

左下势独立

（1）收脚勾手：左腿屈收于右小腿内侧；上体右转，右臂稍内合，右手画勾手，左手画弧摆至右肩前，掌心向右；眼视勾手。

（2）仆步穿掌：上体左转，右腿屈膝，左腿向右前方伸出成左仆步；左手经右肋沿左腿内侧向左穿出，掌心向前，指尖向左；眼视左手。

（3）弓步起身：重心移向左腿成左弓步；左手前穿并向上挑起，右勾手内旋，置于身后。

（4）独立挑掌：上体左转，重心前移，右腿屈膝提起成左独立步；左手下落按于左胯旁，右勾手下落变掌，向体前挑起，掌心向左，高于眼睛，右臂半屈成弧。

学练要点：仆步穿掌时上体不可前倾；由仆步转换独立步时，一定要充分做好两脚的外撇和内扣；独立挑掌时前手肘与膝相对。

图 15-1-26 左下势独立

（十七）右下势独立（图 15-1-27）

右下势独立

（1）落脚勾手：右脚落于左脚右前方，脚前掌着地，上体左转，左脚以脚掌为轴随之扭转；左手变勾手向上提举于身体左侧，高于肩平，右手画弧摆至左肩前，掌心向左；眼视勾手。

（2）仆步穿掌：同前仆步穿掌，唯左右相反。

（3）弓步起身：同前弓步起身，唯左右相反。

（4）独立挑掌：同前独立挑掌，唯左右相反。

（十八）左右穿梭（图 15-1-28）

左右穿梭

1. 右穿梭

（1）落脚抱球：左脚向左前方落步，脚尖外撇，上体左转；两手成抱球状。

（2）弓步架推：上体右转，右脚向右前方上步成右弓步；右手向前上方画弧，翻转上举，架于右额前上方，左手向后下方画弧，经肋前推至体前，高于鼻平；眼视左手。

2. 左穿梭

（1）抱球收脚：重心稍后移，右脚尖外撇，左脚收成丁步；上体右转，两手在右肋前上下相抱。

（2）弓步架推：同前弓步架推，唯左右相反。

学练要点：做弓步架推时，手脚方向一致，两掌要有滚动上架与前推。

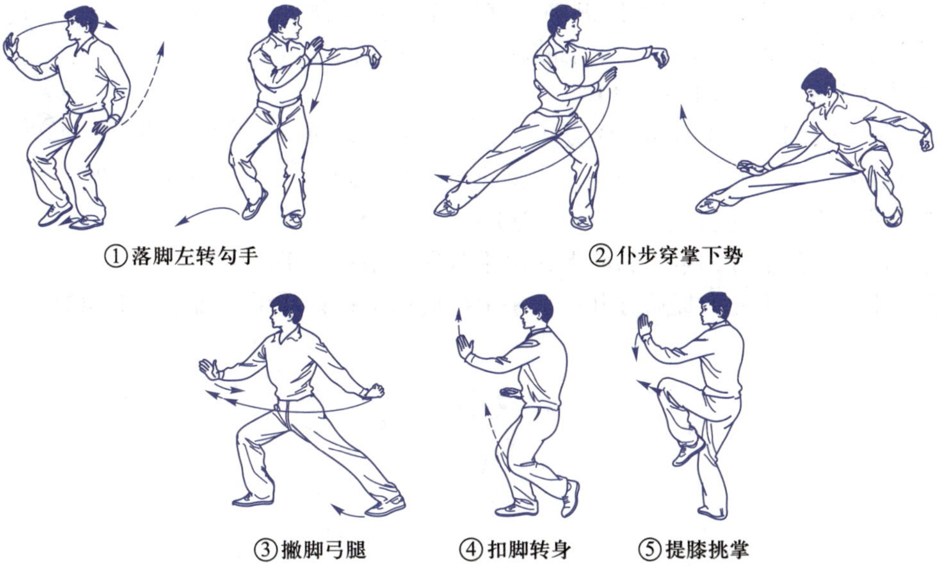

图 15-1-27　右下势独立

图 15-1-28　左右穿梭

（十九）海底针（图 15-1-29）

（1）跟步提手：右脚向前收拢半步，随之重心后移，右腿屈坐；上体右转，右手下落屈臂提抽至耳侧，掌心向左，指尖向前，左手向右画弧下落至腹前，掌心向下，指尖斜向右。

海底针

（2）虚步插掌：上体左转向前俯身，左脚稍前移成左虚步；右手向前下方斜插，左手经膝前画弧搂过，按至左大腿侧；眼视右手。

学练要点：右手随转体在体侧画一立圆提于右耳侧；插掌时不可因前俯而弯腰驼背；上下肢动作必须协调同步。

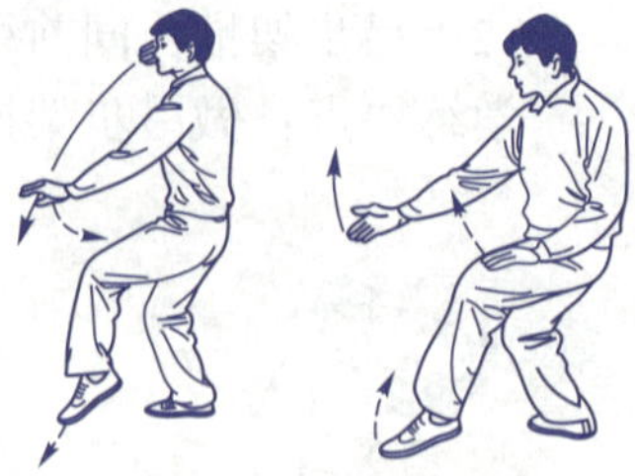

①跟步落提 ②虚步插掌

图 15-1-29 海底针

（二十）闪通臂（图 15-1-30）

闪通臂

（1）提手收脚：上体右转，恢复正直；右手提至胸前，左手屈臂收举，指尖贴近右腕内侧；左脚收至右脚内侧。

（2）弓步推掌：左脚向前上步成左弓步；左手推至体前，右手撑于头侧上方，掌心斜向上，两手分展；眼视左手。

学练要点：两手先上提后分开；右手上撑向后引拉；前手、前腿上下相对。

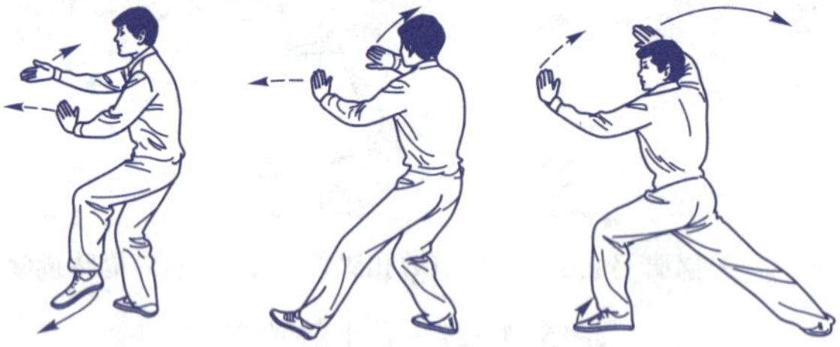

①收脚举臂 ②出步翻掌 ③弓步推掌

图 15-1-30 闪通臂

（二十一）转身搬拦捶（图 15-1-31）

转身搬拦捶

（1）转体扣脚：重心后移，右腿屈坐，左脚尖内扣；身体右转，右手摆至体右侧，左手摆至头左侧，掌心均向外；眼视右手。

（2）坐腿握拳：重心左移，左腿屈坐，右腿自然伸直；右手握拳向下、向左画弧停于左肋前，拳心向下，左手举于左额前；眼向前平视。

（3）踩脚搬拳：右脚提收至左脚内侧，再向前迈出，脚跟着地，脚尖外撇；右拳经胸前向前搬压，拳心向上，高与胸平，肘部微屈，左手经右前臂外侧下落，按于左胯旁；眼视右拳。

（4）转体收拳：上体右转，重心前移，右拳向右画弧至体侧，拳心向下，左臂外旋，向体前画弧，掌心斜向上。

（5）上步拦掌：左脚向前上步，脚跟着地；左掌拦至体前，掌心向右，右拳翻转收至腰间，拳心向上；眼视左掌。

（6）弓步打拳：上体左转，重心前移成弓步；右拳向前打出，肘微屈，拳眼向上，左手微收，掌指附于右前臂内侧，掌心向右。

学练要点：身体右转时，左脚尽力内扣；垫步时勿抬脚过高，迈步时脚尖外撇。

①后坐摆掌　②收脚握拳　③右转搬捶　④弓步打拳

图 15-1-31　转身搬拦捶

（二十二）如封似闭（图 15-1-32）

（1）穿手翻掌：左手翻转向上，从右前臂下向前穿出；同时右拳变掌，也翻转向上，两手交叉举于体前。

如封似闭

（2）后坐收掌：重心后移，两臂屈收后引，两手分开收至胸前，与胸同宽，掌心斜相对；眼视前方。

（3）弓步推掌：重心前移成左弓步；两掌经胸前弧线向前推出，高与肩平，宽与肩同。

学练要点：后坐收掌时避免上体后仰；弓步推掌时两掌由下向上，向前推按。

①穿手翻掌　②后坐收掌　③弓步推掌

图 15-1-32　如封似闭

（二十三）十字手（图 15-1-33）

（1）转体扣脚：上体右转，重心右移，右腿屈坐，左脚尖内扣；右手向右摆至头前，两手心皆向外；眼视右手。

十字手

（2）弓腿分手：上体继续右转，右脚尖外撇侧弓，右手继续画弧至身体右侧，两臂侧平举，手心皆向外；眼视右手。

（3）交叉搭手：上体左转，重心左移，左腿屈膝侧弓，右脚尖内扣；两手画弧下落，交叉上举成斜十字形，右手在外，手心皆向内。

（4）收脚合抱：上体转正，右脚提起收拢半步，两腿慢慢直立；两手交叉合抱于胸前。

学练要点：转体扣脚与弓步分手要连贯衔接；两手画弧下落时不可弯腰低头。

①后坐扣脚 ②右转撇脚分手 ③收脚合抱

图 15-1-33 十字手

（二十四）收势（图 15-1-34）

收势

（1）翻掌分手：两臂内旋，两手翻转向下分开，两臂慢慢下落停于身体两侧；眼视前方。

（2）并脚还原：左脚轻轻收回，恢复成预备姿势。

学练要点：翻掌分手时，左手在上，腕关节不要屈折挽花；垂臂落手与起身一致。

①旋臂分手 ②两臂下落

图 15-1-34 收势

第二节 花样跳绳

一、花样跳绳的分类

花样跳绳包含 12 大类，60 多套绳路，300 多种跳法，适宜于广场集体表演。一般常见演练者多练习“初级八套绳路”（适宜于初学者广场演练），并配以《跳绳歌》乐曲进行。

花样跳绳 12 大类为：绳操、绳舞、绳拳、绳技、绳阵、趣味跳、跳长绳、跳双绳、多绳交叉跳、跳绳的行进动作、跳绳接力赛和跳绳拉力赛。各类跳绳又分为各种绳路，如绳操有“跳绳八节操”“健美跳绳操”“老年健身绳舞”。

（一）跳绳内容

计数类和花样类是跳绳的两大内容。计数类跳绳的动作结构相对比较单一，速度性、力量性、耐力性是其主要特点，体能是其主导因素。而花样类项目动作结构则比较多元化，技能是其主导因素。

（二）分类方式

由于花样跳绳运动内容的丰富性，其分类方式并不是固有的，而是根据不同的标准进行分类。第一，根据绳子的长短可将花样跳绳分为短绳、中长绳和长绳三类。第二，根据参与跳绳的人数可以将花样跳绳分为个人跳绳、双人跳绳、三人跳绳、四人跳绳和多人跳绳等。第三，根据使用的绳子数量可以将花样跳绳分为单绳、双绳和多绳三类。第四，根据跳绳的动作结构和技术特点，可将花样跳绳分为个人绳、交互绳、车轮跳和长绳类等。

二、花样跳绳的运动特点

花样跳绳具有简便易行、花样繁多、安全性高等特点。

（一）简便易行

花样跳绳项目不受场地的限制，街头巷尾、田间地头，只要是地面平整、无安全隐患的空间，即可成为花样跳绳的练习场地。花样跳绳器材简单便宜、便于携带。

（二）花样繁多

个人花样、车轮跳、交互绳、绳网绳阵等各类花样跳绳跳法多样，每种跳法又可以衍生出更多的跳法。花样跳绳创意无穷，练习者可根据自身特点选择练习适合自己的动作，激发自己的创编灵感，创造出新的花样。

（三）安全性高

花样跳绳运动量、锻炼强度可自由掌握。跳绳过程中没有直接的身体对抗，器材简单安全，跳绳者可以根据自身能力完成不同难度的花样动作。

三、花样跳绳的器材

花样跳绳根据绳具的制作材料可以分为棉绳、塑料绳、珠节绳、钢丝绳等。跳绳者可根据自身的情况、不同的训练阶段选取适合自己的绳具。

四、花样跳绳的注意事项

（1）跳绳运动只需要很小的活动空间，但地面必须平坦，最好在上面铺上地毯或软垫，而且要穿上抗震力强的运动鞋，这样可以缓冲膝盖和脚踝与地面接触时的冲撞力，否则跳动时的反作用力，可能会影响脊椎、脑部，造成运动伤害。在跳绳时，最好穿上运动内衣，或是选择支撑力较好的棉质内衣，可以保护胸肌，避免拉伤。

（2）在选择跳绳时只要长度和重量感觉舒适，无论哪种质地做的绳都可以。建议初学者选择较长一点的绳子，摆动的幅度较大、速度较慢，之后再慢慢提高要求，缩短绳子的长度，同时也增加运动的强度。

（3）绳子软硬、粗细适中。初学者通常宜用硬绳，练习一段时间后可改为软绳。

（4）选择软硬适中的草坪、木质地板和泥土地，切莫在硬性水泥地上跳绳，以免损伤关节或引起头昏。

（5）跳绳时须放松肌肉和关节，脚尖和脚跟须用力协调，防止扭伤。

（6）跳绳前先让足部、腿部、腕部、踝部做些准备活动，跳绳后则可做些放松、拉伸活动。

（7）花样跳绳主要用到的部位是手腕，所以要用手腕发力，而不是整个上肢发力。

（8）跳起的高度不要太高，一般跳起 3~5 厘米即可。跳起时，双腿和膝盖应该保持一条直线。

（9）在跳绳的过程中，呼吸要有节奏，让全身肌肉放松。

五、单人花样的基本动作

（一）并脚跳

两手持绳向前摇绳，双脚并拢跳跃过绳，绳子绕过身体一周，一摇一跳连续完成并脚跳，即为并脚单摇跳。

花样跳绳

（二）开合跳

两手持绳向前摇，当绳子过脚置于空中时，两脚跳跃成左右打开状，膝盖呈微弯曲状态，当绳子快打地时，两脚并拢跳跃过绳，一拍一动，完成开合跳。

（三）弓步跳

两手持绳向前摇，当绳子过脚置于空中时，两脚分开成前后弓步动作，当绳子打地快过脚时，双脚并拢跳过绳，一拍一动，左右腿依次交换，完成弓步跳。

（四）勾脚点地跳

手持绳向前摇，第一拍一只脚勾脚（脚后跟着地）同时向前点地，另外一条腿直立跳跃过绳；第二拍并脚跳跃过绳，一拍一动，左右腿依次交换，完成勾脚点地跳。

（五）高抬腿跳（双脚交换跳）

两手持绳向前摇，当绳子过脚置于空中时，做高抬腿动作，另外一只脚直立跳跃过绳，一拍一动，左右腿依次交换，完成高抬腿跳。

（六）基本交叉跳

两手摇绳，分成两拍完成，第一拍两手为直摇并脚跳，第二拍两手为交叉摇绳并脚跳。一拍一动，完成基本交叉跳。

（七）左右甩绳

两手臂向前摇绳至一边体侧甩绳，绳子不过脚；接着甩绳至另外一边体侧，一拍一动，左右边依次进行，完成左右甩绳。

（八）并脚左右跳

两手持绳向前摇，第一拍当绳子过脚置于空中时，双脚并拢向身体一侧跳，第二拍时双脚并拢向身体另一侧跳，一拍一动，左右依次交换完成并脚左右钟摆跳。

（九）弹踢腿跳

两手持绳向前摇，踝关节绷直与小腿一起向前方弹踢，左右脚交替进行，一拍一动，左右腿以及交换，完成弹踢腿跳。

自测题 15

（十）后屈腿跳

两手持绳向前摇，当绳子过脚置于空中时，一只脚向后弯曲后踢，另外一只脚直立跳跃过绳；随后，换一只脚弯曲后踢，一只脚直立跳跃过绳。一拍一动，完成后屈腿跳。

第十六章　游泳运动

本章导学

游泳运动是男女老幼都喜欢的体育项目之一。经常参加游泳运动不仅能使人心情愉悦，塑造流畅和优美的体形，还能够增强心血管系统的机能，增强体质，提高身体协调性。游泳是一项很好的健身运动，可以终身进行。

学习目标

知识目标：了解游泳运动的起源、特点与锻炼价值。

能力目标：掌握游泳运动主要项目的基本技术、运动方法，提高身体素质。

素质目标：提高游泳运动的欣赏水平，培养健身兴趣和顽强拼搏、团结协作的精神。

思政课堂

战胜困难 勇往直前

刘子歌，辽宁本溪人，中国女子游泳运动员，奥运会冠军，世锦赛冠军。1996 年进入本溪市体校游泳队，2004 年入选上海市游泳队，2007 年入选中国国家游泳队。2004 年，世界杯短池游泳赛（俄罗斯站）200 米混合泳第一名；2008 年北京奥运会女子 200 米蝶泳比赛中以打破世界纪录的成绩勇夺冠军；2009 年国际泳联短池世界杯瑞典站、德国站女子 200 米蝶泳冠军，并打破短池世界纪录；2010 年短池游泳世锦赛 4×100 米混合泳接力冠军；2013 年巴塞罗那世锦赛女子 200 米蝶泳冠军。2013 年，刘子歌成了集奥运会冠军、世锦赛冠军、世界纪录保持者于一身的“大满贯”选手。

这样非凡的成绩来之不易，游泳运动因其竞争性、高强度等诸多因素的要求，运动员的意志品质在这项运动中有着非常重要的地位。在比赛中，运动员除了需要有良好的体能储备，更需要具备较强的意志力，去克服困难。在赛况极其胶着的情况下，运动员容易出现“极点”现象，即呼吸困难、身体无力、动作迟缓，感觉自己无法坚持下去，这时顽强的意志品质和永不放弃的精神往往就决定着输赢。胜利就在于坚持之中。在比赛没有结束之前，奋勇拼搏，绝不认输！

第一节 游泳运动概述

一、游泳运动的起源与发展

游泳是人类最古老的生存手段之一。最初人们只是模仿水栖动物的姿势与动作在水中移动，日积月累，便学会了漂浮、游动、潜水等在水中行动的技能，创造了各种游泳姿势。

现代游泳运动起源于英国。17 世纪 60 年代，英国不少地区的游泳活动开展得相当活跃。1828 年，英国在利物浦乔治码头修造了第一个室内游泳池，到 19 世纪 30 年代，这种泳池在英国各大城市相继出现。1837 年，伦敦已拥有六个人工游泳池，并成立了第一个游泳组织，举办了英国最早的游泳比赛。1869 年 1 月，在伦敦成立了大城市游泳俱乐部联合会（现英国业余游泳协会前身），把游泳作为一个专门的运动项目正式固定下来，随后传入英殖民地，继而传遍全世界。1893 年美国开始举行游泳锦标赛，其他国家的游泳运动也陆陆续续开展起来。1896 年第一届现代奥林匹克运动会在希腊雅典举行时，游泳就被列为九个比赛项目之一。在现代奥运会游泳比赛和世界游泳锦标赛中，有游泳、跳水、水球、花样游泳四个大项的比赛，本节介绍的内容仅指单纯的游泳（或游泳运动），不包括跳水、水球、花样游泳。

知识链接 世界游泳运动重大赛事

1. 奥林匹克运动会游泳比赛。
2. 世界游泳锦标赛。
3. 国际泳联大奖赛。
4. 短池游泳世界杯。
5. 公开水域游泳锦标赛。

二、游泳运动的特点与锻炼价值

游泳运动是男女老幼都喜欢的体育项目之一，具有健身性、竞争性和趣味性等特点。

（一）健身性

游泳是一项全身协调性运动。游泳时，利用水的浮力，俯卧或仰卧于水中，全身舒展而松弛，肢体运动节律极强，身体得到全面、匀称、协调的发展。水对肌肤的按摩和对汗腺、脂肪腺、分泌物的冲刷，也会使皮肤光洁、健美，肌肉发达而富有弹性。

游泳采用有氧代谢和无氧代谢相结合进行训练或健身练习，有利于提高心肺功能，发展速度耐力，减少体脂，发达肌肉，使体形优美。

（二）竞争性

游泳是一项竞技运动。游泳运动大到奥运会，小到活动游戏，无不以强健体魄、增进心理健康和追逐胜利为目的。然而，游泳竞赛的残酷性又往往表现在成功、胜利只是暂时的，而挫折、失败才是经常的、普遍的。因此，一方面，游泳运动可以使我们在练习和比赛过程中建立竞争意识，领略到胜利的喜悦、失败的痛苦，树立胜不骄、败不馁，积极向上的人生观。另一方面，游泳运动的竞争是在严格的规则约束下进行的，可以促进我们养成公平竞争的意识，并以公平的竞争方式应对人生中的每一次考验。

（三）趣味性

游泳可以不拘形式与内容，不受年龄、性别限制。特别是在节假日，人们到泳池、水上游乐场或海滩活动或纳凉消暑，可以使神经和肌肉得到松弛，促进身心健康，并成为余暇生活锻炼的一种重要选择。

第二节 游泳运动的基本技术

游泳运动是在水中这一特定环境中进行的，初学者不了解水的环境。人体在水中，要受到水的阻力、浮力和压力的作用，会产生失重、无固定支撑、呼吸不随意等感觉，会有害怕水的心理。因而，熟悉水性是学会游泳的必经之路。

一、熟悉水性

熟悉水性是初学游泳者入门的必经阶段和重要环节。通过熟悉水性的练习，让初学者了解水的特性，逐步适应水的环境，消除怕水的心理，培养对水的兴趣；让初学者体会水的阻力、浮力、压力，水的黏滞性、流动性和难以压缩性；学会维持和控制身体在水中平衡和呼吸的方法，为学习和掌握各种竞技游泳姿势打下良好基础。

（一）水中行走

水中行走

在齐腰深的水里，做各种方向的步行或奔跑动作练习，通过双手手掌拨水维持身体平衡来克服怕水的恐慌心理，并加快在水中走、跑等动作的速度。熟悉后可以在水中进行走、跑、接力、追逐等游戏。

（二）浸水憋气与呼吸

两手扶池边（槽）或在同伴的帮助下，深吸一口气，屈膝下蹲缓慢将头部全部浸入水中，憋一口气，再用口慢慢将气呼出，然后站起，当头部离开水面后，吸气。重复进行。憋气时间可以逐渐延长，在水下要尽量睁开眼睛，如图 16-2-1 所示。

图 16-2-1 浸水憋气与呼吸

（三）浮体与站立

学习水中的漂浮技术，主要体会水对人体的浮力，提高身体在水中的平衡能力。

（1）抱膝浮体：原地站立，深吸气后，下蹲低头团身，双手抱住小腿近踝关节处，使身体在水中自然飘浮。身体放松，双脚下垂，双手前伸下压水并抬头，两脚下伸，触池底站立，如图 16-2-2 所示。

漂浮滑行

（2）漂浮展体：抱膝浮体后，手臂和腿伸直成俯卧姿势，站立方法同抱膝浮体。

（四）蹬壁滑行

背向池壁，两脚站在池底，或一脚蹬在池壁上。一手前伸，一手拉池壁或水槽，深吸一口气，头浸入水中。收起站立腿，两腿屈膝，臀部靠近池壁。两脚用力蹬离池壁，两臂前伸成俯卧式，身体展直向前滑行，如图 16-2-3 所示。

图 16-2-2 抱膝浮体

图 16-2-3 蹬壁滑行

（五）摸池底

练习时可先在浅水区，再过渡到深水区。练习者站于水中或一手扶池边（槽），使身体和头部全部浸入水中，并屈膝下蹲团身用单手去触池底。完成后，可用双手去触池底，也可潜入后身体倒过来用手去触池底，如图 16-2-4 所示。

图 16-2-4 摸池底

二、游泳运动的基本技术与练习方法

（一）蛙泳

蛙泳是比较古老的一种泳式，在民间广为流传，由于模仿青蛙的游泳动作而得名。蛙泳游速缓慢，节奏稍慢，游进时身体俯卧，支撑面积大，间歇性强，能充分利用水的浮力，省力、呼吸方便，是竞技游泳四种泳式中比较容易学会的一种，所以很适合初学者学练。蛙泳时身体俯卧在水中，两肩与水面平行，其推进力主要是靠两手臂对称而弧形地向后划水，两脚对称向后蹬、夹水动作而获得，如图 16–2–5 所示。

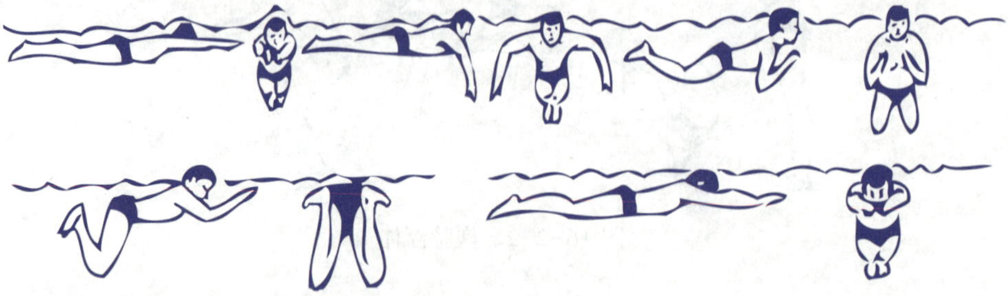

图 16–2–5　蛙泳

1. 蛙泳的动作技术结构

（1）身体姿势：蛙泳时，在完成手臂和腿部动作后，身体俯卧在水中，两臂向前、两腿向后伸直并拢。头略低，水齐前额，脸下部浸入水中，稍收腹、微塌腰，身体纵轴与前进方向成 5° ~10°，保持身体的流线性，如图 16–2–6 所示。

图 16–2–6　蛙泳的身体姿势

蛙泳臂部动作

（2）臂部动作：蛙泳臂划水可以产生较大的推力，现代蛙泳更加强调臂划水的作用。蛙泳的划水动作路线呈非常典型的螺旋状轨迹，手臂的动作类似桨叶的转动。蛙泳的臂部动作分为抓水、划水、收手和伸臂四个连贯动作。

① 抓水：肩保持前伸，两臂内旋使两臂和掌心转向外，斜下方屈腕，两手分开向侧斜下方压水，当手掌和前臂有压力时开始划水，如图 16–2–7 所示。

图 16–2–7　蛙泳抓水

② 划水：紧接抓水的是开始加速划水，划水的方向是向侧、下、后、内方。划水时肘部保持较高的位置，前臂和上臂屈的角度在整个划水的过程中不断变化，肘关节在划水主要阶段弯曲度接近 90°，如图 16–2–8 所示。

图 16–2–8　蛙泳划水

③ 收手：收手是划水的继续，能产生上升和前进动力。当划水至肩的延长线时，两臂快速地向里、向上收到下颌的下前方，掌心由后转向内，肘低于手。尽量把臂收在身体的投影之中，减少水对伸臂的阻力，如图 16-2-9 ①所示。

④ 伸臂：紧接收手动作，继续推肘伸臂，掌心转向下，两臂放松，先伸肩后伸肘，两臂先向前上方向再向前伸，身体保持流线性，伸臂结束后两臂恢复滑行姿势，如图 16-2-9 ②所示。

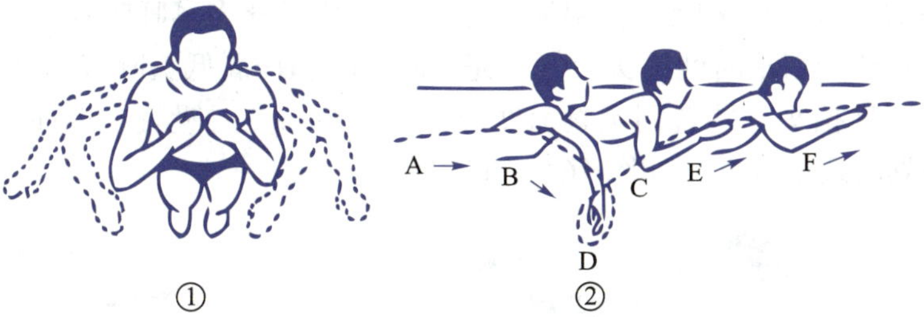

图 16-2-9　蛙泳收手、伸臂

（3）腿部动作：蛙泳的腿部动作较其他泳式重要，不仅起到保持平衡的作用，还可以产生较大推进力。蛙泳的腿部动作分为滑行、收腿、翻脚（腿）和蹬水四个连贯动作。

① 滑行：蹬夹水结束时身体借助惯性向前滑行，两腿（包括脚尖）并拢向后伸直，臀部和腿部肌肉适当紧张，身体成水平俯卧姿势，为收腿做好准备，如图 16-2-10 所示。

图 16-2-10　蛙泳滑行

② 收腿：紧接滑行，两腿稍内旋、脚跟分开，小腿和脚尽量靠近臀部，膝关节随腿的下沉向前边收，收腿结束时，大腿与躯干之间成 130° ~140° 夹角，如图 16-2-11 ①所示。

蛙泳腿部动作

③ 翻脚（腿）：翻脚是收腿的继续，蹬水的开始。随着收腿的结束，两脚继续向臀部收紧，大腿内旋、屈膝的同时，小腿向外翻，脚尖也向两侧外翻，使脚掌内侧正对蹬水方向，如图 16-2-11 ②所示。

图 16-2-11　蛙泳收腿、翻脚

④ 蹬水：蹬水是翻脚的后一阶段。由髋部发力，带动膝、踝相继伸直，以大腿、小腿内侧的脚掌向后做急速有力的蹬夹动作。在蹬夹过程中，当两腿逐渐并拢时略向下压，以形成最后的鞭打水动作，如图 16-2-12 所示。

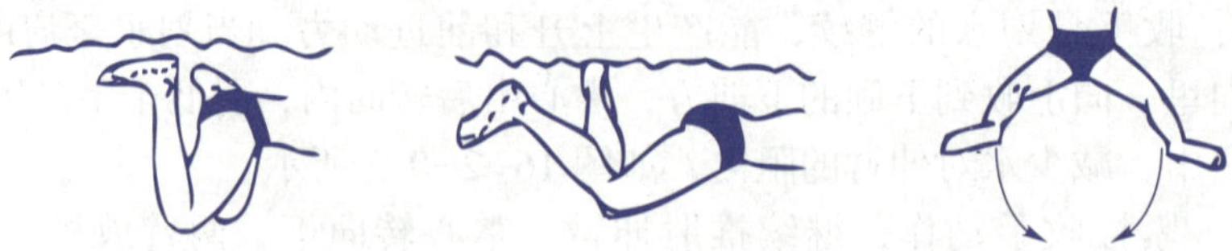

图 16-2-12　蛙泳蹬水

（4）呼吸与臂、腿的完整技术配合：呼吸是掌握游泳完整技术的关键。一般一个动作周期呼吸一次，都是用嘴吸气，用嘴、鼻呼气。呼吸分为早呼吸和晚呼吸两种方式。早呼吸是在两臂开始划水时就抬头吸气，完成两臂的动作后低头呼气。晚呼吸是在划水将近结束时才开始抬头，两臂划至胸前使身体达到最高点时吸气，继而伸臂低头闭气，当两臂开始外划时逐渐呼气，如图 16-2-13 所示。

图 16-2-13　蛙泳呼吸

2. 蛙泳的练习方法

（1）臂部动作。

① 陆地手臂动作模仿练习：身体站立前倾，手臂接近水平向前伸直，手心向下，手指稍分开，稍向外侧以肘为轴，两手向后侧下划水，然后大臂带动小臂两手向内侧划水并收拢至胸前，两手做钻洞样向前伸出至伸直，如图 16-2-14 所示。

蛙泳完整动作

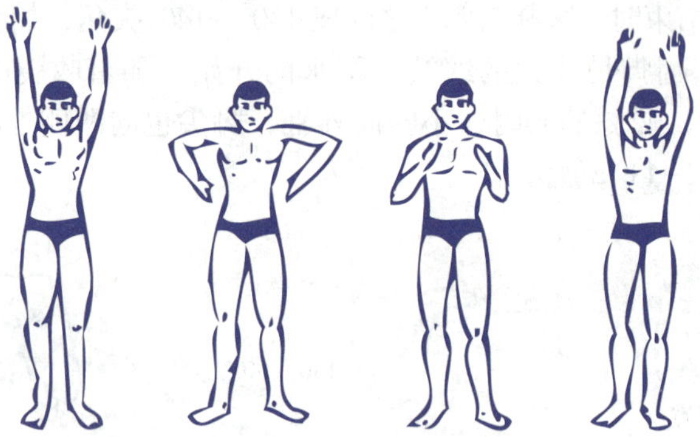

图 16-2-14　蛙泳臂部动作

② 水中划水练习：站立于齐腰或齐胸深的水中，上体前倾，低头，两臂前伸，练习抓水、划水、收手和伸臂动作，划水不要用力，主要体会两臂划水的方向和路线。在上述练习的基础上，利用两臂划水的前进力，边划水边向前走动。可以配合呼吸练习，如图 16-2-15 ①所示。

③ 水中双人配合练习：练习者俯卧在水中，同伴站立于练习者两腿之间，抱住练习者的腰部或大腿，练习者练习臂划水动作，可以配合呼吸练习，如图 16-2-15 ②所示。

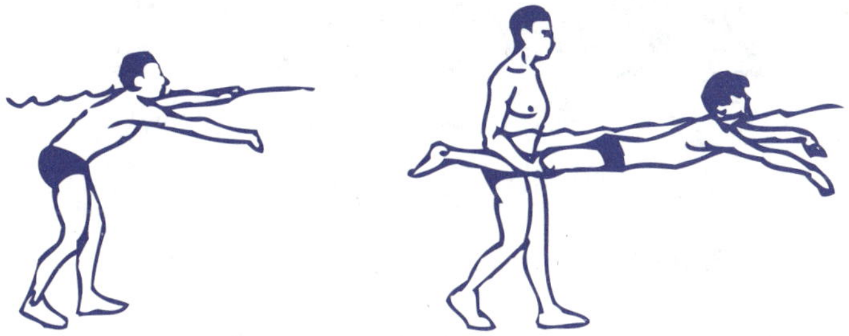

①　　②

图 16-2-15　蛙泳水中练习

④ 蹬壁滑行划水：利用池壁，蹬壁成俯卧状向前滑行，当滑行前进的速度逐渐缓慢、身体上浮至后脑或背露出水面时，以大臂带动小臂，两手向内侧划水并收拢至胸前，手臂顺势伸直做完整的手臂划水动作。一次划水动作完成后，保持一段滑行，如此反复练习，如图 16-2-16 所示。

图 16-2-16　蛙泳的蹬壁滑行划水

（2）腿部动作。

① 陆地腿部动作模仿练习：身体自然站立，两臂伸直上举。以右脚为例，屈膝向前上抬起约 60°，踝关节、脚心尽量向外翻转，紧接着用力向下蹬夹，如图 16-2-17 所示；或在池边或条凳上成俯卧姿势，练习腿的收、翻、蹬夹和停的动作，如图 16-2-18 所示；或坐撑模仿蛙泳腿部动作练习，如图 16-2-19 所示。

图 16-2-17　蛙泳的陆地腿部动作模仿练习一

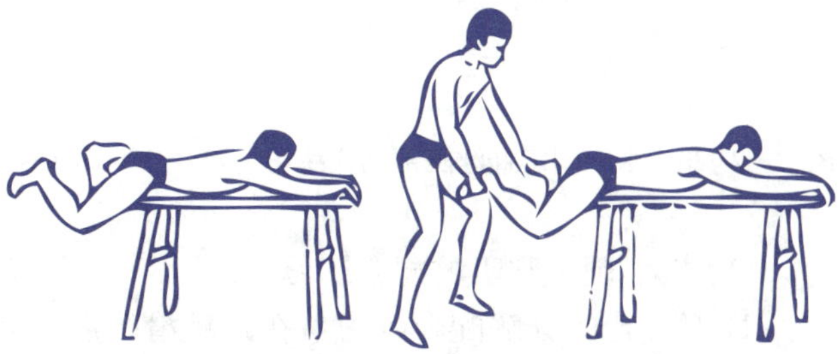

图 16-2-18　蛙泳的陆地腿部动作模仿练习二

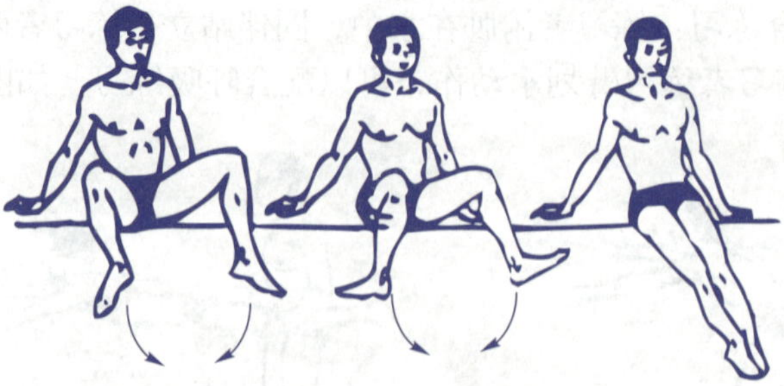

图 16-2-19　蛙泳的陆地腿部动作模仿练习三

② 水中固定蛙泳腿部动作练习：手扶池槽或池边，身体俯卧于水中，练习蛙泳收腿、翻腿、蹬夹水动作，或由同伴握住其脚，双人协助练习腿部动作，如图 16-2-20 所示。

③ 滑行腿部蹬夹水练习：俯卧姿势蹬壁或蹬池底，手臂伸直，低头闭气向前滑行。随即收翻腿，结束后大腿立即用力向外、向后再向内做弧形蹬夹水动作，保持一段滑行，如此反复练习，如图 16-2-21 ①所示。

④ 利用水中辅助训练器材浮板练习腿部蹬夹水，双手持浮板一端，两臂伸直，面部浸入水中，练习蛙泳腿部动作，如图 16-2-21 ②所示。

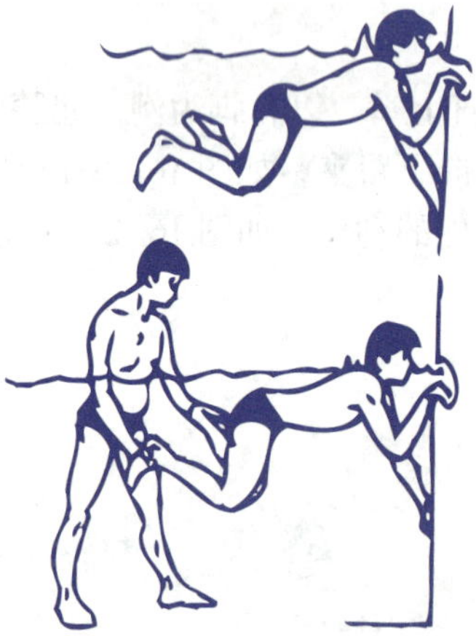

图 16-2-20　水中固定蛙泳腿部动作练习

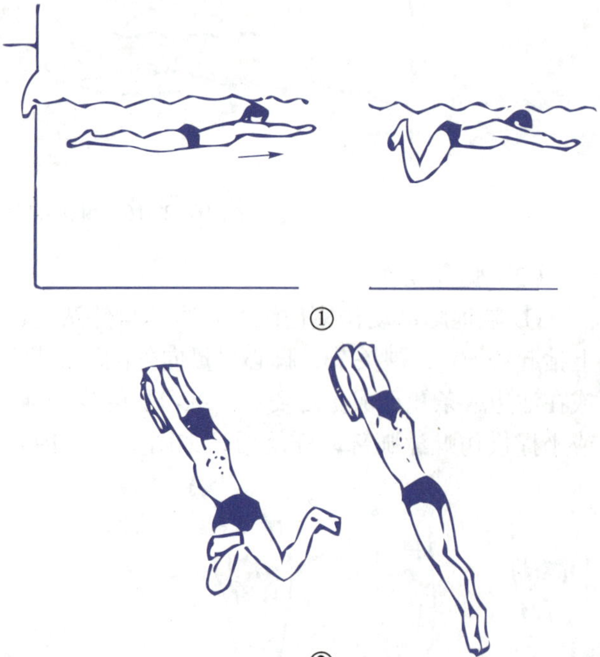

①

②

图 16-2-21　蛙泳的滑行腿部蹬夹水练习

（3）臂、腿与呼吸的配合练习。

① 臂、腿的分解配合练习：在蹬壁滑行后，做 1 次划臂动作，接着做 1 次腿部动作，交替进行。

② 臂、腿的连续配合练习：在臂、腿分解配合练习的基础上，做臂、腿的连续配

合练习，可在屏气的情况下进行。

③ 划水吸气练习：在蹬壁滑行动作的基础上，当身体滑行上浮时，手臂开始划水，嘴一露出水面，抬头吸气，或在划水结束和收手过程中，身体达到最高点时吸气。吸气结束后，手、腿仍伸直滑行，如图 16-2-22 所示。建议初学者在划水结束和收手过程中，身体达到最高点时吸气。

图 16-2-22　蛙泳的划水吸气练习

④ 呼气练习：初学者用早呼气更合适，因为手臂划水时有较大支撑面使头露出水面进行吸气，可避免因没掌握呼吸方法时出现的呛水现象。划水吸气动作结束后，在收手过程中闭气低头，伸臂滑行慢慢呼气，在水中把气呼完，或在划水将近结束后才开始抬头呼气，如图 16-2-23 所示。

图 16-2-23　蛙泳的呼气练习

⑤ 呼吸与完整动作配合练习：蛙泳在一个动作周期里一般采用 1 次呼吸、1 次划臂、1 次蹬腿的配合方式。呼吸与腿、臂的配合，体现在划水时两腿微收，抬头吸气，收手时继续收腿，开始闭气，推肘伸臂时两腿蹬夹，滑行吐气。此练习可先臂、腿配合 2~3 次，呼吸 1 次，逐渐过渡到臂、腿配合 1 次，呼吸 1 次的完整配合练习。

（二）自由泳

自由泳时人体在水中成俯卧姿势，两腿上下交替打水，两臂轮流划水，动作很像在爬行，因此又被人们称作“爬泳”。自由泳动作合理，阻力小，是当前速度最快、最省力的一种游泳方式。

1. 自由泳的动作技术结构

（1）身体姿势：自由泳时身体俯卧在水面成流线型，髋部略低于肩部，背部和臀部的肌肉保持适当的紧张，眼睛看前下方，身体纵轴与水面成锐角。在游进中保持头部平稳，躯干围绕身体纵轴有节奏地自然转动，转动角度在 40° 左右，如图 16-2-24 所示。

（2）臂部动作：自由泳的臂部动作是推动身体前进的主要动力，一个周期内分为入水、抱水、划水、出水和空中移臂五个阶段。

① 入水：手的入水点一般在身体纵轴和肩关节的前方延长线上。入水时手指自然伸直并拢，臂内旋，掌心斜向外下方，手指先入水。

② 抱水：手臂入水后积极向下方插入，手掌转向斜内后方，并开始屈腕、屈肘，肘高于手，两只手臂像抱着一个大圆球似的为划水做好准备，如图 16-2-25 ①—⑥所示。

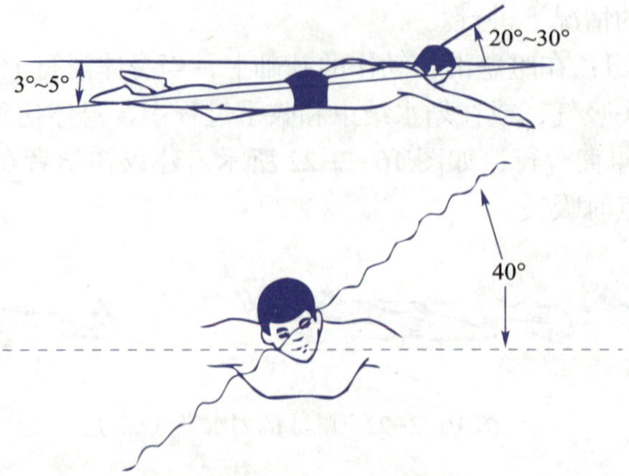

图 16-2-24　自由泳的身体姿势

③ 划水：划水分为拉水和推水两个部分，抱水后进入拉水阶段，即手掌和前臂向后拉水（划）。当拉水的手至肩的垂直平面时，进入推水阶段，这时肘关节的屈度基本最大，保持大臂的内旋姿势带动小臂，用力向后推水，如图 16-2-25 ⑦—⑬ 所示。

④ 出水和空中移臂：推水结束后，肘外旋，掌心转向大腿，出水时小指向上。借助动作惯性，由上臂带动肘部向外上方提拉，出水后动作不停顿，立即摆臂前移，肘高于手，由肘带动前臂和手向前上方移动准备入水，如图 16-2-25⑭—⑱ 所示。

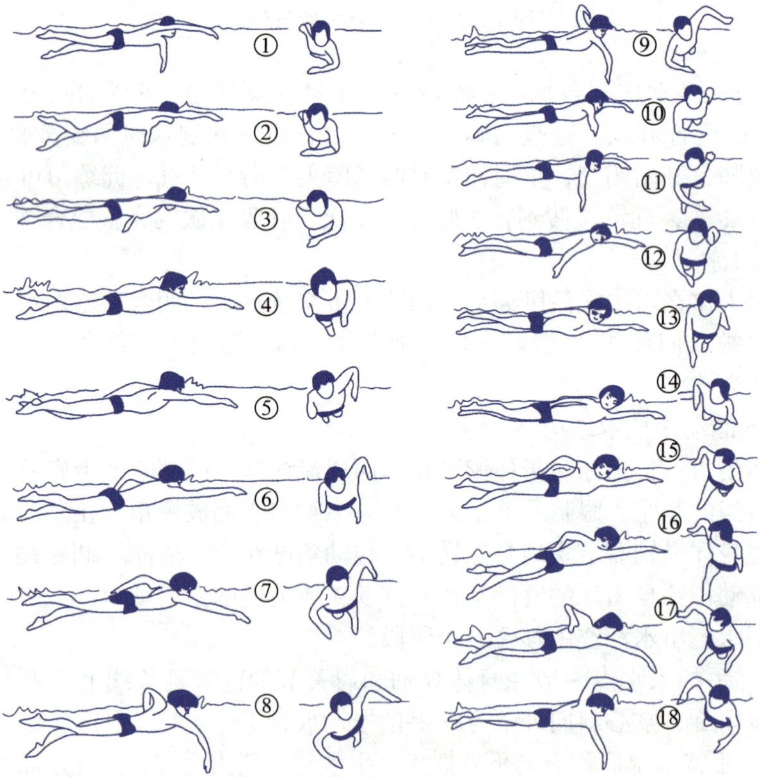

图 16-2-25　自由泳的臂部动作

⑤ 两臂配合：自由泳两臂划水时的配合，因发生的交叉位置的不同分为前交叉、中交叉和后交叉。前交叉适合初学者掌握，一般指一臂开始入水时，另一臂已前摆至肩前方。

（3）腿部动作：自由泳的腿部动作主要起平衡身体的作用，保持身体的稳定和协调，并配合划水产生一定的推进力。自由泳腿打水分为向下打水和向上打水两部分。打水时两脚稍内扣，踝关节放松，以髋关节为支点发力，传至大腿带动小腿和脚，两腿交替做鞭状打水，动作有力而富有弹性，如图 16-2-26 所示。

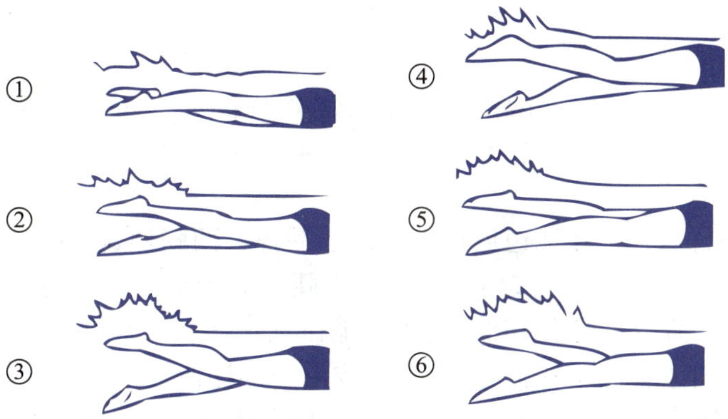

图 16-2-26　自由泳的腿部动作

（4）呼吸与臂的配合动作：自由泳时，一般是在两臂各划水一次的过程中进行一次呼吸。以向右侧转头呼吸为例，当左手入水后开始吐气，右手划水向后推水时，身体向右上方侧转，头随身体右转，右臂抬肘出水要及时吸气。随着右臂向前移动，身体和头向左转动，顺势还原，准备下一次呼吸。

2. 自由泳的练习方法

（1）臂部动作。

① 陆地手臂动作模仿练习：站立后身体前倾，以右臂为例，右臂向前伸直开始，手心向下，手指略分开并稍向外侧，向下向后按“S”形的方向由外经腹下、人体中线后向体侧后推伸直，提肘，由大臂带动小臂经空中向前伸展。先单臂后双臂配合练习，如图 16-2-27 所示。

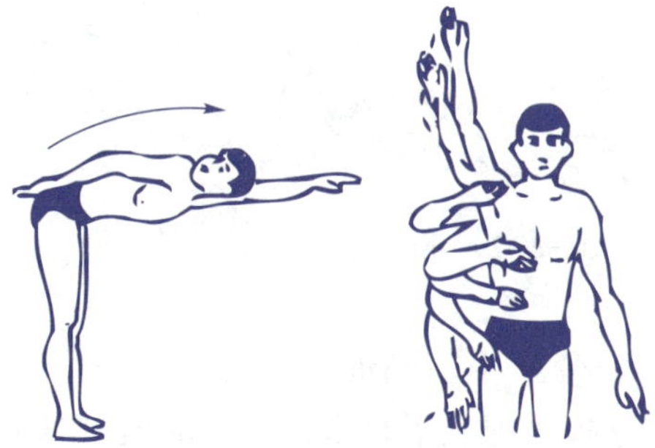
图 16-2-27　自由泳的陆地手臂动作模仿练习

② 水中划水练习：站立水中，上体前倾，肩浸入水中，手臂前伸，先单臂练习完整划水动作，再双臂配合练习划水动作，依次交替。行进中划水练习，划水手心要对水作用。可以结合呼吸进行练习，如图 16-2-28 ①所示。

③ 双人水中协助练习：同伴扶住练习者的双腿，练习者俯卧于水面练习手臂划水动作，在此基础上可结合呼吸练习。

④ 蹬壁滑行划水练习：蹬壁滑行后闭气，与两臂配合练习划水动作。

⑤ 浮板两腿夹板划水练习：利用水中辅助训练器材浮板练习两腿夹板划水，如图16-2-28 ②所示。在此基础上，可结合呼吸练习。

图 16-2-28 自由泳的臂部练习

（2）腿部动作。

① 陆上坐姿打水：坐在池边或地上，两手后撑，两腿伸直，膝盖、踝关节、脚背均需伸直，腿内转，脚跟分开成内八字，以大腿发力带动小腿模仿打水动作，上下运动，如图 16-2-29 所示。或采用卧姿打水，俯卧在长凳上，做两腿上下交替打水练习。

② 水中俯卧打水：两手扶池边（槽），或由同伴托住腹部，身体俯卧成水平姿势，两腿伸直做打水腿动作练习，要求上、下交替打水练习，如图 16-2-30 ①所示。也可在浅水区两手支撑池底，身体俯卧成水平姿势，练习打水动作。

③ 蹬壁滑行打水练习：注意练习时要闭气，两臂伸直，头夹于两臂之间，如图 16-2-30 ②所示。

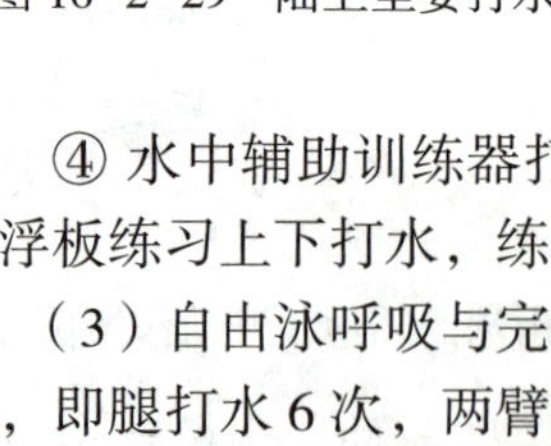

图 16-2-29 陆上坐姿打水

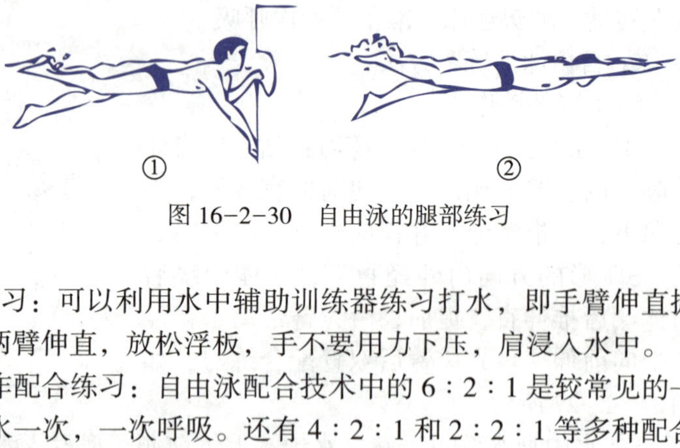

图 16-2-30 自由泳的腿部练习

④ 水中辅助训练器打水练习：可以利用水中辅助训练器练习打水，即手臂伸直握住浮板练习上下打水，练习时两臂伸直，放松浮板，手不要用力下压，肩浸入水中。

（3）自由泳呼吸与完整动作配合练习：自由泳配合技术中的 6：2：1 是较常见的一种，即腿打水 6 次，两臂各划水一次，一次呼吸。还有 4：2：1 和 2：2：1 等多种配合呼吸的技术。对初学者而言，学习 6：2：1 的配合方式比较合适。

① 陆地俯卧臂、腿配合练习：陆地俯卧长条凳上，做臂、腿配合动作练习，在此基础上配合呼吸练习。

② 水中划臂、呼吸配合练习站立水中上体前倾，肩浸入水做划臂和呼吸配合练习，或边划水边前移边配合呼吸练习，如图 16-2-31 ①所示。在此基础上，借助用力划水向前移动，接着蹬离池底，两腿打水形成完整配合动作。

③ 双腿打水漂浮练习：边蹬边滑行双腿打水漂浮，做两臂划水与呼吸配合练习，如图 16-2-31 ②所示。

①　　②

图 16-2-31　自由泳呼吸与完整动作配合练习

（三）蝶泳

蝶泳是游泳比赛项目之一，由蛙泳发展而来，也是四种竞技游泳姿势中最后出现的。开始时的蝶泳实际上是手臂做蝶式划水，而腿仍是蹬蛙泳腿的蝶式蛙泳。因其手臂动作外形像蝴蝶飞舞，故称作蝶泳。随着游泳技术的不断进步，蝶泳技术得到了迅速发展。蝶泳是技术最复杂、最难掌握的一种游泳方式。

（四）仰泳

仰泳是游泳比赛项目之一，是人体仰卧在水中游进的游泳方式。仰泳历史悠久，最早的仰泳是在游泳中用来仰卧休息的，后来发展为两臂同时向后划水，两腿做蛙式蹬夹水，被称作为"蛙式仰泳"或"反蛙泳"。仰泳的配合动作与自由泳相同，仰泳时人体仰卧水面，利用腿、臂轮流交替划水和打水推动身体前进。仰泳的动作和呼吸配合比较容易掌握，是比较受欢迎的一种游泳姿势。

三、游泳运动的基本规则

游泳规则是运动员在游泳比赛中遵守的基本准则，不仅规定运动员和裁判员按照公正的竞赛规则进行比赛，其演变还反映着竞技游泳技术、训练方法的发展方向。

（一）出发规则

自由泳、蛙泳、蝶泳的各项比赛都必须从出发台上出发，运动员在收到"出发"信号后必须用跳水形式出发。仰泳在水中出发，两手抓住握手器，两脚（包括脚趾）应处于水面下，禁止蹬在水槽内、水槽上或用脚趾钩住水槽边。运动员在出发信号发出前出发，即算犯规。

（二）比赛中的规则

运动员必须在自己的泳道内完成比赛，否则算犯规。比赛中运动员转身时必须使身体某一部分触及池壁。转身必须从池壁完成，除自由泳可在池底站立外，其他泳式（包括自由泳）均不得跨越或行走，否则算犯规。比赛中，运动员不得使用或穿戴任何有利于其速度、浮力的器具（如手、脚蹼等，但可戴护目镜），否则算犯规。每一个接力队应有四名队员，每名队员在一次接力比赛中只能参加一棒比赛。接力比赛中任何一名队员犯规，如本队的前一名运动员尚未触及池壁，而后一名运动员即离台出发，应算犯规。

1. 自由泳

自由泳比赛中可采用任何泳式，当转身或到达终点时，自由泳参赛者可以用身体的任何部分触及池边。

2. 仰泳

仰泳比赛的出发和转身后，运动员应蹬离池壁，并在整个游进过程中呈仰卧姿势。除做转身动作外，运动员必须始终仰卧。仰卧姿势允许身体做转动动作，但必须保持与水平面小于 90° 的仰卧姿势，头部位置不受此限。在整个游进过程中，运动员身体的某部分必须露出水面。转身触池后，手可以做出任何转身动作，但在脚离开池边前，身体要恢复仰泳的正确位置。

3. 蛙泳

从第一次手臂动作开始，运动员出发和每次转身后，身体必须保持俯卧姿势，双肩应与水面水平。两手应同时在水面、水下或水上由胸前伸出，并在水面或水下向后划水。除出发和转身后的第一次划水动作外，向后划水不得超过臂线，不允许有其他泳姿的腿部打水动作。在每次转身和到达终点时，两手应在水面、水上或水下同时触壁，触壁前两肩应与水面平行。

4. 蝶泳

除做转身动作时，运动员的身体必须始终成俯卧。比赛时，运动员两臂必须在水面上同时向前摆动，并同时在水下向下划水，两脚的动作必须同时进行，允许两腿和两脚在垂直面上同时做上下打水动作。两腿或两脚可不在同一水平面上，但不允许有交替动作。在出发和每次转身后，允许运动员在水下做一次或多次腿部打水动作，但两手只可一次划水动作。在每次转身和到达终点时，两手应在水面、水上或水下同时触壁，触壁前两肩应与水面平行。

5. 混合泳

混合泳包括个人混合泳和混合泳接力。个人混合泳按照蝶泳、仰泳、蛙泳、自由泳（仰泳、蛙泳及蝶泳以外的任何泳式）的顺序进行比赛。每种泳姿各游 1/4 距离。混合泳接力按照仰泳、蛙泳、蝶泳、自由泳（仰泳、蛙泳及蝶泳以外的任何泳式）的顺序进行比赛，四名运动员也必须分别使用不同的泳姿。在个人混合泳和混合泳接力项目的仰泳转蛙泳过程中，运动员转肩动作超过垂直面之前必须呈仰泳姿势触及池壁。

第三节 游泳安全与救护

游泳是深受人们喜爱的一项体育活动，也是与水打交道的运动，因此，安全是游泳需要强调的首要原则。游泳时要确立安全第一的思想，不能麻痹大意，要在保证安全的前提下游泳；要自觉遵守游泳安全和卫生守则，防止发生意外事故和传染疾病。

一、游泳的安全卫生常识

游泳的安全卫生常识是该运动参与者所必须掌握的，内容有很多，但基本常识如下。

（1）游泳时不应该嬉水或相互捉弄。如果有人提前上岸，要告诉同伴，一起去游泳应该一起回家。要注意休息，不要长距离游泳，不要远离伙伴。如果感到身体不适，要告诉同伴并上岸休息，在岸上观看同伴游泳，留心他们的安全。

（2）未成年人特别是儿童，必须在家长（监护人）的带领下游泳。中小学生不游潜泳，更不能相互攀比谁潜水的时间更长，谁潜水的距离更远。

（3）选择安全卫生的游泳场所，不要到江河、水塘、水库等不熟悉的水域进行游泳。

（4）中耳炎、严重心脏病、皮肤病、癫痫、精神病、红眼病及其他相关传染病患者不能游泳，女生月经期间不宜游泳。

（5）被污染的（水质不好）河流、水库和有急流、两条河流的交汇处，以及有落差的河流湖泊，均不宜游泳。恶劣天气如雷雨、刮风或天气突变等情况下，也不宜在室外游泳。

（6）酒后、饱食后和饥饿、过度疲劳时不宜游泳。在进行剧烈运动或强体力劳动后，不能立即跳进水中游泳，应稍做休息，待体力恢复正常后再游泳。

（7）在游泳之前一定要充分做好准备活动。慢跑，通过做徒手操充分活动身体各关节、韧带及拉伸身体肌肉，为游泳做好充分活动准备。

（8）忌长时间暴晒游泳。长时间暴晒会产生晒斑，或引起急性皮炎，亦称日光灼伤。上岸后最好用伞遮阳，或到有树荫的地方休息，或用浴巾裹在身上保护皮肤，或在身体裸露处涂防晒霜。

（9）游泳后，要用干净水把全身再冲洗一遍，以免传染疾病。游泳过后可以通过补充运动饮料、放松训练、催眠暗示、心理调节、按摩、水中漫游等手段恢复体力。

（10）游泳时着装文明，讲究卫生，以免污染水质，损害自身和他人的健康。

二、“游泳病”的预防及处理

“游泳病”是指在游泳时，由于水环境、公共设施或游泳者自身的原因引发的人体疾病。游泳病主要有眼耳鼻疾病、皮肤疾病、妇科疾病。

（一）“游泳病”的产生原因

（1）水环境：在被污染的水中游泳，是导致各类游泳病的主要原因。游泳池水或自然水域的卫生状况不佳必将对游泳群体的健康构成威胁。

（2）人体污染：人体污染指在游泳池活动时人体自身的分泌物、排泄物等给水体造成的污染，包括患有某种传染性疾病或带菌（毒）者进入泳池后，将致病因素带入游泳池内造成的污染。

（3）公共设施污染：公共游泳池的更衣室通常都比较简单，拖鞋、凳子、马桶、储物柜都是公用的，公用扶梯、公用水龙头以及池边的躺椅等更容易被人们忽视。因此，病菌往往是在更衣室、淋浴室、卫生间、休息间，以及扶手、躺椅、健身器材等设备上。

（4）游泳者的不良行为习惯。如不顾身体患病的状况、游泳时间过长和自身不讲究卫生等。

（二）“游泳病”的预防及处理

（1）不要到水源受到污染的水中游泳，如在海边、江河或者小溪里游泳，要做好防晒工作。

（2）游泳时做好个人卫生防护，不要将贴身衣物直接放在公用的衣柜；不要使用公用的拖鞋、浴巾、毛巾、脸盆等。游泳时戴上泳帽、泳镜、耳塞等，勿用手揉眼或用不清洁毛巾擦眼睛。

（3）患有各种传染病或其他一些不适宜游泳的疾病时，如慢性中耳炎等，不应参加游泳。

（4）女性不宜经前、经期游泳，这个时期机体免疫力差，很容易感染，因此要尽量避开。

（5）游完后及时沐浴，洗掉身上残留的细菌，以免传染。如果有条件还可用一些含碘的洗液稀释后擦拭皮肤，然后冲洗掉。

（6）游泳时耳朵进水，不要用火柴杆或其他锐利的东西掏耳朵，以免因刺伤外耳道或鼓膜而引起感染。游泳后将外耳道内残留的水用干净棉条拭干，以免细菌生长繁殖。

（7）呛水后，不要同时捏住两侧鼻孔用力擤鼻，以防止病菌进入中耳；水呛入鼻腔，进入耳内，可引发中耳炎。一旦鼻腔进水，正确的擤鼻排水法是手指紧压一侧鼻孔，另一侧鼻孔缓缓擤出水液，左右反复几次。不要用力过猛，以免引发中耳炎及鼻窦炎。

三、游泳的救护常识

加强游泳救生、救护工作，贯彻“以防为生，以救为辅，防救结合，有备无患”的精神，重视安全教育，严防游泳事故发生。游泳安全意识的培养对保障游泳者的生命安全具有重大意义。

1. 皮肤过敏

在游泳中，出现皮肤过敏、头昏、眼花等现象，应及时上岸，洗净并擦干身体，穿好衣服，注意保暖。若情况严重，应请医生诊治。

2. 呛水

呛水有两种，鼻呛水和口呛水。要从根本上避免呛水，就应多练习水中呼吸，掌握呼吸的要领。一定要用口吸气，用口、鼻呼气。呛水时不要紧张，可先憋住气，把口中的水吐出或咽下，然后再调整呼吸。一般来说，坚持一会儿，呛水引起的不适就会逐渐消失。

3. 耳朵进水的处理

游泳时耳朵进水是正常现象。但如果水滞留耳中，不仅会带来不适，影响听力，还容易引起中耳炎。因此，游泳时应及时将耳内的水排出。

（1）跳空法。上体和头偏向耳内有水一侧，使进水的耳朵朝下，同时用手往下拉耳郭，口微张开，用同侧腿在原地连跳数次，水就会被震出来。

（2）甩头法。先把头偏向进水耳的异侧，然后迅速甩向进水耳一侧。重复几次，即可将耳内积水甩出。

（3）压吸法。将头偏向进水耳一侧，用同侧手掌紧压在耳郭上，不留空隙，屏住呼吸，然后迅速拉开手掌。重复几次，水就会被吸引出来。

（4）引流法。上述方法无效时，可用此法。将头和上体侧向无水耳一侧，使有水耳的耳口向上，再撩水灌进耳内；稍停，再用跳空法或压吸法清除。

自测题 16

第十七章　冰雪运动

本章导学

冰雪运动包含冰上项目和雪上项目。冰上项目是指借助专用冰刀或其他器材在天然或人工冰场上进行的体育运动，包括速度滑冰、短道速滑、花样滑冰、冰球、冰壶等项目，正式比赛在人工冰场上进行。雪上项目有高山滑雪、越野滑雪、跳台滑雪、北欧两项滑雪、自由（花样）滑雪、冬季两项等。

学习目标

知识目标：了解冰雪运动的起源与锻炼价值。

能力目标：掌握冰雪运动主要项目的基本技术、运动方法，提高身体素质。

素质目标：培养健身兴趣和顽强拼搏、团结协作的精神。

思政课堂

精彩、非凡、卓越的北京冬奥会

在 2022 年北京冬奥会的短道速滑比赛上，中国队夺得本届冬奥会首金，当五星红旗升起，国歌奏响，运动员胸前的金牌熠熠生辉，运动员百折不挠、敢于拼搏的感人瞬间在我们的脑海里出现。他们为国争光的壮志、不断超越自我、追逐梦想的信念成为运动健儿人生的永恒旋律。在此后的比赛中，中国体育代表团获得 9 枚金牌，创造了我国参加冬奥会的历史，使全国人民为之振奋，为祖国的日益强盛感到无比自豪。高科技的“冰丝带”、气势恢宏的“雪游龙”，一个个标志性的冬奥场馆无不展现我国的科技实力与工匠精神。北京冬奥会的成功举办，更是让冰雪运动成为大众体育活动的重要项目。“三亿人上冰雪”已经成为现实，越来越多的人走上冰场、走进雪场，去亲近大自然，亲近冰雪。那么，现在我们就来学习冰雪运动，掌握冰雪运动技能，体验冰雪带给我们的快乐！

第一节　滑冰运动

一、滑冰运动的起源

中国的滑冰运动历史悠久，早在宋代就出现了由滑雪发展而来的“冰嬉”。元代以后，“冰嬉”更为盛行，而且规模更大。明代出现了关于“冰床、冰擦”的记载。清代乾隆年间，更设“技勇冰鞋营”，并有一套管理制度和训练方法，管理机构叫“冰处”。

19 世纪末，欧洲的滑冰运动传入中国，速滑运动逐渐成为北方人民群众爱好的冬季运动项目。近年来中国在速度滑冰、短道速滑项目上取得了辉煌的战绩，产生了一批在重要国际比赛中夺取冠军的优秀运动员，例如速度滑冰项目上的叶乔波、王北星、张虹、高亭宇等。中国队在短道速滑项目上更是世界体坛的一支劲旅，涌现出如杨扬、王濛、武大靖、李坚柔、任子威等一批世界冠军。

二、滑冰运动的分类

通常，滑冰运动是指速度滑冰、短道速滑和花样滑冰。

（一）速度滑冰

速度滑冰是一项比赛滑行速度的冰上体育运动，从事速滑运动有助于增进身心健康，促进人体新陈代谢，提高心肺功能，增强防寒能力，培养坚定顽强的意志品质。速滑项目按照国际滑冰联盟规则，分短距离、中距离、长距离和全能 4 种，每种均分男女组。

（二）短道速滑

短道速滑起源于 19 世纪 80 年代的加拿大，是在室内冰球场上开展的项目。短道速滑比赛以到达终点的先后顺序论胜负。比赛场地周长 111.12 米，直道长 28.85 米，弯道最小半径 8 米，四周防护垫用防水材料制成，可移动，在运动员发生碰撞时能起到缓冲作用。1992 年短道速滑被列为冬奥会正式比赛项目。目前，冬奥会短道速滑项目男子、女子均设 500 米，1 000 米，1 500 米；接力比赛为女子 3 000 米，男子 5 000 米，还有混合团体接力 2 000 米。

（三）花样滑冰

花样滑冰是一个技巧与艺术性相结合的冰上运动项目。运动员在音乐伴奏下，在冰面上滑出各种优美的图案、表演各种技巧和舞蹈动作，裁判员根据动作评分，决定名次。国际滑冰联盟规定的比赛项目有单人花样滑冰、双人花样滑冰和冰上舞蹈 3 个项目。花样滑冰集艺术、健身于一身，适合各个年龄层的人群参与，深受广大滑冰爱好者喜爱。

三、滑冰运动的作用

滑冰是一项集速度、协调、力量、耐力、柔韧、平衡、灵活、优美、稳定于一身的运动项目，不仅能够增强人体的平衡能力、协调能力及柔韧性，使腿部肌肉更加结实而有弹性，还可以增强人的心肺功能，提高有氧运动能力。

四、滑冰运动基本练习

（一）陆地练习

陆地练习也称陆地模仿练习，是速度滑冰教学不可缺少的基本练习方法，一般在冰期到来之前进行。在教学中合理地运用此方法，不仅能够为初学速滑者完成冰上教学和练习打下良好的基础，而且能够很好地发展和提高与速度滑冰相关的专项身体素质。

1. 滑跑的基本姿势模仿练习

两脚两腿并拢，两腿屈膝深蹲，重心适中，双肩放松，上体前倾，背手，上体放松成“弓”状，与地面平行或肩稍高于臀，头微抬起，目视前方。

要求：膝关节成 90°～110° 角，踝关节成 50°～70° 角，鼻、膝、脚尖三点成一线。

2. 直道滑行模仿练习

（1）基本姿势前行练习：基本姿势站立，左腿向前迈出一步，同时重心移向左腿，随后右腿向前迈出一步，同时重心移向右腿，两腿交替前行。

（2）基本姿势单腿侧出练习：由基本姿势开始，一腿向侧出，然后收回到原位，两腿交替练习，要求重心放在支撑腿上，膝盖位于胸下。侧出脚要轻擦地面，向侧蹬出。侧出腿要伸直，收回时要以大腿带小腿，注意放松，侧出脚尖与支撑脚尖在一条直线上。

（3）基本姿势单腿侧出接后引：由深蹲姿势开始，单腿向侧蹬出后，以最短距离由侧位向后引，成单腿支撑后引姿势，然后将腿收回并拢，两腿交替练习。要求：重心放在支撑腿上，支撑腿膝盖位于胸下。侧出接后引要以大腿带动小腿来完成，动作要连贯。

（4）摆臂练习（双摆）：成滑冰基本姿势，右侧臂肘关节微屈置于体前稍内合，高度不能超过下颌。左侧臂肘关节伸直置于体后，手自然高于臀。要求：两臂前后交替摆动时，要贴近大腿，以手领先。

（5）速滑完整动作模仿练习。

（二）冰上练习

1. 原地冰上练习

（1）冰上站立。站立时两刀用平刃支撑，两脚与肩同宽，两刀呈外八字，两臂自然下垂，重心放在两脚之间冰刀中部。学生冰上站立是下一步教学的基础，只有站得稳，才能为熟悉冰性打基础，同时也能加快教学进度。

（2）冰上站立蹲起。两脚与肩同宽，两刀平行，平刃支撑两腿弯曲，采取膝前弓、背稍高于臀的半蹲姿势，重心在两腿之间。

教法：二人面对面站立，互握对方双手，一人做蹲起练习，然后独立完成半蹲练习。

（3）原地踏步。两脚平行开立，两刀平行用平刃支撑，重心投影于两腿之间，随着熟练程度的提高，逐渐提升抬腿起的高度，冰刀平起平落。

教法：二人扶持做提膝踏步练习，独立完成踏步练习。

2. 重心移动练习

（1）原地站立与踏步。两脚平行站立与肩同宽，两腿微屈，上体稍前倾，两臂自然下垂。重心移至左腿，右腿稍抬起、放下。然后重心移至右腿，左腿稍抬起、放下。反复练习，逐渐加快速度。

（2）单脚支撑平衡。在掌握原地踏步基础上，保持原来姿势，手扶栏杆或同伴，将重心移至一条腿上，另一腿向侧伸出再收回成开始姿势，换脚重复以上动作。

（3）模仿滑行姿势的蹲起练习。速度滑冰的滑跑姿势直接关系到滑行速度的快慢。正确的滑跑姿势，上体前倾接近水平，肩背稍高于臂部，腿部弯曲，上体与地面成15°～20°角，大腿和小腿成90°～110°角，踝关节成50°～70°角，两手互握放于背后或在体侧自然摆动，头部自然抬起，眼看前方5～10米处。

（4）“八”字行走练习。两脚成外“八”字站立，保持站立的姿势，重心移至左脚上，右脚向前迈一小步，重心随之移至右脚上，然后抬左脚向前迈一步，重心随之移至左脚上，然后抬右脚向前迈一步，重心随之移至右脚上，重复上述练习。

（5）交叉步行走。原地站立，先将重心移至左腿上，收右腿，向左腿前外侧迈步成交叉姿势，重心随之移至右腿上，接着收左腿向左侧跨一步，成开始姿势，反复练习。

3. 单腿蹬冰双脚滑行练习

（1）要想迅速在冰上滑行，必须有初速度，初速度的获得要靠蹬冰完成。身体成冰上基本姿势，重心放在左腿上，右脚用内刃蹬冰，将体重推送到向前滑行的左腿上，右脚蹬冰后迅速与左脚并拢成平刃滑进，借助惯性使身体向前滑行。当速度下降时，接着用左脚内刃蹬冰，之后与右腿并拢成两平刃滑进。

（2）要求：蹬冰时腿要蹬直，收回时速度要快。惯性滑行时，保持冰上基本姿势，双脚平行靠拢。

4. 双脚滑行单脚支撑练习

在双滑行的基础上，可将两脚左右分开大一些。在惯性滑行时，重心放在一只脚上用平刃滑行，另一只脚在体侧帮助扶持，体会单脚支撑身体时的感觉。

5. 单脚支撑滑行练习

（1）身体成冰上基本姿势，利用双腿交替蹬冰，具有一定速度后，使身体成陆地练习中的单腿后引动作。

（2）要求：重心一定要在支撑腿上，支撑腿膝盖位于胸下，保持身体平衡。

6. 双脚交替蹬冰练习

双脚交替支撑，结合摆臂的完整动作练习。

（三）停止技术练习

1. 内八字停止法

准备停止时，上体稍前倾，两腿微屈，两膝向里并拢内扣，用两刀内刃压冰，上体后坐，两刀根逐渐分开，重心下降，移至冰刀的后半部。

2. “T”形停止法

在向前滑行的过程中，将重心放在右脚上，右膝弯曲，同时抬起左脚横放在右脚后成“T”形，然后以左脚冰刀的侧面摩擦冰面，减缓滑行速度，直到停止滑行。

3. 转体内外刃停止法

准备停止前，两脚并拢，两刀平行向右转体90°，同时上体前倾后坐，身体向右倾倒，用右刀外刃、左刃、内刃逐渐用力压切冰面，重心偏于右脚。

（四）直道滑行练习

直道滑行姿势是速滑的基本技术。合理的滑行姿势应是上体放松前倾，自然团身与冰面平行或略高于臂。速度滑冰比赛中，腿部深屈，膝关节成90°～110°角，踝关节成

50° ~70° 角，两臂放松置于背后，头微抬起，滑行姿势根据个人形态素质特点、滑行距离、冰场条件、天气情况等而有所不同。

直道滑行，关键在于要能掌握适宜的蹬冰时间。冰刀切入冰面，获得牢固支点，同时即应开始用最大力蹬冰，应在两腿交接体重的刹那间完成。为了利用体重蹬冰，倾倒时体重应牢牢压在支撑腿上，不要过早交接体重。收腿动作要利用蹬冰后的弹力立即放松后腿，积极靠拢支撑腿，不要有停顿和后引的动作。

（1）单脚蹬地双脚滑行练习。右脚用内刃蹬地，将重心推送至向前滑行的左腿上，右脚蹬地后迅速与左腿并拢成两脚滑行。接着用左脚蹬地，将重心推送至向前滑行的右腿上，左脚蹬地后迅速与右腿并拢两脚滑行。

（2）单脚蹬地单脚滑行。上体前倾，两臂自然下垂，两脚稍分开，成外“八”字站立，重心移至右腿上，用右脚内刃蹬地，左脚用力向前滑出，随着蹬地动作结束，把重心推送至左腿上，左腿成半蹲支撑惯性滑行，接着向前收右腿，同时左脚蹬地，随左腿蹬地动作结束，把重心推送至成半蹲支撑惯性滑行的右腿上。反复进行。

（3）初步体会直道滑行方法。上体前倾，肩背稍高于臀部，两手互握放于背后或自然摆动，腿部弯曲，上体与地面成 15° ~20° 角，膝关节成 90° ~110° 角，踝关节成 50° ~70° 角。保持这种姿势进行单脚蹬地、单脚支撑惯性滑行练习。

（4）直道滑行的摆臂动作。有力的摆臂是顺着身体纵轴前后加速摆动，当两臂向上摆动时，增加蹬地腿的蹬地力量。同时，两臂摆动越快，身体重心的移动也越快。所以要提高滑动的频率，就必须减小摆臂的幅度，加快摆臂的频率。

（五）弯道滑行

弯道滑行基本姿势与直道滑行大致相同，但受向心力作用，弯道与直道动作又有很大区别。弯道滑行时，身体始终向左倾倒，用左脚外刃、右脚内刃蹬冰。弯道滑行中的惯性滑行阶段很短，右脚尤为短暂，在短距离滑行中几乎不存在惯性滑行阶段。

弯道滑行主要动作要求：进弯道时右脚最后 1 步要进入直道和弯道交接处，深入程度视天气、冰质、风向、项目等情况而定。

左腿紧贴右脚下刀，指向切线方向，着冰时脚尖开始逐渐顺送，用外刃紧紧咬住冰面，左肩与新的切线方向一致，不要扭腰摆臀。收腿动作在蹬冰后即放松，积极向支撑腿方向提拉，膝关节领先，以利形成前弓角度。在浮腿收回过程中，身体向弯道内侧倾倒，两腿成边收边蹬形式。在蹬冰方向上，两脚要有“侧送蹬”感觉，上体纵轴与浮脚着冰方向一致。

（1）左脚支撑、右脚连续蹬地的滑行。从站立姿势开始，右脚用外刃蹬地后迅速与左脚并拢，接着右脚再做一次蹬地动作，左脚继续做前外曲线滑行。

（2）在圆弧上做不连贯的交叉步滑行。在圆弧上用直线滑行步法，中间插入弯道交叉步。当左脚有稳定的平衡时，右脚向左脚左侧前方迈一小步，右脚有短暂的滑行之后，左脚迅速从右腿后方收回，同时右脚蹬冰左脚直线滑进。重复上述动作。

（六）起跑技术

起跑技术主要是“丁”字式起跑法。

“丁”字式起跑技术要领：双刃着冰，后脚冰刀侧展着冰，成倒“丁”字，两刀距离略比肩宽，面向前方。蹲屈姿势略高于其他起跑姿势，重心在两脚之间或稍前。起动时，大腿高抬，上体前倾，冰刀着冰时要紧紧切住冰面，最初几步不要滑动。

（七）摆臂动作

摆臂动作主要用于中短距离滑行，可起到协调四肢、加大蹬冰力量的作用。在长距离滑行中采用单臂摆动的人较多，摆臂用力程度较小，摆动方向要与滑行方向一致。短中距离无论采用双摆臂还是单摆臂，都要用力，特别要注意向侧前摆动的速度和力量。

五、滑冰运动注意事项

（一）自然场地

（1）要选择安全的场地。在自然结冰的湖泊、江河、水塘滑冰，应选择冰冻结实，没有冰窟窿和裂缝的冰面，要尽量选择距离岸边较近的地方。初冬和初春时节，冰面尚未冻实或已经开始融化，千万不要去滑冰，以免冰面断裂而发生事故。

（2）初学滑冰者，不可性急莽撞。学习应循序渐进，特别要注意保持身体平衡，避免向后摔倒而摔坏腰椎和后脑。当滑冰的人数较多时，要注意力集中，按照逆时针方向滑行，避免相撞。

（3）结冰的季节，天气十分寒冷，滑冰时要戴好帽子、手套，注意保暖，防止感冒和身体暴露的部位发生冻伤及冰刀割伤。

（二）人工场所

（1）身上不要有“硬器”，如钥匙、小刀、手机等，以免摔倒时弄伤自己。

（2）穿冰鞋时，前两三个扣眼的鞋带可稍松，后面的鞋带要系紧，以脚腕在鞋里不晃动为佳。

（3）站立时两脚分开约与肩同宽，两脚尖稍向外转形成小“八”字，两腿稍弯曲，上体稍前倾，目视前方。身体重心要通过两脚平稳地压到刀刃上，踝关节不应向内或外倾。

（4）滑行时要俯身、弯腿，重心向前，这样就算滑倒，也会往前摔，不会摔尾骨。初学者常见的毛病就是滑行中直立身体，导致重心不稳摔到尾骨，如果出现这种情况，应侧身用手撑地，减少冲击，避免头部撞到冰面或者过低。

（5）滑行中尽量避免互相牵手，以免一起摔倒，造成伤害。

（6）必须有一副线或皮质手套，以免摔倒后被后面人的冰刀划伤手。

（7）摔倒后要立刻跪在冰面上，并慢慢起来，如果不能及时爬起则要有同伴的保护，无人陪同时要自己监视周围人的动向，防止他人撞击造成意外伤害。

第二节　滑雪运动

雪上项目的范畴很广，包括越野滑雪、高山滑雪、冬季两项滑雪、跳台滑雪、北欧两项滑雪、自由式滑雪、雪车、雪橇、大众滑雪、单板滑雪，等等。滑雪运动是雪上运动的主项，所以不少人把雪上运动习惯性地称为滑雪运动。

滑雪运动是人们成站立姿势，脚踏滑雪板（双脚或单脚）、手持或不持滑雪杖在雪面上滑行的运动形式。

一、滑雪运动的分类

现代滑雪运动从功能角度划分为实用滑雪、竞技滑雪、大众休闲旅游滑雪、特殊滑雪四大类。竞技滑雪和大众休闲旅游滑雪是当代滑雪运动的主流。

竞技滑雪包括高山滑雪、北欧滑雪（越野滑雪、跳台滑雪、北欧两项）、自由式滑雪、冬季两项滑雪、单板滑雪。

高山滑雪起源于北欧的阿尔卑斯地区，故又称阿尔卑斯滑雪，是冬季奥运会的比赛项目。高山滑雪是在越野滑雪基础上逐步形成的。根据国际滑雪联合会的规定，冬季奥运会比赛中，高山滑雪有男子快速降下、回转和大回转，女子快速降下、回转和大回转六个单项。

北欧滑雪，是越野滑雪、跳台滑雪和北欧两项的总称。越野滑雪是借助滑雪用具，运用登山、滑降、转弯、滑行等基本技术，滑行于山丘雪原的运动，它是世界运动史上最古老的运动项目之一，1924 年被首次列为冬季奥运会比赛项目。跳台滑雪称“跳雪”，就是运动员脚着特制的滑雪板，沿着跳台的倾斜助滑道下滑，借助速度和弹跳力，使身体跃入空中，整个身体在空中飞行 4~5 秒后，落在山坡上。北欧两项由越野滑雪和跳台滑雪组成，在挪威、瑞典流传很长时间，是北欧地区国家的传统项目。

二、滑雪运动的作用

（一）增强心肺功能

滑雪属于有氧运动，运动量大，能增大肺活量。在滑雪场的冷空气中运动，也是对身体氧气运输系统的考验，这在无形中也锻炼了心血管缩张的能力。

（二）改善情绪

改变情绪低落最基本的方法就是运动，尤其是室外活动，特别是快速下滑的时候，心里仿佛卸下了很多包袱，这种轻松感是无法用语言形容的。

（三）锻炼身体的协调能力和柔韧性

滑雪是一种对身体平衡性要求极高的运动，滑雪在带来速度享受同时，也锻炼了协调能力、平衡能力和柔韧性，提高了人的心理素质和应变能力。

三、滑雪运动的基本要领

（一）步行

穿上滑雪器最初的动作就是步行。其动作与一般的走路并没有太大区别，开始时也许不习惯，可先穿上一只滑雪器来回走两趟，而后再两只一起穿上，一步一步地适应。

（二）摔倒

摔倒以侧身着地最为安全，即向左后或右后方坐下，同时举起双手雪杖并用力地将两脚伸直，以防意外伤害。

（三）方向变换

以滑雪器的前端或尾端为圆心，将要转变方向的滑雪器，向转换方向分开呈“V”字形，再将外侧雪器靠拢过来。此处的方向变换仅适合在平坦的雪面上进行，若是在斜坡上则不适用。

（四）登行

最简单的方法就是坐缆车上山。若滑雪场没有好的缆车，此时最方便的做法就是把滑雪器脱掉，扛着滑雪器往山上走。

（五）平地滑行

两脚平行站立，利用手腕力量将两雪杖向后推动，使身体和两滑雪器同时向前滑行前进。身体重心不可置于身后，否则会有身体后倾的情况发生，会导致后坐跌倒。

四、双板滑雪基本动作

（一）直行滑雪

两板与肩同宽，上体与膝盖微往前倾，双手握住雪杖自然下垂，目视前方，两腿均衡用力，保持平行下滑。

（二）犁式制动

在平行下滑的基础上，以脚掌为轴，双脚跟慢慢地将雪板尾部向外推开，成内八字即犁式制动。将两雪板保持一个小的犁式角度下行即为犁式滑降，又称犁式直滑。膝盖向里扣，板尖间的距离保持 0.1 米宽。

（三）犁式转弯

保持雪板成犁式，左转弯则在右腿和右足踝处轻施压力，重心放在右脚，左板轻浮在雪面上，向左滑出一道弧线；右转则动作相反。

（四）半犁式摆动

接前向左转时，右雪板保持原姿势，抬起并转动左雪板至右雪板边，使双板平行，紧接着左雪板向外推开回到犁式；向右转时动作则相反。

（五）大回转

两板边间隔 0.1 米宽平行下滑，拧动使雪板与滑道下滑线成 15°～30° 角，以外侧脚雪板内刃滑行。

（六）小回转

动作同上，通过略向前拧动臀部，以使角度达 45°～60°，转动频率加快，并保持控制。

五、滑雪运动注意事项

（1）要及时关注当地的天气变化，以防天气突变。

（2）初到雪场时应先了解滑雪场的大概情况，要仔细了解雪道的高度、坡度、长度及周边的情况，根据自己的滑雪水平来选择相应的滑道。熟悉地图、雪场设施的分布，并严格遵守滑雪场的有关安全管理的规定。注意索道开放时间，在无人看守时勿乘坐。

（3）初练滑雪应注意循序渐进，量力而行。在训练期间要按教练和雪场工作人员的安排和指挥去做，在未达到一定水准时，不可擅自到技术要求高的雪区滑雪，以免发生意外。

自测题 17

（4）在滑雪时，要注意与他人保持一定的间距，以免碰撞。人员较多时应调节好速度，不要过快过猛。

（5）滑雪是较为复杂的运动，滑雪前要做一些简单的准备活动。

第十八章　　时尚体育运动

本章导学

时尚体育运动契合时代精神，其开拓创新的价值取向，是引领高职校园时尚体育文化的风向标；其独特的个性能够吸引广大青年学生的广泛关注和积极参与，在促进学生身心健康和养成良好的生活方式等方面有着重要的价值。

本章着重介绍轮滑、棒垒球、气排球、飞盘运动所需掌握的基本知识、基础技术要领等相关的内容。学生通过本章的学习和实践，初步具备参加轮滑、棒垒球、气排球、飞盘运动的能力，在身体得到锻炼的同时，能够更加积极地融入集体和社会，提升对时尚体育运动的观赏水平。

学习目标

知识目标：了解轮滑、棒垒球、气排球、飞盘运动的起源、特点、分类等基本知识。

能力目标：初步掌握轮滑、棒垒球、气排球、飞盘运动的基本技术及运动方法，提高身体素质。

素质目标：提高轮滑、棒垒球、气排球、飞盘运动的欣赏水平，培养学生健身兴趣和顽强拼搏、团结协作的精神。

思政课堂

体育强国——轮滑滑过天安门接受祖国检阅

在中华人民共和国成立七十周年纪念日的阅兵式和群众游行中，轮滑成为体育强国方阵的组成部分，接受祖国和全国人民的检阅。来自北京第二外国语学院的 43 名轮滑爱好者英姿飒爽地滑过天安门，彰显出轮滑运动在全民健身事业中的重要地位，以及轮滑从业者坚持开展轮滑普及，助力体育强国建设的信心和决心。

第一节 轮滑运动

一、轮滑运动简介

（一）轮滑发展简史

轮滑运动从滑冰运动过渡而来。据有关资料记载，轮滑在18世纪由荷兰人发明，从此创造了用轮子鞋“滑冰”的历史，轮滑运动在欧洲诞生、兴起并得到了较快的发展。

20世纪初，轮滑运动广泛开展，一些国家纷纷成立了速度轮滑俱乐部。1924年4月，国际轮滑联合会成立。速度轮滑是亚运会的正式比赛项目，还是奥运会的候选项目之一。改革开放后，中国轮滑运动得到了长足的发展，特别是随着我国“轮转冰”模式的推出，轮滑项目与冰上项目结合更加紧密，轮滑运动越来越受到国人的喜爱。

知识链接 轮滑世界杯马拉松

轮滑世界杯马拉松，简称WIC，全称是World Inline Cup，属于国际轮滑联合会的官方世界轮滑马拉松巡回赛，是世界最高水平的轮滑马拉松赛事，在国际上具有很大的影响力。该项赛事每年都会举办数场，在世界范围内挑选出多个城市展开角逐。

（二）轮滑项目分类

1. 极限轮滑

极限轮滑也叫特技轮滑，深受年轻人的追捧，主要分为街式和专业场地。专业场地分道具赛和半管（“U”形池）。

2. 速度轮滑

速度轮滑是以单排、双排轮滑鞋为比赛工具的竞赛项目，分场地跑道和公路比赛两种。

3. 花样轮滑

花样轮滑分为规定图形滑、自由滑、双人滑和双人舞四个项目。

4. 自由式轮滑

最具代表性的自由式轮滑是过桩的平地花式单排轮滑。平地花式轮滑讲究过桩的足部花式技巧，同时也要有全身性的节奏感，具有非常高的观赏性。

5. 休闲轮滑

休闲轮滑以休闲健身为目的，穿着单排轮滑鞋，在各种场地、环境中无拘无束进行各种滑法。最主要的表现形式就是“刷街”，即慢慢地滑行，浏览着街景，沐浴着阳光，呼吸着新鲜空气，全身心放松。

（三）轮滑运动特点

1. 娱乐性

轮滑有很强的娱乐性和趣味性，这项运动可使人们从平时紧张、繁重的学习和工作中解脱出来，达到身心放松的目的。

2. 健身性

轮滑是一项全身性运动，它能改善心脑血管系统和呼吸系统机能，增强臂、腿、腰、腹等肌肉力量和身体各个关节的灵活性，特别是对掌握平衡能力有很大作用。

二、轮滑锻炼方法

（一）练习前的准备

轮滑练习的运动量大，在没有穿上轮滑鞋之前，应先进行慢跑、各种伸展性和柔韧性练习的准备活动，然后再做以下准备。

（1）选择好适宜的轮滑鞋，系好后的轮滑鞋松紧适合即可，然后带上必要的防护用具。

（2）穿上一只轮滑鞋后，可在地上试一试滑度如何，也可慢慢地用一只脚蹬地，而后用穿轮滑鞋的另一只脚滑行一段距离。

（3）穿另一只轮滑鞋后，初学者，尤其是第一次穿轮滑鞋的人一定要注意，此时最容易摔倒，所以先要蹲稳，然后将身体重心移到两脚之间再慢慢站起来，必要时，也可以扶栏杆或在其他人协助下站立。

（二）基本的站立法及姿势

1. 基本站立法

正确地站立是滑行的基础。一般初学者初次穿上轮滑鞋站起来，会因轮子意外地滑动而难以保持身体平衡，他们首先必须掌握基本的站立方法（图 18-1-1）。

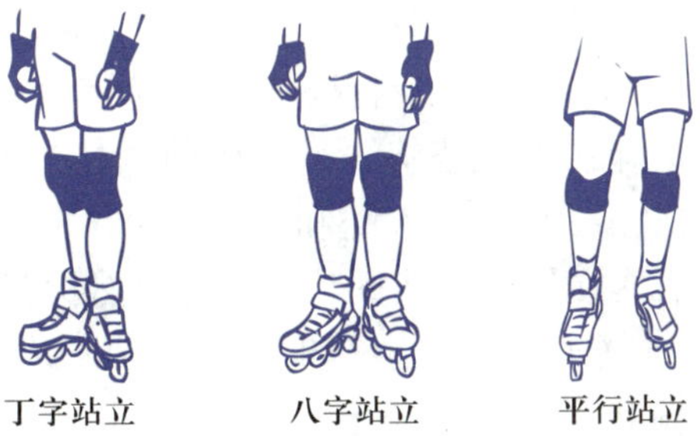

图 18-1-1　轮滑运动站立姿势

（1）丁字站立法。前脚丁字步站立，前脚卡住后脚的脚跟，两膝微屈前倾。由于前脚跟卡在后脚两轮之间，轮滑鞋不能滑动，人体站立比较稳定。

（2）八字站立法。两脚尖自然分开，形成自然开角，两脚跟自然靠近。上体稍微前倾，两膝自然下垂。重心落在两脚之间可以避免身体前后滑动。

平衡站立

（3）平行站立法。两脚分开，比肩稍窄，两脚尖稍内扣，保持两脚并行。膝部微屈，上体稍前倾。重心落在两脚之间，平稳站立。

以上三种基本的站立，是初学者必须掌握的。在练习中要注意：两大腿要稍微绷紧，控制腿的稳定性，不让任何一脚随便滑动。站立时，上体和两臂要保持相对稳定，不能在腰、腿、脚没有准备的情况下乱动。

2. 基本姿势

基本姿势同基本站立一样也是滑行的基础。掌握基本姿势有利于提高重心的稳定性，可以帮助练习者掌握正确的动作，在滑行中少摔跤，少走练习的弯路。

（1）一般初学者滑行时的站立姿势：上体稍前倾，大腿蹲屈膝关节成 140° 角左右，小腿微前弓与脚踝成 80° 角左右。全身自然放松，两脚间距 20 厘米左右，重心落于脚心和脚掌之间，两脚平均用力。

（2）速度轮滑的基本姿势：上体前倾，背部肌肉放松，背部稍高于臀部，眼看前方 5~6 米处，屈膝，两脚并行，两脚并拢或分开在 10 厘米以内，两臂自然下垂或背于腰后，手互握，重心在脚掌中部。

（三）基本动作练习方法

1. 平衡动作的练习方法

平衡是掌握轮滑的基础。由于轮滑鞋与地面接触面积小，加之滑轮与地面摩擦后滚动，因而不易掌握平衡。练习平衡动作是非常重要的，具体的做法如下。

（1）原地踏步：练习静平衡，熟悉轮滑的性能。

（2）用互助法和扶助法练习平衡：两个人相互扶住或双手扶住身边的其他物体，前后左右移动，练习平衡技术。

（3）借助外力练习平衡：可以通过对静止物体的反作用力使自己滑动，或让别人用力将自己推动，也可以抓住正在移动的人或其他物体，使自己前进或后退。

2. 移动重心的练习方法

重心移动

（1）原地站立与踏步：穿好轮滑鞋，两脚平行站立，与肩同宽，两腿微屈，上体稍前倾，两臂自然下垂。身体重心移至左腿，右腿稍抬起、放下。然后身体重心移至右腿，左腿稍抬起、放下。反复进行练习，逐渐加快速度。

（2）单脚支撑平衡：在掌握原地踏步基础上，保持原来姿势，手扶栏杆或同伴，将重心移至一条腿上，另一条腿向侧伸出再收回成开始姿势，换脚重复以上动作。

（3）模仿滑行姿势的蹲起练习：速度轮滑的滑跑姿势直接关系到滑行速度的快慢。正确的滑跑姿势，是上体前倾接近水平，肩背稍高于臂部，腿部弯曲。上体与地面成15°～20°角，大腿和小腿成90°～110°角，踝关节成50°～70°角。两手互握，放于背后或在体侧自然摆动，头部自然抬起，眼看前方5～10米处。

（4）“八”字行走练习：两脚成外“八”字站立，保持好站立的姿势，重心移至左脚上，右脚向前迈一小步，重心随之移至右脚上，然后抬左脚向前迈一步，重心随之移至左腿上，然后抬右脚向前迈一步，重心随之移至右腿上，重复上述练习。

（5）交叉步行走：原地站立，先将重心移至左腿上，收右腿，向左腿前外侧迈步成交叉姿势，重心随之移至右腿上，接着收左腿向左侧跨一步，成开始姿势，反复练习。

直道滑行

3. 直道滑行的练习方法

（1）单脚蹬地双脚滑行练习。右脚用内刃蹬地，将重心推送至向前滑行的左腿上，右脚蹬地后迅速与左腿并拢成两脚滑行。接着用左脚蹬地，将重心推送至向前滑行的右腿上，左脚蹬地后迅速与右腿并拢成两脚滑行。

（2）单脚蹬地单脚滑行练习：上体前倾，两臂自然下垂，两脚稍分开，成外“八”字站立，重心移至右腿上，用右脚内刃蹬地，左脚用力向前滑出。随着蹬地动作结束，把重心推送至左腿上，左腿成半蹲支撑惯性滑行，接着向前收右腿，同时左脚蹬地。随左腿蹬地动作结束，把重心推送至成半蹲支撑惯性滑行的右腿上。

（3）初步体会直道滑行方法：上体前倾，肩背稍高于臀部，两手互握放于背后或自然摆动，腿部弯曲，上体与地面成15°～20°角，膝关节成90°～110°角，踝关节成50°～70°角。保持这种姿势做单脚蹬地、单脚支撑惯性滑行练习。

（4）直道滑行的摆臂动作：有力的摆臂是手臂顺着身体纵轴前后加速摆动，当两臂向上摆动时，可增加蹬地腿的蹬地力量。同时，两臂摆动越快，身体重心的移动也越快。所以要提高滑动的频率，就必须减小摆臂的幅度，加快摆臂的频率。

4. 弯道滑行的练习方法

弯道滑行技术和直道滑行技术有明显的区别。弯道滑行技术特点在于练习者用交叉步滑行。由于向心力的作用，上体不仅前倾，而且还要向左倾。

弯道滑行

（1）左脚支撑、右脚连续蹬地的滑行：从站立姿势开始，右脚用外刃支撑蹬地后迅速与左脚并拢；接着右脚再做一次蹬地动作，左脚继续做前外曲线滑行。

（2）沿弧形路线做不连贯的交叉步滑行：在弧形路线上用直线滑行步法，中间插入弯道交叉步。当左脚有稳定的平衡时，右脚向左脚左侧前方迈 1 小步；右脚有短暂的滑行之后，左脚迅速从右腿后方收回，同时右脚蹬地左脚直线滑进。重复上述动作。

5. 停止滑行的练习方法

在滑行中，有时需要及时停止滑行，所以在初步掌握滑行基本动作的同时，就要学会停止滑行的方法。常用的停止法有“T”形停止法和双脚急停法。

制动方法

（1）“T”形停止法：在向前滑行中，将重心放在右脚上，右膝弯曲；同时抬起左脚横放在右脚后成“T”形。然后以左脚四轮的侧面摩擦地面，减缓滑行速度，直到停止滑行。

（2）双脚急停法：在向前滑行中，两脚并拢，两脚同时向逆时针方向（或顺时针方向）转 90°，右脚以内侧轮、左脚以外侧轮压紧地面；同时屈膝后坐，上体前倾，身体向左（右）倾倒，两臂前伸，两脚用力压紧地面，就会停止滑行。

三、轮滑安全措施

（1）练习轮滑前，应先做好准备活动，尤其是手腕和下肢各关节及韧带，要充分活动开。

（2）戴上防护用具，如轮滑专用的护腕、护肘、护膝及头盔等。

（3）练习前要检查轮滑鞋的螺丝等紧固部件，以免滑行中因轮滑鞋出问题而受伤。

（4）初次学习轮滑时，最好有滑行技术熟练的同伴或指导员辅导。

（5）初学者应在初级场地内或规定范围内练习，或尽可能在人少的地方练习，不要任意滑行。

（6）禁止在人多的公共轮滑场内做危险或妨碍他人的动作。最好在人少车少的地方练习。

（7）学习轮滑时摔跤是不可避免的，但要学会在摔跤时做自我保护。

（8）患有严重疾病的人（如有心脏病、高血压等）不宜参加激烈的轮滑活动，最多可以慢速滑锻炼一下。此外，饮酒后和过度疲劳的人也不宜参加轮滑活动。

知识链接　轮滑鞋的保养

（1）切勿穿轮滑鞋在草地、泥地上经过，因为这样做会让碎石磨损轮滑鞋的轮子，而且沙子会跑到轴承中，需要经常清洗轴承。

（2）下雨天尽量不要玩轮滑，因为水会让轴承生锈。

（3）轴承生锈了须买一小瓶润滑油（汽油、机油也可），200 毫升就够。将轴承放进去泡上三四天，就可将锈去掉。

第二节 棒垒球运动

一、棒垒球运动概述

棒垒球是一项集竞技性、观赏性和娱乐性为一体的高品位、高层次的运动项目。垒球由棒球发展而来，规则也相似，技术难度、运动剧烈程度低于棒球。棒球和垒球此前是两项独立的体育运动，分属国际棒联和国际垒联两个独立的体育组织管理。2013 年 4 月两个组织在日本东京正式合并成世界棒垒球联盟。目前世界上参加棒垒球运动的有属于 140 个国家、213 个国家协会或特别会员的 6 500 万运动员。

（一）棒垒球运动的起源与发展

现代棒球运动源于英国而发展于美国。棒球运动有着悠久的历史和文化，最早的“棒”与“球”活动应可追溯至远古时期。在古希腊及古印度的一些壁画遗迹上都有类似打棒球的图案。近代棒球据说是英国人移民至美国时引入的板球游戏和波士顿地区人们常玩的跑圈子游戏综合演变而成的运动。1839 年，在美国纽约州古柏斯镇（现今棒球名人堂的所在地）的戴伯特修订了原先的游戏规则，同时将这项运动定名为“Baseball”，当年，美国纽约州古柏斯镇举行了有史以来首次棒球比赛。1845 年，美国人亚历山大·卡特莱特制定了有史以来第一部棒球竞赛规则，正式采用了棒球（Baseball）这一名称。1937 年，在美国成立了世界棒球协会，后改称为国际棒球联合会。1978 年国际棒联得到国际奥委会的承认，国际棒球联合会于 1994 年将总部设在瑞士洛桑。中国棒球协会于 1981 年 3 月加入国际棒球联合会，1985 年加入亚洲棒球联合会。棒球最普及的国家是美国和日本，此外在韩国、菲律宾等亚洲国家和拉丁美洲也极为风行。棒球项目曾于 1992 年被列入奥运会比赛项目。

垒球运动也于 1887 年起源于美国。它的诞生完全是因一种需要，由于恶劣的天气和拥挤的城市影响，棒球运动转移到室内，就形成了垒球运动。垒球运动分为两种——快速垒球和慢速垒球。垒球与棒球相比，垒球所需的场地小、球体大、球速慢（因为垒球运动的规则规定在抛球过程中，手必须要在肩下）。由于以上诸多优点，垒球运动很快风靡世界各地，在全世界得到了推广。此后，垒球逐渐成为女子运动。1965 年，在澳大利亚的墨尔本举办了第一届女子垒球世锦赛。此后，每隔四年，便分别举办一次男子、女子、青年垒球世锦赛。时至今日，在垒球运动产生百年之后，垒球仍然是全美最受欢迎的运动之一。国际垒球联合会（简称国际垒联）也有了 100 多个成员国。

1959 年第一届全运会上有 21 个省、市的女子垒球队参加比赛。1979 年 11 月中国正式加入国际垒球联合会。1990 年第十一届亚运会上女子垒球被列为亚运会正式比赛项目；1996 年第二十六届奥运会上，女子垒球首次被列入正式比赛项目。

2016 年 6 月 2 日，世界棒垒球联盟在官方社交平台上宣布，东京奥运会将增添棒垒球项目，这将是继 2008 年北京奥运会后，棒垒球时隔 12 年再次重返奥运大家庭。

（二）棒垒球运动的特点与价值

1. 棒垒球运动的特点

棒垒球运动是一种以棒打球为主要特点，集体性、对抗性很强的球类运动项目。它在国际上开展较为广泛，影响较大，被誉为“竞技与智慧的结合”。

具体表现在它是体力与脑力紧密结合的项目，对心理素质的锻炼和培养起着良好的作用；对身体素质有较高的要求，适合青年人参与；具有浓厚的游戏性，在激烈的对抗中强调协调配合的项目；其内涵体现了一个民族的精神面貌：充满生机活力，机警灵活，自信又信任他人，勇于承担责任，又乐于助人，每个人在自己的岗位上，协同一致，为共同的目标而奉献。

2. 棒垒球运动的价值

棒垒球运动不仅可以锻炼身体，更可以培养敏捷思维和团队精神，它的基本技术如传球、接球、击球和跑垒等，都是人类日常生活中的基本活动技能，与田径运动中的投掷和奔跑动作十分相近，动作自然舒展，比较容易掌握。在完成这些技术动作时，要求参加者具备速度、力量、灵敏、柔韧等身体素质。比赛时，进攻与防守截然分开，技术动作难度适当，具有游戏性、竞赛性、灵活多变和集体性等球类运动的共同特点。经常参加棒垒球运动，可以发展传、投、击、跑等人体的基本活动能力，全面均衡地发展身体机能，增强体质、促进健康。培养勇敢拼搏、灵活机敏、协调一致的团队精神。

二、技术练习

棒垒球基本技术由接球、传球、击球和跑垒组成，具有一定的技术共性和特点。

（一）基本技术

（1）接球。双眼注视来球，接球时双手应有后挫缓冲动作，以避免球碰撞反弹离手。

（2）传球。要用食指、中指及拇指持球。传球和投球一样，前脚要指向目标，球传出时注意甩腕，投传后要把前送和跟进动作做完。传球姿势有 3 种，即肩上传球、肩侧传球、肩下或低手传球。

（3）击球。击球有 3 种方法，挥棒击、执棒触击、执棒推击。挥击时，双手靠拢，前肘离身，小臂拉平，后肘不宜过于贴身，双足稍分立，挥棒时前脚伸踏不要过大，以免影响挥棒的滑垒准确性，甚至妨碍下一步的起跑。挥棒力量主要靠后蹬，转体，拉臂，甩腕。力量大的球员多用直臂挥击姿势，争取打出“本垒打”。另一种为了安全上垒，采用转体甩腕、双臂稍屈的动作，做到下棒快、棒轨短，打出迅猛而平直的安打球。触击法是双手轻执棒，平放身前，棒头稍高。

（4）跑垒。击球后要利用挥棒的力量迅速迈出第一步，沿跑垒线冲向一垒。安全到达一垒后可以冲过垒位，但应立即返回。有可能更进一垒时，应按照跑垒指导员的手势，及早做好拐小弯的动作，用左脚踏触一垒垒包内侧后，奔向二垒。

（5）滑垒。滑垒是为了避免守方的触杀，避免冲撞守队队员。滑垒共有 4 种姿势，单脚冲前坐势滑进；双脚冲前，单脚钩垒；双脚冲前从垒侧滑过后，翻身用手抓垒；双手冲前，用腹部滑进触垒。在滑垒中，双方均应注意避免互相冲撞和钉鞋伤人。

（6）接杀。当击球者击出高飞球时，接球员积极跑动，将手套张大，尽量靠近球的落点，使其落入自己手套。在跑动时，应该时刻注意是否有其他球员也要来接球，以免引起碰撞。在跑动时应该先跑到预定位置再张开手套。

（二）基本战术

基本战术有进攻战术和防守战术之分。

1. 进攻技术

（1）观察：即投手投来的第一个球，不击，以观察投手的动作及实力。

（2）积极迎击第一个球：达到攻其不备的目的。

（3）击出高远球：准备牺牲自己促使队友进垒得分。

（4）打带跑：即把球击到一垒跑垒员身后的空隙地带，使其他跑垒员安全进到二垒或抢到三垒，破坏对方企图制造双杀的机会。

（5）跑了再打：跑垒员先偷垒，击球员随后击球。

（6）触击牺牲打：击球员用触击将球击向一垒或（二垒），击出地滚球引诱防守队员“杀”一垒，击球员牺牲自己，使同队队员进垒或返回本垒得分。

（7）单偷垒：垒上跑垒员在投手投球离手瞬间抢进前面一个垒叫作“偷垒”。常用于一垒偷二垒，有时也用于二垒偷三垒。偷垒时，事先要与击球员用暗号联系，密切配合，一定要掌握投手投球出手的时机，以最快速度离垒，到垒前做好滑垒准备。这种战术在对方接手接球技术或向垒上传球技术较差时，或传杀跑垒员的意识不强，同守垒员的默契不够时很容易获得预期的效果。从二垒偷向三垒比较困难，因为三垒位置离接手较近，容易被接手传杀，因此跑垒员不宜冒险偷进三垒。三垒跑垒员一般不进行偷垒，只有当接手漏接时才伺机抢进，但危险性较大。跑垒员在垒上随时都应该做好偷垒准备，当投手投球时，都要离垒数步，一旦场上出现接传失误或有可乘之机就要进垒。但也要做好随时返垒的准备。

（8）双偷垒：通常在一、三垒有跑垒员时采用。采用这种战术时，要由一垒跑垒员首先发动，当投手投球离手后，一垒跑垒员积极偷垒，诱使对方接手向二垒传杀，三垒跑垒员及时离垒也向本垒偷进，但应较一垒跑垒员的行动稍慢些；如果接手果真把球传向二垒，这时一垒跑垒员发现三垒跑垒员离本垒还较远，那么他就应该立即停止前进，引诱对方持球来追杀，以拖延时间，掩护三垒跑垒员跑回本垒得分。

（9）腾空球的跑垒战术：由于垒球规则规定，跑垒员在守队队员合法接得击出的界内或界外腾空球之前已经离垒，在未返回原垒前被守队队员持球触及其身体或该跑垒员原占之垒包时，判该跑垒员出局。根据这一规定，跑垒员在击球员击出腾空球时，要看具体情况，采取不同的跑垒战术。如果腾空球的落点距离跑垒员欲占之垒较远，跑垒员就应踏住原垒不动，观察对方接球的情况，一旦球与守队队员的手部接触，就立即离垒起跑。比如跑垒员在二垒，当击成右外场的腾空球时即离垒起跑，就可采取这种战术。假若已有两人出局，那就不必考虑对方能否接住，只有及早离垒，迅速前进。

2. 防守战术

防守须全队密切配合，及时移动补位和进行掩护，以防止进攻队员进垒或得分，常用的战术有。

（1）接球后传一垒封杀击跑垒员。

（2）双杀：接球后传到垒位封杀跑垒员，随即传球到一垒封杀击跑员造成双杀。

（3）夹杀：守队互相配合传球，截杀在垒间的跑垒员，逼赶跑垒员退回原垒并乘机在垒间触杀之。

（4）防止双偷垒：由接球手指挥行动，由游击手、二垒手或投手作中间策应拦截接手传二垒的球，再传回本垒，截杀三垒跑垒员。如三垒跑垒员不抢回本垒，即由守二垒的队员接球，截杀一垒跑垒员。

（5）配球：投手针对击球员不同弱点，投出不同的球，如快速球、变速球、曲线球或下坠球等，使击球员无法击中来球，造成出局。

（6）缩小防圈：为了防止击球员采用牺牲触击球战术，缩短防守距离，明确本垒前各区有人负责接球，其余各队员应移动补位防守。

三、棒垒球比赛欣赏

（一）基本规则

1. 棒球基本规则

打棒球的场地是每边 90 英尺（约 27.4 m）的菱形场地，每一个角上放一垒包，就是垒，由本垒顺序往前数，是一垒、二垒、三垒。本垒有本垒板而没有垒包。在边线以内的地区叫内野，超出内野的有效区叫外野，由本垒到一垒和三垒边线延长线所包括的区域，就是有效区。双方队员都要争取上垒，一垒一垒的推进，直到回本垒就算得分。以得分多少来判断胜负。

棒球场场中有四个垒包。在比赛中，每方轮流作为进攻方或防守方。进攻方每次由 1 名打击手上场打击，打击手的任务是将球击出之后，从本垒起跑，以逆时针方向，经过一垒、二垒和三垒，最终回到本垒，来赢取分数。如果 3 次好球没有打中，或者击出的球被防守方在空中接到，或者在守垒者接到球之后才跑至该垒，打击手便被判出局。进攻方有 3 人出局之后，双方交换进攻和防守。在正规比赛的 9 局中，以获得较多分数的一方为胜方。

防守方的目的是阻止对方赢取分数，防守时由 9 名球员上场（括号中的数字，代表一般棒球比赛纪录时所用以代表各野手的代号），投手①负责投球，捕手②负责接球、防守本垒和指挥全场，一垒手③防守一垒，二垒手④防守一、二垒之间，三垒手⑤防守三垒，游击手⑥则于二、三垒间机动防守；这些守备人员称为内野手；而外野手则分为左外野手⑦、中外野手⑧和右外野手⑨。

正式棒球比赛每场一共有 9 局，每一局分上、下两个半局。最终按双方获得分数的多少来裁定胜负。正式棒球比赛中若 9 局结果同分，则可能进入延长赛，延长赛以一局为单位，最多打几局则依大会规定为准。此外，若后攻方在 9 局上半局结束时已经领先，则比赛亦结束（不进入 9 局下半局）。但成人棒球以下的比赛，有时并不打完 9 局，依大会规定为准。有时，比赛会因差距过大、气候恶劣等，而提早结束。

2. 垒球基本规则

垒球比赛双方各有 9 名队员参赛。他们依照防守位置分为投手、捕手、一垒手、二垒手、三垒手、游击手、左外野手、中外野手、右外野手。进攻时，这 9 名队员要逐一上场击球，但投手可以只参加防守，不参与进攻。9 名队员进攻时的击球棒次，按照赛前双方提供给主裁判的击球次序严格执行，不能变动。赛前，主裁判主持抽签，决定哪方先攻，哪方先守。比赛开始后，先守一方 9 名队员进入各自防守位置准备防守，先攻一方根据上报主裁的击球棒次，由排在第一棒的选手出场击球。第一局以后，每局双方的第一个击球员应为上一局最后完成击球任务的下一个击球员。

每局比赛由投手向攻方击球员投球开始。如果投手投出的球，在落地前进入本垒板上空、低于击球员的腋部、高于击球员的膝部则为好球，否则为坏球。击球员有 3 次击球机会，如果 3 击不中，或者击出的球在落地前被防守队员接住，均判该击球员出局。如果击球员将投手投来的球打进界内，击球员就成为击跑员，取得跑垒的权利。此时击跑员可以根据自己击球的情况，按由一垒经二垒、三垒，最终到达本垒的顺序跑垒，也可以停在距离自己最近的垒包上成为跑垒员。在此过程中，如果击跑员被防守方封杀或触杀，均算为出局。跑垒员可以在投手再次投球出手的瞬间，选择继续向下一垒跑进或原地不动，但同一个垒包上不能同时有两名跑垒员。

进攻方每局累计有 3 人出局时，双方即交换攻守角色。但如果 1 名跑垒员能够在本方累计 3 名队员被杀出局前返回本垒，则计进攻方得一分。此外，如果投手在面对同一名击球员时，累计投出 4 记击球员未击的坏球，那么要保送击球员登上一垒，原来在一垒上的跑垒员则自动前进至二垒，依次类推。垒球比赛共进行 7 局，每一局双方各进攻和防守一次。只有进攻方有权得分，最后以 7 局累计得分多的一方为胜。

（二）棒垒球项目区别

垒球与棒球易混淆，许多人认为男子项目叫棒球，女子项目叫垒球。实际上，垒球同棒球有许多区别之处，而且在许多国家也都有男子垒球队。奥运会比赛棒球为男子项目、垒球为女子项目。二者规则大体相同，主要的区别就是棒球能偷垒而垒球无法偷垒，其他如在场地、器材设备、场局设置、球体球速等方面各有不同。

1. 球

正规比赛用棒球为白色，而垒球可以为白色或绿色。垒球从棒球发展而来，它与棒球最大的区别是球比棒球大。

棒球是用圆形软木、橡胶或类似物质作球心，绕以麻线，再以两块白色马皮或牛皮包紧，用平线密缝而成。球面应平滑，重量为 141.8~148.8 克，圆周围为 22.9~23.5 厘米。

垒球使用品质优良的木棉纤维、混合软木和橡胶，混合聚亚胺脂，或经国际垒联认可的其他材料制成。成年比赛用垒球规格：圆周可为 30~31 厘米，其重量在 180~200 克，球体表面之缝合应用双针缝法并至少要有 88 针。

2. 球棒

棒球棒呈圆柱形。棒面必须平滑无截面接头。棒长不得超过 1.07 米，最粗部分直径不得超过 7 厘米，必须用一根木材制成。凹头球棒其凹部深度必须在 2.5 厘米以内，宽度不得超过 5.1 厘米及不得小于 2.5 厘米，凹部截面部分必须成碗状，不得附着其他任何物质。球棒握把位置不得超过自棒端起 45.7 厘米。为便于握棒从握把端起 45.7 厘米的长度内可使用任何材料处理（包括用松脂等），但当裁判员认为使用的材料包括松脂长度超过 45.7 厘米的限制时，则该球棒比赛时不得使用。在比赛中不得使用着色球棒。

垒球棒应由一支硬木或两片或两片以上的木板黏接而成，而且木纹必须平行，长度相等。球棒可以使用国际垒联审定的金属、竹子、塑胶、碳铅、镁、玻璃纤维、陶或其他合成材料制成。球棒必须是圆面形或三面形，且表面应平滑。球棒长度不得超过 87 厘米；重量不得超过 1 100 克。圆形球棒的粗端直径及三面形球棒的打击面宽度，均不得超过 6 厘米，圆形球棒可以有 0.9 毫米的膨胀系数。球棒握把应有 25~40 厘米安全软木、胶带（非平滑之塑胶带），或合成物制成，并仅可涂抹松脂粉以防止滑手。球棒的握柄头，可以使用铸模、车床、焊接、永久地拴紧等方法与棒体相接，同时在握柄处至少垂直凸出 0.6 厘米。

此外，棒球投手采用举手过肩的方法投球，而垒球投手采用下手臂运动投球。垒球中的投球距离为 12.2 米，而棒球的投球距离要远得多，为 18.4 米。垒球各垒之间相距为 18.3 米，而棒球垒与垒之间的距离为 27.45 米。垒球的比赛局有 7 局，而棒球有 9 局。垒球规则还规定，前 7 局双方打成平局后，跑垒员在附加赛将从第二垒开始跑，以增加得分机会。

垒球只有在投手球出手后，才可以离垒，同时，在投手接到捕手回球且进入投手圈后，跑垒员必须尽快回垒并不得再次离垒或进垒，否则判为出局。棒球跑垒员随时可以离垒，只有在出现界外球时需要回垒；垒球发生保送或三振逃的时候，击跑员过一垒后可以选择连续进垒或回垒，但不得停顿，否则出局。棒球不受此限制。

棒球分为硬式棒球和软式棒球，垒球分为快投垒球和慢投垒球。垒球场的整体尺寸都要小于棒球场尺寸，其中包括投手距离、垒间距、外场长度、后档网距离等。且标准棒球场要求有投手丘，垒球场要求有投手圈，棒球规定后档网高度。此外垒垫尺寸略有不同，垒球一垒位双色垒包，其他如垒包、本垒垫、投手板相对较小。

（三）垒球主要术语

开始比赛：司球裁判用来指示比赛开始或继续的口令。当投手持球进入投手圈位置，捕手进入捕手区内，其余的防守球员均在界内区的球场上，即可指示开始比赛。

突袭投球：投手明显有意地乘击球员不备时，向其投球。亦即是击球员刚进入击球区尚未取得击球姿势之前；或击球员刚挥棒之后，其身体还未稳定时，即可再向其投球。

偷垒：乘投手向击球员投球时，跑垒员企图进垒的行动。慢式垒球不得采用。

好球带：

（1）（快式）是指击球员在正常打击站立姿势下，在其腋部以下至膝部以上的高度，并在本垒板平面上之任何部分空间之内。

（2）（慢式）是指击球员在正常打击姿势下，在其肩背部以下至膝部以上的高度，并在本垒板平面上之任何部分空间之内。

暂停：裁判员促使比赛暂停的口令。

三杀行为：防守队连续击杀三名进攻队的球员出局。

打击：击球员进入击球区起，继续至出局或成为跑垒员为止的行为。

暴投：（快式）投手投出过高、过低，过于偏侧，致使捕手在正常的状态下，无法或未能挡住及控制之球。

申诉：在比赛中或死球时，裁判员未接受防守球员或教练请求前，不得作出判决。唯申诉必须在投手投出下一球之前提出，无论其投球合法与否。若在攻守交换或比赛结束所有防守队员离开界内区时提出，则不予接受。若是防守球员提出申诉时，其必待在内野区。

四坏上垒：击球员获得 4 个坏球时，裁判员给予击球员安全进至一垒。注：（慢式）若投手有意投四坏球时，仅告知司球裁判即可。不必投球就可以保送击球员上一垒。

垒道：在各垒间线的两侧各距 1 米的假想路线区域。

跑垒员：跑垒的球员（不包括击跑员）。

击出之球：投出之球触着球棒，或被球棒击中之后，无论落在界内区或界外区都是击出之球。其无意之击球亦同。

击球区：限制击球员的打击区域，击球员在该区内需意图协助队友得分，其区域的边线亦包括在内。在投球之前，击球员之双足必须完全在击球区线之内。

击跑员：即是球员在完成打击之后，尚未到达一垒，亦未被判出局的球员。

打击顺序：进攻队正式上场比赛的球员名单，其球员必须依此顺序上场打击，且名单上必须记载各球员的防守位置及球衣号码。

障碍球：击出或传出之球，被未参与比赛的人触着、挡住、抓住或触着非正式比赛用具；或触着非比赛球场之任何物体。

触击：击球员不挥棒击球，使击出之球缓慢的滚动于内野区域。

接住球：即是防守球员用手掌或手套，合法的接住击出或传出之球。若用手臂抱或用身体与球衣的部分，保持球不落地，则非接住球，必须待球被握在手掌或手套内为止。若防守球员接着的瞬间直接碰撞其他球员或围栏或使球落地时，即非接住球。反之，防守球员确实持球一段时间，然后无意或有意地使球离手，抑或是传球时落球，则均为接住球。

内野飞球：指内野区球员容易接住的界内飞球（不包括平飞球或触击飞球）。当在两人出局之前，有跑垒员占一、二垒或一、二、三垒时才成立。投手、捕手或任何外野球员在内野区接球时，亦视同内野区球员接球。

第三节　气排球运动

一、气排球运动简介

排球运动对于中国人来说并不陌生，但竞技排球终究对参赛选手的技术和各项素质要求非常之高，在百姓中推广普及有着一定的难度。

气排球是我国土生土长的一项群众性排球活动。1984 年，呼和浩特铁路局集宁分局为了开展老年人体育活动，在没有规则限制的情况下，组织离退休职工用气球在排球场上打着玩。由于气球过轻且易爆，他们将两个气球套在一起打，最后又改用儿童软塑球。随后又参照 6 人制排球规则制定了简单的比赛规则，并将这种活动形式取名为“气排球”。

气排球运动是一项集运动、休闲、娱乐为一体的群众性体育项目，作为一项新生的体育运动项目，如今已经受到越来越多排球爱好者的青睐。

气排球由于运动量适量、不激烈，男女可以混合进场参与，适合各个年龄层次的人进行强身健体活动。

气排球还有以下特点：

（1）球质软。富有弹性，手感舒适，不易伤人。

（2）球体大。圆周为 80~83 厘米；重量为 100~120 克，在空中运行速度缓慢、容易控制。

（3）球网低。男子网高 2.10 米，女子网高 1.90 米。男女混合网高 2 米，打球时可减少跳跃，运动安全性高。

（4）场地小。全场长 12 米，宽 6 米，在室内外均可开展。

（5）运动量适宜。气排球活动有跑、跳、蹲、转身，使脑、眼、手、腰、脚等都参与运动，但活动量不大，有利于健身强体。

（6）集体性强。运动员必须协调配合，有利于团结奋进和展现高尚的道德风范。

（7）规则宽泛。只要按规则要求，将球打到对方场内地面上空皆为有效。

二、气排球运动的基本技术和练习方法

（一）基本技术

1. 准备姿势、预判和脚步移动

准备姿势、预判的好坏，直接影响着脚步移动的及时与准确性；而脚步移动得好坏，又直接影响技术动作完成的质量。据统计，在防守中因移动慢而使球落地的占防守失误总数的 50% 以上。

准备接球或接球时，膝关节略弯曲，为准备起步姿态，不应为放松自然站立姿态；或呈半蹲姿势，但要区分中心脚，或使身体处于灵活移动的状态。脚步在球落地前或裁判鸣哨前各队员均应处于随时准备移动的状态，以便快速起动。

预判极其重要。对方球一出手，应该由谁接球要明确；注意对方球出手后的情况，包括球的力度、角度以及是否旋转等等，有助于提高预判的准确性——对每个球进行预判，可加快掌握预判要领，而不是仅对可能由自己接的球进行判断；预判完成后脚步即行移动，忌伸手或握手移动，避免速度受限。

脚步移动到位的同时完成手上动作，或托或垫，只有脚步到位，才可能做到手上动作从容。

不论什么时候，身体应随球的移动而转动，尽可能正面面对来球。

2. 发球

发球以击球过网落入对方球区并尽可能提高攻击性为总体目标。

发球包括下手发球、上手大力发球、上手飘球、侧面下手发球、勾手大力发球、勾手飘球、高吊球、跳发球等，各人可结合自身情况加以选择。

发球除常规发球外，可发出正旋、反旋、下旋球。

发球不要急，应根据选择的发球手势抛球到位。同时，发球力度大小和击球速度快慢决定球速并影响球的路线，快速击球有利于提高球的力度和速度。

攻击性发球可以直接得分，也可以破坏对方一传、从而降低对方攻击力，动摇其士气。

3. 传球

接发球（即一传）是组织进攻战术的基础技术，要求准确地、平稳地把球接送给二传队员或攻手（即一传到位），尽量减少失误，以便组成有力的进攻战术。

二传是接应一传或防守后，把球传给攻手进攻的技术。二传要求不仅要把球稳、准地托起，而且要求球不转，并要尽可能迷惑对方，避开拦网，组成快速多变的进攻战术，以达到助攻的目的。

传球的基本手法包括托球、垫球、捧球、挡球。

4. 扣球

扣球是战术配合的最后一击，是进攻中最积极有效的技术，也是得分与获得发球权的重要手段，它是衡量一个队进攻实力的要素之一。一个队扣球技术水平越高，越能为提高拦网及防扣球技术提供有利条件。扣球的攻击威力主要表现在高度、速度、力量、变化和突然性上。有威力的扣球往往是在球路的变化和与轻打软吊相结合中突破拦网的。优秀的扣球手应该既能强攻，又会快攻，还要有自己的击球特点。强攻扣球是扣球的基础，它一般包括近网高球强攻（平网扣球）和调整强攻（斜网扣球）。

5. 拦网

拦网是在网上拦截对方来球。它是防守反击的第一线，又是强有力的得分手段。拦网可以有效削弱对方进攻锐气，或者减轻本队防守的压力，为组织反攻创造机会。拦网有单人拦网、双人或三人的集体拦网。拦网时手可以过网，使拦网成为攻击性技术，拦网时首先力争拦死，其次才是把球拦起以便反击。

（1）拦网队员应当紧紧盯住对方传球的路线，判断对方向本方击出的球在空中的位置，然后迅速移动（采用并步移动或交叉步移动）至球网本方一侧的对应位置后，原地起跳拦网。

（2）拦网起跳时，重心降低，控制身体平衡垂直起跳。拦网跳起时要直上直下，拦网结束身体下落时，手臂不要弯曲，仍保持拦网时的伸展状态，待与球网保持一定距离后，身体方能放松，以避免触网。

（3）拦网起跳的时间必须掌握好，应根据对方二传传球的高低、远近、快慢以及扣球队员的起跳时间和动作特点来决定。拦高球时，拦网队员一般应比扣球队员晚跳；拦快球时，可以和扣球队员同时起跳或提前起跳。起跳同时，两手从额前贴近并与球网平行，向网上沿的前上方伸出，两臂伸直，前臂靠近网，两手尽量伸向对方上空接近球。

（4）拦网时两手自然张开，两手之间距离不能超过一个球，以防止球从两手间漏过。站在边线附近的队员，为了防止打手出界，外侧手掌心在拦击球时要内转。

（5）双人或三人拦网时，要密切协同配合，主拦队员确定拦网中心点（扣手的左右45°方向和直线方向概率较高）；配合队员要及时选好起跳点，起跳时应避免互相冲撞和干扰。不同身高的队员要加强起跳时间的配合，一般来说，高个子队员起跳时间应稍晚于矮个子队员。

（6）如未拦到球，在身体下落时要随球转身向着球飞出的方向准备救球。

6. 防守

救球反击是防守体系中的一个重要组成部分，是反攻的基础。实践证明，只有在接发球进攻稳定的基础上，具有高水平防守反击技术的队，才可能进入先进行列。只有防起更多的好球，才能更好地组织反攻，而掌握多种多样的防守技术和不断加强防守战术意识，特别是顽强的战斗意志，则是防守成功的先决条件。

当对方扣球过网后，防守一方在防守的一刹那就转入了进攻。前排参加拦网的队员，在完成拦网动作之后，必须立即转身或后撤，准备接应或反攻扣球。前排未参加拦网的队员，在后撤防守之后，转入接应或反攻扣球。接球人员应有目的地将球传到预定目标，组织进攻。

（二）动作要点

1. 半蹲准备姿势

两脚左右开立稍比肩宽，两脚尖稍内收，两膝弯曲成半蹲姿势。脚跟稍提起，身体重心前移，两臂放松，自然弯曲，双手置于腹前。两眼注视来球，两脚始终保持微动放松。

2. 垫球（图 18-3-1）

垫球技术动作要点可用“插、夹、抬、压”四个字概括。

插——双手互握插入球下。

夹——两臂夹紧伸直。

抬——提肩抬臂。

压——手腕下压。

击球时，用手腕上 10 厘米的前臂击球的后中下部。

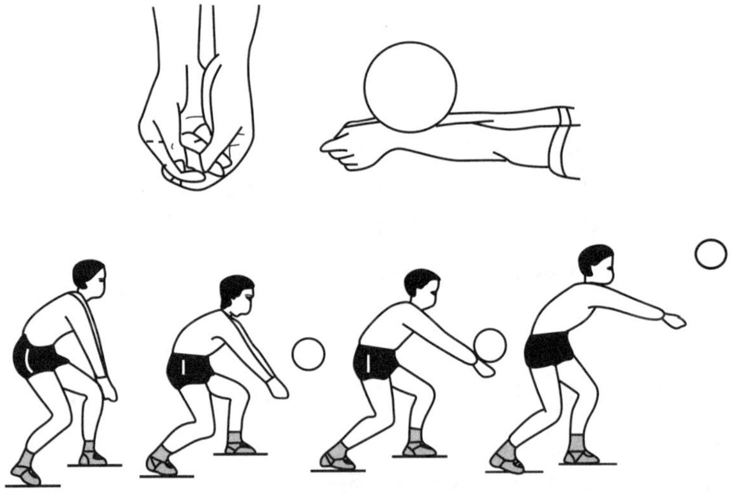

图 18-3-1　垫球

3. 捧球（图 18-3-2）

上体稍微前倾，两脚开立，呈半蹲姿态。两肘弯曲，上臂与前臂夹角大于 90°，两手形成一个平面，置于腹前。来球时，前臂前伸，掌心向上，五指分开，手指呈半紧张状，两手形成一个平面。击球瞬间，两手插入球底部，捧住来球，前臂上抬，自下而上用全手掌击球的后下部，利用手腕手指触球形成弹力将球捧起。

击球手型：双手自然张开捧在腹前，成半球型，注意击球部位在手指。

4. 托球（图 18-3-3）

两脚开立与肩同宽，两肘弯曲，两手掌跟相对，一只手五指分开，手心向上，另一只手五指分开，手心向着来球方向，击球瞬间，一只手托在球的下部，另一只手同时触球的后中下部，两臂同时上抬，利用手指手腕力量将球托起。

图 18-3-2 捧球

图 18-3-3 托球

5. 正面下手发球

准备姿势：面对球网，两脚前后开立，左脚在前，两膝微曲，上体前倾，重心偏后脚，左手持球于腹前，右臂自然下垂。

引臂：击球的同侧手臂直臂向后摆动。

抛球：左手将球平稳地向上托送竖直抛起，抛球高度为 30 厘米左右。

挥臂击球：右腿蹬地，身体重心随着右臂的直臂前摆而前移，在腹前用掌跟击球的后下部。

6. 正面上手传球（图 18-3-4）

准备姿势：看准来球方向，迅速移动到球的落点，对正来球，两脚左右开立，约同肩宽，左脚稍前，右脚脚跟稍提起，两膝微屈，上体稍前倾，两臂弯曲置于胸前，两肘自然下垂，两手成传球手形，眼睛注视来球方向。

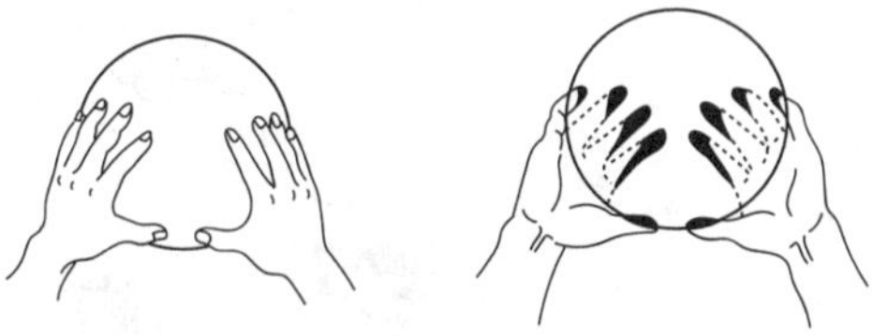

图 18-3-4 正面上手传球

手型：当手触球时，手腕稍后屈，两手自然张开，手指微屈成半球状。两拇指相对成“一”字形或“八”字形，两拇指间的距离不能过大，以防漏球。

击球点：击球点在前额上方一球左右距离。

球触手的部位：拇指外侧，食指全部，中指的二三指节，无名指第三指节和小指第三指节的半个指节。简称为“3、2、1、半和拇指外侧”。

击球部位：后中下部。

用力顺序：蹬腿、展腹、伸臂最后用手指手腕的弹力将球向前上方传出。

7. 正面上手大力发球（图 18-3-5）

准备姿势：面对球网站立，两脚自然开立，左脚在前，左手持球于体前。

抛球：左手将球平稳地垂直抛于右肩的前上方，抛球高度为 1.5 米左右。

引臂：屈肘后引，上体稍向右转，手停于耳旁。

挥臂击球：收腹、振胸、挂肘，大臂带动小臂向前上方弧形挥摆，伸直手臂，在肩的上方用全掌击球的后中部。

击球手法：包满打转，边包裹边推压；全手掌击球，使球呈上旋飞行姿态。

图 18-3-5　正面上手大力发球

8. 扣球（图 18-3-6）

准备姿势：两脚自然开立，两膝微屈，上体稍前倾，观察二传来球。

助跑：左脚先向前迈出一步，接着右脚迅速跨出一大步，左脚及时并上落在右脚侧前方，两脚尖稍向右准备起跳。

起跳：两臂自后积极向前摆动，随着双腿蹬地向上起跳，两臂协调配合起跳动作用力上摆。

图 18-3-6　扣球

空中击球：起跳至接近最高点时用正面上手大力发球的挥臂动作在右肩前上方击球的中上部。

落地：完成击球动作后，身体自然下落，应尽量用双脚的前脚掌先着地，同时顺势屈膝，缓冲身体下落的力量。

（三）气排球技术练习方法

（1）气排球技术练习包括有球技术练习和无球技术练习，有球技术练习包括个人技术练习和场上配合练习，无球技术练习主要在场下进行。

（2）个人技术练习主要包括发球、传球、扣球。以一定数量的成功个数计组进行。

（3）发球练习可个人或两人互发进行。

（4）传球练习可单人进行，包括近距离对着墙托球固定手势、对头顶上方托球等，或两人互传、三人、四人互传。

（5）扣球练习可两人配合进行。

（6）每天可定个目标，专项练习或综合练习但有所侧重，如是要练习预判，还是脚步，或者其他，分阶段进行。

（7）多看、多自我总结、多练习是提高技术水平的有效手段。

三、气排球基本战术

（一）阵型

五人制阵型队员场上位置：双方队员各分为前排三名，后排二名。前排左边为 4 号位，中间为 3 号位，右边为 2 号位，后排左边为 5 号位，右边为 1 号位。发球时判断队员的位置是否正确，应以队员身体着地部分为依据，在发球队员击球的一刹那，球未击出前，同排队员的站位不得左右超越或与之平行，前后排队员不得前后超越或平行。即4号位队员不得站在3、2号位队员的右边，2号队员不得站在3、4号位队员的前面或与之平行。否则，应判发球队失球权或对方得分。发球队员与本方5号位队员不受站位的限制。每局比赛开始后，场上队员必须按位置表排定的次序站位，在该局中不得调换。在新的一局，每个队上场队员的位置可重新安排。

（二）战术配合

（1）对方发球时，对方球一出手即应完成预判，各队员即应明确由谁接球。

（2）球在队员之间时，原则上球在谁的右手侧就谁接，除非球距离左手侧队员很近。

（3）五人制时，最后一个位置队员即1号位队员，应随着球的方向左右移动保护两侧底角，如前方队员已接球则及时回位。

（4）应注意首发阵容和位置。本方发球，强二传为前二传，对方发球，强一传为后二传。

（5）队员应通过场上配合练习，提高队员间的默契。

（三）气排球战术训练方法

（1）基本功前期训练以两人对传或三人互传为主，传球时根据球的位置情况采用上手托球、下手垫球或捧球，综合运用。传球要求有一定高度（不能忽高忽低）并且到位（以对方跨出不超过两步为准），根据训练情况以连续互传10~20个为一组计算。

（2）基本功后期训练可4~6人围成一圈，互相随意传球。

（3）发球训练和接球训练可同时进行，发球手练发球，另5名队员在对侧练接球；每发球成功10次即可换人发球；依此类推进行。

（4）阵型训练在赛前半个月前后进行，侧重于队员间的配合、默契。

（5）队员在训练期间应自我总结，有利经验总结强化，没打好的球也应自我评判，以利快速提高。

四、气排球规则

（一）队员

（1）每队最多可有10名队员，队员上衣必须有号码，应为0~9号。身前号码10 cm，身后号码15 cm。场上队长上衣胸前应有一明显标志。

（2）教练员和队员应了解并遵守规则，以良好的体育道德作风服从裁判员的判罚。如有疑问只有场上队长可向裁判员请求解释，教练员不得对判罚提问异议或要求解释。

（3）教练员和队员必须尊重裁判和对方队员，不得以任何行为影响裁判的判断。不得以任何行动和表现去拖延死球时间或被认为有意延误比赛。

（二）比赛进行

（1）队员场上位置。双方队员各分为前排三名，后排两名。前排左边为4号位，中间为3号位，右边为2号位，后排左边为5号位，右边为1号位。每局比赛开始后，场上队员必须按照位置表排定的次序站位，在该局中不得调换。在新的一局，每个队上场队员的位置可重新安排。

（2）暂停。每局比赛中，每个队可请求 2 次暂停，每次暂停时间为 1 分钟。只有成死球时经教练员或场上队长向第二或第一裁判员请求后才准予暂停。第一裁判员鸣哨后，比赛应立即继续进行。某队请求第三次暂停，应予拒绝，并提出警告。第一裁判员已鸣哨发球，队员尚未将球发出或与鸣哨的同时请求暂停，均应拒绝，如第二裁判员在此时间错误鸣哨允许暂停，第一裁判员也不得同意，应再次鸣哨发球。

（3）换人。每局每队最多可替换 6 人次，一下一上为 1 人次。某队换人时应由教练员或场上队长在死球时向第二或第一裁判员提出要求并说明替换人数和队员的号码。裁判员准许换人时，上场队员应已做好准备并从前场区上场，如队员未做好准备，则判罚该队 1 次暂停。

（三）成绩计算

（1）得分：比赛采用每球得分制，当某队胜一球时，即得 1 分，同时获得发球权。

（2）胜一场：比赛采用三局两胜制，胜两局的队为胜 1 场。如果 1∶1 平局时，进行决胜局（第三局）的比赛。

（3）胜一局：第一、第二局先得 21 分同时超过对方 2 分为胜 1 局，当比分 20∶20 时，比赛继续进行至某队领先两分为胜一局。决胜局，先得 15 分同时超过对方 2 分的队获胜，当比分 14∶14 时，比赛继续进行至某队领先两分为胜一局。决胜局任一队先得 8 分时双方队员交换场地进行比赛，比赛按照交换时的阵容继续进行。

（4）某队被召唤后拒绝比赛或无正当理由而未准时到达比赛场地，则宣布该队为弃权。对方以每局 21∶0 的比分和 2∶0 的局分获胜。某队被宣布一局或一场比赛阵容不完整时，则输掉该局或该场比赛，判给对方胜该局或该场比赛所必要的分数和局数。阵容不完整的队保留其所得分数和局数。

（四）动作和犯规

1. 发球

（1）发球队胜一球或接发球队取得发球权时，该队队员必须按顺时针方向轮转一个位置，由轮转到 1 号位的队员发球。如没有按发球次序轮转发球，则为轮转错误，必须立即纠正，并判失去发球权。

（2）发球队员必须在第一裁判员鸣哨发球后 8 秒内将球发出，球被抛出而发球队员未击球，球也未触及发球队员而落地，允许继续发球。

（3）发球队的队员不得以任何方式阻挡对方观察发球队员和球的飞行路线。

（4）发球时判断队员的位置错误，应以队员身体着地部分为依据，在发球队员球未击出前，后排队员的站位不得左右超越或平行，前后排队员不得前后超越或平行。否则，应判失球权或对方得分。发球队员与本方 5 号位队员不受站位的限制。

（5）发球触网算违例，发球和比赛过程中球触屋顶按违例处理。

2. 击球

队员击球时，有意或无意把球接住停在手中或用双臂将球夹住停留时间较长或用手将球顺势接至停留时间较长再将球送出，判击球犯规。队员身体任何部位连续触球多于一次，则判连击犯规（拦网除外）。

3. 过中线和触网

比赛进行中，队员踏越中线，应判过中线犯规，队员身体任何部位触及球网，判触网犯规，因对方击球入网而使网触及本方队员时，不算触网犯规。

4. 进攻性击球

（1）队员在后场区可以对任何高度的球做进攻性击球，但在起跳时不得踏及或踏越限制线，否则即为违例犯规。

（2）队员在前场区，采用攻击力强的扣、抹、压吊动作，将高于球网上沿的球击入对区，则判犯规。如采用攻击力小的传、顶、挑的动作，击球的底部或下半部，使球具有一定向上的弧度过网不算犯规。

（3）队员在前场区，对低于球网上沿的球，可用任何击球动作将球击入对区。

5. 拦网与过网

（1）后排两名队员不得拦网。如有参加拦网并起到拦网作用时应判犯规。

（2）拦网不算一次击球，还可再击球一次。

（3）不得拦对方的发球和对方队员进入前场区直接击过网的球，只允许拦对方队员在后场区直接击过网的球。

（4）甲方队员完成直接向对方击球前，乙方的手触及甲方地区上空的球时，应判乙方队员过网犯规。

第四节 飞盘运动

一、走进飞盘运动

飞盘运动是一种老少皆宜的健身项目，只要有一片空旷的场地，就能让人开心地锻炼与玩耍。由于飞盘运动本身的新奇、活泼、男女差异小、没有场地限制等的诸多特点，吸引了男女老少各年龄层的爱好者。它不仅具有广泛的群众性、娱乐性，还有很强的对抗性和趣味性。同时，飞盘的价格便宜，人人玩得起。一般最常见的飞盘玩法，是两个人彼此抛来抛去，简单地抛、接动作，只要技术够好，也可以玩得让人眼花缭乱。

飞盘运动在 1948 年发明于美国，20 世纪 70 年代风行欧美，日本是亚洲最早推广的国家。目前我国国内各大城市如杭州、北京、天津、上海、西安、武汉、重庆、广州、长沙、大连皆有飞盘俱乐部，另外在国内各大高校中飞盘运动也在不断发展。

历经 70 多年的变化与发展，目前飞盘运动已衍生出十余种正式的国际竞赛，其中较受参与者欢迎的有自由花式、掷准飞盘、团队飞盘、勇气赛四大项目。

飞盘项目的国际组织是国际飞盘联合会。

二、飞盘运动的特点

盘直径 271~277 毫米，盘缘厚度 30~34 毫米，用手指和手腕发力，使之旋转，在空中飘飞。主要比赛方法有十多种，如：掷远、掷准、自由花式、团队飞盘赛、双飞盘和掷准飞盘。

飞盘构造简单，但是牵扯到有关飞行、物理的科学知识，像空气动力学、牛顿定律、旋转物理学等，所以对飞盘的品质要求也不能马虎。首先飞盘的边缘要十分干净、滑溜，不要有刺手的毛边，免得在抛、接时割伤皮肤。再者盘身的平整也同样重要，不要有高低不平或是厚度不均的情况，否则会影响飞行的稳定度，通常盘面水平且不会变形的最好。

这种看来似乎很简单的运动方式，实际上包含了许多基本身体素质的运用。首先是力量，如果没有足够的臂力，不可能把一块飞盘反复抛出几十米远。其次是准确性，要能把飞盘抛到基本准确的位置，是极好的训练人的眼、脑、手相结合的方式。还有就是灵活性，要求接盘人或跑或跳或扑或卧将飞盘抓住。最后是对抗性，如果将 10 名运动员分成人数对等的两组，像玩英式橄榄球那样去争夺一块飞盘，没有充足的体力去进行拼抢，是绝对不会达到锻炼身体的目的。所以，玩飞盘的确是一种全面健身的好形式。对那些整天坐在办公室内伏案工作的脑力劳动者而言，更是一种极好的恢复体力、消除疲劳、锻炼大脑的运动形式。

三、飞盘种类

普通飞盘，又称传统飞盘，即传统造型的飞盘，又依大小质量可分为小型盘、中型盘、大型盘三类。

各型飞盘都各有其尺寸与重量的匹配，也就是重量 / 直径，又称密度，其中原料的弹性，也是盘子品质的关键因素，依其特性用于掷准赛、双飞盘、掷接赛、勇气赛、团队飞盘赛、花式传接、自由花式等各项比赛。

四、飞盘基本技术

（一）握盘系统及投掷法

1. 反手投掷（拇指上）

（1）握盘法。拇指置于盘面，四指置于盘内呈扇形分开，食指第一个关节轻扣住盘缘底部，又称：扇形握盘。

反手投掷法

（2）投掷法：右手投者以右肩正对目标，与目标成 90° 角站立，手臂在身前挥动，运用手臂挥动带动手腕投掷出盘。

2. 正手投掷（拇指上）

（1）握盘法：拇指置于盘面，盘缘贴紧手掌虎口，食指中指置于盘内并以中指抵住盘内缘，无名指小指贴靠盘外缘。

（2）投掷法：挥动手臂震动手腕发力投出飞盘。

飞盘正手投掷法

3. 颠倒盘

颠倒盘指反持飞盘，在整个握盘系统中，也同样包括拇指上与拇指下两种握法。

（二）基本接法

1. “三明治”

一手掌在上，掌心朝下，另一手掌在下，掌心朝上，双手一上一下如三明治般夹接住飞盘，故名三明治。

2. 单手

三明治接法

（1）拇指下：当盘高于胸部以上时，采用手掌向下四指在上，拇指在下法接盘。

单手接法（拇指下）

单手接法（拇指上）

（2）拇指上：盘低于胸部以下时，采用手掌向上四指在下，拇指在上法接盘，上两种为基本接盘法。

3. 衣捕

当判断对方飞过来的飞盘大约在腰际的高度时，就可以使用衣服来捕接飞盘。首先双脚与肩同宽，待飞盘飞近时，双手拉开衣服让飞盘飞进衣服，再用衣服将其盖住。

4. 抬腿接

当对方投掷过来的飞盘大约在大腿高度就可使用抬腿接，首先应侧对目标，右手腕应该穿过左大腿（或左手腕穿过右大腿）接飞盘。

5. 背后接

判断飞盘飞过来时，大约在腰部的高度时右手绕到左腰际接住飞盘，接盘时眼睛要盯住飞盘。

6. 追接

追接指让飞过来的飞盘超过自己的身体时再抓住飞盘的后缘。

7. 指接

指接为花式接盘动作，以食指或中指迎接飞盘底部，接时须看准飞盘的旋转中心，顶住飞盘后可接着做绕盘或旋盘动作。

学练指导

1. 先学习基本的反手投法再学习正手投法，先学习左右双手的单手接盘，再学习花式接法。

2. 投掷时由手臂 + 手腕两股力投掷而出。

五、飞盘比赛

（一）飞盘掷远

采用高尔夫 DD 盘。

通常比赛选手须在 2.5 秒内投掷 5 盘，取最远的计算成绩，飞盘要掷得远，除了要使用专用掷远盘外，且要善用风力，大部分选手都采用反手投掷法，也可助跑加旋转将飞盘掷出，可以增加 20% 的远距。目前飞盘投掷的世界纪录是 250 米（风速 40.2 km/h），飞盘可说是人类所能投掷最远的投掷器。

（二）飞盘掷准

按比赛赛制决定，采用高尔夫 AD 盘重 95~138 克。

1. 国际赛制

掷准架为离地 1~1.5 米的正四方形目标，使用 138 克专用盘。场地为正面 3 站（13.5 米、22.5 米、31.5 米），左右两面各二站（13.5 米、22.5 米），共 7 站。每站投掷 4 片飞盘，满分 28 片。

2. 掷准新赛制

掷准架为 1 米 ×1 米离地 60 厘米的方形目标，按选手组别分为：一般组及选手组，一般使用 95 克盘，或按选手功力使用高尔夫 95 克盘或 105~125 克盘。一般比赛场地仅设 3 个位置：正面（8 米、10 米、12 米），左右两侧各 1 个位置（10 米），依比赛选手等级另设：预赛、复赛、决赛，各有不同比赛方式，请参考各比赛秩序册。

（三）双飞盘

使用 Wham~O DDC110 克或其他 110 克系列。

两片飞盘在空中交错，这是又紧张又刺激的飞盘比赛，也是一项能表现飞盘扁平特性的比赛。其场地是距离 17 米远的两个 13 平方米的赛场，每队二名选手，在这个范围内两队互相将飞盘丢入对方的赛场，投盘出界或接盘漏接均扣一分，若双盘同时落停（接）在同一方则扣 2 分。

（四）花式飞盘

使用 Wham~O INNOVA、Discraft 160~175 克、180 克的大型飞盘。

花式飞盘是结合飞盘的各项技巧，再加上体操及舞蹈动作，搭配音乐节奏，创造出千变万化的招式。投出飞盘后，队友或是顶盘，或是拍盘，或是身上滚盘，而大多数则以“旋盘”来做衔接。通常 2~4 人组成 1 队，在 3~5 分钟内，配合音乐演出流畅、创意、难度高、有内容的力与美的飞盘表演艺术。

（五）团队飞盘

（1）七人制 100 米 ×37 米的场地内使用 175 克飞盘，进行你争我夺激烈比赛，它有橄榄球赛般的激烈，有出神入化的传接，有速度、耐力考验，目前此项目在欧美各大学、高中中普及度高，亦是飞盘项目中具有最多拥趸的对抗性竞赛。

（2）五人制比赛场地长 54~60 米，宽 20 米，同时针对五人制比赛另行创新了规则、场地、赛制、裁判法。

使用飞盘：U13 组小学 110 克盘，U16 组初中 130 克盘，U19 组高中 140 克或 145 克盘。

自测题 18

参考文献

[1] 侯德红．大学体育与健康［M］．3 版．北京：高等教育出版社，2018.

[2] 梁培根．高职体育［M］．北京：高等教育出版社，2021.

[3] 张庆春．高职体育与健康［M］．2 版．北京：高等教育出版社，2021.

[4] 张小田，叶江平，高灼荣．高职体育与健康［M］．3 版．北京：高等教育出版社，2021.

[5] 尹大川，刘军利，王雷．体育健身——高职体育实践教程［M］．4 版．北京：高等教育出版社，2018.

[6] 陈磊，谭丽清．职业实用体育［M］．北京：高等教育出版社，2021.

[7] 程忠义．急救护理技术［M］．北京：科学出版社，2018.

[8] 岳寿伟．肌肉骨骼康复学［M］．北京：人民卫生出版社，2018.

[9] 中国红十字会总会．心肺复苏与创伤救护［M］．北京：人民卫生出版社，2015.

[10] 中国红十字会总会．常见急症与避险逃生［M］．北京：人民卫生出版社，2015.

[11] 王强，张欣悦．花样跳绳［M］．合肥：合肥工业大学出版社，2018.

[12] 高明骏．新编体育与健康［M］．西安：西北工业大学出版社，2020.

[13] 赵进杰．大学生运动健康指导［M］．北京：高等教育出版社，2016.

[14] 袁禾．中国舞蹈史［M］．北京：高等教育出版社，2019.

[15] 郑厚成，刘景刚．体育与健康［M］．北京：高等教育出版社，2014.

[16] 张贵敏．田径运动教程［M］．北京：人民体育出版社，2020.

[17] 中国田径协会．田径竞赛规程（2018—2019）［M］．北京：人民体育出版社，2018.

[18] 编写组．球类运动［M］．4 版．北京：高等教育出版社，2017.

[19] 杨文轩，陈琦．体育概论［M］．3 版．北京：高等教育出版社，2021.

[20] 赖宇科．体育文化建设在高职院校育人中的作用探究［J］．当代体育科技，2019，9（08）：62-64.

[21] 赵亮．高校校园体育文化的价值取向与整合研究［J］．体育风尚，2020（07）：168-169.

[22] 黄炜．体育在高职院校“工匠精神”校园文化建设中的困境及出路［J］．当代体育科技，2021，11（32）：216-219.